자바스크립트

자바스크립트

초판 1쇄 인쇄 2024년 1월 20일
초판 1쇄 발행 2024년 1월 25일

지은이 | 곽문기
펴낸이 | 김승기
펴낸곳 | ㈜생능출판사 / **주소** 경기도 파주시 광인사길 143
브랜드 | 생능북스
출판사 등록일 | 2005년 1월 21일 / **신고번호** 제406-2005-000002호
대표전화 | (031) 955-0761 / **팩스** (031) 955-0768
홈페이지 | www.booksr.co.kr

책임편집 | 최동진 / **편집** 신성민, 이종무
영업 | 최복락, 김민수, 심수경, 차종필, 송성환, 최태웅, 김민정
마케팅 | 백수정, 명하나

ISBN 979-11-92932-47-7 13000
값 32,000원

- 생능북스는 (주)생능출판사의 단행본 브랜드입니다.

최고의 강의를 책으로 만나다

자바스크립트

Greatest Of All Time 시리즈 | 곽문기 지음

생능북스

머리말

언어의 한계가 곧 세계의 한계!

이 말은 철학자 비트겐슈타인이 쓴 유명한 문장입니다. 프로그래밍은 복잡한 현실 세계를 가상 세계(코드 세계)로 변환하는 일입니다. 복잡하고 다채로운 현실 세계를 핵심적이고도 간결하게 이해하여 코드로 표현한다는 점에서 무척이나 의미 있는 문장이라 하겠습니다. 표현하려는 내용을 아주 적절한 형식으로 담아내는 예술(art)처럼 말이죠.

이 책은 웹 개발을 처음 시작하거나 관심이 있는 모두를 대상으로 쓰여졌으며, 웹페이지를 효율적으로 작성하기 위해 웹 표준에 대해 먼저 설명하고 책의 핵심 내용인 자바스크립트의 쓰임, 다양한 응용과 기술적인 트렌드까지 살펴볼 수 있도록 구성하였습니다. 또한, 웹페이지 작성을 위해 넓은 범위에서 전략적인 이해와 기술적인 세밀한 이야기를 함께 담으려고 노력하였습니다. 특히 핵심 용어는 바로 이해할 수 있도록 가급적 쉽게 풀어 썼습니다.

책의 내용은 20년 가까이 강의하면서 다듬어진 주제와 그 주제를 쉽게 연결할 수 있는 구성과 흐름으로 만들고자 하였습니다.

'PART 1. 웹 표준'에서는 HTML, CSS, 자바스크립트의 올바른 쓰임과 활용을 다룹니다.

'PART 2. 자바스크립트'에서는 ES6를 비롯한 최신 자바스크립트 문법과 웹페이지에서 자바스크립트의 역할과 쓰임을 다룹니다.

'PART 3. 자바스크립트 응용'에서는 jQuery, OpenAPI, 리액트 등 자바스크립트의 다양한 활용을 많은 예제와 함께 최신 기술 트렌드도 담았습니다. 여기서 다루는 범위가 넓다 보니 심화 내용까지 다루지 못했지만, 자바스크립트 응용 방식을 미리 탐색해보는 기회가 될 것입니다.

이 한 권의 책으로 여러분을 능력자로 만들어 드릴 수는 없겠지만 올바른 방향을 바라볼 수 있도록 길잡이가 되고, 스스로 필요한 다음 단계의 학습을 찾아 할 수 있도록 하였다는 점은 말씀드리고 싶습니다.

프로그래밍은 이미 알고 있고 기대하는 결과를 만들기 위한 방법과 절차의 구성입니다. 기대하는 결과와 프로그래밍으로부터 만들어진 결과가 같을 때 느낄 수 있는 즐거움과 함께 시행착오에서 터득한 값진 노하우는 더욱 단단한 지식이 되어줄 것입니다. 개발자 도구 창을 붉게 물들이는 오류를 두려워하지 말고, 그 오류 내용을 읽고 이해하려고 애쓰시길 당부드리겠습니다. 그것은 새로운 학습이자 경험이 될 것이기 때문입니다. 앞서 말씀드린 언어의 한계, 세계의 한계를 넓히는 일이기도 할 것입니다.

책에서 다룬 예제는 깃허브(Github)로 제공되고, 이 책에서 표현된 코드 중 혹시 있을 수 있는 오타 등은 깃허브를 통해 제공되는 예제 파일을 기준으로 학습하시기를 부탁드리겠습니다.

마지막으로 오늘의 한계를 확장하고 넘어서서 새로운 다른 세상을 만날 수 있기를 응원합니다. 오늘도 수고하셨습니다. 그리고 내딛는 걸음 중에 지치지 않기를 또한 응원합니다.

Thanks To...

책이 나오기까지 많은 도움과 힘을 넣어 주신 생능북스 김민수 이사님, 최동진 실장님 그리고 가족과 친구들에게 고마움과 사랑을 전합니다.

곽문기

공부하기 전에 목표 세우기

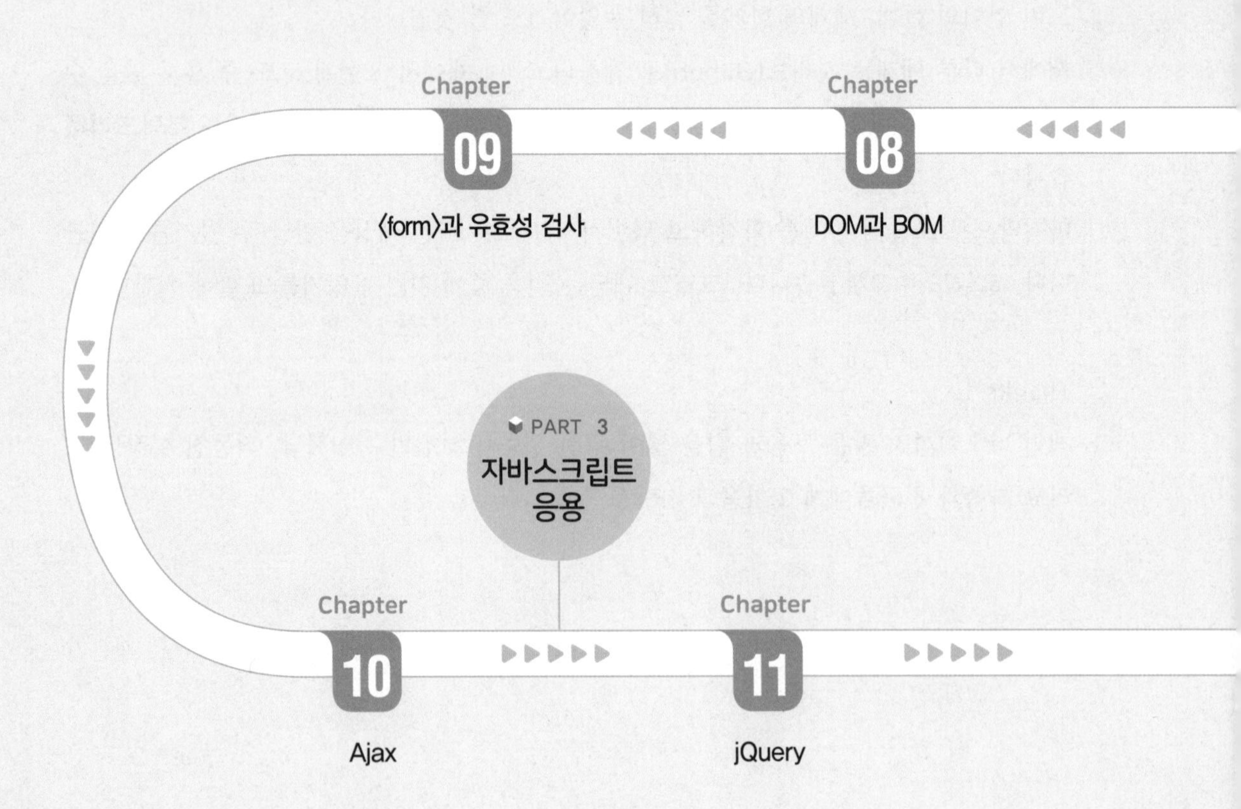

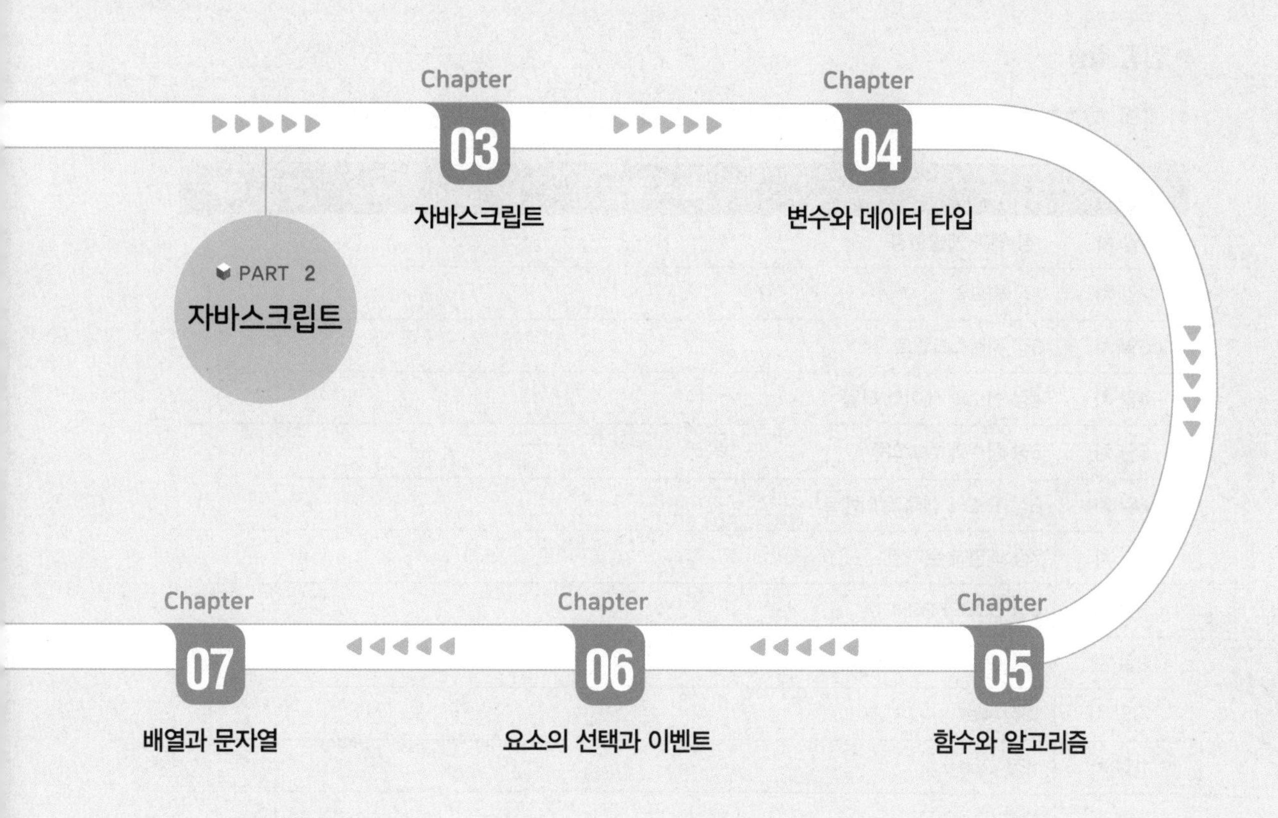
Chapter
03
자바스크립트
Chapter
04
변수와 데이터 타입
PART 2
자바스크립트
Chapter
07
배열과 문자열
Chapter
06
요소의 선택과 이벤트
Chapter
05
함수와 알고리즘

Chapter
12
OpenAPI
Chapter
13
리액트
학습 종료

아래 학습진도표는 독자의 수준에 따라 달라질 수 있습니다. 또한 뒤로 갈수록 앞의 내용에 비해 어려운 내용을 다루고 있으므로 시간을 더 투자해야 할 수도 있습니다.

▶ 집중 학습

아래의 학습진도표는 하루 3~4시간, 13일 정도 학습한다고 가정한 일정입니다.

일정	학습 내용	진행
1일 차	1장 웹과 개발환경	☐
2일 차	2장 빌드업	
3일 차	3장 자바스크립트	☐
4일 차	4장 변수와 데이터 타입	
5일 차	5장 함수와 알고리즘	☐
6일 차	6장 요소의 선택과 이벤트	
7일 차	7장 배열과 문자열	☐
8일 차	8장 DOM과 BOM	
9일 차	9장 <form>과 유효성 검사	☐
10일 차	10장 Ajax	
11일 차	11장 jQuery	☐
12일 차	12장 OpenAPI	
13일 차	13장 리액트	☐

▶ 일반 학습

아래의 학습진도표는 하루 1~2시간, 26일 정도 학습한다고 가정한 일정입니다.

일정	학습 내용	진행
1일 차	1장 웹과 개발환경	☐
2일 차		
3일 차	2장 빌드업	☐
4일 차		

일정	학습 내용	진행
5일 차 6일 차	3장 자바스크립트	□
7일 차 8일 차	4장 변수와 데이터 타입	□
9일 차 10일 차	5장 함수와 알고리즘	□
11일 차 12일 차	6장 요소의 선택과 이벤트	□
13일 차 14일 차	7장 배열과 문자열	□
15일 차 16일 차	8장 DOM과 BOM	□
17일 차 18일 차	9장 〈form〉과 유효성 검사	□
19일 차 20일 차	10장 Ajax	□
21일 차 22일 차	11장 jQuery	□
23일 차 24일 차	12장 OpenAPI	□
25일 차 26일 차	13장 리액트	□

▶ 예제 파일 다운로드

방법 1 생능출판사 홈페이지(https://booksr.co.kr)에서 '자바스크립트'로 검색 → 여러 도서 중 이 책의 도서명을 찾아 클릭 → [보조자료]에서 다운로드

방법 2 깃허브 : https://github.com/kwakmoonki/booksr/

차례

PART 2 자바스크립트

PART 1

웹 표준

Chapter 01. 웹과 개발환경 | Chapter 02. 빌드업

HTML, CSS, 자바스크립트는 웹페이지를 구성하는 삼총사입니다. 즉, 웹 표준(web standard)이라고 합니다.

웹페이지 구성 시 이들은 각각 고유한 역할(role)이 있습니다. 그래서 HTML, CSS, 자바스크립트의 역할과 쓰임을 이해하고 적합하게 사용하는 것이 웹 개발의 첫걸음입니다. 난이도는 낮은 편이지만 살펴볼 내용이 많아 학습의 지루함을 이겨낼 조금의 의지가 필요합니다.

Part 1에서는 웹 생태계를 효율적으로 다루어 줄 도구와 기술 트렌드, 개발환경을 소개합니다. 축구에서 효과적인 공격을 전개하기 위해 빌드업이 필요하듯 자바스크립트를 효과적으로 사용하기 위해 웹 표준을 이해하고 간단한 코딩으로 자바스크립트 실력을 빌드업하겠습니다. 그리고 부트스트랩(bootstrap) 프로젝트를 활용하여 멋진 디자인을 구현하는 방법도 살펴보겠습니다.

Chapter

01

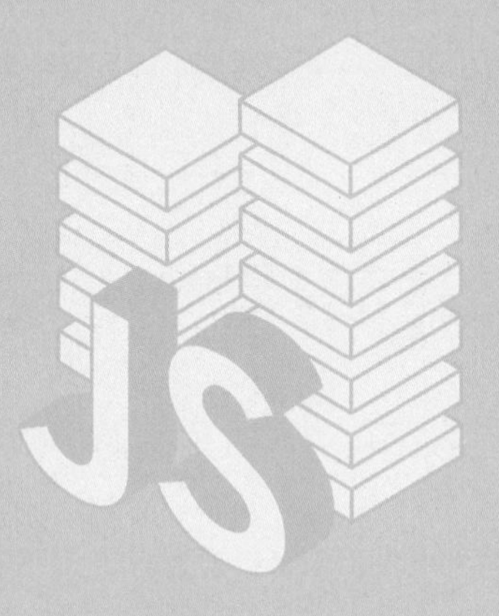

웹과 개발환경

학습목표

자바스크립트는 기본적으로 브라우저에서 HTML, CSS와 함께 웹페이지(또는 웹 문서)를 구성하는 프로그래밍 언어입니다. 따라서 자바스크립트를 효율적이고 효과적으로 학습하기 위해서 먼저 HTML과 CSS의 쓰임과 활용을 익혀야 합니다.

웹 생태계를 효율적으로 다룰 도구와 기술 트렌드를 살펴보고, 웹페이지를 효율적으로 만들 수 있게 도와줄 개발환경을 소개합니다. 그저 눈으로 보는 것보다는 손으로 직접 입력해 보는 것이 학습에 더 큰 도움이 됩니다. 손가락 끝으로 전해지는 경쾌한 타이핑 소리를 믿고 즐기세요.

01-1 인터넷과 웹의 차이는?

사람들은 다양한 디지털 기기를 통해 인터넷에 연결하여 정보를 검색하고 학습하며 시간을 보냅니다. 인터넷(internet)과 웹(web)은 같은 의미로 사용하고 있지만, 사실 바라보는 관점에 따라 의미가 다른 표현입니다. 인터넷과 웹의 공통적인 핵심은 연결(connection)입니다. 유선이나 무선으로 연결된 통신회선을 따라 문자, 이미지, 음악, 동영상 등으로 구성된 웹페이지(콘텐츠)가 이동합니다. 온 세상이 촘촘히 연결되어 지구 반대편으로부터 콘텐츠를 받아보기도 하고 또한 그쪽으로 보내기도 합니다.

인터넷은 컴퓨터와 컴퓨터를 연결하는 네트워크입니다. 보통 네트워크를 이루는 컴퓨터를 노드(node)라고 표현합니다. 네트워크는 유선이든 무선이든 통신 프로토콜을 사용하여 컴퓨터(노드)를 연결하는 물리적인 연결망입니다. 여러 도시를 연결하는 철로나 도로와 같습니다. 프로토콜(protocol)은 정보를 이쪽에서 저쪽으로 보내고 받기 위해 사용하는 일종의 약속입니다. 전화로 상대방과 통화를 하는 경우도 관습적인 형식이나 절차가 있는 것처럼, 컴퓨터 또는 통신기기가 정보를 주고받을 때 사용하는 일련의 형식과 절차 그리고 용어 등에 대한 약속입니다.

반면에 웹은 문자, 이미지, 소리, 동영상 등으로 구성된 콘텐츠 또는 웹페이지(web page)의 연결입니다. 철로나 도로를 통해 사람이나 물건이 이동되는 것처럼 인터넷을 통해서 콘텐츠가 전송되어 우리가 브라우저(browser)로 그 정보에 접근할 수 있게 되는 것입니다.

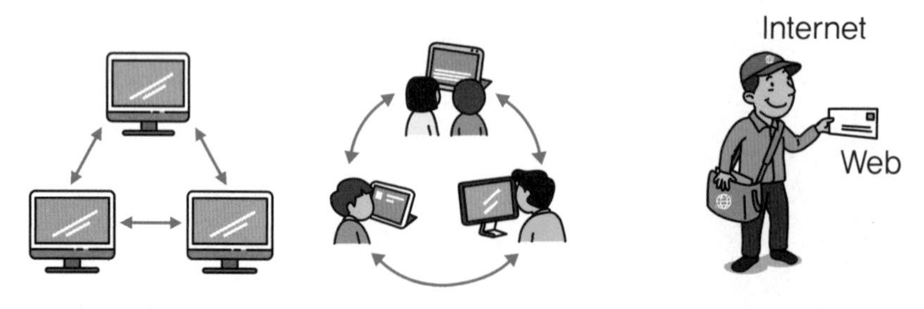

그림 1-1 인터넷 : 컴퓨터끼리 연결 vs 웹 : 사람끼리 연결

그림 1-2 인터넷과 웹

기차와 자동차가 사람이나 물건을 싣고 다니듯 웹페이지는 문자, 이미지, 소리, 동영상 등 다양한 정보로 구성되어 있습니다. 웹페이지는 약속된 표현 형식과 방법으로 브라우저에 표현(rendering)됩니다. 웹페이지는 이 책의 중심 주제로서, 멋지게 디자인

하여 인터랙티브(interactive)한 콘텐츠를 만들어 보겠습니다.

인터넷 또는 웹은 3가지 측면에서 좀 더 자세히 설명될 수 있습니다. 친구 간에 메시지를 주고받는 경우를 생각하면 이해하기 쉬운데, 이 과정은 구조와 연결 프로세스 그리고 메시지로 이루어져 있습니다.

구조는 메시지를 보내는 쪽과 받는 쪽으로, 웹에서는 웹 콘텐츠를 요청(request)하는 쪽인 클라이언트(client)와 요청에 대하여 응답(response)하는 서버(server)로 구성됩니다. 일반적으로 웹에서는 웹브라우저가 클라이언트가 되는데 주소창(주소표시줄)에 URL을 입력한 후 Enter↵키를 누르는 등의 이벤트를 이용하여 웹페이지를 요청하게 됩니다.

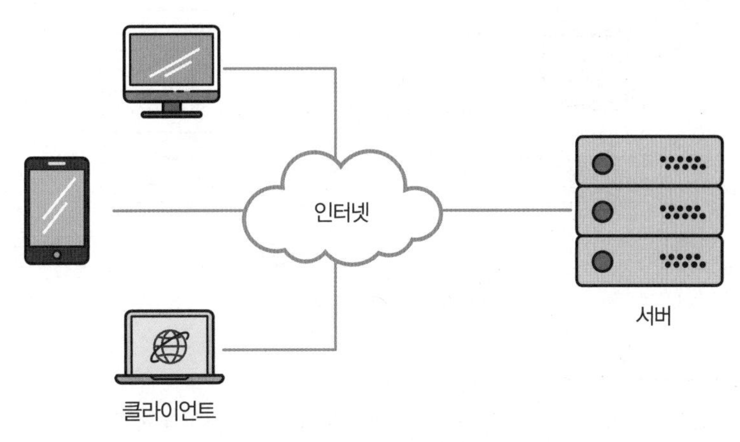

그림 1-3 서버와 클라이언트

연결 프로세스는 요청을 전달하거나 응답하려는 콘텐츠가 전송될 때 어떤 규칙이나 절차에 따라 진행되는데, 컴퓨터 사이의 통신 표준이자 네트워크에서 콘텐츠의 이동 경로(라우팅) 및 상호 연결에 대한 규칙인 프로토콜(protocol) 등이 있습니다. 이 책에서는 통신이 주제가 아니므로, 자세한 정보는 정보통신개론 등 다른 도서를 참고하세요.

메시지는 문자, 이미지, 소리, 동영상 등의 콘텐츠 또는 이들로 구성되어 전송되는 웹페이지를 말하며, 앞으로 우리가 만들어 볼 내용입니다. HTML, CSS를 재료로 멋진 화면으로 만들고, 자바스크립트(Javascript)를 활용하여 인터랙티브한 웹페이지를 구성할 것입니다.

01-2 역할과 규칙

1. 서버와 클라이언트

축구나 야구에서 포지션별로 역할이 있듯이 웹에서도 서버(server)와 클라이언트(client)를 중심으로 역할이 있습니다. 요청(request)하는 역할의 클라이언트와 그 요청에 대하여 응답(response)하는 서버를 중심에 두고 정보의 흐름을 이해해야 합니다.

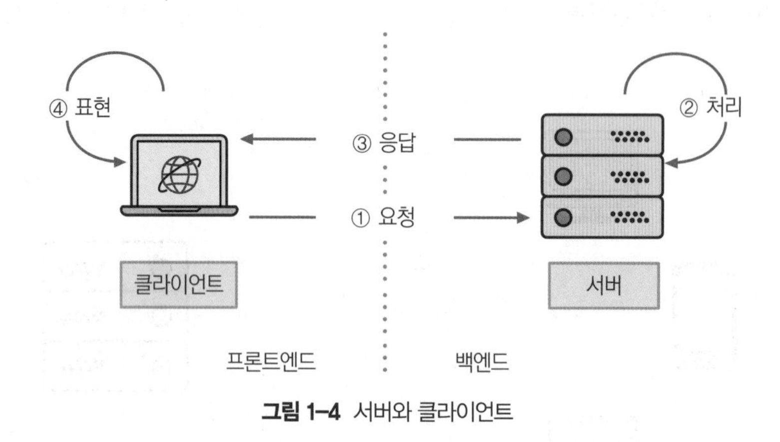

그림 1-4 서버와 클라이언트

---

① 요청(request) : 웹브라우저에 URL을 입력하여 웹페이지를 서버에게 요청
② 처리(programming) : 요청된 웹페이지가 프로그래밍으로 처리가 필요한 경우(동적 웹페이지)
③ 응답(response) : 요청한 정적 또는 동적 페이지를 클라이언트로 응답
④ 표현(rendering) : 웹브라우저가 응답받은 웹페이지를 화면에 표현

---

2. 정적 웹페이지와 동적 웹페이지

웹페이지는 만드는 방법에 따라 정적(static)과 동적(dynamic)으로 나눌 수 있습니다. 정적 웹페이지는 HTML · CSS · 자바스크립트와 같은 정적 언어로 구성됩니다. 정적 웹페이지는 사용자에게 제공되기 전에 내용이 미리 정해져 있습니다. 사용자가 페이지를 요청하면 항상 동일한 내용이 표시됩니다. 동적 웹페이지는 PHP, JSP, ASP와 같은 웹 프로그래밍 언어를 사용하여 생성됩니다. 동적 웹페이지는 사용자의 요청에 따라 콘텐츠가 생성되며, 웹페이지의 구성이나 콘텐츠의 중복이 적고 데이터베이스와 같은 외부 정보와 결합하여 내용이 변경됩니다.

비유하자면 정적 웹페이지는 공장에서 만들어진 김밥과 비슷하며, 이미 구성이 정해져 있어 변경되지 않습니다. 반면 동적 웹페이지는 김밥 전문점에서 주문에 따라 실시간으로 만들어지는 김밥과 같습니다. 사용자의 요청에 따라 내용이 다르게 생성됩니다. PHP, JSP, ASP 등의 웹 프로그래밍 언어를 잘 익히고 사용하려면, 프로그래밍의 결과로서 만들어지는 HTML · CSS · 자바스크립트를 당연히 잘 이해해야 합니다.

3. 프론트엔드와 백엔드

시각적으로 표현되는 브라우저가 있는 클라이언트 쪽을 프론트엔드(front-end)라고 하고, 동전의 뒷면처럼 보이지 않는 서버 쪽을 백엔드(back-end)라고 구분합니다. 프론트엔드에는 자바스크립트 등으로 웹페이지를 개발하는 프론트엔드 개발자와 퍼블리셔(publisher), 웹페이지를 디자인하는 웹 디자이너 등의 직무가 있고, 백엔드에는 서버 엔지니어, 데이터베이스 관리자(DBA), 백엔드 프로그래머 등의 직무가 있습니다.
크롬 브라우저의 V8 자바스크립트 엔진을 기반으로 만들어진 자바스크립트 실행 환경(runtime environment)인 Node.js로 말미암아 자바스크립트가 브라우저 내에서만 동작하는 것을 벗어나 서버 쪽 환경에서도 다룰 수 있게 되면서 '풀 스택(full stack) 개발자'라는 말도 생겨났습니다. 자바스크립트를 잘 익혀 두면 클라이언트와 서버 쪽 프로그래밍을 모두 할 수 있습니다.

4. HTML, CSS, 자바스크립트의 역할

웹페이지를 구성하는 HTML, CSS, 자바스크립트에는 각각의 역할이 있습니다.

표 1-1 | HTML, CSS, 자바스크립트의 역할

웹페이지 구성요소	역할	표준화 단체
HTML	웹페이지의 구조(structure)	W3C[1]
CSS	웹페이지의 표현(presentation)	W3C
자바스크립트	웹페이지의 행위(behavior)	ECMA

1) W3C(World Wide Web Consortium) : https://www.w3.org

HTML은 건물을 짓는 건축과 같으며, CSS는 건물의 내부를 실용적이면서도 멋지게 표현하는 인테리어 역할을 합니다. 또한 자바스크립트는 스마트홈(smart home) 시스템처럼 사용자 경험을 선사하는 이벤트를 담당합니다. 구조와 표현으로 역할을 분리하면 복잡성을 줄일 수 있어, 웹페이지를 만드는 개발자도 브라우저로 웹페이지를 이용하는 사용자에게도 효율적입니다.
구조와 표현의 분리는 자동차에서도 비슷하게 찾아볼 수 있습니다. 자동차는 뼈대인 섀시(chassis)와 외관인 바디(body)로 구분할 수 있는데, 섀시는 HTML, 바디는 CSS라고 할 수 있습니다. 하나의 공통된 섀시에 다양한 외관을 갖는 자동차를 만들 수 있는 원리라고 하겠습니다. 아래 그림의 윗부분이 바디, 아랫부분은 섀시입니다.

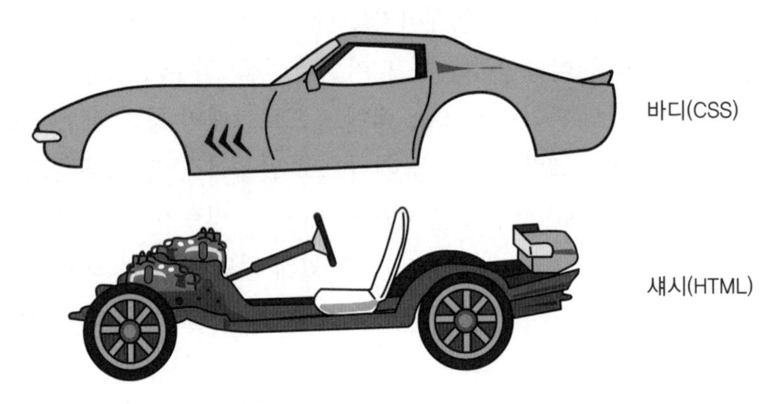

그림 1-5 자동차에 비유한 HTML과 CSS

5. 웹 주소

다음은 URL(Uniform Resource Locator)의 형식입니다.

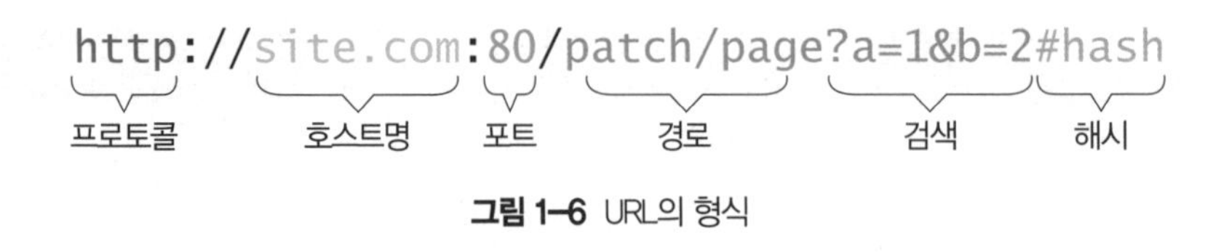

그림 1-6 URL의 형식

URL은 인터넷상에서 존재하는 웹페이지나 콘텐츠 등 자원(resource)의 위치를 말하며, 원하는 웹페이지를 요청하고자 할 때 웹브라우저에 URL을 입력합니다. 여러분이 사는 집에 주소(address)가 있듯 URL은 웹페이지가 있는 서버(server)와 그 서버 내의 위치를 나타내는 주소입니다.

표 1-2 | URL의 형식에 대한 설명

구분	설명
프로토콜(protocol)	http와 https는 인터넷의 웹 자원을 요청/응답하기 위한 규칙과 절차
호스트명(hostname)	웹 자원을 갖는 특정 서버의 이름(식별자)
포트(port)	특정 서버로 전달하기 위한 방법(웹 서버는 80번. 단, 기본값으로 생략)
경로(pathname)	서버 내에서 웹페이지가 있는 상세한 위치
검색(search)	동적 화면을 구성하기 위한 전달 변수(보통 JSP, PHP 등 웹 프로그래밍에서 사용)
해시(hash)	웹페이지 내에서의 특정한 위치(식별자)

포트(port)는 인터넷 등의 네트워크 메시지가 서버에 도착했을 때, 전달되어야 할 특정 프로세스를 식별하기 위한 방법입니다. 쉽게 말하면 버스 터미널이나 기차역의 플랫폼 번호로, 특정 행선지로 가는 차량이 들어오도록 약속된 위치입니다. 특정 목적지로 가는 여행객은 탑승권에 표기된 해당 플랫폼 번호(포트 번호)에서 차량을 기다리는 것과 같습니다.

그림 1-7 버스 터미널에 있는 플랫폼 번호

01-3 도구와 기술의 종류 및 트렌드

1. 브라우저

웹에서 클라이언트 역할을 하는 브라우저는 다양합니다. 구글의 크롬(Chrome), 애플의 사파리(Safari), 마이크로소프트의 엣지(Edge), 네이버의 웨일(Whale), 모질라 재단의 파이어폭스(Firefox) 등이 있습니다. 다음 그림은 PC와 모바일에서의 브라우저 점유율입니다. 구글의 크롬이 가장 높은 점유율을 보이고 있습니다.

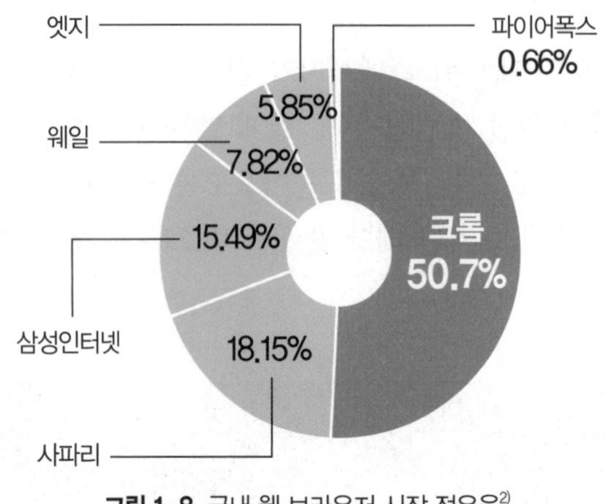

그림 1-8 국내 웹 브라우저 시장 점유율[2)]

브라우저는 웹페이지를 보여 주는 역할뿐 아니라 게임, 인터넷 결제, 스마트워크 등 다양한 웹 애플리케이션을 실행하는 기반 구조로 확장되어 웹 플랫폼(web platform)이 되었습니다.

우리는 앞으로 예제 실행을 구글의 크롬을 기준으로 진행합니다. 다양한 기능과 뛰어난 성능을 제공하는 개발자 도구가 제공되기에 학습을 위한 도구로 사용하기 좋습니다. 구글의 크롬, 마이크로소프트의 엣지, 네이버의 웨일 등은 오픈소스 웹브라우저 프로젝트인 크로미엄(Chromium)을 기반으로 만들어진 것으로, 핵심 기능은 같습니다. 그래서 세컨드 브라우저를 설치한다면 크로미엄과는 다른 기반으로 구성된 파이어폭스(Firefox)를 추천합니다.

2) 스탯카운터(https://gs.statcounter.com/browser-market-share/all/south-korea, 2023년 8월 기준)

2. 도구와 기술 트렌드

개발자의 질의 응답 사이트로 유명한 스택 오버플로(stackoverflow.com)에서 매년 사이트 방문자들을 대상으로 본인이 사용하고 있거나 앞으로 배우고 싶은 언어나 도구, 기술에 대한 설문조사를 하고 그 결과를 발표합니다. 다음은 2023년 5월에 진행한 설문조사의 일부입니다.

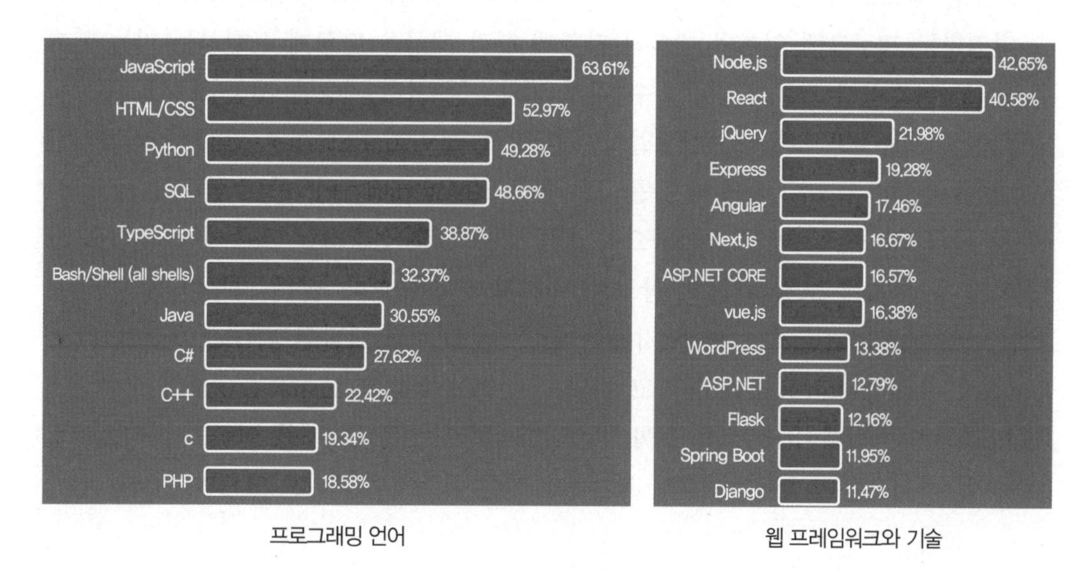

그림 1-9 프로그래밍 언어와 웹 프레임워크 기술의 조사 결과[3]

프로그래밍 언어와 웹 프레임워크(framework)의 순위입니다. 자바스크립트, 파이썬, Node.js, 리액트 등이 선두권으로 주목을 받고 있습니다. 새로운 언어나 도구가 필요할 때 참고할 만한 자료가 될 수 있으며, 최신 웹 트렌드를 살펴볼 수 있는 좋은 정보입니다. 이외에도 다양한 정보가 있으니, 스택 오버플로 사이트를 좀 더 살펴보세요.

3) 스택 오버플로 조사(https://survey.stackoverflow.co/2023/)

01-4 비주얼 스튜디오 코드 설치

HTML, CSS, 자바스크립트 등을 사용해 웹페이지를 만들거나 자바(Java), 파이썬(Python) 등으로 프로그래밍하기 위해서는 코드를 작성하는 도구가 필요합니다. 이러한 도구를 텍스트 편집기(text editor) 또는 코드 편집기(code editor)라고 합니다. 코드 편집기는 프로그램 언어의 데이터 타입에 따라 색상을 다르게 표현하는 기능과 효율적이고 편리하게 프로그래밍할 수 있게 도와주는 여러 기능을 제공합니다. 무료로 제공되는 공개 소프트웨어로 비주얼 스튜디오 코드(Visual Studio Code)[4], 서브라임 텍스트(Sublime Text)[5], 노트패드 플러스 플러스(Notepad++)[6] 등이 있습니다.
이 중 마이크로소프트에서 개발했으며 개발자가 가장 선호하는 비주얼 스튜디오 코드를 함께 설치해 보겠습니다. 참고로 텍스트 편집기보다 훨씬 기능이 많고 전문적인 개발에 필요한 거의 모든 기능을 갖춘 것을 통합개발환경(IDE, Integrated Development Environment)이라고 하며 비주얼 스튜디오(Visual Studio), 이클립스(Eclipse), 인텔리제이(IntelliJ) 등이 있습니다. 하지만 웹페이지를 만들고 자바스크립트를 연습하기에는 통합개발환경보다 가볍고 빠른 비주얼 스튜디오 코드면 충분합니다.

다음의 순서로 비주얼 스튜디오 코드를 설치하고 설정합니다. 이하 VSCode로 줄여서 표현합니다.

---

① VSCode 다운로드
② VSCode 확장 프로그램
③ VSCode 환경 설정
④ VSCode 색 테마 설정
⑤ VSCode 웹페이지 템플릿

---

4) VSCode 홈페이지 : https://code.visualstudio.com/
5) 서브라임 텍스트 홈페이지 : https://www.sublimetext.com/
6) 노트패드 플러스 플러스 홈페이지 : https://notepad-plus-plus.org/

1. VSCode 다운로드

VSCode 프로그램을 다운로드하기 위해 홈페이지(https://code.visualstudio.com)로 이동합니다.

[Download for Windows] 버튼을 클릭하여 설치할 최신 버전의 코드 편집기를 내려받습니다. 만약 윈도우가 아닌, 다른 운영체제를 사용한다면 [Download for Windows] 버튼 오른쪽에 있는 ⌄ 버튼을 클릭하여 해당 운영체제에 맞는 프로그램을 다운로드합니다.

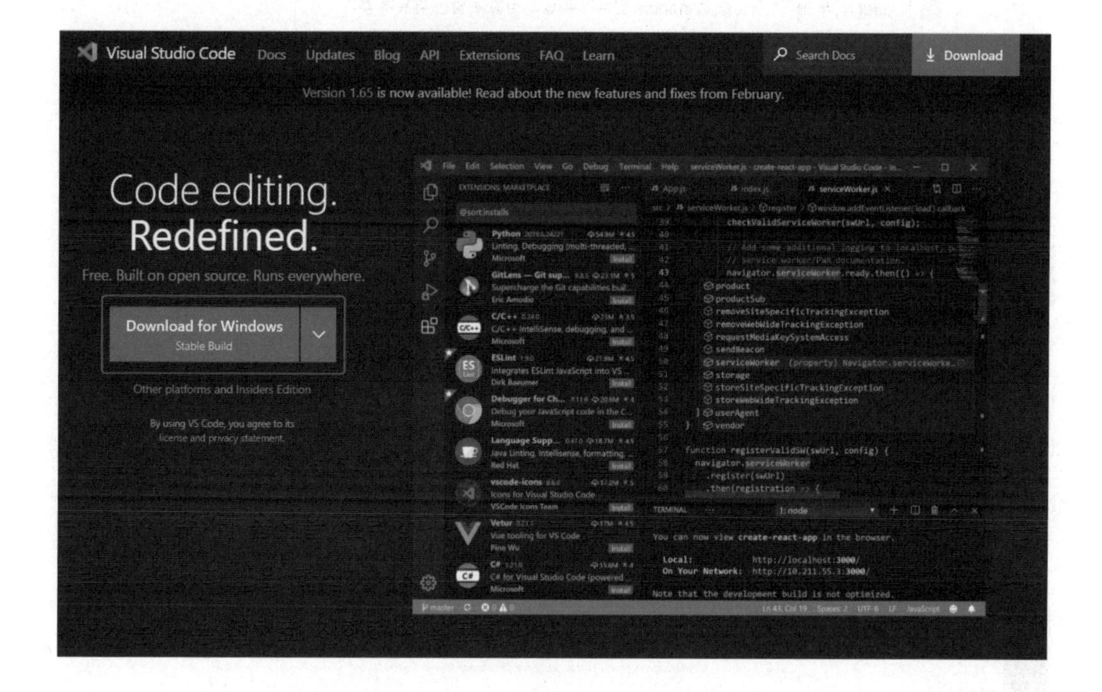

소프트웨어 라이선스 계약서에 동의해서 설치를 시작합니다. 설치 과정 중 [상황에 맞는 메뉴에 추가] 옵션을 선택합니다. 이것은 윈도우 탐색기에서 마우스 오른쪽 버튼을 클릭해 해당 파일을 편집기에서 바로 열 수 있는 메뉴(context menu)를 제공합니다. 나머지는 기본 설치로 진행하여 완료합니다.

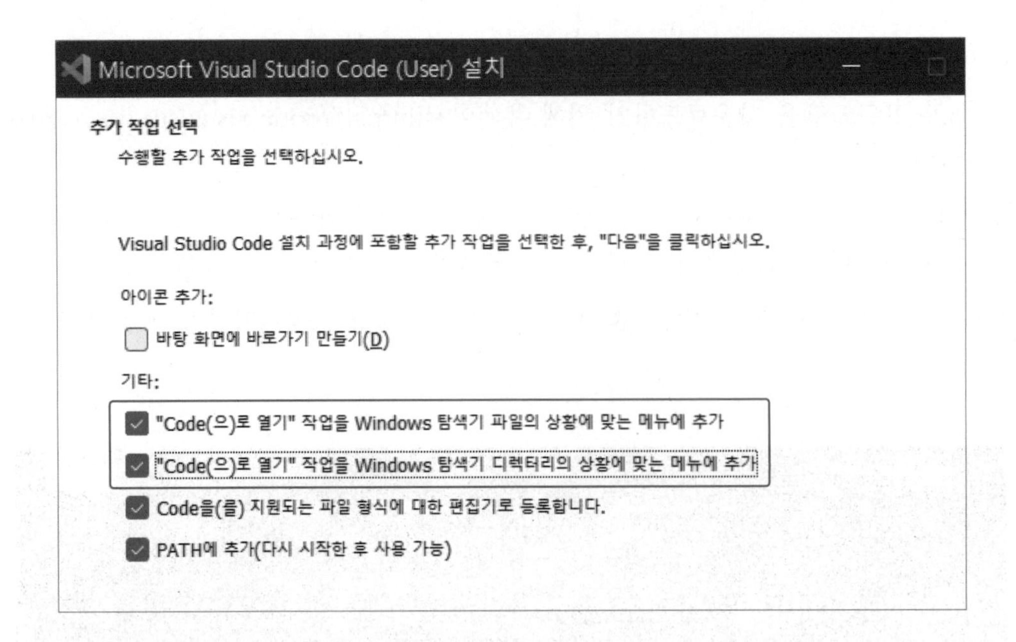

2. VSCode 확장 프로그램

VSCode에는 코드를 작성할 때 생산성을 높여 주는 편리한 확장 프로그램(extension program)이 많습니다. 확장 프로그램을 설치하려면 코드 편집기 왼쪽의 퀵메뉴(quickmenu)의 [extensions]를 클릭하고, 검색창에서 설치하려는 확장 프로그램의 이름을 검색하여 설치합니다. 다음은 인기가 많은 확장 프로그램으로, 미리 설치해 두기를 추천합니다.

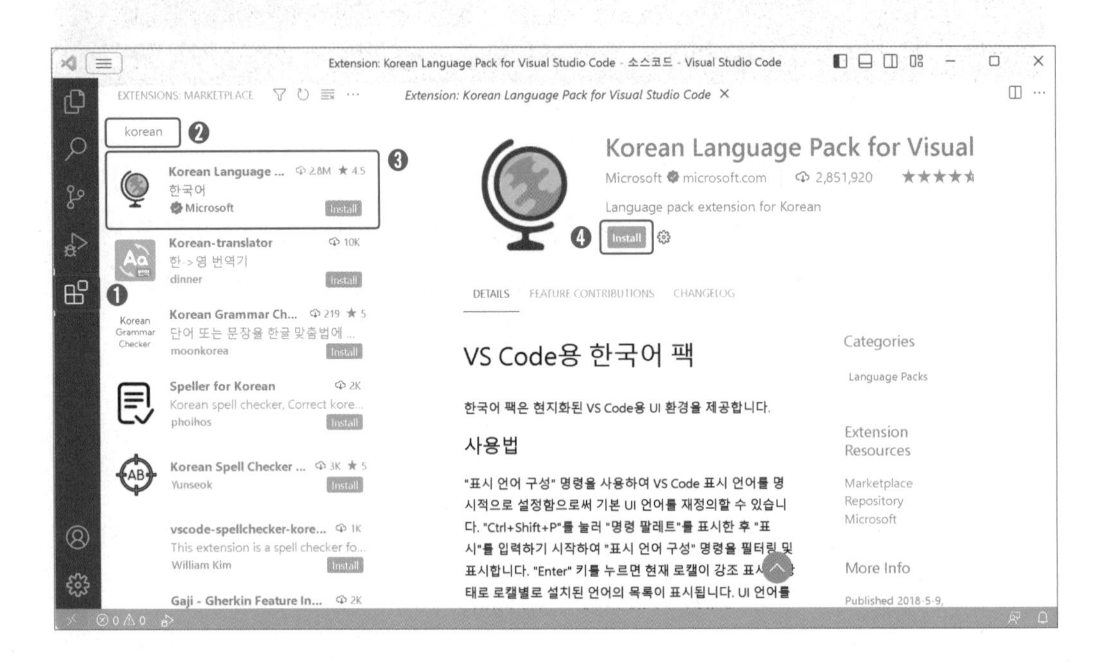

표 1-3 | VSCode의 유용한 확장 프로그램

확장 프로그램	설명
Korean Language Pack for Visual Studio Code	한국어용 언어 패키지
Prettier - Code formatter	코드 포맷 자동 맞춤
Live Server	개발용 로컬 서버
ESLint	자바스크립트 문법 오류 분석 도구
JavaScript(ES6) code snippets	자바스크립트 코드 자동 완성 지원
Material Theme	색상 테마(color theme)
Material Theme Icons	VSCode에서 사용 가능한 아이콘 모음
Auto Close Tag	시작 태그(start tag) 입력 시 닫기 태그(close tag) 자동 완성
Auto Rename Tag	시작/닫기 중 한쪽 태그 수정 시 나머지 태그 자동 수정
indent-rainbow	색깔로 들여쓰기 영역을 표시하여 가독성 향상

3. VSCode 환경 설정

메뉴에서 [파일] → [기본 설정] → [설정]을 선택하거나 퀵메뉴 하단의 [관리] 메뉴에서 [설정]을 클릭하여 환경 설정을 할 수 있습니다. 단축키인 Ctrl + ,를 눌러도 됩니다.

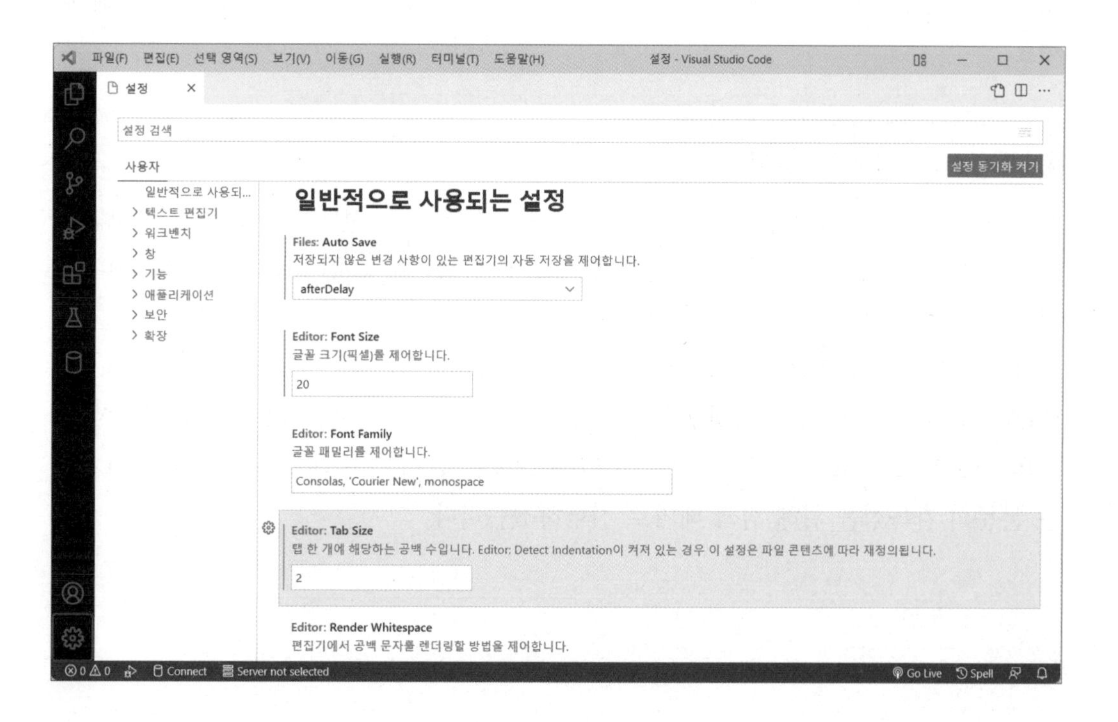

들여쓰기를 위한 탭(tab)의 크기는 2로 설정하는 것이 좋습니다. 코드가 복잡할수록 들여 쓰는 공백으로 인해 줄 바꿈이 자주 발생해 가독성을 떨어뜨릴 수 있기 때문입니다. 또한 [설정 검색]이란 검색창에 'Mouse Wheel Zoom'을 입력하여 이에 대한 항목을 선택할 것을 추천합니다. Ctrl키를 누른 상태에서 마우스 휠로 VSCode의 글꼴을 확대/축소할 수 있어 편리합니다.

[설정 검색] 검색창에 'formatter'를 입력하여 'Default Formatter'를 찾아 확장 프로그램 Prettier를 Code formatter로 설정합니다.

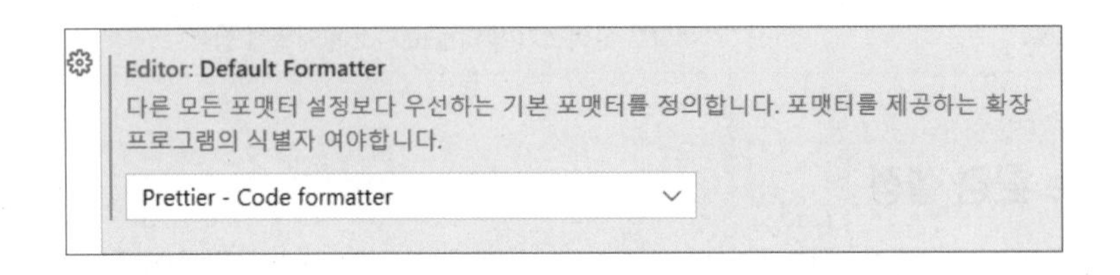

그 외의 설정은 작업하면서 변경하거나 개발자 블로그 등 외부 정보를 찾아 적용해 보세요.

4. VSCode 색 테마 설정

메뉴에서 [파일] → [기본 설정] → [테마] → [색 테마]를 선택하거나 퀵메뉴 하단의 [관리] 메뉴에서 [테마] → [색 테마]를 클릭하며, 단축키는 Ctrl+K와 Ctrl+T를 연속해서 눌러 편집기의 환경 설정을 할 수 있습니다.

다음 화면의 테마는 확장 프로그램 중 'Material Theme'를 설치한 후 'Material Theme Darker High Contrast'로 설정했을 때의 모습입니다. 제공되는 여러 가지 테마 중에서 눈의 피로가 덜하고 가독성을 높일 수 있는 테마를 골라 선택해 보세요. 다만 여기서는 본문의 가독성을 위해 흰색 테마로 진행하겠습니다.

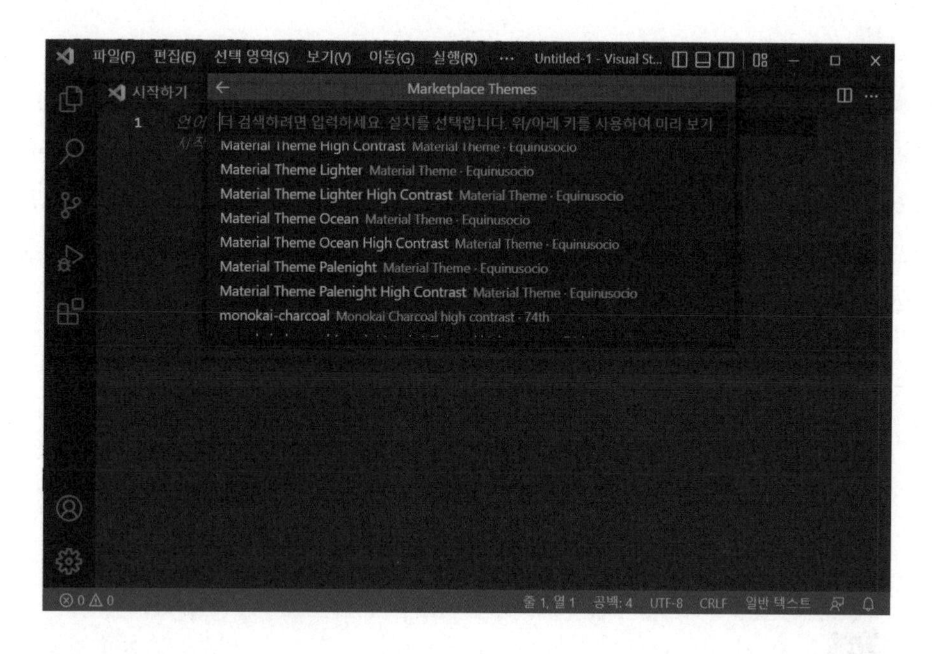

5. VSCode의 웹페이지 템플릿

메뉴에서 [파일] → [새 파일] 메뉴를 선택하여 새로운 파일로 프로그램을 작성합니다. 기본값은 '일반 텍스트'이며, HTML 문서로 작성하기 위해서는 편집기 하단의 [일반 텍스트]를 클릭하고 화면 상단의 언어 모드 선택 검색창에 'html'을 입력하여 선택합니다.

이제부터는 HTML 문서를 작업할 수 있습니다.

첫 번째 줄에 'html:5'를 입력하고, [Tab](탭, tab)키나 [Enter↵]키를 누르면 HTML5 형식의 웹페이지 템플릿(template)이 만들어집니다. 이 기능은 기본 내장된 Emmet 확장 프로그램[7]으로, 간단한 문법을 익히면 HTML 태그(tag)를 빠르게 구성할 수 있는 단축 코드를 제공합니다. 만약 템플릿이 만들어지지 않는다면, VSCode의 설정 창에서 'Emmet: Trigger Expansion On Tab'을 검색하여 체크박스를 선택하세요.

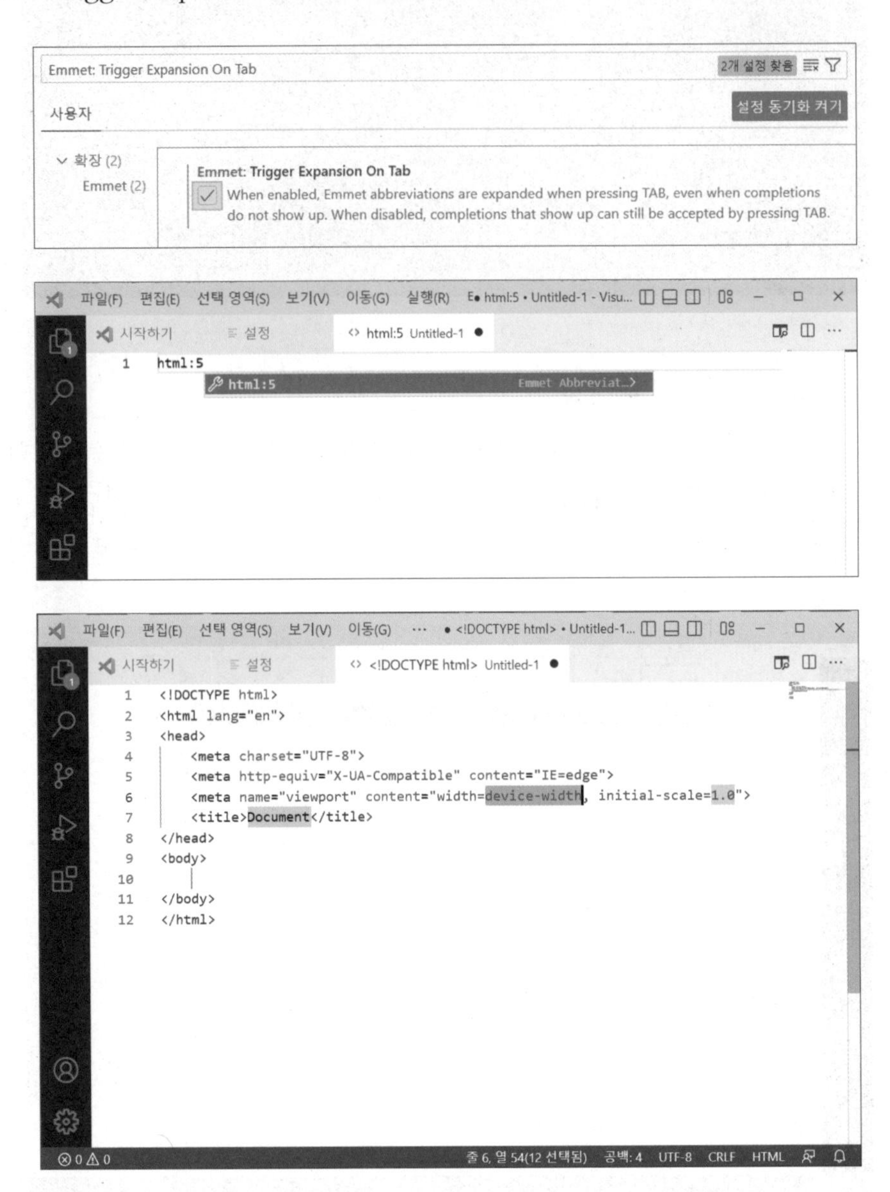

7) Emmet 홈페이지 : https://docs.emmet.io

01-5 아파치 웹 서버

웹의 기본 구조인 클라이언트와 서버를 구성하겠습니다. 웹에서 클라이언트는 브라우저입니다. 본문에서는 크롬[8]을 기본 브라우저로 합니다. 설치는 설명이 필요 없을 정도로 간단하여 생략합니다. 다운로드 후 기본 설치합니다.
서버는 윈도우 버전의 아파치 웹 서버(Apache Web Server)를 설치합니다. 혹시 다운로드 페이지가 보안 등의 이유로 크롬 브라우저에서 표시되지 않는다면 파이어폭스를 이용하여 다운로드하기를 추천합니다. 다음의 순서로 아파치 웹 서버를 설치합니다.

---

① Apache Lounge 사이트 방문
② Visual C++ 재배포 패키지 다운로드 및 설치
③ 윈도우 버전의 아파치 웹 서버 다운로드 및 설치
④ 아파치 웹 서버 환경 설정
⑤ 아파치 웹 서버의 윈도우 서비스 등록

---

1. Apache Lounge 사이트 방문

Apache Lounge 사이트(https://www.apachelounge.com)로 이동합니다. 왼쪽 메뉴의 [Downloads]를 클릭하여 다운로드 화면으로 이동합니다.

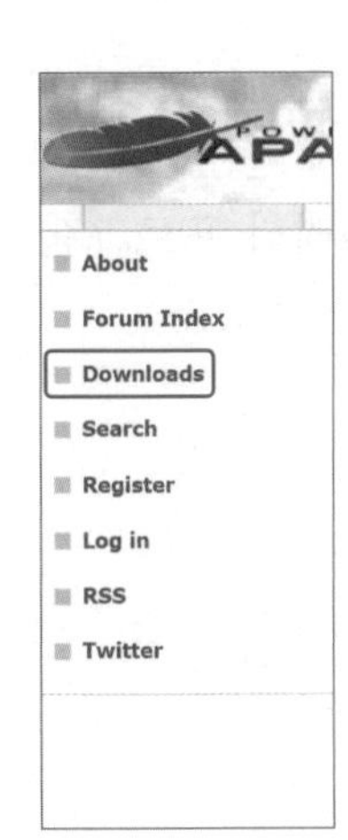

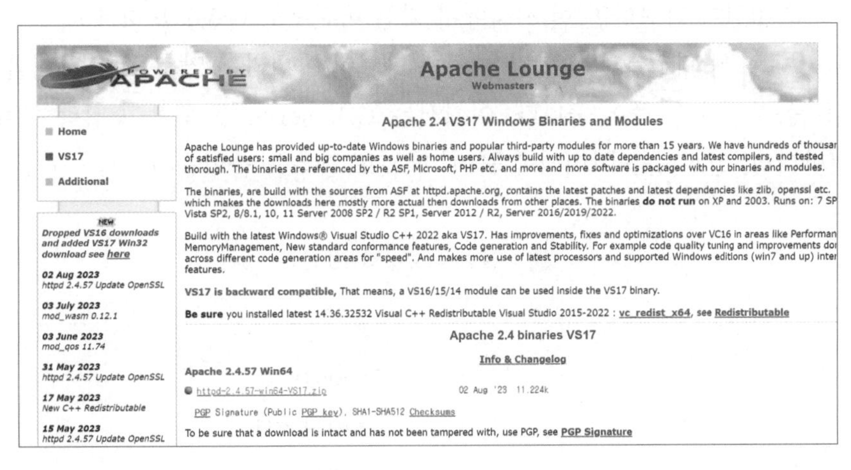

8) 크롬 브라우저 다운로드 : https://www.google.co.kr/intl/ko/chrome/

2. Visual C++ 재배포 패키지 다운로드 및 설치

윈도우용 아파치 웹 서버는 Visual C++ 프로그램으로 만들어져 있어 이를 실행하려면, Visual C++ 프로그램이 필요한 라이브러리(library)가 있어야 합니다. 프로그램 실행 환경(runtime environment)으로, 여기서는 이를 'Visual C++ 재배포 패키지'라고 합니다. 설치할 컴퓨터의 시스템 종류가 64비트 운영체제(OS)라면 [vc_redist_x64], 32비트 운영체제라면 [vc_redist_x86]을 클릭하여 설치합니다. 시스템 종류는 제어판의 [시스템]에서 확인할 수 있습니다.

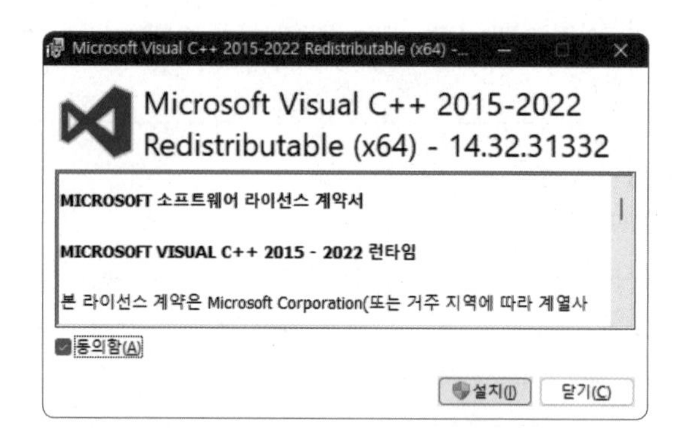

3. 윈도우 버전의 아파치 웹 서버 다운로드 및 설치

설치할 컴퓨터의 시스템 종류에 따라 64비트 운영체제라면 [httpd-2.4.57-win64-VS16.zip], 32비트 운영체제라면 [httpd-2.4.57-win32-VS16.zip]를 내려받습니다. 만약 버전이 다르다면 현 시점에서 최신 버전으로 다운로드하세요.

다운로드된 파일은 exe와 같은 설치 파일이 아니라서 압축을 풀 폴더를 만들고 이곳으로 옮겨 압축을 풀어 줍니다. 여기서는 'C:_server'를 만들고 압축 유틸리티 프로그램(반디집, 알집 등)의 [여기에 풀기] 메뉴로 압축을 풀었습니다.

4. 아파치 웹 서버 환경 설정

'C:_server\Apache24'로 이동하면 몇 개의 폴더가 있습니다. bin 폴더에는 웹 서버의 실행과 관련된 명령어가 있으며, conf 폴더에는 웹 서버의 환경 설정을 정의하는 파일이 있습니다. 이곳의 'httpd.conf' 파일을 수정·설정하여 환경 설정을 할 것입니다. htdocs 폴더는 웹 서버가 응답할 정적 웹 콘텐츠가 저장된 저장소로 HTML, CSS, 자바스크립트 파일과 이미지, 소리, 동영상 등의 파일이 위치할 곳입니다. htdoc 폴더는 편의점의 판매 진열대와 같은 곳으로 파일이 많아질 경우를 대비하여 구조와 규칙을 단순하게 만들어 관리할 필요가 있습니다.

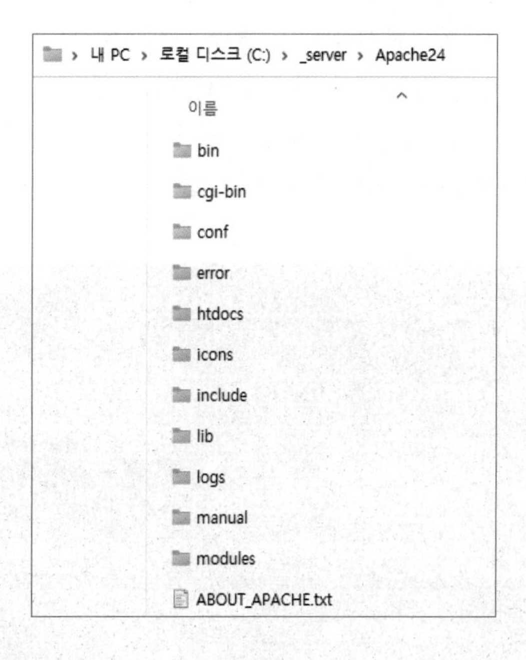

'C:_server\Apache24\conf'로 이동하여 'httpd.conf'를 VSCode에서 수정합니다. 파일 탐색기에서 [파일 확장명 보이기]로 설정하면, 파일마다 생략된 .html 등 확장자를 확인할 수 있어 편리합니다.

37번 행은 서버가 설치된 폴더(SRVROOT)를 설정하고, 227번 행에서는 시작 행의 '#'을 제거하여 명령줄로 만들고 사용할 도메인 이름을 입력합니다. 여기서는 도메인 이름을 localhost로 합니다. 변경된 설정을 저장하여 완료합니다.

```
36  #
37  Define SRVROOT "C:\_server\Apache24"
38

226  #
227  ServerName localhost:80
228
```

5. 아파치 웹 서버의 윈도우 서비스 등록

컴퓨터를 부팅할 때 자동으로 웹 서버가 실행되도록 하기 위해서는 윈도우 서비스에 등록해야 합니다. 윈도우 작업표시줄에서 '명령 프롬프트'를 검색하고 마우스 오른쪽 버튼으로 클릭해 [관리자 권한으로 실행]을 선택합니다.

명령 프롬프트(command prompt)가 관리자 권한으로 실행되면, bin 폴더로 프롬프트를 이동한 후 다음의 명령어를 입력하고 Enter↵를 누릅니다.

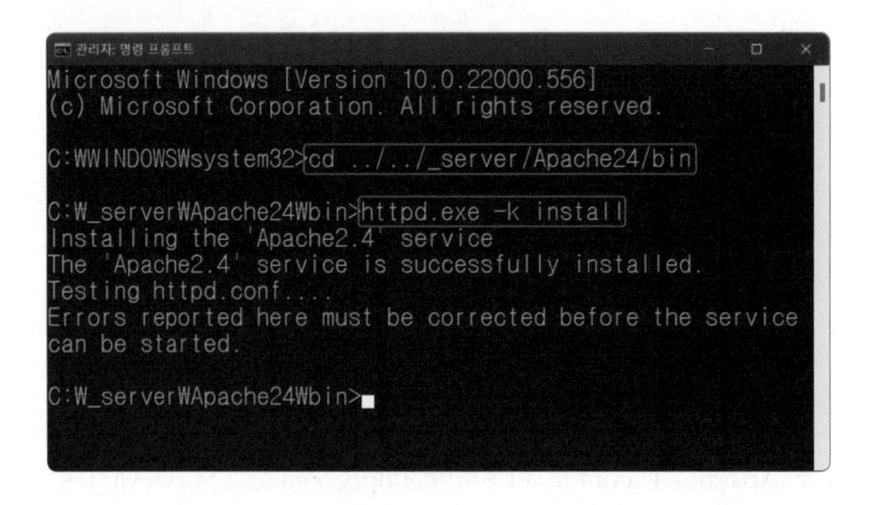

cd는 change directory 명령으로 디렉터리를 변경 · 이동하는 것입니다. '../'는 상위 폴더로의 이동을 의미하는데 2개를 연속 사용하여 위치를 'C:/'의 '_server/Apache24/bin'으로 이동하도록 했습니다. 그다음 'httpd.exe -k install' 명령어로 윈도우 서비스에 등록합니다.

제어판의 [서비스]로 이동하여 아파치 웹 서버를 실행합니다. 제어판의 [서비스]는 키보드에서 〈윈도우〉 키를 누른 후 '서비스' 또는 'service'를 입력하거나 제어판의 관리 도구를 통해 접근할 수 있습니다.

서비스 이름 'Apache2.4'를 선택하고 마우스 오른쪽 버튼을 클릭해 [시작]을 선택하거나, 'Apache2.4'를 선택한 상태에서 상단의 초록색 화살표(서비스 시작)를 클릭하여 서버를 실행할 수 있습니다.

아파치 웹 서버 설치가 완료되었습니다. 웹브라우저에서 'http://localhost'를 입력한 후 Enter↵키를 누르면, 웹 서버의 htdocs 폴더에 기본으로 들어 있는 index.html의 내용을 확인할 수 있습니다.

01-6 예제 파일 실행 방법

서버 환경에서 웹페이지를 확인하는 3가지 방법을 소개하겠습니다.

---

1. 아파치 웹 서버에서 예제 실행하기
2. VSCode의 확장 프로그램인 Live Server에서 예제 실행하기
3. 온라인 코드 플레이그라운드에서 예제 실행하기

원하는 편리한 방법으로 실행해 보세요. 본문의 예제를 코드 편집기로 살펴보고 동시에 서버 환경에서 실행으로 결과를 확인하면서 책을 보는 것을 추천합니다.

1. 아파치 웹 서버에서 예제 실행하기

책에서 사용한 예제 파일을 아파치 웹 서버의 htdocs 폴더에 바로 풀어 줍니다. 반디집 등 압축 프로그램을 이용하여 압축 파일을 풀면 [여기에 풀기] 메뉴를 이용하여 아래 왼쪽 그림처럼 만들어 줍니다. 아래 오른쪽 그림처럼 브라우저의 주소창에 localhost를 입력하여 예제 파일을 찾아 실행하세요.

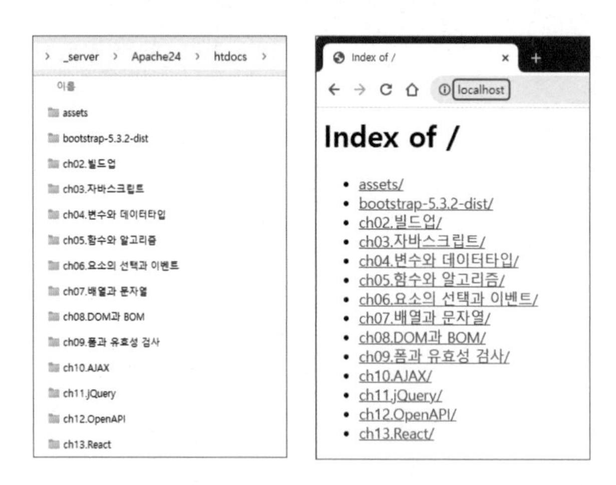

본문의 예제는 깃허브[9]로 제공되며, 도서에서 표현된 코드 중 혹시 있을 수 있는 오타 등은 깃허브를 통해 제공되는 예제 파일을 기준으로 학습하세요.

---

9) 예제 파일 : https://github.com/kwakmoonki/booksr/

2. VSCode의 Live Server에서 예제 실행하기

VSCode의 확장 프로그램인 'Live Server'를 사용하여 예제 파일을 실행할 경우, 먼저 메뉴에서 [파일] → [폴더 열기]를 선택하여 Live Server를 통해 서비스할 문서의 경로를 설정합니다. 이때 문서의 경로를 루트 디렉터리(root directory) 또는 루트 도큐먼트(root document)라고 합니다. VSCode 퀵메뉴에서 [탐색기]를 선택하고 실행할 파일을 클릭하여 편집 화면으로 가져옵니다. VSCode의 오른쪽 하단의 [Go Live]나 마우스 오른쪽 버튼을 클릭하여 콘텍스트(context) 메뉴에서 [Open With Live Server]를 선택하면 새로운 브라우저에서 선택한 파일의 결과를 확인할 수 있습니다.

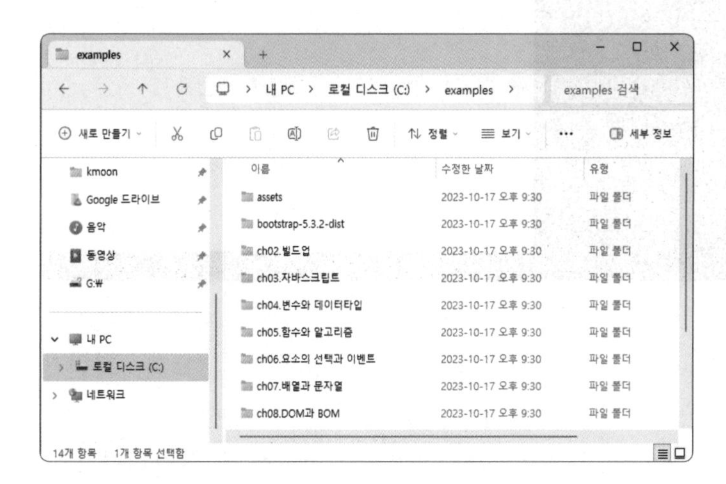

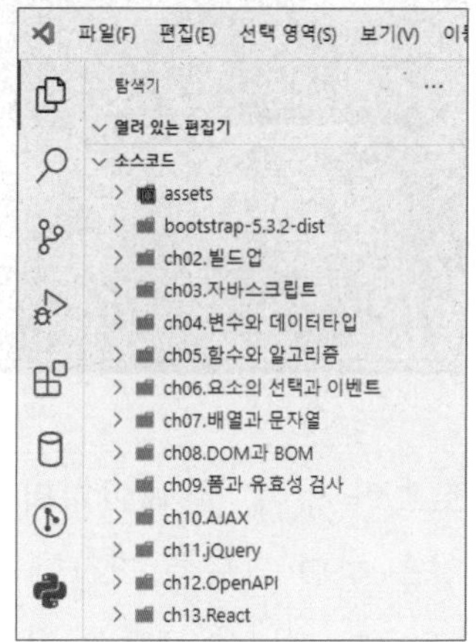

3. 온라인 코드 플레이그라운드에서 예제 실행하기

온라인 코드 플레이그라운드(online code playground)는 코드를 작성 · 실행하고 다른 사람들과 공유 · 협업할 수 있도록 하는 온라인 서비스입니다. VSCode의 기능과 웹서버 실행 환경을 온라인 서비스 형태로 사용할 수 있으며, 다른 사람들과도 함께 작업할 수 있습니다. 특히 많은 기능을 무료로 사용할 수 있어, 개발자들이 선호합니다. 유명한 몇 곳의 온라인 코드 플레이그라운드 서비스를 소개합니다.

① 코드펜(CodePen)
② 코드샌드박스(CodeSandbox)
③ 스택블리츠(StackBlitz)
④ 리플릿(REPLit)

① 코드펜(https://codepen.io)

코드펜(CodePen)은 프론트엔드 개발에 많이 사용되는 온라인 코드 편집기로서, 이해하기 쉬운 직관적인 UI로 구성되어 쉽게 사용할 수 있습니다.

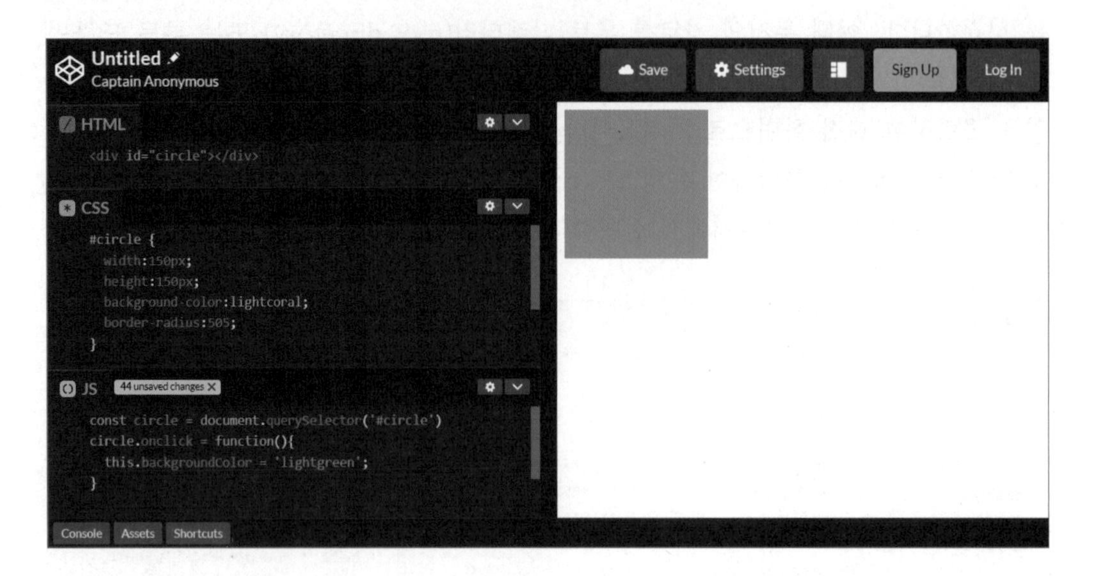

로그인 없이 첫 페이지의 [Start Coding] 버튼을 클릭해 사용할 수 있으며, 회원가입을 하면 코드를 저장할 수 있고, 다른 사람과 작업도 공유할 수 있습니다. HTML, CSS, JS 패널에 코드를 입력하면 바로 오른쪽 실행 화면에서 확인할 수 있습니다.

② 코드샌드박스(https://codesandbox.io)

샌드박스(sandbox)는 놀이터에서 그네나 정글짐 아래에 있는 모래더미로, 놀다가 혹여 떨어지더라도 다치지 않게 해 주는 안전 장치입니다. 코드샌드박스(CodeSandbox)는 프론트엔드 개발을 위한 안전한 샌드박스 환경을 제공한다는 의미로 사용됩니다.

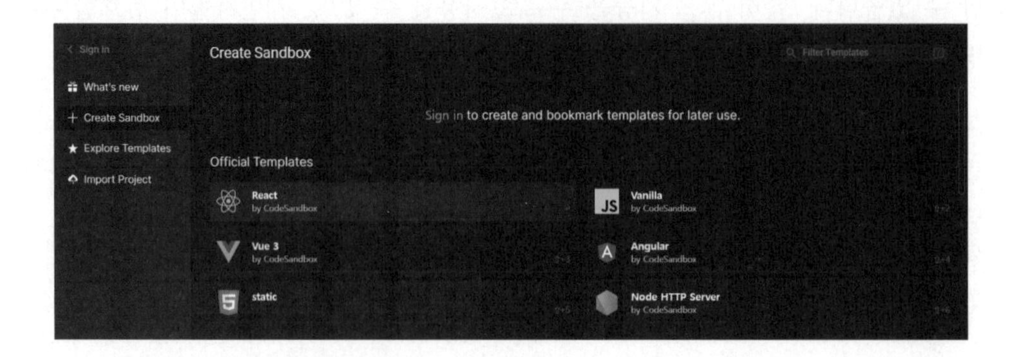

로그인 없이 첫 페이지의 상단 왼쪽에 있는 [Create Sandbox] 버튼을 클릭해 사용 가능하며, 회원가입을 하면 다양한 기능을 사용할 수 있습니다. 코드펜보다 다양한 프론트엔드 개발환경을 제공하며 리액트(React), 앵귤러(Angular.js), 뷰(Vue.js) 등 Node.js 기반의 최신 자바스크립트 개발환경에서 테스트해볼 수 있습니다. 무엇보다도 회원들이 공유한 엄선된 프로젝트(샌드박스)[10]를 살펴볼 수 있다는 것만으로도 유용하다 할 수 있습니다.

③ 스택블리츠(https://stackblitz.com)

스택블리츠(StackBlitz)는 코드샌드박스와 동일한 모나코 편집기(Monaco Editor)[11]를 기반으로 구성되어 있으며, 모나코 편집기는 온라인 VSCode로 유명합니다.

리액트(React), 앵귤러(Angular.js), 뷰(Vue.js) 등 Node.js 기반의 최신 자바스크립트 개발환경을 온라인으로 연습하고 개발할 수 있습니다.

④ 리플릿(https://replit.com)

리플릿(REPLit)은 최근에 많이 인용되는 곳으로, 단순한 프론트엔드 개발부터 Node.js 기반의 애플리케이션 개발 그리고 C++, 자바, 파이썬, PHP 등의 다양한 프로그램을 편집하고 빌드하는 데 필요한 많은 기능을 제공하고 있어, 텍스트 편집기를 넘어 온라인 통합개발환경(IDE)이라 할 만합니다.

---

10) https://codesandbox.io/explore

11) 모나코 편집기 홈페이지 : https://microsoft.github.io/monaco-editor/

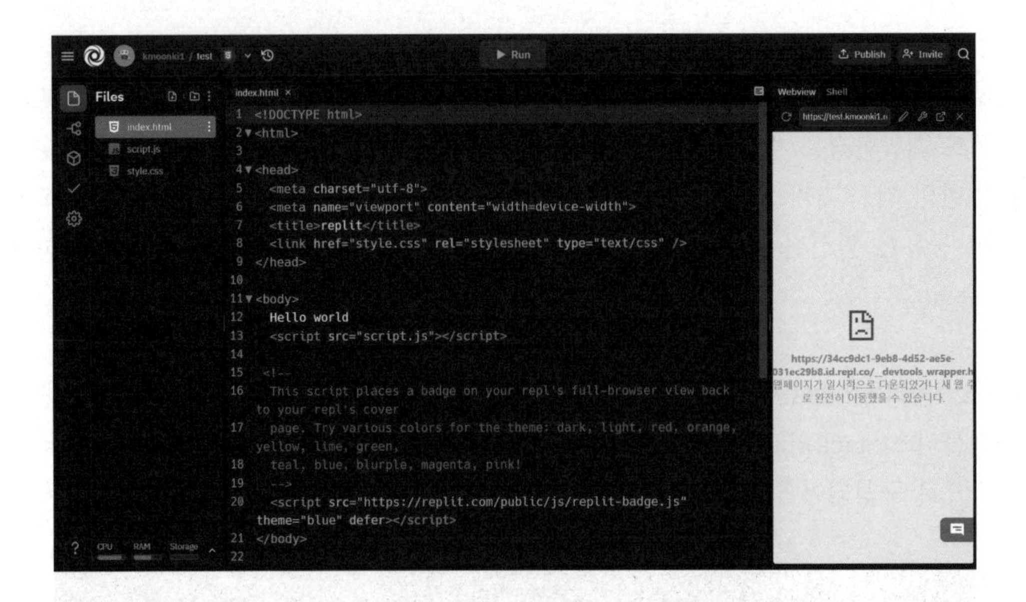

REPL은 'Read-Eval-Print Loop'를 나타내는데, 사용자의 입력을 읽고 평가하고 사용자에게 반환(출력)하는 일련의 프로그램 흐름을 반복한다는 의미로 개발 과정의 속성을 나타냅니다. 논리적인 반복에 의한 지속적인 개선으로 향상된 프로세스는 혁신적이고 진화된 제품이나 서비스를 만드는 중요한 원리입니다.

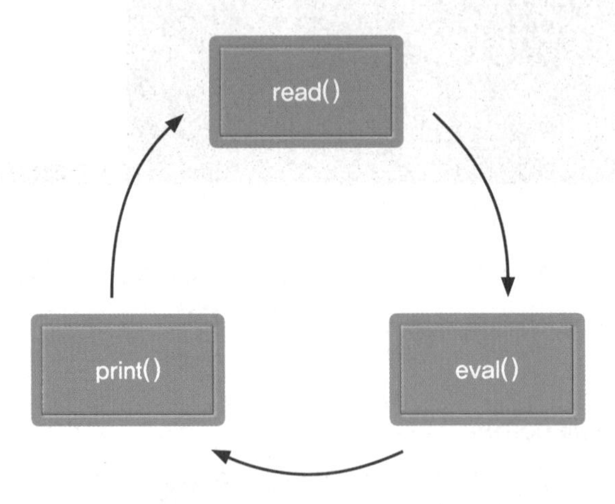

그림 1-10 Real-Eval-Print Loop(REPL)

01-7 웹 표준 학습을 위한 온라인 튜토리얼

웹 표준(web standard)이란 웹의 사용성과 접근성을 보장하기 위해 웹페이지(웹 문서)의 구조(HTML)와 표현(CSS), 동작(Javascript)을 구분하여 웹페이지의 개발을 권고하는 기술 표준입니다.
온라인으로 웹 표준을 학습하기 좋은 곳을 소개합니다. 일부는 한글을 지원하기도 하지만, 매끄럽지 않은 표현도 더러 있어 너그러운 마음으로 보세요. 하지만 내용이 충실하고 훌륭한 예제가 많아 익숙해진다면 좋은 참고 사이트가 될 것입니다.

---

① 개발자를 위한 웹 기술(모질라)
② 웹 개발 학습하기(모질라)
③ w3schools.com
④ javascript.info
⑤ codecamedy

---

① 개발자를 위한 웹 기술(모질라) : https://developer.mozilla.org/ko/docs/Web

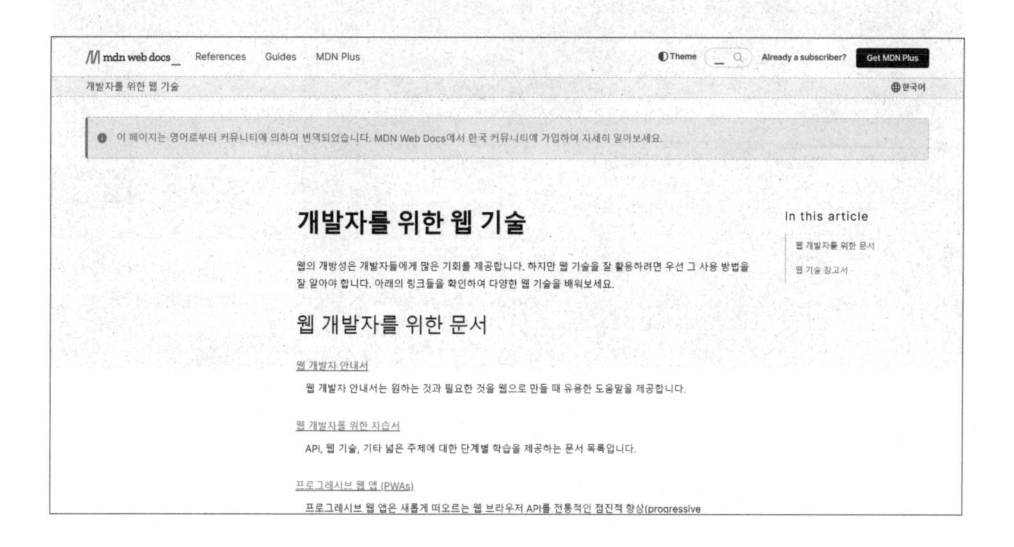

② 웹 개발 학습하기(모질라) : https://developer.mozilla.org/ko/docs/Learn

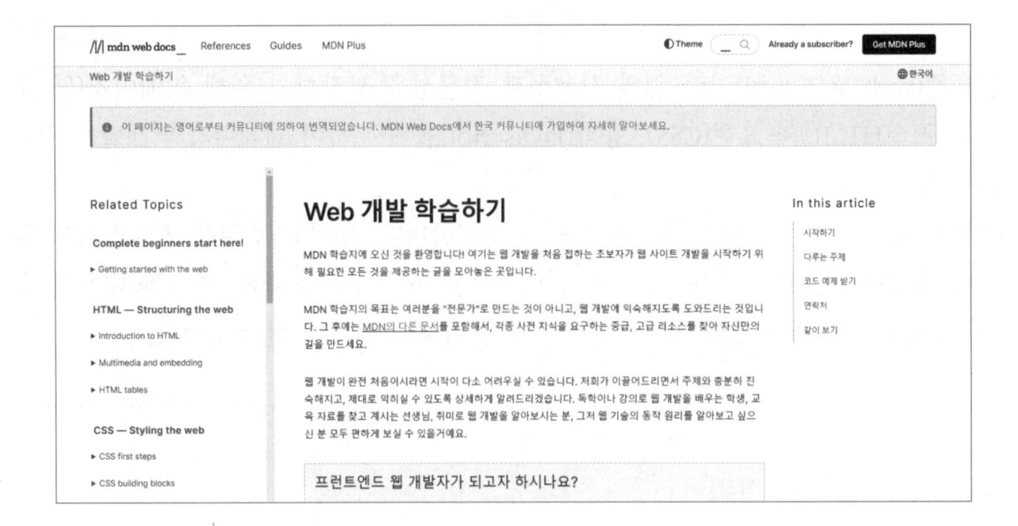

③ w3schools.com : https://www.w3schools.com

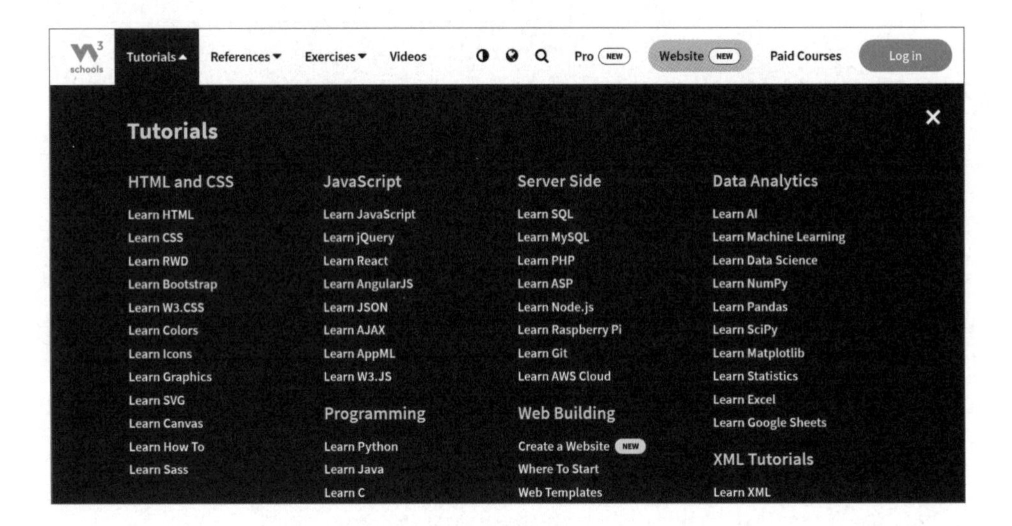

④ javascript.info : https://ko.javascript.info

⑤ codecamedy : https://www.codecademy.com/articles/language/javascript

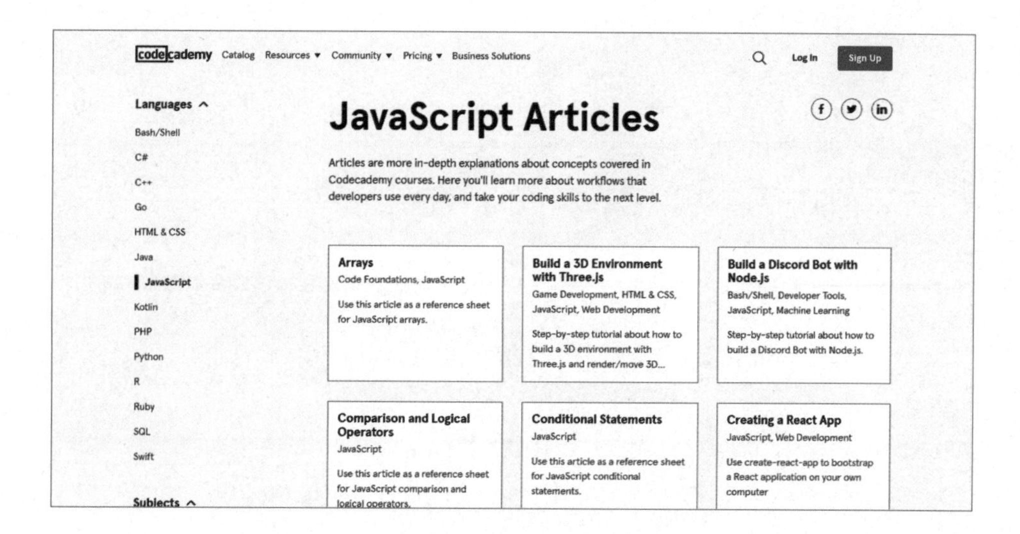

Chapter

02

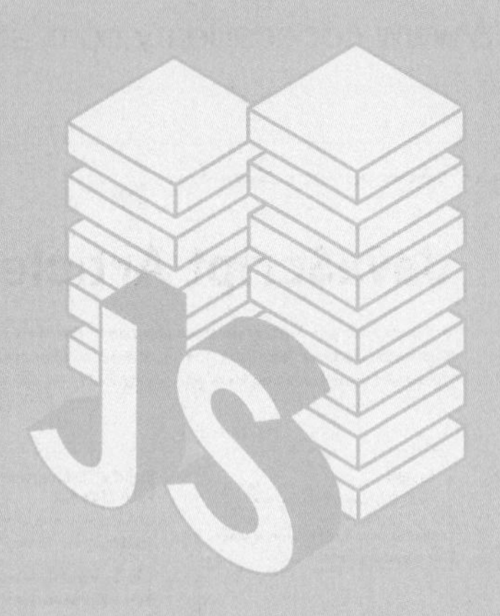

빌드업

학습목표

빌드업은 주로 축구에서 공격을 전개하기 위한 일련의 움직임 및 패스 등을 의미하는 것으로 목표를 달성하기 위한 일종의 준비과정입니다. 이번 장에서는 본격적으로 자바스크립트를 학습하기 위해 웹 표준을 이해하고 웹페이지를 구성하는 간단한 코딩을 연습합니다. 또한 솜씨 좋은 디자이너가 공들여 만들었을 것 같은 멋진 디자인을 제공하는 부트스트랩 프로젝트를 알아보고 사용하는 방법을 간단히 살펴봅니다.

02-1 블록 요소와 인라인 요소

모든 HTML 요소는 블록 요소(block element)와 인라인 요소(inline element)라는 표현 형태를 보입니다. 블록 요소는 항상 새 줄에서 시작하고, 너비(width)는 브라우저 너비의 100%입니다. 대표적인 태그로 〈div〉, 〈h1〉~〈h6〉, 〈p〉, 〈ul〉 등이 있습니다. 반면 인라인 요소는 항상 새 줄에서 시작하지 않으며, 너비는 콘텐츠(content)의 실제 너비의 크기만큼만 갖습니다. 여기에는 〈span〉, 〈img〉, 〈a〉, 〈button〉 등이 있습니다. 이외의 블록 요소와 인라인 요소는 htmlreference.io 사이트[1]를 참고하세요.

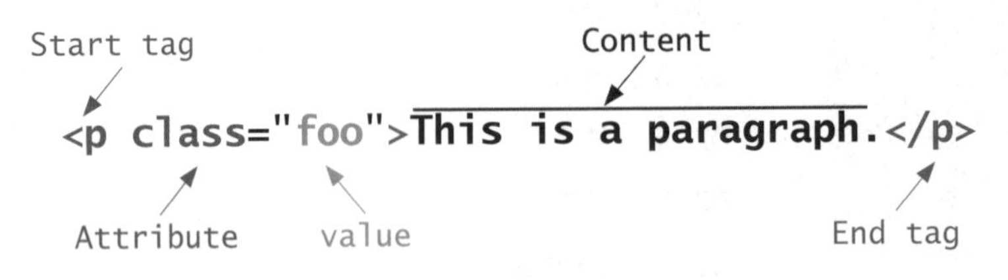

그림 2-1 HTML의 구성 요소

Search 113 HTML elements

☐ experimental ☐ meta ☐ self-closing ☑ inline ☑ block

a	meta	self-closing	inline	block
abbr	meta	self-closing	inline	block
address	meta	self-closing	inline	block
area	meta	self-closing	inline	block
article	meta	self-closing	inline	block
aside	meta	self-closing	inline	block

그림 2-2 HTML의 블록 요소와 인라인 요소

다음은 블록 요소와 인라인 요소를 표현한 코드와 브라우저상의 결과입니다.

1) https://htmlreference.io/

●●● 예제 파일 02.block-inline.html

```
20:    <div>블록 요소(block element)</div>
21:    <div>블록 요소(block element)</div>
22:    <div>블록 요소(block element)</div>
23:    <span>인라인 요소(inline)</span>
24:    <span>인라인 요소(inline)</span>
25:    <span>인라인 요소(inline)</span>
```

미리보기

블록 요소(block element)
블록 요소(block element)
블록 요소(block element)
인라인 요소(inline) 인라인 요소(inline) 인라인 요소(inline)

02-2 박스 모델

박스 모델(box model)은 요소가 표현하는 영역 또는 범위를 개념화하는 것으로, 마진, 보더, 패딩, 콘텐츠 영역으로 구분하여 표현됩니다.

---

① 마진(margin) : 보더의 바깥쪽 영역
② 보더(border) : 콘텐츠와 패딩을 둘러싸는 경계
③ 패딩(padding) : 콘텐츠를 둘러싸는 영역
④ 콘텐츠(content) : 요소(element)의 내용으로 문자나 이미지가 표현되는 영역

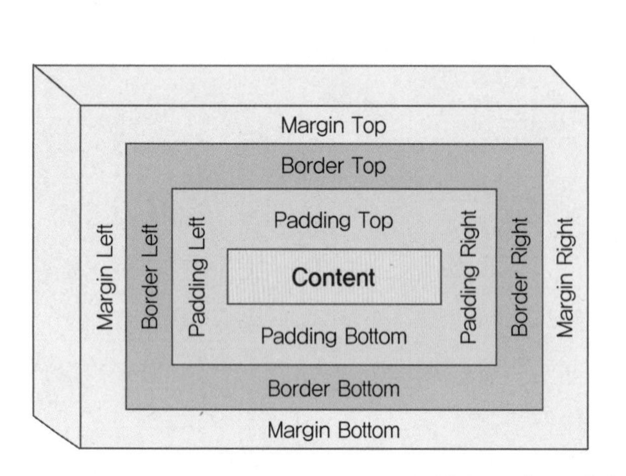

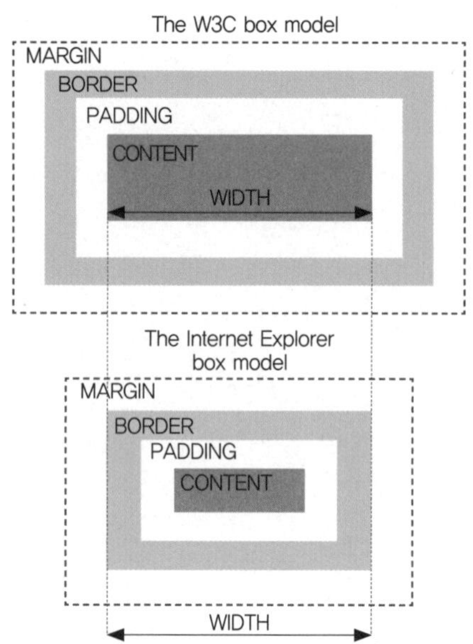

그림 2-3 박스 모델의 구조

마진, 보더, 패딩의 표현 방법으로 4가지 방향이 있는데, top을 기준으로 시계방향을 따라 right, bottom, left로 구분됩니다. 예제로 이들의 표현과 CSS의 단축 표현법(shorthand)을 알아봅니다.

```
margin-top: 10px;
margin-right: 20px;
margin-bottom: 30px;
margin-left: 40px;
```

단축 표현 ➡

```
margin: 10px 20px 30px 40px;
```

```
border-width: 10px;
border-style: solid;
border-color: lightcoral;
```

단축 표현 ➡

```
border: 10px solid lightcoral;
```

그림 2-4 CSS의 단축 표현법 예시

마진(margin)과 패딩(padding)의 단축 표현 형식은 위와 같으며, top을 기준으로 시계방향으로 표현됩니다. 4줄로 표현된 것을 한 줄로 간단하게 줄일 수 있습니다. 또한 마주 보는 값이 동일한 경우, 예를 들어 left와 right 그리고 top과 bottom의 값이 각각 같다면 뒤쪽에 표현되는 값을 생략할 수 있습니다. 4개를 3개로, 다시 2개로, 그리고 1개로도 표현할 수 있습니다.

보더(border) 속성은 border-width, border-style, border-color를 줄여서 표현할 수 있습니다.

●●● 예제 파일 02.boxModel.html

```
 ⋮        ⋮
14:      div {
15:        width: 300px;
16:        height: 200px;
17:        background-color: white;
18:        margin: 10px 20px 30px 40px;
19:        padding: 20px 40px 60px;
20:        border: 10px solid lightcoral;
21:      }
 ⋮        ⋮
25:    <div>
26:      <img src="https://dummyimage.com/300x200/333/fff" alt="콘텐츠">
27:    </div>
```

미리보기

300 × 200

예제에서 이미지를 콘텐츠로 하는 <div> 요소를 표현한 것입니다. 패딩을 padding: 20px 40px 60px;로 표현했는데, padding-left의 값이 padding-right의 값과 같아

padding-left의 값을 생략한 것입니다.

`padding: 20px 40px 60px 40px;`
`padding: 20px 40px 20px 40px;`
`padding: 20px 20px 20px 20px;`
	단축 표현
	➡
		`padding: 20px 40px 60px;`
		`padding: 20px 40px;`
		`padding: 20px;`

그림 2-5 패딩의 단축 표현

tip 더미 이미지와 로렘 입숨

앞의 예제에서 <img>의 src 속성값으로 url을 사용했는데, 이미지가 준비되지 않았거나 웹페이지 시안을 만들 때 온라인으로 이미지 표현을 가능하게 해 주는 무료 사이트[2]를 이용하면 편리합니다. 이처럼 그래픽 분야에서 쓰는 임의의 이미지를 더미 이미지(dummy image)라고 하며, 실제 내용이 없는 채우기용 텍스트를 로렘 입숨(lorem ipsum)이라고 합니다. 디자인을 평가할 때 세부 내용에 담긴 실제 이미지나 텍스트 때문에 시선이 분산될 수 있는데, 이때 이런 의미 없는 채우기용 텍스트/이미지를 사용하면 디자인 평가에 더 집중할 수 있어 효과적입니다.

박스 모델에서는 중요한 이슈가 있습니다. 바로 요소의 너비(width) 값을 어떤 기준으로 정의하는가의 문제로, 오래전 일이지만 웹 표준(W3C)을 잘 따르지 않았던 마이크로소프트의 인터넷 익스플로러(Internet Explorer)와 웹 표준을 따르는 다른 브라우저 간에 논쟁이 있었습니다. 당시 인터넷 익스플로러는 브라우저의 시장점유율에서 지배적인 위치에 있었습니다.

웹 표준 박스 모델에서는 HTML 요소의 너비를 콘텐츠의 너비로서 정의했는데, 인터넷 익스플로러에서의 너비는 [왼쪽 보더 + 왼쪽 패딩 + 콘텐츠 + 오른쪽 패딩 + 오른쪽 보더]로 정의되어 브라우저 간 레이아웃이 서로 다르게 표현될 수 있는 문제가 발생한 것입니다. 보더와 패딩값이 없는 경우는 두 모델이 정확히 동일하지만, 그렇지 않은 경우라면 레이아웃이 어긋나게 됩니다.

그러면 개발자는 고객이 어떤 브라우저를 사용하더라도 동일한 화면을 만들어야 하기에 브라우저에 따라 레이아웃이 어긋나지 않기 위해 예방 코드를 작성해야 했습니다. 따라야 하는 기준이 두 개였기 때문에 당연히 혼란이 생겼습니다. 지금은 W3C에서 정의한 웹 표준으로 정리되었지만, 기준(standard)이 중요한 이유를 알게 한 사건이라 하겠습니다.

2) Dynamic Dummy Image Generator : https://dummyimage.com

CSS의 box-sizing 속성을 이용하면 W3C 박스 모델과 인터넷 익스플로러의 박스 모델을 선택할 수 있는데 기본값은 W3C 박스 모델의 너비값 산정 기준인 content-box입니다. 명시적으로 속성과 속성값을 표시하지 않으면, 기본값을 적용하여 화면에 적용합니다.

●●● 예제 파일 : 02.boxModel2.html

```
 ⋮        ⋮
09:       #contentBox, #borderBox {
10:         width: 200px;
11:         height: 100px;
12:         margin: 10px 0;
13:         padding: 0 50px;
14:         background-color: lightcoral;
15:       }
16:       #borderBox {
17:         background-color: lightgreen;
18:         box-sizing: border-box;
19:       }
 ⋮        ⋮
23:     <div id="contentBox">W3C Box Model</div>
24:     <div id="borderBox">IE Box Model</div>
```

미리보기

W3C Box Model

IE Box Model

아이디(id) 속성의 borderBox에 box-sizing 속성값을 border-box로 설정하면, 인터넷 익스플로러의 너비값 산정 기준을 적용하여 패딩값으로 인해 콘텐츠의 너비값이 100px로 결정됨을 확인할 수 있습니다.

tip 폰트와 텍스트

① 폰트(font) : 글자와 정의된 글씨체의 관계를 다룹니다(예: font-size: 16px;).

② 텍스트(text) : 화면에 표현되는 글자의 위치와 표현 방법을 다룹니다(예: text-align: center;).

02-3 선택자

선택자는 CSS에서 가장 중요한 요소이면서, 자바스크립트에서도 핵심적인 역할을 하는 부분입니다. 선택자를 가리켜 지정해야 CSS의 속성을 정의할 수 있고, 자바스크립트 이벤트를 구성하여 실행할 수 있습니다.
선택자에는 단순 선택자(태그 이름, id, 클래스), 결합 선택자, 속성(attribute) 선택자, 의사-클래스 선택자(pseudo-class), 의사-요소 선택자(pseudo-element) 등이 있습니다.

CSS 선택자에 대한 자세한 내용은 웹 문서[3]를 참고하고, 여기서는 꼭 알아야 할 선택자만 소개합니다.

---

① 아이디(id) 선택자와 클래스(class) 선택자
② 속성(attribute) 선택자
③ 부모-자식(parent-child) 관계와 형제-자매(siblings) 관계
④ 의사 클래스(pseudo-class)와 의사 요소(pseudo-element)
⑤ 명시도(CSS specificity)

---

1. 아이디 선택자와 클래스 선택자

아이디(id) 선택자는 하나의 문서에서 중복 없이 오직 하나만 표현해야 합니다. 주민등록번호나 전화 번호처럼 말이죠. 반면 클래스(class) 선택자는 여러분의 이름처럼 중복을 허용합니다(나와 똑같은 이름을 갖는 친구가 있을 수 있습니다). 아이디는 HTML에서 id 속성을 이용하여 표현하며, CSS에서는 '#아이디'로 표현합니다. 또한 클래스는 HTML에서 class 속성을 이용하여 표현하며, CSS에서는 '.클래스'로 표현합니다.

---

3) CSS 선택자 : https://www.w3schools.com/cssref/css_selectors.asp

●●● 예제 파일 02.selector.html

```
 ⋮        ⋮
09:     #box {
10:       width: 100px;
11:       height: 100px;
12:       background-color: lightcoral;
13:     }
14:
15:     .circle {
16:       width: 100px;
17:       height: 100px;
18:       background-color: lightgreen;
19:       border-radius: 50%;
20:     }
 ⋮        ⋮
24:   <div class="circle"></div>
25:   <div id="box"></div>
26:   <div class="circle"></div>
```

미리보기

2. 속성 선택자

HTML 요소(element)의 부가적인 정보로서 속성(attribute)을 식별자로 사용하는 방법입니다. 속성은 속성 이름(attribute name)과 속성값(attribute value)으로 정의됩니다. CSS에서 [속성이름], [속성이름=속성값]으로 표현됩니다.

●●● 예제 파일 02.selector2.html

```
 ⋮          ⋮
09:       [name] {
10:         width: 200px;
11:         padding: 5px 10px;
12:         border: 1px solid lightcoral;
13:       }
14:
15:       [name=passwd] {
16:         border: 1px solid lightgrey;
17:       }
18:
19:       input[name=passwd] {
20:         border: 2px solid lightgreen;
21:       }
```

미리보기

아이디 입력

비밀번호 입력

```
 ⋮         ⋮
25:    <input type="text" name="userId" placeholder="아이디 입력">
26:    <hr>
27:    <input type="text" name="passwd" placeholder="비밀번호 입력">
```

[name]은 속성 이름이 name인 모든 요소를, [name=passwd]는 속성 이름이 name인 요소 중에서 속성값이 passwd인 특정 요소를, input[name=passwd]는 〈input〉 중에서 속성 이름이 name인 요소를 대상으로 속성값이 passwd인 특정 요소를 가리키는 선택자입니다. 특정 요소를 가리키는 선택자의 구성이 구체화될수록 선택자가 적용되는 우선순위가 높아지는데, 이를 명시도(CSS specificity)라고 합니다.

tip HTML 속성과 CSS 속성

애트리뷰트(attribute)와 프로퍼티(property)를 동일하게 '속성'으로 번역해 헷갈릴 수 있습니다. 애트리뷰트와 프로퍼티의 차이를 자동차에 비유하면 다음과 같습니다.

- HTML 속성인 애트리뷰트(attribute)는 HTML 요소의 정적(static)인 초기 설정값으로, 출고 시점에서 자동차의 속성이라 할 수 있습니다.
- CSS 속성인 프로퍼티(property)는 DOM(Document Object Model)에서 정의되는 동적(dynamic)인 변수처럼 (재)정의가 가능한 값으로, 출고 후 자동차의 속성을 튜닝하는 것과 같다고 하겠습니다. DOM은 웹페이지를 구조화된 표현으로 이해하는 체계로 HTML 요소 간의 관계와 계층을 표현합니다. 공식적인 표현으로 웹페이지의 프로그래밍 인터페이스(interface)라고 합니다.

3. 부모-자식 관계와 형제-자매 관계

웹페이지에서 HTML 요소가 많아 복잡해지면 이들 간의 관계를 이해해야 합니다. 부모-자식(parent-child) 관계는 다음 코드에서 〈div〉와 〈h3〉 또는 〈ol〉과 〈li〉와 같이 포함 관계에 있는 경우로 상자 내부에 상자를 포함하는 형태로 이해할 수 있습니다. 형제-자매(siblings) 관계는 3개의 〈li〉 요소처럼 이웃하는 형태입니다.

●●● 예제 파일 02.selector3.html

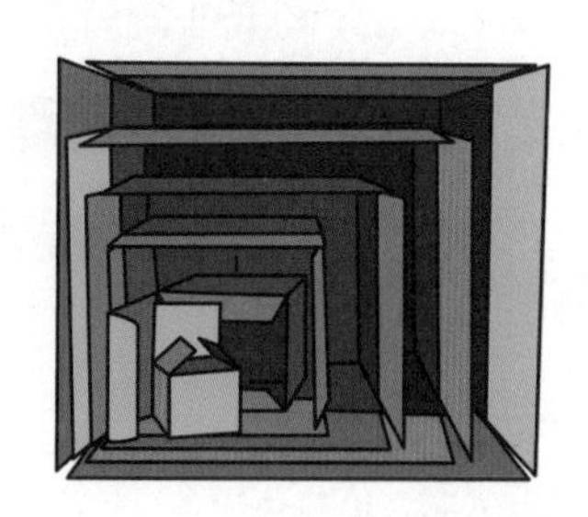

```
 :        :
20:     <div id="container">
21:       <h3>목록의 제목</h3>
22:       <ol class="mylist">
23:         <li>첫 번째 목록</li>
24:         <li>두 번째 목록</li>
25:         <li>세 번째 목록</li>
26:       </ol>
27:     </div>
```

그림 2-6 부모-자식 관계와 형제-자매 관계

HTML 요소들의 관계는 각 가정의 가계도 또는 족보의 형태와 닮았습니다. 아버지나 할아버지처럼 수직 또는 포함 관계를 갖는 부분과 형제-자매처럼 수평 관계를 갖는 부분으로 되어 있습니다.

기준이 되는 HTML 요소로부터 바로 위아래의 수직 관계는 부모(parent)와 자식(child)이고, 부모와 자식의 바깥은 조상(ancestors)과 자손(descendants)이고, 좌우의 수평 관계는 형제-자매(siblings)라고 합니다.

4. 의사 클래스와 의사 요소

의사 클래스(pseudo-class)는 '특정 상태'에 있는 요소를 선택하는 선택자로서 마우스 포인터로 가리키고 있는 요소(.item:hover)나 해당 유형의 첫 번째 요소(li:first-child) 등을 가리킵니다. 의사(pseudo)는 가짜 또는 유사(similar)라는 의미입니다. CSS 선택자로 표현할 경우 콜론(:)으로 시작합니다.

다음 예제 파일에서 의사 클래스 부분(10행~17행)을 적용한 결과는 오른쪽 화면과 같습니다(20행~28행을 드래그해서 선택하고 Ctrl+/를 눌러 주석 처리합니다).

●●● 예제 파일 02.selector4.html

```
 ⋮         ⋮
10:      li:first-child {
11:        background-color: lightcoral;
12:      }
13:
14:      .item:hover {
15:        cursor: pointer;
16:        background-color: lightgreen;
17:      }
 ⋮      ⋮
32:    <ul>
33:      <li>목록#1</li>
34:      <li>목록#2</li>
35:      <li class="item">목록#3</li>
36:    </ul>
```

미리보기

- 목록#1
- 목록#2
- 목록#3

의사 요소(pseudo-element)는 의사 클래스와 비슷하나 '새로운 HTML'을 적용한 것처럼 동작합니다. CSS 선택자로 표현할 경우 이중 콜론(::)으로 시작합니다. 예제 파일에서 의사 요소 부분(20행~28행)을 적용한 결과는 오른쪽 하단 화면과 같습니다(20행~28행의 주석 처리를 해제하고 10행~17행을 드래그해서 선택하고 Ctrl+/를 눌러 주석 처리합니다).

●●● 예제 파일 02.selector4.html

```
 ⋮         ⋮
20:      li:first-child::first-letter {
21:        font-size: 200%;
22:        color: #ff0000;
23:      }
24:
25:      .item::after {
26:        content: " - 중요함!";
27:        color: magenta;
28:      }
```

미리보기

- 목록#1
- 목록#2
- 목록#3 - 중요함!

5. 명시도

명시도(CSS Specificity)는 CSS 선택자가 적용되는 우선순위를 결정하는 규칙입니다.

동일한 요소를 가리키는 여러 가지 선택자에 적용되는 우선순위를 가리는 것으로 표현 순서에서 나중에 나오거나 구체적이고 명확하게 표현하는 선택자가 높은 우선순위를 갖습니다.

태그 선택자, 의사 요소 → 클래스 선택자, 속성 선택자, 의사 클래스 → 아이디 선택자 → 인라인 스타일

모든 요소를 가리키는 '*'로 표현되는 유니버설 선택자(universal selector)가 가장 낮은 우선순위를 가지며, 태그 선택자, 클래스 선택자/속성 선택자, 아이디 선택자 그리고 인라인 스타일 순서로 우선순위가 높아집니다. 가장 높은 우선순위의 표현은 !important를 사용하는 경우인데, 많이 사용하지 않는 것이 좋습니다. 최고 등급의 우선순위로 표현될 경우, 이를 다른 명시도 표현으로 통제할 수 없기 때문입니다.
자세한 정보는 여러 선택자 간 우선순위를 목록화한 specifishity.com[4]을 참고하세요.

●●● 예제 파일 02.selector5.html

```
 ⋮        ⋮
13:     #mylist li:nth-of-type(1) { color: lightblue; }
14:     #mylist li { color: lightgreen; }
15:     ul.mylist li { color: lightpink; }
16:     ul li { color: lightskyblue; }
17:     li { color: lightseagreen; }
18:     li:nth-of-type(2) { color: yellow !important; }
 ⋮        ⋮
22:   <ul id="mylist" class="mylist">
23:     <li>홍길동</li>
24:     <li style="color:lightcoral;">일지매</li>
25:     <li>임꺽정</li>
26:   </ul>
```

미리보기

- 홍길동
- 일지매
- 임꺽정

예제를 실행하기 전에 일부 선택자를 주석으로 막고 실행해서 결과를 확인해 보세요. 동일한 선택자일 경우 표현의 순서에 따라 뒤에 오는 경우가 우선순위가 높고, 더 구체화된 선택자 표현이면 우선순위가 높아집니다.

---

4) CSS Specifishity : https://specifishity.com/

02-4 플로팅

CSS의 float 속성은 콘텐츠의 위치를 지정하고 표현 형식을 정의합니다. 블록 요소(block element)를 동일한 가로 행(row)에 위치시키거나, 인라인 요소(inline element)인 이미지와 텍스트를 어울려 보이도록 할 때 등에 활용될 수 있습니다.
다음은 〈ul〉과 〈li〉로 메뉴바(menu bar)를 구성한 예제입니다.

●●● 예제 파일 02.floating1.html

```
 ⋮        ⋮
09:     ul.menu {
10:       list-style-type: none;
11:       padding: 0;
12:       outline: 1px solid red;
13:     }
14:
15:     ul.menu>li {
16:       width: 25%;
17:       height: 2rem;
18:       line-height: 2rem;
19:       text-align: center;
20:       outline: 1px solid navy;
21:     }
 ⋮        ⋮
25:   <ul class="menu">
26:     <li>메뉴1</li>
27:     <li>메뉴2</li>
28:     <li>메뉴3</li>
29:     <li>메뉴4</li>
30:   </ul>
```

미리보기

메뉴1
메뉴2
메뉴3
메뉴4

메뉴가 가로로 구성된 형태를 구성하려고 했지만 〈li〉가 블록 요소이기 때문에 모두 새로운 줄에서 요소가 시작되어 문제가 됩니다. 이런 경우 float 속성을 이용하면 해결할 수 있습니다.

```
 ⋮          ⋮
09:      ul.menu {
10:        list-style-type: none;
11:        padding: 0;
12:        outline: 1px solid red;
13:        width: 100%;
14:        height: 2rem;
15:      }
16:
17:      ul.menu>li {
18:        width: 25%;
19:        height: 2rem;
20:        line-height: 2rem;
21:        text-align: center;
22:        outline: 1px solid navy;
23:        float: left;
24:      }
 ⋮          ⋮
28:    <ul class="menu">
29:      <li>메뉴1</li>
30:      <li>메뉴2</li>
31:      <li>메뉴3</li>
32:      <li>메뉴4</li>
33:    <ul>
```

미리보기

메뉴1	메뉴2	메뉴3	메뉴4

float 속성은 이미지와 텍스트가 서로 잘 어울려 보일 수 있도록 구성할 경우에도 활용됩니다. 마치 개울의 물이 징검다리를 휘감아 흐르듯, 텍스트가 이미지 주변을 채운 것처럼 보입니다. 다만 아쉽게도 float 속성이 정의된 요소의 위치를 세밀하게 다룰 수 없습니다.

다음 예제에서 21행에서 31행까지 float을 적용하지 않았을 때와 적용했을 때를 비교해 보겠습니다.

●●● 예제 파일 02.floating3.html

```
⋮        ⋮
21:      img.lFloat, img.rFloat {
22:        margin: 5px 5px 5px 0;
23:        padding: 5px;
24:        border: 1px solid #999;
25:        float: left;
26:      }
27:
28:      img.rFloat {
29:        margin: 5px 0 5px 5px;
30:        float: right;
31:      }
```

미리보기

독립선언문

오등은 자에 아조선의 독립국임과 조선인의 자주민임을 선언하노라. 차로써 세계만방에 고하야 인류평등의 대의를 극명하며 차로써 자손만대에 고하야 민족자존의 정권을 영유케 하노라.반만년 역사의 권위를 장하야 차를 선언함이며 이천만민중의 성충을 합하야 차를 포명함이며 민족의 항구여일 한 자유발전을 위하야 차를 주장함이며 인류적 양심의 발노에 기인한 세계개조의 대기운에 순응병진하기 위하야 차를 제기함이니 시일천의 명명이며 시대의 대세며 전인류 공존 동생권의 정당한 발동이라 천하하물이던지 차를 저지 억제치 못할지니라 구시대의 유물인 침략주의 강권주의의 희생을 작하야 유사이래 누천년에 처음으로 이민족 겸제의 통고를 상한지 금에 십년을 과한지라 아생존권의 박상(탈)됨이 무릇 기하-며 심령상 발전의 장의됨이 무릇 기하-며 민족적 존영의 훼손됨이 무릇 기하-며 신예와 독창으로써 세계문화의 대조류에 기여보비할 기연 유실함이 무릇 기하-뇨.희라 구내의 억울을 선창(창)하려 하면 시하의 고통을 파탈하려 하면 장래의 협위를 제하려하면 민족적 양심과 국가적 렴의의 압축쇄잔을 흥분신장하려 하면 각개인격의 정당한 발달을 수하려 하면 가련한 자제에게 수치적 재산을 유여치 안이하려 하면 자자손손의 영구완전한 경복을 도영하려 하면 최대 급무가 민족적 독립을 확실케 함이니 이천만 각개가 인마다 방촌의 인을 회하고 인류통성과 시대양심이 정의의 군과 인도의 간과로써 호원하는 금일 오인은 진하야 취함에 하강을 좌치 못하랴 퇴하야 작함에 하지를 전치 못하랴.병자수호조규이래 시시종종의 금석맹약을 식하였다 하야 일본의 무신을 죄하려 아니하노라 학자는 강단에서 정치가는 실제에서 아조종세업을 식민지 시하고 아문화민족을 토매인우하야 한갓 정복자의 쾌를 탐할 뿐이요, 아의 구원한 사회기초와 탁영한 민족심리를 무시한다 하야 일본의 소의함을 책하려 아니하노라 자기를 책려하기에 급한 오인은 타의 원우를 가치 못하노라. 현재를 주무하기에 급한 오인은 숙석의 징변을 가치 못하노라.금일 오인의 소임은 다만 자기의 건설이 유할 뿐이요. 결코 타의 파괴에

200 × 150 200 × 150

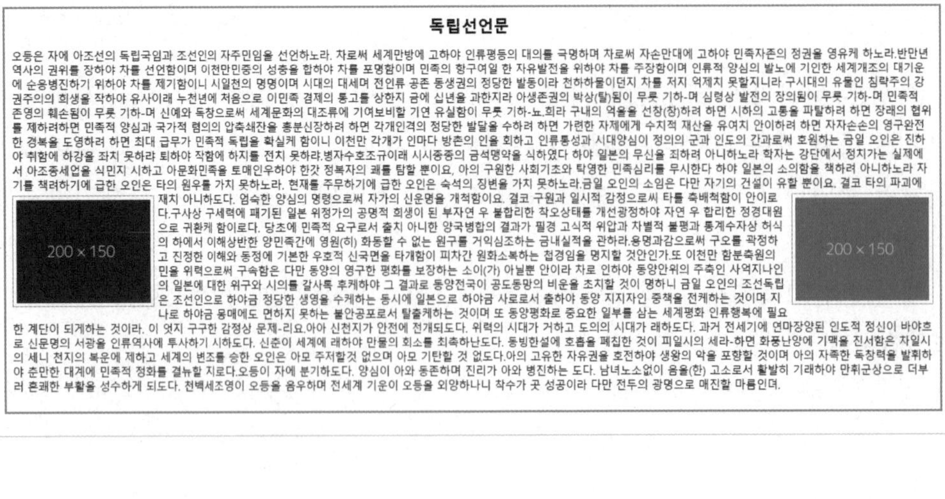

재치 아니하도다. 엄숙한 양심의 명령으로써 자가의 신운명을 개척함이요. 결코 구원과 일시적 감정으로씨 타를 축배척함이 안이로다.구사상 구세력에 패기된 일본 위정가의 공명적 희생이 된 부자연 우 불합리한 착오상태를 개선광정하야 자연 우 합리한 정경대원으로 귀환케 함이로다. 당초에 민족적 요구로서 출치 아니한 양국병합의 결과가 필경 고식적 위압과 차별적 불평과 통계수자상 허식의 하에서 이해상반한 양민족간에 영원(히) 화동할 수 없는 원구를 거익심조하는 금내실적을 관하라.용명과감으로써 구오를 곽정하고 진정한 이해와 동정에 기본한 우호적 신국면을 타개함이 피차간 원화소복하는 첩경임을 명지할 것안인가.또 이천만 함분축원의 민을 위력으로써 구속함은 다만 동양의 영구한 평화를 보장하는 소이(가) 아닐뿐 안이라 차로 인하야 동양안위의 주축인 사억지나인의 일본에 대한 위구와 시의를 갈사록 후케하야 그 결과로 동양전국이 공도동망의 비운을 초치할 것이 명하니 금일 오인의 조선독립은 조선인으로 하야금 정당한 생영을 수케하는 동시에 일본으로 하야금 사로로서 출하야 동양 지지자인 중책을 전케하는 것이며 지나로 하야금 몽매에도 면하지 못하는 불안공포로서 탈출케하는 것이며 또 동양평화로 중요한 일부를 삼는 세계평화 인류행복에 필요한 계단이 되게하는 것이라. 이 엇지 구구한 감정상 문제-리요.아아 신천지가 안전에 전개되도다. 위력의 시대가 거하고 도의의 시대가 래하도다. 과거 전세기에 연마장양된 인도적 정신이 바야흐로 신문명의 서광을 인류역사에 투사하기 시하도다. 신춘이 세계에 래하야 만물의 회소를 최촉하난도다. 동빙한설에 호흡을 폐칩한 것이 피일시의 세라-하면 화풍난양에 기맥을 진서함은 차일시의 세니 천지의 복운에 제하고 세계의 변조를 승한 오인은 아모 주저할것 없으며 아모 기탄할 것 없도다.아의 고유한 자유권을 호전하야 생왕의 악을 포향할 것이며 아의 자족한 독창력을 발휘하야 춘만한 대계에 민족적 정화를 결뉴할 지로다.오등이 자에 분기하도다. 양심이 아와 동존하며 진리가 아와 병진하는 도다. 남녀노소없이 옴울(한) 고소로서 활발히 기래하야 만휘군상으로 더부러 흔쾌한 부활을 성수하게 되도다. 천백세조영이 오등을 음우하며 전세계 기운이 오등을 외양하나니 착수가 곳 성공이라 다만 전두의 광명으로 매진할 마름인뎌.

독립선언문

오등은 자에 아조선의 독립국임과 조선인의 자주민임을 선언하노라. 차로써 세계만방에 고하야 인류평등의 대의를 극명하며 차로써 자손만대에 고하야 민족자존의 정권을 영유케 하노라.반만년 역사의 권위를 장하야 차를 선언함이며 이천만민중의 성충을 합하야 차를 포명함이며 민족의 항구여일 한 자유발전을 위하야 차를 주장함이며 인류적 양심의 발노에 기인한 세계개조의 대기운에 순응병진하기 위하야 차를 제기함이니 시일천의 명명이며 시대의 대세며 전인류 공존 동생권의 정당한 발동이라 천하하물이던지 차를 저지 억제치 못할지니라 구시대의 유물인 침략주의 강권주의의 희생을 작하야 유사이래 누천년에 처음으로 이민족 겸제의 통고를 상한지 금에 십년을 과한지라 아생존권의 박상(탈)됨이 무릇 기하-며 심령상 발전의 장의됨이 무릇 기하-며 민족적 존영의 훼손됨이 무릇 기하-며 신예와 독창으로써 세계문화의 대조류에 기여보비할 기연 유실함이 무릇 기하-뇨.희라 구내의 억울을 선창(창)하려 하면 시하의 고통을 파탈하려 하면 장래의 협위를 제하려하면 민족적 양심과 국가적 렴의의 압축쇄잔을 흥분신장하려 하면 각개인격의 정당한 발달을 수하려 하면 가련한 자제에게 수치적 재산을 유여치 안이하려 하면 자자손손의 영구완전한 경복을 도영하려 하면 최대 급무가 민족적 독립을 확실케 함이니 이천만 각개가 인마다 방촌의 인을 회하고 인류통성과 시대양심이 정의의 군과 인도의 간과로써 호원하는 금일 오인은 진하야 취함에 하강을 좌치 못하랴 퇴하야 작함에 하지를 전치 못하랴.병자수호조규이래 시시종종의 금석맹약을 식하였다 하야 일본의 무신을 죄하려 아니하노라 학자는 강단에서 정치가는 실제에서 아조종세업을 식민지 시하고 아문화민족을 토매인우하야 한갓 정복자의 쾌를 탐할 뿐이요, 아의 구원한 사회기초와 탁영한 민족심리를 무시한다 하야 일본의 소의함을 책하려 아니하노라 자기를 책려하기에 급한 오인은 타의 원우를 가치 못하노라. 현재를 주무하기에 급한 오인은 숙석의 징변을 가치 못하노라.금일 오인의 소임은 다만 자기의 건설이 유할 뿐이요. 결코 타의 파괴에

200 × 150

재치 아니하도다. 엄숙한 양심의 명령으로써 자가의 신운명을 개척함이요. 결코 구원과 일시적 감정으로씨 타를 축배척함이 안이로다.구사상 구세력에 패기된 일본 위정가의 공명적 희생이 된 부자연 우 불합리한 착오상태를 개선광정하야 자연 우 합리한 정경대원으로 귀환케 함이로다. 당초에 민족적 요구로서 출치 아니한 양국병합의 결과가 필경 고식적 위압과 차별적 불평과 통계수자상 허식의 하에서 이해상반한 양민족간에 영원(히) 화동할 수 없는 원구를 거익심조하는 금내실적을 관하라.용명과감으로써 구오를 곽정하고 진정한 이해와 동정에 기본한 우호적 신국면을 타개함이 피차간 원화소복하는 첩경임을 명지할 것안인가.또 이천만 함분축원의 민을 위력으로써 구속함은 다만 동양의 영구한 평화를 보장하는 소이(가) 아닐뿐 안이라 차로 인하야 동양안위의 주축인 사억지나인의 일본에 대한 위구와 시의를 갈사록 후케하야 그 결과로 동양전국이 공도동망의 비운을 초치할 것이 명하니 금일 오인의 조선독립은 조선인으로 하야금 정당한 생영을 수케하는 동시에 일본으로 하야금 사로로서 출하야 동양 지지자인 중책을 전케하는 것이며 지나로 하야금 몽매에도 면하지 못하는 불안공포로서 탈출케하는 것이며 또 동양평화로 중요한 일부를 삼는 세계평화 인류행복에 필요한 계단이 되게하는 것이라. 이 엇지 구구한 감정상 문제-리요.아아 신천지가 안전에 전개되도다. 위력의 시대가 거하고 도의의 시대가 래하도다. 과거 전세기에 연마장양된 인도적 정신이 바야흐로 신문명의 서광을 인류역사에 투사하기 시하도다. 신춘이 세계에 래하야 만물의 회소를 최촉하난도다. 동빙한설에 호흡을 폐칩한 것이 피일시의 세라-하면 화풍난양에 기맥을 진서함은 차일시의 세니 천지의 복운에 제하고 세계의 변조를 승한 오인은 아모 주저할것 없으며 아모 기탄할 것 없도다.아의 고유한 자유권을 호전하야 생왕의 악을 포향할 것이며 아의 자족한 독창력을 발휘하야 춘만한 대계에 민족적 정화를 결뉴할 지로다.오등이 자에 분기하도다. 양심이 아와 동존하며 진리가 아와 병진하는 도다. 남녀노소없이 옴울(한) 고소로서 활발히 기래하야 만휘군상으로 더부러 흔쾌한 부활을 성수하게 되도다. 천백세조영이 오등을 음우하며 전세계 기운이 오등을 외양하나니 착수가 곳 성공이라 다만 전두의 광명으로 매진할 마름인뎌.

200 × 150

02-5 포지셔닝

position 속성은 float 속성보다 정밀한 위치를 설정할 수 있습니다. 위치 지정 방법 중에서 절대위치(absolute)와 상대위치(relative)에 대하여 알아봅니다.
위치 계산을 위해서는 기준점에 대한 차이를 알아야 하는데, 절대위치는 브라우저의 원점(0,0)인 브라우저 화면 영역(viewport)의 왼쪽 위 모서리를 기준으로 하며, 상대위치는 브라우저에 배치될 때 요소의 원래 위치의 기준점(요소의 왼쪽 위 모서리)을 기준으로 위치를 계산합니다.

●●● 예제 파일 02.position1.html

```
 ⋮         ⋮
14:      div {
15:        width: 100px;
16:        height: 100px;
17:        margin-bottom: 10px;
18:      }
19:
20:      div.relative {
21:        background-color: lightcoral;
22:      }
23:
24:      div.absolute {
25:        background-color: lightgreen;
26:      }
 ⋮         ⋮
30:    <div class="relative"></div>
31:    <div class="absolute"></div>
32:    <div class="relative"></div>
```

미리보기

position 속성을 정의하지 않았을 때의 코드와 결과 화면입니다.
상대위치는 position 속성을 지정하지 않았을 경우를 기준으로 위치를 설정합니다. 예제에서는 top(위에서 아래쪽으로) 50px, left(왼쪽에서 오른쪽으로) 50px을 이동한 위치를 보여 줍니다.

●●● 예제 파일 02.position2.html

```
:      :
20:      div.relative {
21:        background-color: lightcoral;
22:        position: relative;
23:        top: 50px;
24:        left: 50px;
25:      }
```

미리보기

절대위치는 브라우저 화면 영역(viewport)의 원점(0,0)을 기준으로 위치를 설정합니다. 브라우저의 왼쪽 위 모서리를 기준으로 오른쪽은 X축으로 양의 방향, 아래쪽은 Y축으로 양의 방향입니다. 일반적인 수학의 좌표 체계와 조금 다르니 주의하세요. 절대위치(absolute)에는 주의할 점이 있는데 콘텐츠의 흐름에서 제외된다는 것입니다. 절대위치를 적용했을 때의 결과 이미지를 보면 절대위치가 적용된 요소 아래쪽 요소가 절대위치가 적용된 요소의 높이 공간을 메우고 있습니다.

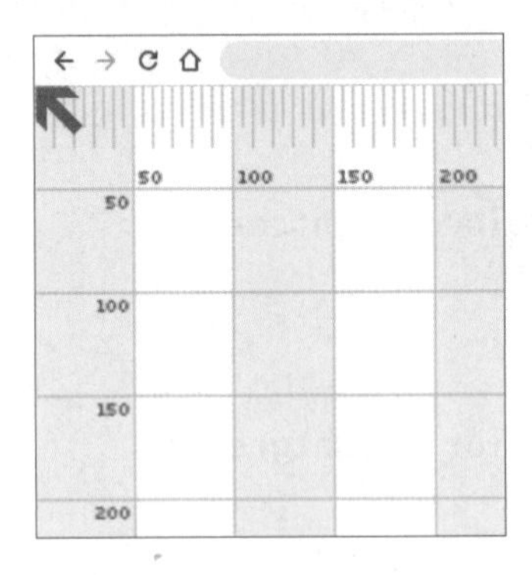

그림 2-7 절대위치의 예시

●●● 예제 파일 02.position3.html

```
:          :
27:      div.absolute {
28:        background-color: lightgreen;
29:        position: absolute;
30:        top: 100px;
31:        left: 100px;
32:      }
```

미리보기

절대위치(absolute)에는 또 하나의 중요한 특성이 있습니다. 절대위치로 지정된 요소의 부모(parent)나 조상(ancestors) 요소가 상대위치(relative)로 지정되는 경우, 절대위치가 기준으로 하는 원점이 브라우저의 원점(0,0)에서 해당 부모나 조상의 기준점으로 변경됩니다.
절대위치(absolute) 2개를 만들어 하나는 독립적인 위치에 두고, 나머지 하나는 상대위치(relative)의 자식(child) 요소로 만들어 테스트합니다.

●●● 예제 파일 02.position4.html

```
 ⋮         ⋮
14:      div.relative {
15:        width: 300px;
16:        height: 300px;
17:        margin: 0 auto;
18:        background-color: lightcoral;
19:      }
20:
21:      div.absolute {
22:        width: 80px;
23:        height: 150px;
24:        background-color: lightgreen;
25:      }
 ⋮         ⋮
29:    <div class="relative">
30:      <div class="absolute"></div>
31:    </div>
32:    <div class="absolute"></div>
```

미리보기

독립적인 위치에 있는 절대위치(absolute)는 브라우저의 원점을 기준으로 위치를 설정하는 데 반해, 상대위치(relative)의 자식 요소인 절대위치는 상대위치 요소의 기준점을 원점으로 설정하여 이로부터 위치를 계산하게 됩니다.

●●● 예제 파일 02.position5.html

```
 ⋮         ⋮
14:     div.relative {
15:       width: 300px;
16:       height: 300px;
17:       margin: 0 auto;
18:       background-color: lightcoral;
19:       position: relative;
20:     }
21:
22:     div.absolute {
23:       width: 80px;
24:       height: 150px;
25:       background-color: lightgreen;
26:       position: absolute;
27:       top: 50px;
28:       left: 50px;
29:     }
```

미리보기

02-6 레이아웃

콘텐츠와 영역의 배치 등을 다루는 레이아웃(layout) 기술[5]에는 앞서 살펴봤던 플로팅(floating)과 포지셔닝(positioning) 외에 플렉스(flex), 그리드(grid), 컬럼(column) 등의 CSS 속성과 영역을 표현하기 위해 사용하는 시맨틱(semantic) 요소[6]가 있습니다.

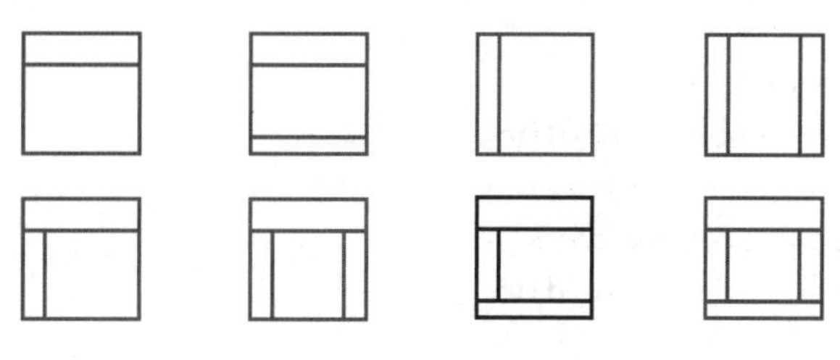

그림 2-8 레이아웃의 예시

여기서는 간단한 웹페이지 레이아웃을 만들어 보고, 시맨틱 요소를 소개합니다.

●●● 예제 파일 02.layout1.html

```
 ⋮        ⋮
14:      #header {
15:        height: 100px;
16:        background-color: lightblue;
17:      }
18:
19:      #nav {
20:        height: 300px;
21:        width: 30%;
22:        background-color: lightpink;
23:      }
24:
25:      #main {
26:        height: 300px;
```

미리보기

5) CSS 레이아웃 입문서 : https://developer.mozilla.org/ko/docs/Learn/CSS/CSS_layout/Introduction
6) HTML 시맨틱 요소 : https://www.w3schools.com/html/html5_semantic_elements.asp

```
27:         width: 70%;
28:         background-color: lightgreen;
29:       }
30:
31:       #footer {
32:         height: 100px;
33:         background-color: lightcoral;
34:       }
 ⋮          ⋮
38:     <div class="container">
39:       <div id="header"></div>
40:       <div id="nav"></div>
41:       <div id="main"></div>
42:       <div id="footer"></div>
43:     </div>
```

#nav와 #main 영역은 가운데에서 왼쪽과 오른쪽으로 붙어야 하지만, 〈div〉가 블록 요소이기에 각각 새로운 줄에서 영역을 시작하고 있습니다. 앞서 살펴봤던 플로팅(float) 속성으로 해결할 수 있습니다.

●●● 예제 파일 02.layout2.html

```
 ⋮          ⋮
19:       #nav {
20:         height: 300px;
21:         width: 30%;
22:         background-color: lightpink;
23:         float: left;
24:       }
25:
26:       #main {
27:         height: 300px;
28:         width: 70%;
29:         background-color: lightgreen;
30:         float: left;
31:       }
```

미리보기

#nav와 #main에 float 속성을 설정하여 두 영역을 같은 줄에 보이도록 했지만, #footer 영역이 보이지 않습니다. 이는 float 속성의 특성으로 콘텐츠 흐름에서 빠지게

되어 #footer가 #nav와 #main 영역 아래로 들어가 보이지 않게 된 것입니다. opacity 속성으로 투명도를 조절하여 살펴보면 이를 확인할 수 있습니다.

●●● 예제 파일 02.layout3.html

```
⋮          ⋮
26:        #main {
27:          height: 300px;
28:          width: 70%;
29:          background-color: lightgreen;
30:          float: left;
31:          opacity: 0.7;
32:        }
```

미리보기

이러한 float 속성이 정의되었을 때 그다음에 오는 요소를 정상적으로 위치시키려면 clear 속성을 이용합니다. float: left;를 해제하려면 clear: left;로 하고, float: right;를 해제하려면 clear: right;로 합니다. 양쪽을 한꺼번에 해제하려면 clear: both;를 사용합니다.

●●● 예제 파일 02.layout4.html

```
⋮          ⋮
34:        #footer {
35:          height: 100px;
36:          background-color: lightcoral;
37:          clear: both;
38:        }
```

미리보기

예제에서는 〈div〉에 아이디를 설정하여 레이아웃을 구성했는데, 영역을 나누기 위한 전용 태그(tag)가 있습니다. 이러한 시맨틱 요소는 영역에 대하여 의미를 부여할 수 있어, 콘텐츠 영역을 쉽게 구분하고 분리할 수 있도록 해줍니다. 시맨틱 요소로는 〈header〉, 〈main〉, 〈nav〉, 〈article〉, 〈section〉, 〈aside〉, 〈footer〉 등이 있습니다. 영역 그림을 살펴보면 사용 사례를 쉽게 이해할 수 있습니다.

●●● 예제 파일 02.layout5.html

```
 ⋮        ⋮
42:    <div class="container">
43:      <header></header>
44:      <nav></nav>
45:      <main></main>
46:      <footer></footer>
47:    </div>
```

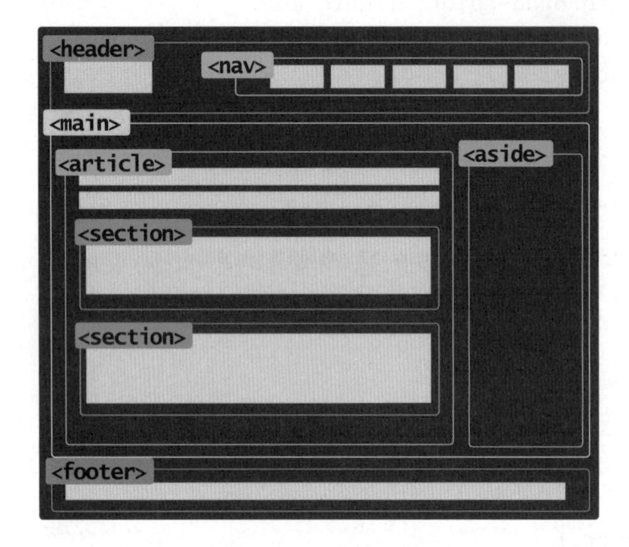

그림 2-9 레이아웃의 구성

02-7 웹 폰트와 이미지 스프라이트

빌드업의 마지막 과정으로, 웹 폰트와 이미지 스프라이트에 대하여 알아봅니다.

1. 웹 폰트

웹페이지에서 지정하는 폰트는 사용자 컴퓨터에 해당 글꼴이 설치되어야 모니터에 제대로 표현될 수 있습니다. 하지만 웹 폰트(web font)는 사용자 컴퓨터에 설치되지 않은 글꼴을 사용할 수 있게 해줍니다.
구글에서 제공하는 한글 웹 폰트를 사용하는 예제를 만들어 봅니다. 예제는 앞서 플로팅(floating)에서 사용했던 예제를 사용합니다. 구글 웹 폰트 사이트[7]로 이동하여 원하는 글꼴을 선택하거나 검색창에서 원하는 글꼴을 검색합니다. 참고로 구글 웹 폰트 사이트는 변경될 수 있습니다. 다만 사용 방법은 비슷하니 메뉴가 약간 다르더라도 당황하지 마세요.
여기에서는 Sunflower라는 글꼴을 사용하겠습니다. 검색창에 'sunflower'를 검색한 후 클릭합니다. 이 글꼴의 기본 스타일을 확인할 수 있습니다. 웹페이지 하단의 Styles 항목으로 이동합니다.

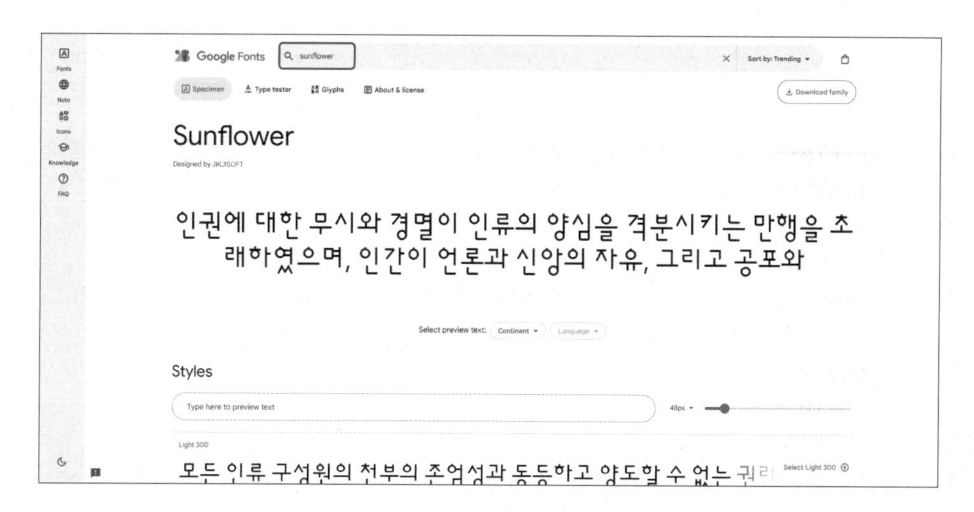

오른쪽에 글꼴의 굵기를 선택할 수 있습니다. 가장 얇은 글꼴인 [Light 300]을 클릭하면 오른쪽에 HTML 문서에서 해당 웹 폰트를 적용하는 2가지 방법이 나옵니다.

7) 구글 웹 폰트 : https://fonts.google.com/?subset=korean

〈link〉를 이용하여 〈head〉에 포함시키는 방법과 @import 키워드를 이용하여 〈style〉 내부에 추가하는 방법이 있습니다.

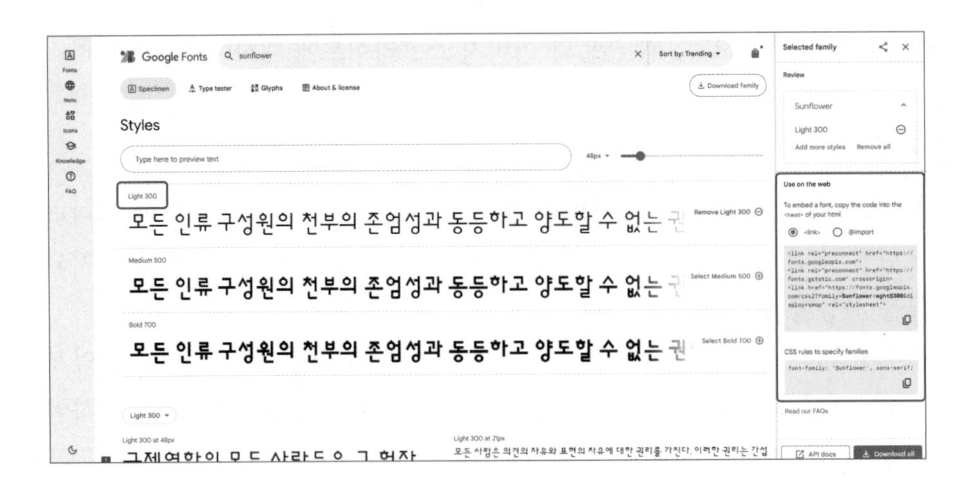

〈link〉를 이용하여 웹 폰트를 삽입하는 방법과 @import 키워드를 사용하여 웹 폰트를 구성하는 방법을 각각 예제로 만들었습니다. 각각의 예제를 브라우저에서 확인하여 웹 폰트가 잘 적용되었는지 확인해 보세요.

아래는 〈link〉를 이용한 방법입니다.

●●● 예제 파일 02.webfonts1.html

```
 ⋮     ⋮
07:    <title>웹 폰트(webfonts)</title>
08:    <link rel="preconnect" href="https://fonts.googleapis.com">
09:    <link rel="preconnect" href="https://fonts.gstatic.com"
     crossorigin>
10:    <link rel="stylesheet" href="https://fonts.googleapis.com/
     css2?family=Sunflower:wght@300&display=swap">
11:    <style>
12:      main {
13:        width: 80%;
14:        border: 3px solid #888;
15:        margin: 0 auto;
16:        padding: 10px;
17:        font-family: 'Sunflower', sans-serif;
18:      }
```

미리보기

독립선언문

오등은 자에 아조선의 독립국임과 조선인의 자주민임을 선언하노라. 차로써 세계만방에 고하야 인류평등의 대의를 극명하며 차로써 자손만대에 고하야 민족자존의 정권을 영유케 하노라. 반만년 역사의 권위를 장하야 차를 선언함이며 이천만민중의 성충을 합하야 차를 포명함이며 민족의 항구여일 한 자유발전을 위하야 차를 주장함이며 인류적 양심의 발노에 기인한 세계개조의 대기운에 순응병진하기 위하야 차를 제기함이니 시일천의 명명이며 시대의 대세며 전인류 공존 동생권의 정당한 발동이라 천하하물이던지 차를 저지 억제치 못할지니라 구시대의 유물인 침략주의 강권주의의 희생을 작하야 유사이래 누천년에 처음으로 이민족 겸제의 통고를 상한지 금에 십년을 과한지라 아생존권의 박상(탈)됨이 무릇 기하-며 심령상 발전의 장의됨이 무릇 기하-며 민족적 존영의 훼손됨이 무릇 기하-며 신예와 독창으로써 세계문화의 대조류에 기여보비할 기연 유실함이 무릇 기하-뇨.희라 구내의 억울을 선창(창)하려 하면 시하의 고통을

아래는 @import를 이용한 방법입니다.

●●● 예제 파일 02.webfonts2.html

```
 :          :
07:    <title>웹 폰트(webfonts)</title>
08:    <style>
09:      @import url("https://fonts.googleapis.com/
     css2?family=Sunflower:wght@300&display=swap");
10:
11:      main {
12:        width: 80%;
13:        border: 3px solid #888;
14:        margin: 0 auto;
15:        padding: 10px;
16:        font-family: 'Sunflower', sans-serif;
17:      }
```

미리보기

독립선언문

오등은 자에 아조선의 독립국임과 조선인의 자주민임을 선언하노라. 차로써 세계만방에 고하야 인류평등의 대의를 극명하며 차로써 자손만대에 고하야 민족자존의 정권을 영유케 하노라. 반만년 역사의 권위를 장하야 차를 선언함이며 이천만민중의 성충을 합하야 차를 포명함이며 민족의 항구여일 한 자유발전을 위하야 차를 주장함이며 인류적 양심의 발노에 기인한 세계개조의 대기운에 순응병진하기 위하야 차를 제기함이니 시일천의 명명이며 시대의 대세며 전인류 공존 동생권의 정당한 발동이라 천하하물이던지 차를 저지 억제치 못할지니라 구시대의 유물인 침략주의 강권주의의 희생을 작하야 유사이래 누천년에 처음으로 이민족 겸제의 통고를 상한지 금에 십년을 과한지라 아생존권의 박상(탈)됨이 무릇 기하-며 심령상 발전의 장의됨이 무릇 기하-며 민족적 존영의 훼손됨이 무릇 기하-며 신예와 독창으로써 세계문화의 대조류에 기여보비할 기연 유실함이 무릇 기하-뇨.희라 구내의 억울을 선창(창)하려 하면 시하의 고통을

2. 이미지 스프라이트

이번에는 하나의 이미지 파일에 여러 개의 이미지를 구성하여 백그라운드(background) 이미지로 각각의 이미지를 사용하는 방법인 이미지 스프라이트(image sprite)를 살펴봅니다. 이미지 스프라이트 형태가 아닌 이미지별로 파일을 만들면, 각각의 파일명을 정해야 해서 번거롭고 이미지별로 여러 번 서버 요청을 하기 때문에 웹 페이지의 로딩 시간이 늘어나게 됩니다.

구글의 이미지 검색에서 'css image sprite'로 검색하면, 예제로 사용할 만한 이미지가 많으니 참고하세요. 네이버나 다음에서도 이미지 스프라이트를 사용하고 있습니다.

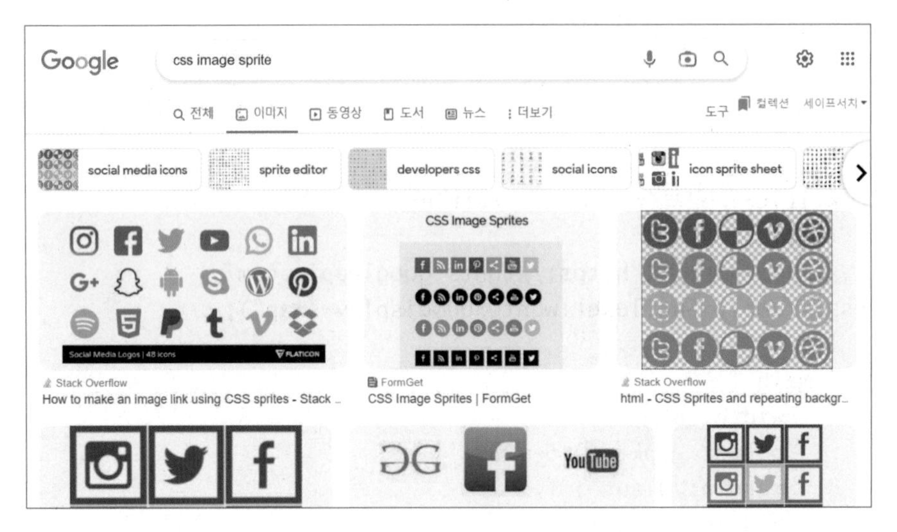

그림 2-10 이미지 스프라이트 예시

크롬 브라우저의 개발자 도구[8]에서 [네트워크(Network)]를 선택합니다.

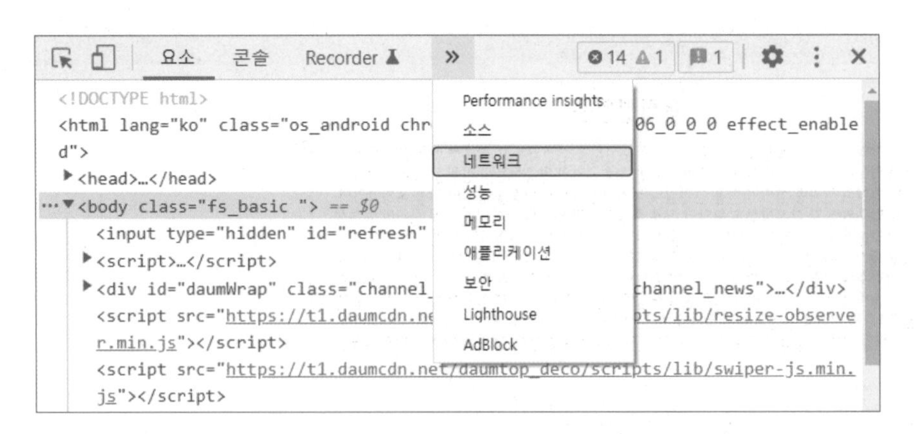

8) 크롬 브라우저에서 개발자 도구를 실행하기 위해서는 단축키 F12를 눌러 주세요.

> **tip 개발자 도구에서 언어 설정하기**
>
> 크롬 브라우저 개발자 도구의 설정에 따라 인터페이스가 영문으로 표시될 수도 있습니다. ⚙를 선택하면 메뉴를 한국어로 변경할 수 있습니다.

하단의 필터(filter)에서 [img]를 선택하여 해당 웹페이지에서 사용한 이미지를 찾아보세요. 이미지를 선택한 후 오른쪽에서 [미리보기(preview)]를 선택하여 이미지를 찾다 보면 사이트에서 사용된 다양한 이미지 스프라이트를 찾을 수 있습니다. 예제로 사용할 이미지를 고른 후 이미지 위에서 마우스 오른쪽 버튼을 클릭합니다. 그리고 [이미지를 다른 이름으로 저장(Save image as)]을 선택하여 '02.daum.png'라는 이름으로 저장합니다.

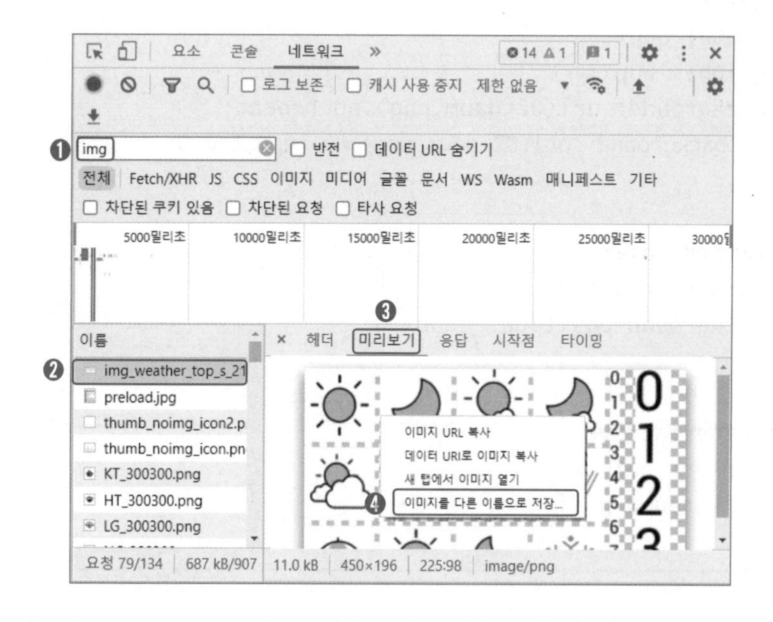

내려받은 이미지의 각각의 크기를 살펴보면 가로와 세로 모두 60px로 구성되어 있습니다. 포토샵 등 전문 이미지 편집 프로그램이나 온라인 이미지 편집 사이트인 픽픽(PicPick)[9]과 같은 무료 이미지 편집기를 사용하면 편집기의 눈금자로 크기를 편리하게 확인할 수 있습니다.

---

9) 픽픽 : https://picpick.app/ko/

〈div id="weather"〉〈/div〉 요소를 추가하고, #weather의 가로세로 크기를 60px로 설정하고 background 속성으로 보여질 이미지를 정의합니다. 그리고 요소 위에 마우스를 올릴 때(:hover)와 마우스의 왼쪽 버튼을 누를 때(:active)를 정의합니다. CSS에서 사용한 background 속성은 background-url, background-repeat, bacgkround-position으로 구성된 단축형으로 마지막 위치의 background-position의 '0 0'은 이미지의 기준 위치를 나타내는 것으로 '0 0'일 경우 기본값으로 생략할 수 있습니다. '0 0'에서 앞의 값은 X축, 뒤쪽 값은 Y축을 의미합니다. [60px X 60px]로 정의된 영역에 웹페이지 로딩 시, hover 시, active 시에 각각 이웃한 다른 이미지를 보이게 됩니다.

●●● 예제 파일 02.imageSprite.html

```
09:    #weather {
10:      width: 60px;
11:      height: 60px;
12:      background: url(02.daum.png) no-repeat;
13:      /* background: url(02.daum.png) no-repeat 0 0; */
14:    }
15:
16:    #weather:hover {
17:      cursor: pointer;
18:      background-position: -60px 0;
19:    }
20:
21:    #weather:active {
22:      cursor: pointer;
23:      background-position: 0 -60px;
24:    }
```

02-8 부트스트랩

부트스트랩(bootstrap)[10]은 CSS 라이브러리(library) 또는 CSS 프레임워크(framework)라고 불리며, 개발 속도를 높여 주고 다양한 브라우저에서 동일하게 보여지는 크로스 브라우징이 가능합니다. 깔끔한 디자인과 효율적인 유지보수는 특히 개발자들에겐 단비와 같습니다.

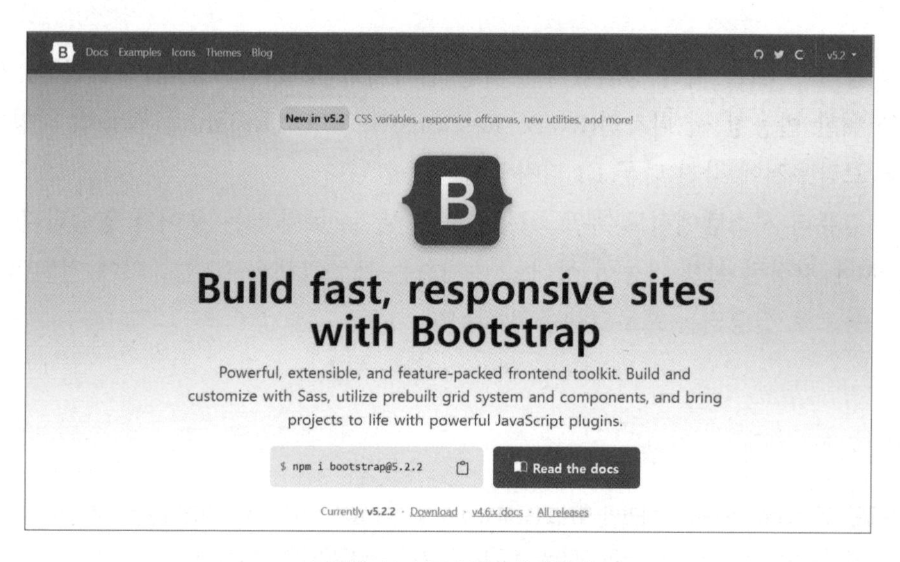

그림 2-11 부트스트랩 홈페이지

> **tip 크로스 브라우징(Cross Browsing)**
>
> 표준 웹 기술을 사용하여 서로 다른 브라우저나 운영체제에 따라 달리 구현될 수 있는 기술을 비슷하게 만들고 어느 한쪽으로 최적화되어 치우치지 않도록 공통 요소를 사용하여 웹페이지를 구성하는 상호 호환 브라우징 기법입니다. 표준 웹 기술을 사용한다는 것이 가장 중요한 요소입니다.

여기서는 부트스트랩의 그리드 시스템(레이아웃)과 컴포넌트 몇 개를 다루도록 합니다. 나머지는 부트스트랩에서 제공하는 활용 문서를 보고 연습하세요. 부트스트랩이 핵심 주제가 아니기에 내용 할당에 제약이 있음을 이해해 주세요. 영어로 되어 있지만, 문서가 쉽게 잘 표현되어 있어서 어렵지 않게 살펴볼 수 있습니다.

10) 부트스트랩 : https://getbootstrap.com/

부트스트랩(bootstrap)은 원래 '신발 뒤축에 붙은 손잡이'를 의미하는 말로, 구둣주걱 없이 신발을 빠르게 신을 수 있게 해줍니다. 따라서 여기서는 웹사이트 구성에 필요한 UI(User Interface) 등의 재사용 가능한 디자인 요소와 기능을 미리 만들어, 빠르고 편리하게 웹사이트를 만들 수 있다는 의미라 하겠습니다.

자주 사용하는 UI를 미리 정의했기에 빠른 웹사이트 개발이 가능하고, 다양한 크기의 화면을 위한 반응형 웹 디자인(RWD, Responsive Web Design)을 적용해 다양한 해상도의 브라우저에 각기 다른 UI 디자인이 가능합니다.
참고로 컴퓨터 시스템에서도 '부트스트랩' 또는 '부트 로더'라는 용어가 있습니다. 이것은 ROM에 저장된 실행 가능한 상태로 존재하는 프로그램으로, 컴퓨터에 전원이 들어오면 자동으로 실행되는 프로그램을 말합니다.

tip 반응형 웹과 적응형 웹

- 반응형 웹(responsive web) : 화면의 해상도(특히 width)에 따라 웹페이지의 UI가 변경되는 웹 기술입니다.
- 적응형 웹(adaptive web) : 데스크톱, 모바일 등 디바이스별로 독립적인 URL을 구성하는 웹 기술입니다.

다음의 2가지 방법으로 부트스트랩을 시작합니다. 부트스트랩의 버전이 업데이트되어 부트스트랩 활용 문서가 변경될 수 있다는 점을 참고하세요.

① CDN(Content Delivery Network) 활용
② 부트스트랩 소스 파일 다운로드 후 웹 서버에서 서비스

1. CDN 활용

부트스트랩 사이트를 방문하여 상단의 [Docs] → [Introduction] 메뉴를 클릭하고 'Quick start' 항목의 2번에서 코드를 복사합니다.

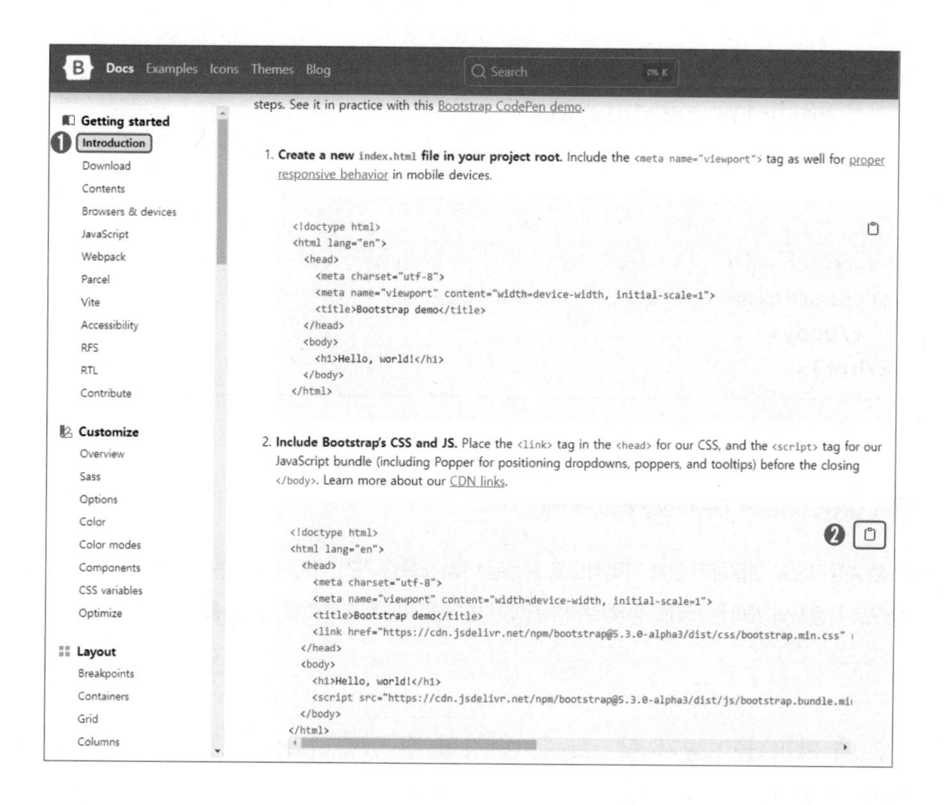

VSCode에 복사한 코드를 붙여넣습니다. 보통 이를 템플릿(template)이라고 하며, '견본'이란 뜻으로 반복적으로 사용하는 형식(또는 틀)입니다.
VSCode 확장 프로그램인 'Live Server'를 이용하여 브라우저로 확인합니다.

●●● 예제 파일 02.bootstrap1.html

```
01: <!doctype html>
02: <html lang="ko">
03:   <head>
04:     <meta charset="utf-8">
05:     <meta name="viewport" content="width=device-width, initial-
    scale=1">
06:     <title>Bootstrap demo</title>
07:     <link href="https://cdn.jsdelivr.net/npm/bootstrap@5.3.2/dist/
    css/bootstrap.min.css" rel="stylesheet" integrity="sha384-
    T3c6CoIi6uLrA9TneNE
    oa7RxnatzjcDSCmG1MXxSR1GAsXEV/Dwwykc2MPK8M2HN"
    crossorigin="anonymous">
08:   </head>
```

```
09:     <body>
10:       <h1>Hello, world!</h1>
11:       <script src="https://cdn.jsdelivr.net/npm/bootstrap@5.3.2/dist/
      js/bootstrap.bundle.min.js" integrity="sha384-
      C6RzsynM9kWDrMNeT87bh
      95OGNyZPhcTNXj1NW7RuBCsyN/o0jlpcV8Qyq46cDfL"
      crossorigin="anonymous"></script>
12:     </body>
13:   </html>
```

tip CDN(Content Delivery Network)

콘텐츠를 효율적으로 전달하기 위해 지리적으로 분산된 여러 노드를 가진 네트워크에 콘텐츠를 저장하여 제공하는 시스템으로 사용자와 가까운 서버를 통해 브라우저에서 인터넷 콘텐츠에 빠르게 내려받을 수 있게 해줍니다.

버전 변화에 따라 붙여넣기 할 코드는 변경될 수 있습니다. 코드가 위 내용과 다르더라도 복사 후 붙여넣기 하세요.

2. 부트스트랩 소스 파일 다운로드 후 웹 서버에서 서비스

부트스트랩 홈페이지에서 [Docs] → [Download] 메뉴를 선택한 후 다운로드 페이지에서 'Compiled CSS and JS'를 찾아 바로 밑에 있는 [Download] 버튼을 클릭하여 최신 버전의 부트스트랩 프로그램을 다운로드합니다. 현재 최신 버전은 Bootstrap v5.3.2입니다.

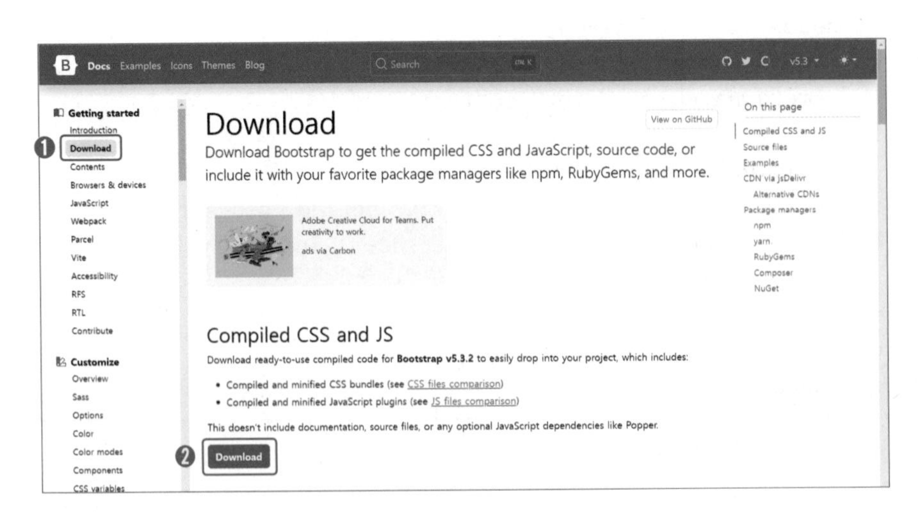

웹 서버의 홈(htdocs) 또는 VSCode에서 설정한 루트 디렉터리(root directory)에 압축 프로그램으로 zip 파일을 푼 다음 HTML을 구성합니다.
부트스트랩에서 제공하는 템플릿의 〈link〉와 〈javascript〉의 속성 중에 integrity와 crossorigin이 있는데 여기서는 생략하였습니다. 생략한 속성은 보안과 관련되어 추가된 HTML 속성으로 예제에서는 간결한 부트스트랩 연습을 위해 제거하였습니다. 예제 파일의 8행에서 href의 값이 '/'로 시작하는 경로는 루트 디렉터리의 의미입니다. 만일 CDN이 제공하는 파일을 사용한다면 〈link rel="stylesheet" href="https://cdn.jsdelivr.net/npm/bootstrap@5.3.2/dist/css/bootstrap.min.css"〉라고 표현해도 좋습니다.

●●● 예제 파일 02.bootstrap2.html

```
01: <!DOCTYPE html>
02: <html lang="ko">
03: <head>
04:   <meta charset="UTF-8">
05:   <meta http-equiv="X-UA-Compatible" content="IE=edge">
06:   <meta name="viewport" content="width=device-width, initial-
    scale=1.0">
07:   <title>Bootstrap</title>
08:   <link rel="stylesheet" href="/bootstrap-5.3.2-dist/css/
    bootstrap.min.css">
09: </head>
10: <body>
11:   <h1>Hello, World!</h1>
12:   <script src="/bootstrap-5.3.2-dist/js/bootstrap.bundle.min.
    js"></script>
13: </body>
14: </html>
```

02-9 부트스트랩 그리드 시스템

여기서 소개하는 부트스트랩의 활용은 그리드(레이아웃)와 컴포넌트 몇 개를 다루겠습니다.

부트스트랩 홈페이지에서 [Docs] 메뉴를 클릭한 후 다시 왼쪽에 있는 [Layout] 메뉴의 하위 메뉴인 [Containers]를 클릭하여 살펴봅니다. Container는 웹페이지의 외곽 영역을 묶어주는 테두리 역할을 하며, container 클래스로 정의됩니다. 브라우저의 해상도에 따라 여러 단계의 크기로 사용할 수 있으며, container-fluid 클래스는 너비를 100%로 만들 때 사용합니다.

다음으로 [Layout] 카테고리에서 [Grid]를 선택하여 그리드 시스템(grid system)의 규칙과 활용 방법을 알아봅니다. 그리드 시스템은 콘텐츠를 다양한 크기의 영역으로 나누는 방법이며, 여기서 가장 중요한 숫자 '12'를 기억하세요. 너비를 12개로 분할된 크기로 나누고 이를 그대로 사용하거나 묶어서 영역을 나누게 합니다. 12의 약수는 [1, 2, 3, 4, 6, 12]로 다양한 비율로 분할할 수 있기 때문입니다.

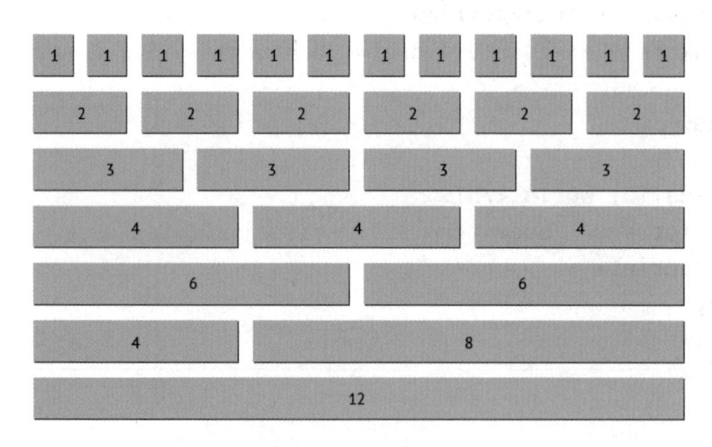

그림 2-12 그리드 시스템

가로 행(row)을 구분하기 위한 용도로 사용되는 row 클래스 아래 몇 가지의 컬럼(column, 세로 열)을 구성하는 예제를 만들어 보겠습니다. 12라는 숫자를 기억하면서 살펴보세요. col 클래스로만 구성된 컬럼은 가로 영역을 1/N으로 나눕니다. 다음 예제의 21~23행에서는 col 클래스가 3개로 구성되어 부모 요소의 너비를 1/3씩 크기로 나눠줍니다.

26~28행에서 col-3, col-4, col-5 클래스는 표시된 각 숫자를 합하면 12가 됩니다. 따라서 해당 비율로 컬럼이 나뉘게 됩니다. 31~33행에서 col-6 클래스의 너비는 전체의 50%가 되고, col은 나머지 50%를 동일한 비율로 나눠 갖게 됩니다.

●●● 예제 파일 02.bootstrap3.html

```
 ⋮       ⋮
19:     <div class="container">
20:       <div class="row">
21:         <div class="col">col</div>
22:         <div class="col">col</div>
23:         <div class="col">col</div>
24:       </div>
25:       <div class="row">
26:         <div class="col-3">col-3</div>
27:         <div class="col-4">col-4</div>
28:         <div class="col-5">col-5</div>
29:       </div>
30:       <div class="row">
31:         <div class="col">col</div>
32:         <div class="col-6">col-6</div>
33:         <div class="col">col</div>
34:       </div>
35:     </div>
```

미리보기

col	col	col
col-3	col-4	col-5
col	col-6	col

부트스트랩에서 제공하는 그리드 예제[11]가 있으니 참고하세요.

11) 그리드 예제 : https://getbootstrap.com/docs/5.3/examples/grid/

02-10 부트스트랩 컴포넌트

부트스트랩 홈페이지에서 [Docs] 메뉴를 클릭한 후 다시 왼쪽에 있는 [Components] 카테고리의 각 컴포넌트를 클릭하면 UI 요소(elements)를 구성하는 방법에 대한 설명을 확인할 수 있습니다. UI 요소는 사용자가 시스템에 정보를 손쉽게 입력할 수 있도록 도와주는 입력 컨트롤, 정보 탐색을 도와주는 탐색 컴포넌트, 정보를 효과적으로 표현하게 하는 정보 컴포넌트 등으로 구성됩니다.
웹사이트의 제작 · 유지보수와 관련한 회의나 소통이 필요할 경우, 주요 UI 요소의 이름을 알고 있으면 도움이 됩니다.
다음은 자주 표현되는 UI 요소를 요약한 내용입니다.

표 2-1 | 부트스트랩의 주요 UI 요소

UI 요소	설명
아코디언(Accordion)	악기인 아코디언처럼 사용자가 콘텐츠 영역을 확장/축소할 수 있습니다.
알림창(Alert)	사용자의 행위에 따른 피드백 메시지를 제공하는 알림창입니다.
브레드크럼(Breadcrumb)	사용자가 웹사이트 내에서 현재 어디에 있는지 알려줍니다. 동화 '헨젤과 그레텔' 이야기의 빵 부스러기에서 나온 표현입니다.
버튼(Buttons)	사용자의 행위를 받아내기 위한 다양한 스타일의 버튼 모음입니다.
카드(Card)	정보를 미디어, 텍스트, 버튼 등으로 표현하는 사각형 모듈입니다.
묶음 목록(List group)	콘텐츠를 묶음 목록화하여 표현합니다.
카루셀(Carousel)	미디어나 카드 등의 콘텐츠 모듈을 회전목마(carousel)처럼 빙글빙글 회전하는 형태로 표현하는 탐색 컴포넌트입니다.
모달(Modal)	메인 흐름으로 돌아가기 전에 상호작용해야 하는 콘텐츠 또는 메시지가 포함된 작은 상자 모듈입니다. 일종의 팝업 메시지입니다.
오프캔버스(Offcanvas)	내비게이션, 장바구니 등의 영역을 숨김 사이드바 형태로 구성합니다.
페이지 매김(Pagination)	게시판의 페이지 표현처럼 콘텐츠를 페이지로 구성합니다.
진행 상황(Progress)	진행 상황에서 현재 위치를 시각화하여 표현합니다.
스피너(Spinner)	Ajax 등 동적 페이지를 구성할 때 데이터가 로딩(loading) 단계임을 표현합니다.

부트스트랩 컴포넌트 활용 예제는 다음의 UI로 연습합니다.

---

① 알림창(Alerts)과 버튼(Buttons)
② 카드(Card)와 묶음 목록(List group)

---

1. 알림창과 버튼

부트스트랩 템플릿으로부터 동일한 크기의 2개 컬럼을 구성하여 각 컬럼에 알림창(Alerts)과 버튼(Buttons)을 위한 코드를 구성합니다. 부트스트랩 홈페이지의 [Alerts] 메뉴를 클릭하고 'Examples' 항목을 확인합니다. 여러 가지 색깔의 알림창 UI 아래쪽으로 이에 대한 코드가 있는데, 이들 중 몇 개를 선택하고 복사하여 붙여넣기 합니다.

●●● 예제 파일 02.bootstrap4.html

```
 ⋮        ⋮
11:    <div class="container">
12:      <div class="row">
13:        <div class="col">
14:          <div class="alert alert-primary" role="alert">
15:            알림창(Alert) 컴포넌트
16:          </div>
17:          <div class="alert alert-success" role="alert">
18:            알림창(Alert) 컴포넌트
19:          </div>
20:          <div class="alert alert-danger" role="alert">
21:            알림창(Alert) 컴포넌트
22:          </div>
23:        </div>
24:        <div class="col">
 ⋮          ⋮
34:        </div>
35:      </div>
36:    </div>
```

기본형 alert 클래스와 색깔의 변화를 주기 위한 alert-primary, alert-success, alert-danger 등의 클래스로 구성되어 있으며, 이는 부트스트랩 사이트에서 내려받은 bootstrap.css에서 확인할 수 있습니다.

```css
.alert {
  position: relative;
  padding: 1rem 1rem;
  margin-bottom: 1rem;
  border: 1px solid transparent;
  border-radius: 0.25rem;
}
```

```css
.alert-primary {
  color: #084298;
  background-color: #cfe2ff;
  border-color: #b6d4fe;
}
.alert-success {
  color: #0f5132;
  background-color: #d1e7dd;
  border-color: #badbcc;
}
```

그림 2-13 bootstrap.css의 Alerts UI 정의

이번에는 [Buttons] 메뉴를 클릭하고 'Examples' 항목을 확인합니다. 다양한 색깔과 크기의 버튼 사용 사례가 있으며, 앞에서 했던 것처럼 원하는 UI의 코드를 찾아 복사하여 붙여넣기 하고 브라우저에서 그 결과를 확인합니다.

●●● 예제 파일 02.bootstrap4.html

```html
 ⋮          ⋮
24:       <div class="col">
25:         <button type="button" class="btn btn-warning">Warning</
    button>
26:         <button type="button" class="btn btn-info">Info</button>
27:         <button type="button" class="btn btn-outline-
    primary">Primary</button>
28:         <button type="button" class="btn btn-outline-
    danger">Danger</button>
29:         <hr>
30:         <div class="d-grid gap-2">
31:           <button class="btn btn-primary" type="button">Button</
    button>
32:           <button class="btn btn-danger" type="button">Button</
    button>
33:         </div>
34:       </div>
```

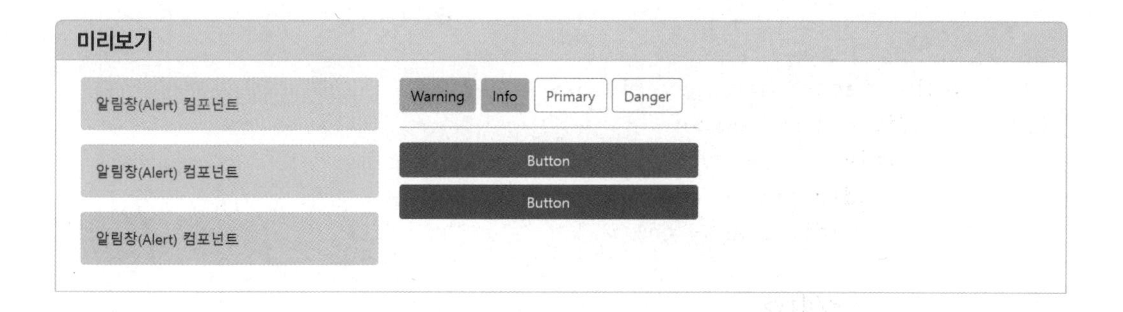

2. 카드와 묶음 목록

부트스트랩 템플릿으로부터 2개의 컬럼을 2:1 크기로 구성하여 각 컬럼에 카드(Card)와 묶음 목록(List group)을 위한 코드를 구성합니다. [Card] 메뉴를 선택하고 'Examples' 항목을 확인합니다. 코드 오른쪽에 있는 [Copy to clipboard] 버튼을 클릭해 복사한 후 VSCode에 붙여넣기 합니다.

●●● 예제 파일 02.bootstrap5.html

```
 ⋮              ⋮
15:           <div class="col">
16:             <div class="card">
17:               <img src="https://dummyimage.com/600x400/333/fff"
    class="card-img-top" alt="...">
18:               <div class="card-body">
19:                 <h5 class="card-title">Card title</h5>
20:                 <p class="card-text">Some quick example text
    to build on the card title and make up the bulk of the card's
    content.</p>
21:                 <a href="#" class="btn btn-primary">Go
    somewhere</a>
22:               </div>
23:             </div><!--/.card-->
24:           </div>
```

```
⋮       ⋮
11:    <div class="container-fluid">
12:      <div class="row">
13:        <div class="col-8">
14:          <div class="row">
15:            <div class="col">
⋮              ⋮
24:            </div>
25:            <div class="col">
⋮              ⋮
44:            </div>
45:          </div>
46:        </div>
47:        <div class="col-4">
⋮          ⋮
55:        </div>
56:      </div>
57:    </div>
```

컬럼을 2:1 크기인 col-8, col-4 클래스로 나누고, col-8 아래에는 다시 영역을 3개의 컬럼으로 나누어 각각의 컬럼에 카드 UI를 배치합니다. 카드 UI의 〈img〉의 src 속성에는 dummyimage.com으로부터 이미지 URL을 가져와 삽입합니다. card 클래스에 있던 style 속성은 삭제하여 컬럼 너비에 꽉 차도록 맞췄습니다.
동일한 패턴으로 각각의 컬럼에 카드 UI를 배치하여 완성합니다.

이번에는 [List group] 메뉴를 선택하고 'Examples' 항목을 확인합니다. 코드 오른쪽에 있는 [Copy to clipboard] 버튼을 클릭해 복사한 후 VSCode의 col-4 클래스 영역에 붙여넣기 합니다. 웹페이지에서 'Active items' 항목을 찾아보면, 선택된 목록으로 표현하기 위해서는 단지 〈li〉에 active 클래스를 추가하면 표현할 수 있습니다.

●●● 예제 파일 02.bootstrap5.html

```
 :            :
47:         <div class="col-4">
48:           <ul class="list-group">
49:             <li class="list-group-item">An item</li>
50:             <li class="list-group-item">A second item</li>
51:             <li class="list-group-item active">A third item</li>
52:             <li class="list-group-item">A fourth item</li>
53:             <li class="list-group-item">And a fifth one</li>
54:           </ul>
55:         </div>
```

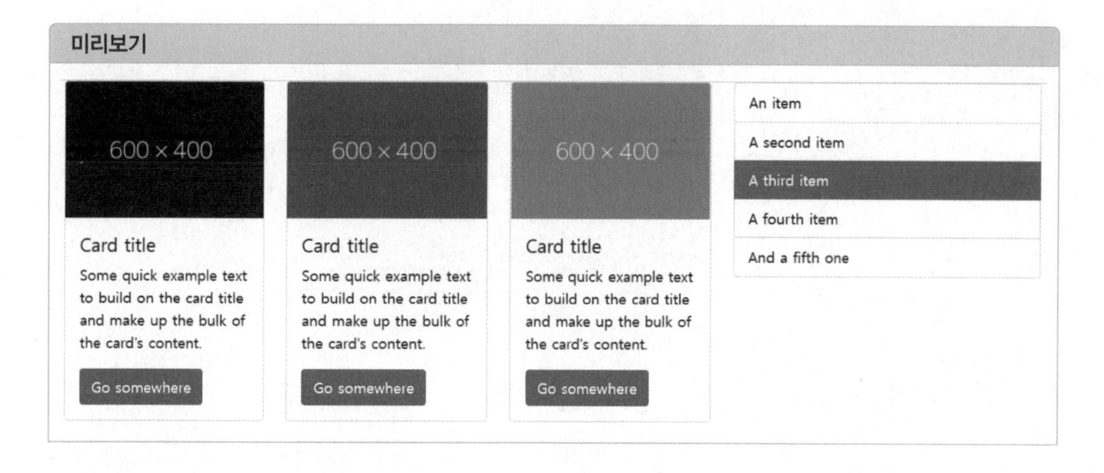

웹페이지가 영어로 되어 있지만, 코드와 결과를 함께 살펴보면 부트스트랩 활용법을 쉽게 이해하고 적용할 수 있게 될 것입니다. 또한 홈페이지 상단의 [Examples] 메뉴를 클릭하면 부트스트랩으로 완성된 웹페이지 예제가 있으며, 완성된 코드를 다운로드할 수 있습니다. 앞으로 계속 자바스크립트 예제에서도 부트스트랩을 활용할 것이므로 지금까지 다뤘던 방법과 같이 웹페이지를 구성하면서 연습해 보는 것을 추천합니다.

PART 2

자바스크립트

Chapter 03. 자바스크립트 | Chapter 04. 변수와 데이터 타입 | Chapter 05. 함수와 알고리즘 | Chapter 06. 요소의 선택과 이벤트 | Chapter 07. 배열과 문자열 | Chapter 08. DOM과 BOM | Chapter 09. 〈form〉과 유효성 검사 | Chapter 10. Ajax

자바스크립트는 브라우저에서 UI(User Interface)와 관련된 웹 프로그래밍을 위한 언어이자 자바, 파이썬과 같은 일반 연산 프로그래밍 언어이기도 합니다.

Part 2에서는 자바스크립트의 쓰임을 익히기 위해 자바스크립트의 주요 특징과 콘솔(console)의 활용을 먼저 학습합니다. 자바스크립트 활용법인 문법에서 변수, 연산자, 함수, 배열, DOM 등에 대해 알아봅니다. 사실 아주 중요하지만 문법 소개가 길면 지루하고 딱딱해지는 경향이 있기에 중요한 부분을 집중적으로 소개하고, 예제를 통해 보충하는 방법으로 접근하겠습니다.

프로그래밍을 잘하기 위한 방법을 묻는 흔한 질문에 많은 고수들은 '자료구조와 알고리즘을 열심히 공부하세요'와 같이 말합니다. 마치 선문답 같지만, 프로그램은 데이터를 효율적으로 다룰 자료구조와 이 데이터를 이용하는 연산 기능으로 되어 있기에 가장 적절한 답변입니다. 연산 기능은 문제를 효율적이면서 효과적으로 해결하는 솔루션입니다.

웹페이지의 일부 영역을 갱신하는 비동기 이벤트인 Ajax는 사용자 경험을 높여 주는 색다른 방법으로 검색, 지도 웹서비스 등 일상적인 화면 구성 기술로 사용되고 있는 만큼 잘 익혀 두기를 미리 말씀드립니다.

Chapter

03

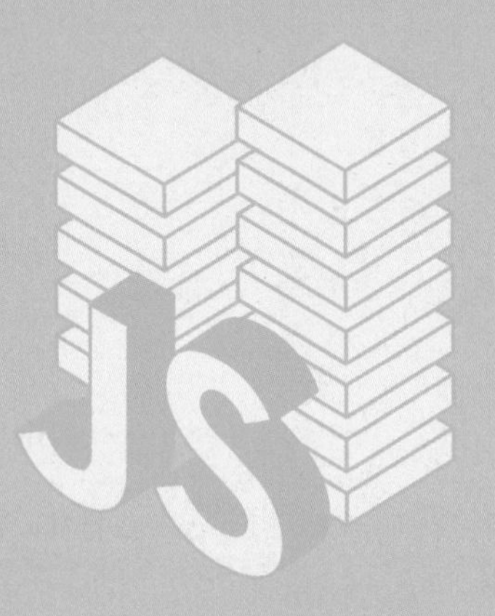

자바스크립트

학습목표

자바스크립트는 컴퓨터 시스템을 구동시키는 소프트웨어를 작성하기 위한 프로그래밍 언어와 웹페이지 개발을 위한 웹 코딩 언어의 특성을 동시에 갖습니다. 자바스크립트의 주요 특징을 알아보고, 프로그램 개발 시 자주 사용하는 콘솔의 활용에 대하여 학습합니다. 프로그램의 패러다임으로서 명령형 프로그래밍과 선언형 프로그래밍 등 몇 가지 용어에 대하여도 살펴봅니다.

03-1 프로그래밍과 웹 코딩

자바스크립트는 아주 유명한 프로그래밍 언어이며 웹페이지를 만들기 위해 사용됩니다. 프로그래밍 언어는 컴퓨터 시스템에서 소프트웨어를 작성하기 위한 형식적인 언어로, 논리적인 연산 과정이 핵심입니다. 웹페이지는 콘텐츠를 브라우저에 표현하고 사용자와의 상호작용을 위해 만들어진 것으로, 자바스크립트와 함께 HTML, CSS 등으로 구현됩니다. 웹페이지를 만드는 것을 웹 개발 또는 웹 코딩이라 하며, 자바스크립트는 일반적인 프로그래밍과 웹 코딩의 특징을 모두 갖고 있습니다. 또한 자바나 C++ 등의 프로그래밍 언어와 달리 컴파일(compile) 과정 없이 프로그램 작성 즉시 브라우저에 결과를 시각적으로 표현할 수 있어 매우 흥미로우며, 프로그래밍 감각과 논리적인 사고도 함께 키울 수 있습니다. 무엇보다 배우기 쉽다는 점이 현재 인기가 높은 이유일 것입니다.

1. 자바스크립트의 주요 특징

다음은 자바스크립트의 주요 특징입니다.

---

① 웹 개발을 위한 프로그래밍 언어
② 스크립트 언어(script language)
③ 이벤트 드리븐 방식(event-driven)
④ 자바스크립트 표준, ECMAScript

---

① 웹 개발을 위한 프로그래밍 언어

앞서 이야기했듯이 자바스크립트는 소프트웨어를 작성하기 위한 프로그래밍 언어와 웹페이지 개발을 위한 특화된 언어가 공존하는 형태이며 HTML, CSS와 함께 웹 표준입니다.

그림 3-1 W3C가 만든 웹 표준 – HTML, CSS, 자바스크립트

② 스크립트 언어

프로그램이 실행되기 위해서는 컴퓨터가 이해할 수 있는 기계어(machine code)로 변환되어야 하는데, 미리 기계어로 변환하는 컴파일(compiled) 방식과 실행 시에 변환하는 인터프리트(interpreted) 방식이 있습니다. 컴파일을 번역으로, 인터프리트를 통역으로 비유할 수 있습니다. 브라우저에 탑재된 자바스크립트 해석기(처리기)를 인터프리터(interpreter)라 하며, 인터프리터를 통해 컴퓨터가 이해하는 기계어로 프로그램 실행 시에 통역됩니다. 자바스크립트 소스(source)를 사전에 변환하지 않고 그대로 사용할 수 있어 편리하며 초보자가 익히기도 쉽습니다. 컴파일 과정을 거치지 않는 프로그래밍 언어를 스크립트 언어(script language)라고 하며, 대표적으로 자바스크립트와 파이썬이 있습니다.

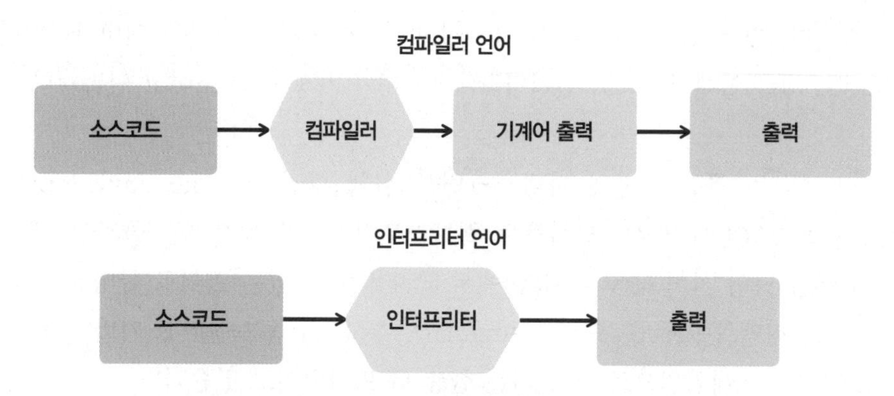

그림 3-2 컴파일러 언어와 인터프리터 언어가 작동하는 방식

③ 이벤트 드리븐 방식

이벤트에 반응하여 동작을 변경하거나 수행하는 방식을 이벤트 드리븐(event-driven)이라고 합니다. 이벤트는 트리거(trigger)와 처리기(handler/listener)로 구성되는데,

트리거는 총의 방아쇠를 의미하는 것으로, 육상경기에서 심판이 총을 쏘면 출발이 시작되듯, 웹은 마우스나 키보드를 클릭하거나 특정 시점이 되면 이에 반응하여 처리기에 미리 정의된 동작을 수행하는 방식으로 구성됩니다.

그림 3-3 이벤트의 트리거

④ 자바스크립트 표준, ECMAScript

자바스크립트 표준의 정식 명칭은 'ECMAScript'로, ECMA International이 ECMA-262[1]라는 기술 규격에 따라 정의하고 있는 표준화된 스크립트 프로그래밍 언어입니다. 이전에 출간된 대부분의 자바스크립트 관련 도서는 'ES3'를 기준으로 설명하였으나, 기능이나 쓰임이 대폭 보강된 ES6가 정의됨에 따라 자바스크립트의 활용에 주목하고 있습니다. ES는 ECMAScript의 약자이고, 뒤의 숫자는 버전을 의미합니다. ES6 이후 버전도 계속 업데이트되고 있지만, 현재 ES6가 가장 널리 쓰이고 있습니다.

V8 자바스크립트 엔진 기반의 자바스크립트 실행 환경(runtime environment)인 Node.js가 소개되면서 자바스크립트는 웹브라우저에서만 동작하는 클라이언트용 스크립트 언어를 넘어 서버(server-side)에서도 사용할 수 있는 언어로 급성장하게 되었습니다. 최근 리액트(React), 앵귤러(Angular), 뷰(Vue) 등 Node.js 기반 애플리케이션 라이브러리 · 프레임워크로 그 열기는 한층 더 뜨거워지고 있습니다.

1) ECMA-262 : https://www.ecma-international.org/publications-and-standards/standards/ecma-262/

2. 자바스크립트 연결하기

먼저 웹페이지에서 자바스크립트를 사용하는 방법을 살펴보겠습니다. HTML 요소에서 onclick과 같은 HTML의 이벤트 속성을 이용하여 자바스크립트 코드를 연결하는 방법과 〈script〉 요소를 사용해 타깃(target)에 대한 프로그램을 구성하는 방법이 있습니다.

다음 코드는 사각형(#box)을 클릭하면 색상을 마젠타(magenta)로 변경하며, 원(#circle)을 클릭하면 색상을 초록색(green)으로 변경합니다. 자바스크립트가 무엇인지 알아보기 위한 예제이니 코드를 이해하지 못해도 좋습니다. 먼저 실행해 보고 코드에 대해 설명하겠습니다.

●●● 예제 파일 03.helloworld.html

```
 ⋮        ⋮
26:    <div id="box" onclick="document.getElementById('box').style.
    backgroundColor='magenta'"></div>
27:
28:    <div id="circle"></div>
29:
30:    <script>
31:      document.getElementById('circle').onclick = function(){
32:        document.getElementById('circle').style.backgroundColor =
    'green';
33:      }
 ⋮        ⋮
39:    </script>
```

미리보기

HTML 요소 내부에서 onclick과 같은 이벤트 속성으로 연결하는 방법은 추천하지 않는 방법으로, HTML 요소의 복잡성을 높여 코드의 가독성을 해치며 유지보수도 어렵

게 만듭니다. 코드 재활용 측면에서 좋지 않은 방법으로, 최소한으로 사용하는 것이 좋습니다.

3. 자바스크립트 이벤트 구성

자바스크립트의 이벤트는 '**에 ** 정황이 발생하면, **한다' 형식으로 구성됩니다.

이벤트 대상 요소(element) + 이벤트 발생 정황(trigger) + 이벤트 내용(handler/listener)

앞의 예제에서 document.getElementById('circle')은 이벤트가 발생하는 요소로 사용자나 대상의 선택으로 결정되고, onclick은 트리거로 이벤트가 발생하는 정황 또는 조건이며, 마지막의 function() { ~~ } 구문은 실행되는 이벤트의 내용입니다. '아이디 속성이 circle인 HTML 요소(element)가 마우스에 의해 클릭되면, 정의된 ** 내용을 실행해라'라는 명령 형식입니다. 간단하죠?

```
document.getElementById('circle').onclick = function() {
  // 수행 내용
}
```

이벤트 핸들러에 정의된 다음 수행 내용을 살펴보면, '아이디 속성 circle인 HTML 요소에 대하여 스타일(style) 속성 background-color의 값을 초록색(green)으로 설정해라'라는 명령입니다.

```
document.getElementById('circle').onclick = function() {
  document.getElementById('circle').style.backgroundColor = 'green';
}
```

프로그램은 코드가 중복되거나 종속되는 정황을 아주 싫어합니다. 코드가 복잡해지고 꼬여버리기 때문인데요, 여기서는 document.getElementById('circle')이 똑같이 반복되고 있습니다. 이를 'this'라는 자바스크립트의 특수 용어(키워드)를 이용해 짧게 작성할 수 있습니다.

```
document.getElementById('circle').onclick = function() {
  this.style.backgroundColor = 'green';
  console.log(this);
}
```

this는 '나는'과 같은 대명사로 이해하면 쉽습니다. 누군가 '나는'이라고 말하면 말하는 본인을 지칭하게 되는데, this의 활용 사례도 비슷합니다. 마법의 키워드 this는 자바스크립트를 매력 있는 프로그램 언어로 만드는 요소입니다.

console.log()는 브라우저의 디버깅(debugging) 콘솔에 메시지를 출력하는 명령어입니다. 콘솔은 크롬 브라우저의 경우 [개발자 도구]에서 접근할 수 있습니다. 개발자 도구에서 [콘솔(Console)] 탭을 선택한 다음 이벤트를 수행하면 console.log(this)의 결과를 확인할 수 있습니다. 콘솔은 앞으로 자바스크립트 실행과 관련하여 활용할 일이 많은 도구입니다.

tip 디버깅과 테스팅

디버깅(debugging)은 보통 개발자가 프로그램 구현 시 발생한 논리적인 오류나 비정상적인 연산의 원인을 밝혀 이를 바로 잡는 개발 활동이며, 테스팅(testing)은 개발자가 아닌 전문적인 소프트웨어 테스터가 응용 프로그램 또는 시스템의 결함을 발견하기 위한 소프트웨어 품질 활동입니다.

03-2 콘솔 활용하기

브라우저의 디버깅 콘솔(console)은 자바스크립트의 오류나 비정상적인 연산의 원인을 밝히기 위해 제공되는 도구로서 실행 과정에서 어떤 일이 일어났는지 코드 단위로 추적할 수 있도록 도와줍니다. 콘솔에서 자주 사용되는 기능은 실행 과정에서 특정 문자열이나 변수 등 데이터를 출력하도록 합니다. 또한 콘솔 창에 직접 구문(statement)을 입력하고 실행할 수도 있어 자바스크립트 코드 학습을 편리하게 할 수 있습니다.

다음은 자주 사용되는 콘솔 메서드입니다.

표 3-1 | 자주 사용되는 콘솔 메서드

콘솔 메서드	설명
console.log( )	콘솔에 메시지를 출력하는 일반적인 방법입니다.
console.table( )	표(table) 형태로 정보를 표현합니다.
console.warn( )	경고 메시지를 출력합니다.
console.error( )	오류 메시지를 출력합니다.

웹 브라우저에서 다음 예제 파일을 열고, 개발자 도구를 열어 보세요.

●●● 예제 파일 03.console.html

```
 :        :
10:    <script>
11:      const names = ['홍길동', '일지매', '임꺽정'];
12:
13:      console.log('메시지 출력', names);
14:      console.table(names);
15:      console.warn('경고 메시지');
16:      console.error('에러 메시지');
17:    </script>
```

콘솔 화면

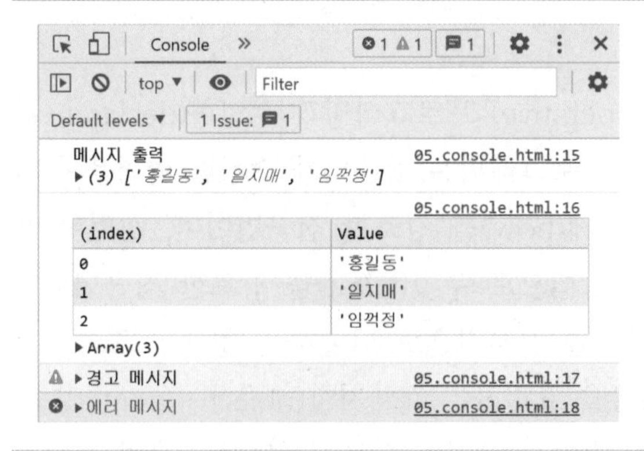

만약 console.warn(), console.error() 등의 메시지가 표출되지 않은 경우는 [Default levels]를 선택하여 로깅 메시지 활성화 여부를 확인하세요. 그중 [verbose(상세)]를 선택하면 상세한 정보가 출력되도록 합니다.

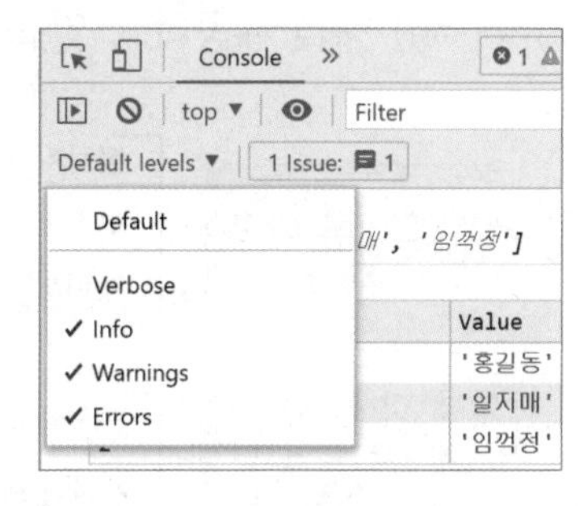

또한 콘솔을 이용하여 자바스크립트를 연습할 수도 있습니다. 콘솔 창에 구문(statement)을 입력하고, Enter↵를 눌러 실행하면 바로 아랫줄에 그 실행 결과가 출력됩니다.

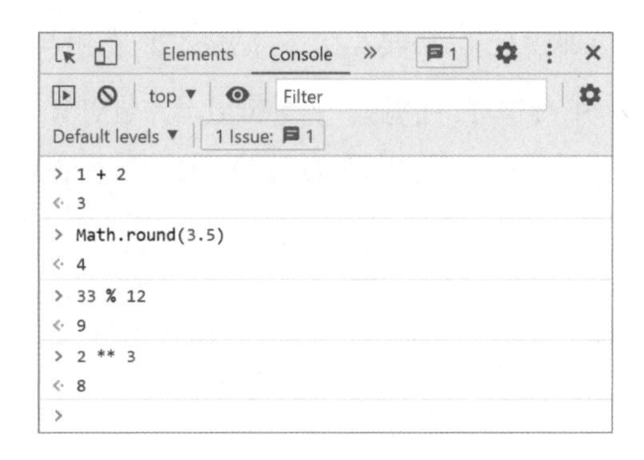

03-3 명령형 프로그래밍과 선언형 프로그래밍

프로그램을 작성하는 스타일은 명령형(imperative) 프로그래밍과 선언형(declarative) 프로그래밍 방식으로 분류합니다. 명령형 프로그래밍은 컴퓨터가 수행할 명령을 순차적으로 깨알 같이 표현하는 방법으로 어떻게(how)를 강조한 접근법이며, 선언형 프로그래밍은 실행할 프로그램을 설명하는 방법으로 무엇(what)을 강조한 접근법입니다. 명령형 프로그래밍에는 처리되는 과정을 절차적으로 나열하는 형태의 절차지향(procedural) 프로그램과 객체의 상호작용을 표현하는 객체지향(object-oriented) 프로그램이 있으며, 선언형 프로그래밍에는 함수를 구성하여 문제해결에 적용하는 함수형(functional) 프로그래밍이 있습니다.

코드의 사례에서 볼 수 있듯 선언형 프로그래밍은 사용하는 코드의 양이 적어 가독성이 높으며, 유지보수 또한 효율적으로 할 수 있습니다. 자바스크립트는 명령형, 선언형(함수형) 스타일을 모두 지원하여 명령문, 선언문 등을 포함하여 내장 객체(built-in object), 내장 함수(built-in function) 등을 제공하고 있습니다.

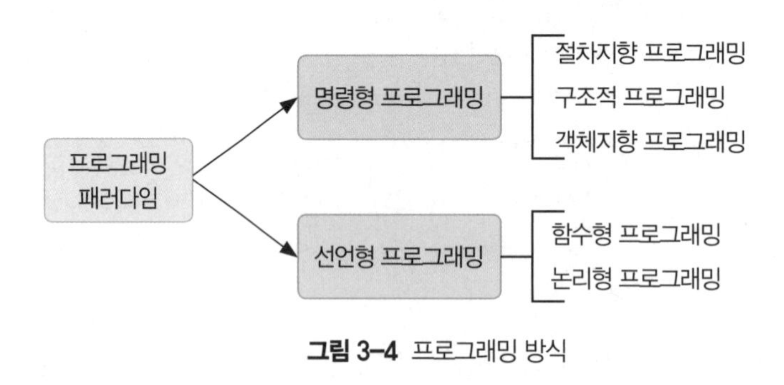

그림 3-4 프로그래밍 방식

다음은 자바스크립트로 구성한 명령형 프로그래밍과 선언형 프로그래밍의 간단한 비교입니다. 명령형 프로그래밍으로 반복문(for-loop)과 조건문(if)을 구성하여 제시한 배열에서 짝수만을 골라서 새로운 배열을 구성하였고, 선언형 프로그래밍으로는 배열의 내장 함수인 filter()를 이용하여 동일한 결과를 얻도록 했습니다.

●●● 예제 파일 03.imperative-declarative.html

```
 ⋮        ⋮
11:      const myArrays = [1, 2, 3, 4, 5, 6, 7, 8];
12:
13:      // 명령형 프로그래밍(Imperative Programming)
14:      let evenNum = [];
15:
16:      for (let i = 0; i < myArrays.length; i++) {
17:        if (myArrays[i] % 2 == 0) {
18:          evenNum.push(myArrays[i]);
19:        }
20:      }
21:
22:      // 선언형 프로그래밍(Declarative Programming)
23:      let evenNum2 = myArrays.filter((value) => value % 2 == 0);
24:
25:      console.log('명령형 프로그래밍', evenNum);
26:      console.log('선언형 프로그래밍', evenNum2);
```

콘솔 화면

```
명령형 프로그래밍 ▼Array(4) ℹ
                     0: 2
                     1: 4
                     2: 6
                     3: 8
                     length: 4
                   ▶[[Prototype]]: Array(0)
선언형 프로그래밍 ▼Array(4) ℹ
                     0: 2
                     1: 4
                     2: 6
                     3: 8
                     length: 4
                   ▶[[Prototype]]: Array(0)
```

03-4 함수와 메서드

함수(function)는 어떤 기능을 수행하기 위해 디자인된 일련의 명령어 모음으로 재활용을 위해 사용되는 방법입니다. 메서드(method)는 특정 객체(object)와 연관된 명령어의 모음으로 객체의 동적 속성으로 사용됩니다. 자바 등 객체지향 프로그래밍 언어에서 객체를 기술하는 클래스(class)는 객체의 상태를 나타내는 데이터인 필드(field, 속성 또는 멤버변수)와 객체의 행위를 나타내는 함수인 메서드로 구성됩니다.

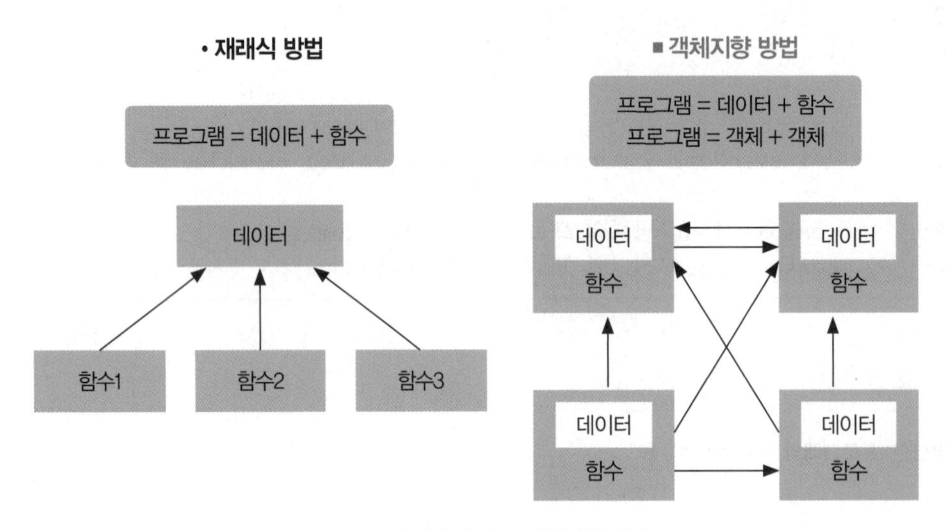

그림 3-5 재래식 방법 vs 객체지향 방법

함수는 수행할 기능을 정의하는 부분(함수 블록)과 이를 사용하는 호출 부분으로 나눌 수 있으며, 매개변수(parameter)로 함수 외부로부터 전달되는 값을 사용하거나 함수의 수행 결과를 반환(return)할 수도 있습니다.

// 인사말을 출력하는 함수를 정의합니다.
function sayHello() {
  alert('안녕하세요?');
}
// 함수를 호출(Call)합니다.
sayHello();
	// 매개변수와 반환값이 있는 함수를 정의합니다.
	function sayHelloName(name) {
	  return name + '님 안녕하세요?';
	}
	// 매개변수 '홍길동'의 함수 결과값을 변수에 할당합니다.
	var greeting = sayHelloName('홍길동');

해당 객체(object)의 메서드를 사용하는 형식은 속성 접근자(property accessor)인 점(dot)을 이용하여 다음과 같이 표현합니다.

```
객체.메서드( );
```

```
var msg = 'HELLO world';
var msg1 = msg.toLowerCase(); // hello world
var msg2 = msg.toUpperCase(); // HELLO WORLD
```

자바스크립트에서 객체 간에는 위아래 등급 관계인 위계(hierarchy)가 있습니다. 최상위 객체를 window로 하는 계층적 관계를 구성합니다. 최상위 객체인 window 객체는 전역(global) 객체라고도 합니다. window 객체의 하위 객체로 DOM(Document Object Model), BOM(Browser Object Model), 내장 객체(built-in Object) 등이 있습니다. HTML에서 루트 요소(root element)를 〈html〉로 하고, 그 아래 〈head〉와 〈body〉가 구성되는 형태와 같다고 하겠습니다. 이때 루트 요소가 객체 위계에서 가장 높은 최상위 객체와 같습니다.
window 객체에도 메서드가 있는데, 이 메서드를 사용할 때는 window 객체를 명시하지 않아도 됩니다. 최상위 객체의 특권이랄까요? 나중에 등장할 예제에서 표현을 확인하세요.

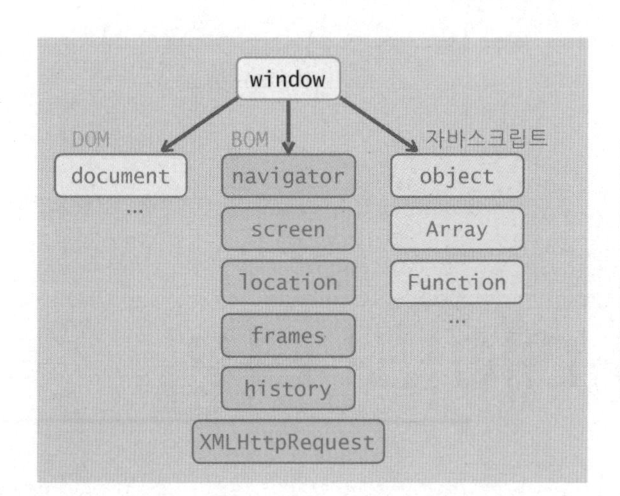


```
// window 객체의 메서드 호출
setTimeout(sayHello, 1000);

function sayHello() {
  alert('안녕하세요?');
}
```

그림 3-6 객체 간 위계

Chapter

04

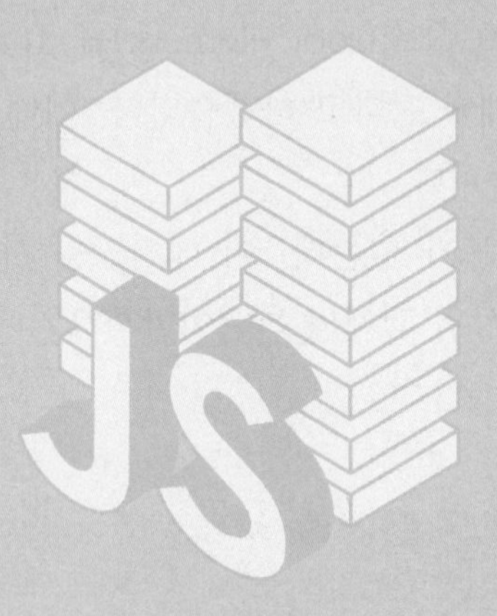

변수와 데이터 타입

학습목표

코딩을 배울 때 가장 먼저 나오는 용어는 변수, 연산자, 함수입니다.

변수가 무엇인지 알아보고, ES6에서 새롭게 추가된 변수 키워드인 let, const에 대하여 학습합니다. 또한 여러 연산자와 데이터 타입의 활용을 통해 기본기를 다져 봅니다. 데이터 타입의 핵심으로 객체에 대한 정의와 의미를 통해 개념을 이해할 수 있도록 합니다.

04-1 변수

코딩을 배울 때 가장 먼저 나오는 용어는 변수, 연산자, 함수일 것입니다. 변수(variable)는 값을 저장하는 저장소로서, 영어로 표현하면 'named storage'입니다. 값을 저장하기 위한 저장소(storage)와 저장된 값을 사용하기 위해 해당 저장소를 가리키는 식별자로서의 이름(name)으로 구성된 형태입니다.

그림 4-1 값을 담을 그릇인 변수

변수는 var, const, let의 키워드를 이용하여 정의하거나 키워드 없이 정의할 수 있습니다. const와 let 키워드는 ES6에서 새롭게 추가된 것으로, 일단 변수를 정의하면 변경할 수 없는 상수(const)를 나타내거나 블록 스코프(block scope)[1]에서만 유효한 변수를 선언하기 위한 것입니다. 뒤에 예제로 쓰임새를 연습합니다.

변수는 다음의 3가지로 나눠 이해할 수 있습니다.

---

① 유효 범위 : 전역 변수와 지역 변수
② 값의 변화 : 정적 변수와 동적 변수
③ 값의 개수 : 스칼라 변수와 오브젝트 변수

---

① 전역 변수와 지역 변수

변수가 유효하게 사용되는 범위인 스코프(scope)에 따라 전역 변수와 지역 변수로 나눕니다.

- 전역(global) 변수 : 함수의 외부에서 변수를 선언하는 것을 말합니다. 해당 웹페이지의 어디서든 참조할 수 있습니다.

1) 주어진 코드 블록({}) 안에서만 사용이 가능하며 외부에서는 접근할 수 없습니다.

• 지역(local) 변수 : 함수의 내부에서 변수를 선언하는 것을 말합니다. 변수가 참조될 수 있는 유효 범위를 함수 내부로 제한합니다.

ES6에서 const와 let 키워드가 추가되면서 스코프의 구분이 조정되었는데, 지역 스코프(local scope)를 함수 스코프(function scope)와 블록 스코프(block scope)로 세분화하였습니다.

• 함수 스코프 : 함수의 중괄호({}, brace) 내부의 영역을 유효 범위로 하는 변수를 구성할 수 있습니다.
• 블록 스코프 : if-else문, for문, while문 등의 중괄호 내부의 영역을 유효 범위로 하는 변수를 구성할 수 있습니다.

전역 스코프 지역 스코프 함수 스코프 블록 스코프

```
var number = 5;

function sum() {
  const arr = [1, 2, 3];
  let sum = 0;

  for(let i = 0; i < arr.length; i++) {
    sum = sum + arr[i];
  }
}
```

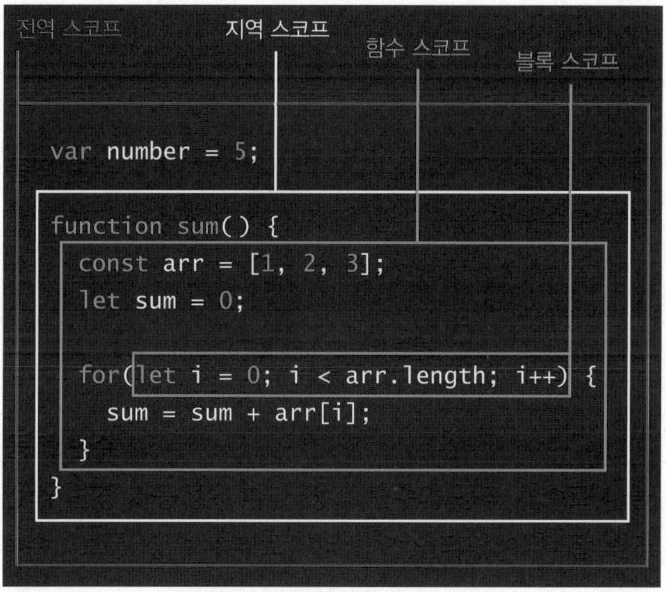

그림 4-2 변수의 종류

② 정적 변수와 동적 변수

변수에 할당된 값의 변경 가능성에 따라 정적 변수와 동적 변수로 나눌 수 있습니다.

• 정적(static) 변수 : 보통 상수 형태로, 한 번 선언되면 이후 잘 변경되지 않는 값을 갖는 변수입니다.
• 동적(dynamic) 변수 : 함수 등 연산 결과에 따라 값의 변경이 가능한 변수 형태입니다.

③ 스칼라 변수와 오브젝트 변수

- 스칼라(scalar) 변수 : 벡터(vector)는 크기와 방향을 갖는 값을 말하며 스칼라는 단지 크기만 있는 질량, 시간, 온도 따위의 물리량을 의미합니다. 즉, 하나의 값만 있는 경우로 하나의 변수명에 대응하는 변수값이 한 가지만 있는 경우를 스칼라 변수라고 합니다.
- 오브젝트(object) 변수 : 하나의 변수명에 대응하는 변수값이 여러 개인 것을 의미하는 것으로 대표적으로 배열(array)이 있습니다.

예를 들어 다세대주택과 다가구주택으로 비교해 설명하겠습니다. 가구별로 집 주인이 있는 경우는 다세대주택, 건물 전체에 집 주인이 하나만 있는 경우가 다가구주택으로 분류합니다. 따라서 스칼라 변수를 다세대주택에, 오브젝트 변수를 다가구주택에 비유할 수 있습니다.

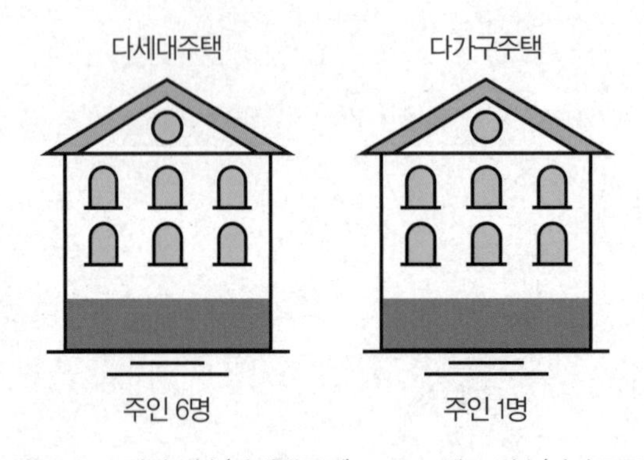

그림 4-3 스칼라 변수(다세대주택) vs 오브젝트 변수(다가구주택)

04-2 변수의 활용

변수는 값을 저장하기 위한 저장소와 저장된 값을 사용하기 위해 해당 저장소를 가리키는 식별자로서의 이름이 있는 형태라고 설명했습니다. 변수를 선언할 때는 변수 이름 앞에 변수임을 알리는 변수 키워드를 사용합니다. 변수 키워드는 기존 var 외에 ES6에서 추가된 let과 const를 포함하여 3가지가 있습니다. 기존에 사용했던 var 키워드에 중복 선언과 범위(scope)의 모호성 같은 문제가 있었기 때문에, 엄격하게 사용되는 형태인 let과 const가 추가되었습니다.

```
// 키워드 변수명 = 변수값;
var name = '홍길동';
let myName = '일지매';
const yourName = '임꺽정';
```

변수를 식별하기 위한 변수명을 만들 때는 다음의 규칙을 따라야 합니다.

---

① 문자, 숫자, _(밑줄), $(달러 기호)로 구성
② 숫자로 시작할 수 없음
③ 대소문자 구별
④ 자바스크립트 예약어는 사용 금지

예약어(reserved words)[2]는 변수명, 함수명 등에 사용할 수 없는 단어로 자바스크립트 프로그램 내부에서 이미 선언되어 사용되기에 혼동을 막기 위해 사용을 금하고 있습니다. 예약어에는 byte, case, char, do, for, if, function, return 등 주로 자바스크립트의 데이터 타입 이름, 구문(statement) 등에서 사용하는 키워드입니다.
변수값으로 문자열을 사용하는 경우 따옴표로 표현하는데, 큰따옴표 또는 작은따옴표 구분 없이 모두 사용해도 되지만 작은따옴표 사용을 추천합니다. 자바스크립트에서 HTML 요소와 함께 사용할 경우, 요소의 속성값을 보통 큰따옴표를 사용하기에 헷갈리는 경우가 있는데 작은따옴표를 쓰면 혼란을 줄일 수 있습니다.

2) 자바스크립트의 예약어 : https://www.w3schools.com/js/js_reserved.asp

1. let 키워드

let은 블록 스코프의 범위를 갖는 지역 변수를 선언하며, 선언과 동시에 임의의 값으로 초기화할 수 있습니다.

---

① 한 번 선언하면 동일한 변수 이름으로 다시 선언될 수 없음(재선언 불가)
② 재할당은 가능하나 사용하기 전에 반드시 선언되어야 함
③ 유효한 범위로 블록 스코프를 가짐

---

① 한 번 선언하면 동일한 변수 이름으로 다시 선언될 수 없음(재선언 불가)

let 키워드로 동일한 이름의 변수를 선언할 수 없습니다. 콘솔 창에 'name' 변수(식별자)가 이미 선언되었기 때문에 재선언할 수 없다는 문법 오류가 발생했습니다.

●●● 예제 파일 04.let.html

```
 :        :
11:     let name = '홍길동';
12:     // 동일한 변수명으로 재선언 불가
13:     let name = '일지매';
```

콘솔 화면

```
⊗ Uncaught SyntaxError: Identifier 'name' has already been     04.let.html:15
  declared
  Live reload enabled.                                          04.let.html:45
⊗ Failed to load resource: the server responded with a status favicon.ico:1
  of 404 (Not Found)
>
```

② 재할당은 가능하나 사용하기 전에 반드시 선언되어야 함

선언된 변수에 초기값이 할당된 경우, 이를 다른 값으로 재할당은 가능하지만, let 키워드는 변수를 사용하기 전에 반드시 선언해야 합니다.
자바스크립트에는 인터프리터(자바스크립트 해석기)가 코드 실행 전에 함수, 변수, 클래스의 선언을 해당 스코프의 상위로 보내는 현상인 호이스팅(hoisting)이라는 특성이 있어, 이들이 선언되기 전에 사용할 수 있습니다. 코드 구성에서 편리성은 있지만 예기치 않은 오류가 발생할 수도 있어 주의해야 합니다.

예제에선 let으로 선언된 변수를 선언문 이전에 변수를 참조한 경우로 아직 변수가 초기화 상태 전이라 오류가 발생했습니다. 변수값 사용에 앞서 let을 선언하거나, let을 var로 변경하거나, 14행의 let name이 없다면 오류가 발생하지 않습니다.

●●● 예제 파일 04.let2.html

```
⋮        ⋮
11:      name = '홍길동'; // 변수값 할당
12:      console.log('name ' + name);
13:      // 사용 전에 선언되어야 함
14:      let name; // 변수명 선언
```

콘솔 화면

```
⊗ Uncaught ReferenceError: Cannot access 'name' before      04.let2.html:11
  initialization
      at 04.let2.html:11:10
  Live reload enabled.                                       04.let2.html:44
>
```

tip 호이스팅(hoisting)

인터프리터(interpreter)가 변수와 함수의 메모리 공간을 선언하기 전에 미리 할당하는 것을 의미하는데, 보통 선언(declaration)이 상위로 끌어올려지는 현상을 말합니다. 선언은 호이스팅 되지만, 할당은 호이스팅 되지 않습니다. var로 선언한 경우 undefined로 초기화하고, let이나 const로 선언한 경우는 초기화하지 않습니다.

③ 유효한 범위로 블록 스코프를 가짐

중괄호({})로 표현된 부분 내부가 블록 스코프 영역으로, 여기서 let을 사용한 경우 블록 스코프가 유효 범위입니다. 블록 스코프 내에서는 블록 스코프 외부의 전역 스코프의 변수를 참조할 수 있으며, 블록 스코프 내에서 전역 스코프의 변수명을 재선언하여 다른 값으로 사용할 수 있습니다.

●●● 예제 파일 04.let3.html

```
 ⋮       ⋮
11:      // 스코프(범위) 문제
12:      let name = '홍길동';
13:      let age = 22;
14:      {
15:        let age = 33;
16:
17:        console.log('name* ' + name); // 홍길동
18:        console.log('age* ' + age); // 33
19:      }
20:      console.log('name** ' + name); // 홍길동
21:      console.log('age** ' + age); // 22
```

콘솔 화면

```
name* 홍길동
age* 33
name** 홍길동
age** 22
```

2. const 키워드

const는 블록 스코프를 갖는 상수 선언에 사용되며, 이때 값은 재할당(reassign)을 할 수 없으며, 재선언(redeclare) 또한 불가능합니다.

① 한 번 선언하면 동일한 변수 이름으로 다시 선언할 수 없음(재선언 불가)
② 한 번 선언하면 값을 변경할 수 없음(재할당 불가)
③ 유효한 범위로 블록 스코프를 가짐

① 한 번 선언하면 동일한 변수 이름으로 다시 선언할 수 없음(재선언 불가)

const 키워드로 동일한 이름의 변수를 선언할 수 없습니다. 콘솔 창에 'name' 변수(식별자)가 이미 선언되었기 때문에 재선언할 수 없다는 문법 오류가 발생했습니다.

●●● 예제 파일 : 04.const.html

```
⋮          ⋮
11:        const name = '홍길동';
12:        // 동일한 변수명으로 재선언 불가
13:        const name = '일지매';
```

콘솔 화면

```
⊗ Uncaught SyntaxError: Identifier 'name' has already been     04.const.html:13
  declared
  Live reload enabled.                                         04.const.html:43
```

② 한 번 선언하면 값을 변경할 수 없음(재할당 불가)

const 키워드는 값을 변경할 수 없는 상수(constant)인 경우에 선언하여 사용합니다. 따라서 초기 설정된 값을 바꾸는 재할당은 오류가 발생합니다.

●●● 예제 파일 04.const2.html

```
⋮          ⋮
11:        const name = '홍길동';
12:        // 동일한 변수명에 재할당 불가
13:        name = '일지매';
```

콘솔 화면

```
⊗ Uncaught TypeError: Assignment to constant variable.        04.const2.html:13
      at 04.const2.html:13:10
  Live reload enabled.                                        04.const2.html:43
```

const는 변수명 선언과 함께 반드시 초기값을 할당해야 합니다. 반면 let의 경우엔 초기값이 할당되지 않으면 경우 'undefined'가 할당되고 오류가 발생하지 않습니다.

●●● 예제 파일 04.const3.html

```
:         :
11:     // 반드시 초기값 할당
12:     const name;
13:     name = '일지매';
```

콘솔 화면

```
Uncaught SyntaxError: Missing initializer in const      04.const3.html:12
declaration
Live reload enabled.                                    04.const3.html:43
>
```

③ 유효한 범위로 블록 스코프를 가짐

let의 특성과 같이 블록 스코프를 유효 범위로 갖습니다.

●●● 예제 파일 04.const4.html

```
:           :
11:       // 스코프(범위) 문제
12:       const age = 22;
13:       {
14:         const age = 33;
15:         console.log('age* ' + age); // 33
16:       }
17:       console.log('age** ' + age); // 22
```

콘솔 화면

```
age* 33
age** 22
```

04-3 연산자

연산자(operator)는 사칙연산 등 셈을 하거나 논리 연산, 할당 등을 위한 기호(symbol)로 더하기(+), 빼기(−), 나누기(/), 곱하기(*) 등이 있습니다.

표 4-1 | 산술 연산자의 종류

산술 연산자	설명
+	더하기(addition)
−	빼기(subtraction)
*	곱하기(multiplication)
**	거듭제곱(exponentiation)
/	나누기(division)
%	나머지(modulus)
++	증가(increment)
−−	감소(decrement)

여기서 거듭제곱(**), 나머지(%), 증가 및 감소 연산자에 대하여 예제로 살펴봅니다. '5**3'은 5의 3제곱(5^3)이며, '5%3'은 앞의 숫자(5)를 뒤의 숫자(3)로 나눈 나머지 값을 취하므로 결과는 2가 됩니다. 증가 및 감소 연산자는 할당된 변수의 값에서 1을 증가하거나 1을 감소하여 그 결과를 나타냅니다.

표 4-2 | 산술 연산자의 사용 예시

연산자	연산식	결과
거듭제곱(**)	5**3	125
나머지(%)	5%3	2
증가(++)	5++	6
감소(−−)	5−−	4

```
 ⋮          ⋮
45:         document.querySelector('#exp').innerHTML = 5 ** 3;
46:         document.querySelector('#mod').innerHTML = 53;
47:
48:         var x = 5, y = 5;
49:         x++;
50:         y--;
51:         var inc = x;
52:         var dec = y;
53:         document.querySelector('#inc').innerHTML = inc;
54:         document.querySelector('#dec').innerHTML = dec;
```

왼쪽과 오른쪽이 같음을 나타내는 연산 기호인 이퀄(equal, =)은 프로그램에선 할당 연산자로, '='의 오른쪽 항의 결과를 왼쪽에 할당하는 역할을 합니다. 동등한 의미로 쓰일 때는 '='을 하나 더 붙여 '=='로 표현하고, 값이 같은지 아닌지를 참(true)/거짓(false)으로 표현합니다. 또한 '=' 3개를 연속으로 붙여 쓰면 값뿐만 아니라 데이터 타입도 같은지를 참/거짓으로 나타냅니다. [5 == '5']에서는 숫자 5와 문자열 '5'는 값은 같지만, 서로 데이터 타입이 달라 거짓(false)이 됩니다.

표 4-3 | 기타 연산자의 종류와 사용 예시

기타 연산자	설명
=	할당 연산자(assignment)
==	동등 연산자(equal)
===	엄격한 동등 연산자(strict equal)
!=	동등 부정 연산자(unequal)
+=	x += y (x = x + y)
-=	x -= y (x = x - y)
*=	x *= y (x = x * y)
/=	x /= y (x = x / y)

+=, -=, *=, /= 등은 중복된 표현을 간단하게 표현하는 방법으로, 중복된 표현을 줄여줄 뿐만 아니라 가독성도 높여줍니다. 프로그래밍은 중복되거나 종속적인 표현을 아주 싫어합니다.

표 4-4 | 연산자의 사용 예시

연산자	연산식	결과
할당 연산자(=)	var x = 'hello'	변수 x에 'hello'를 할당
동등 연산자(==)	5 == '5'	true
엄격한 동등 연산자(===)	5 === '5'	false
동등 부정 연산자(!=)	5 != '5'	false

●●● 예제 파일 04.operator2.html

```
 ⋮          ⋮
45:        var x = 'hello';
46:        console.log('변수 x값은 ' + x);
47:
48:        console.log("5 == '5'은 " + (5 == '5'));
49:        console.log("5 === '5'은 " + (5 === '5'));
50:        console.log('5 != 5은 ' + (5 != 5));
```

콘솔 화면

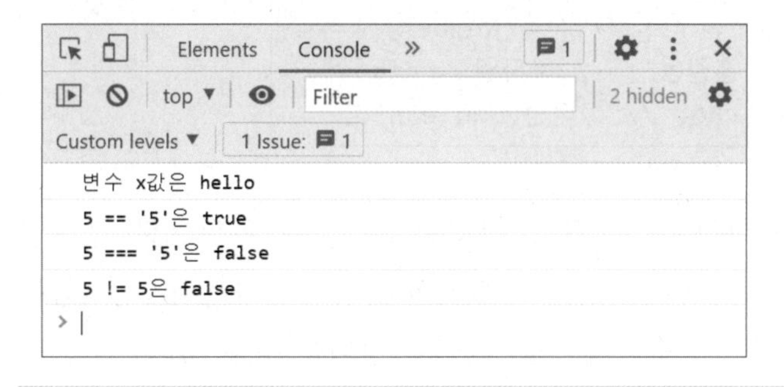

04-4 데이터 타입

자바스크립트에서 변수는 원시값과 참조값 유형으로 값을 저장할 수 있습니다. 원시값(primitive value)은 값이 변하지 않고, 확보된 메모리 공간에 값을 직접 저장합니다. 참조값(reference value)은 값이 변경될 수 있으며, 저장된 다른 메모리 공간(힙)의 주소값을 저장하여 간접적으로 참조합니다. 보통 프로그램에서의 변수 선언은 변수값이 가질 수 있는 범위의 메모리 공간을 미리 확보하는 의미로 안전한 연산을 위한 방법입니다.

여기서 변수값이 가질 수 있는 범위에 따라 데이터 타입으로 나누고, 선언된 변수의 데이터 타입의 값만 저장할 수 있습니다. 하지만 자바스크립트에서 변수에 저장되는 데이터 타입은 언제든 다른 타입으로 변경할 수 있는 동적(dynamic) 타입으로, 선언된 변수에 여러 형태의 데이터 타입을 저장할 수 있습니다. 자바스크립트의 데이터 타입은 자바나 C++ 등 다른 프로그래밍 언어의 데이터 타입에 비해 개수가 적고, 규칙이 느슨한 편입니다.

```
let container = 23; // 숫자(Number)
container = '홍길동'; // 문자열(String)
container = true; // 불리언(Boolean)
```

원시값은 변수가 선언되어 초기화하면 그 값을 변경할 수 없는 유형으로 불리언(Boolean), 숫자(Number), 문자열(String), Undefined, Null, BigInt 및 심볼(Symbol) 등 7가지의 데이터 타입이 있습니다. 변수값이 변경되는 경우, 변수 선언 시 확보한 메모리 주소에 저장된 값을 변경하지 않고, 새로운 메모리 주소를 할당하여 변경된 값을 저장합니다. 결국 값이 변경되는 것이 아니라 할당된 메모리의 주소가 바뀌게 됩니다.

표 4-5 | 자바스크립트의 데이터 타입

데이터 타입	표현/설명
불리언(Boolean)	논리적 요소로 true와 false 2가지의 값을 가짐
숫자(Number)	123, 3.14 등 정수와 부동소수점 숫자
문자열(String)	텍스트 데이터

데이터 타입	표현/설명
Undefined	변수가 할당되지 않았거나 값을 알 수 없는 경우
Null	아무런 값이 없음을 명시적으로 정의한 경우
BigInt	Number의 할당 범위를 넘는 큰 정수
심볼(Symbol)	익명의 객체 속성을 만들 수 있음
오브젝트(Object)	할당된 값 또는 속성을 다수 가질 수 있는 형태

다음은 숫자와 문자열이 복합적으로 나올 때의 예제입니다. 더하기 연산자(+)는 숫자일 경우는 값을 더해 주지만, 문자열에서는 값을 연결(concat)해 줍니다. 또한 숫자와 문자열이 함께 나올 경우, 숫자는 문자열로 취급됩니다. 두 번째 블록에서 앞의 두 개 숫자는 더하기 연산을 한 후, 뒤에 나오는 문자열로 인해 문자열 연산을 합니다.

●●● 예제 파일 04.dataTypes.html

```
 ⋮          ⋮
11:       {
12:         let x = 2022 + '년';
13:         console.log(x);
14:       }
15:       {
16:         let x = 2000 + 22 + '년';
17:         console.log(x);
18:       }
19:       {
20:         let x = '올해' + 2000 + 22;
21:         console.log(x);
22:       }
23:       {
24:         let x = '2000' + 22;
25:         console.log(x);
26:       }
```

콘솔 화면

```
2022년
2022년
올해200022
200022
```

데이터 타입을 확인하기 위해 typeof 연산자를 사용할 수 있습니다. 값 또는 변수를 typeof 뒤에 나타내 해당 값의 데이터 타입을 알아낼 수 있습니다. 확인하려는 값에 괄호를 꼭 붙일 필요는 없으나, 연산식의 결과를 확인하기 위해서는 괄호가 필요합니다.

●●● 예제 파일 04.dataTypes2.html

```
⋮        ⋮
11:      {
12:        let x = true;
13:        console.log(typeof x);
14:      }
15:      {
16:        console.log(typeof (3.14 + 2));
17:      }
18:      {
19:        console.log(typeof '원주율');
20:      }
21:      {
22:        let x;
23:        console.log(typeof (x));
24:      }
25:      {
26:        let x = null;
27:        console.log(typeof x);
28:      }
```

콘솔 화면

```
boolean
number
string
undefined
object
```

배열(array)은 좀 특별한 변수입니다. 하나의 변수명에 하나 이상의 값을 할당할 수 있습니다. 이렇게 여러 개의 값을 가질 수 있는 모둠 형태를 컬렉션(collection)이라 합니다. 컬렉션은 여러 개의 값을 각각 특정하는 방법에 따라 집합(set), 배열(array), 연관배열(associative array)로 구분합니다. 집합(set)은 직접 값으로 구별합니다. 따라서 집합에는 중복된 값이 없어야 합니다. 배열은 학교에서 '34번 홍길동'으로 불렀듯이 이름(값)을 구별할 수 있는 키(key, 34번)와 값(value, 홍길동)의 형태로 되어 있습니다. 배열에서 키(key)는 값을 구별하기 위한 위치 또는 순서로 0을 시작 값으로 하는 정수 형태의 인덱스(index)를 사용하기에 값이 중복되더라도 구별할 수 있습니다. 연관배열은 키를 문자열로 하는 key-value(name-value) 쌍으로 표현됩니다. 연관배열은 배열이라는 이름을 사용하지만, 사실 객체(object)이며 중괄호({})를 사용해 표현합니다. 반면 일반 배열은 대괄호([])를 사용합니다.

표 4-6 | 컬렉션의 종류

컬렉션	특징
집합(set)	값으로 구별(중복된 값 불허)
배열(array)	숫자 인덱스(numbered index)로 값을 구별
연관배열(associative array)	문자열 인덱스(named index)로 값을 구별

연관배열 예제에서 문자열로 사용하는 '여주', '남주'와 같은 키(key)는 따옴표 없이 사용할 수 있습니다.

●●● 예제 파일 04.dataTypes3.html

```
 ⋮          ⋮
11:       {
12:         // 배열(Array)
13:         const actors = ['성춘향', '이몽룡', '방자', '향단이'];
14:         console.log(typeof actors, actors[2]);
15:       }
16:       {
17:         // 연관배열(associative array)
18:         const actors = {
19:           '여주': '성춘향',
20:           '남주': '이몽룡',
21:           '남1': '방자',
22:           '여1': '향단이'
23:         };
24:         console.log(typeof actors, actors['여주']);
25:       }
```

콘솔 화면

```
object 방자
object 성춘향
object 향단이
object 향단이
object 이몽룡
```

배열과 연관배열을 선언할 때, 자바스크립트가 기본으로 제공하는 내장 객체(built-in object)의 생성자 표기법을 사용하거나, 대괄호([]) 또는 중괄호({})를 사용하여 표현할 수 있습니다. new Array(), new Object()로 표현하는 방법을 생성자 표기법이라 하고, 대괄호나 중괄호와 같은 심볼(symbol)을 이용하여 값을 직접 표현하는 방법을 리터럴(literal)이라 합니다. 리터럴 표기법은 간결하고 가독성도 좋아 선호되는 방법입니다.

●●● 예제 파일 04.dataTypes3.html

```
 ⋮        ⋮
26:      {
27:        // 배열(Array)
28:        const actors = new Array('성춘향', '이몽룡', '방자', '향단이');
29:        console.log(typeof actors, actors[3]);
30:      }
31:      {
32:        // 배열(Array)
33:        const actors = new Array();
34:        actors[0] = '성춘향';
35:        actors[1] = '이몽룡';
36:        actors[2] = '방자';
37:        actors[3] = '향단이';
38:        console.log(typeof actors, actors[3]);
39:      }
40:      {
41:        // 오브젝트(object)
42:        const actors = new Object();
43:        actors['여주'] = '성춘향';
44:        actors['남주'] = '이몽룡';
45:        actors['남1'] = '방자';
46:        actors['여1'] = '향단이';
47:        console.log(typeof actors, actors['남주']);
48:      }
```

04-5 객체

프로그램은 현실 세계의 어떤 일을 효율적이고 효과적으로 해결하기 위해 현실 세계를 코드화한 것입니다. 세상은 관점의 기준인 주체(subject)와 상대 또는 대상으로서 객체(object) 그리고 주체와 객체 간의 관계(relationship)로 구성됩니다. 나아가서 주체를 객관화하여 객체로 본다면, 우리의 세상은 객체와 객체 간의 관계로 구성됩니다. 이때 객체는 사람, 동물, 식물 나가서는 이 세상에 존재하는 모든 사물과 논리적으로 표현될 수 있는 다양한 개념과 상상이 포함될 수 있습니다. 이것이 객체지향 프로그램의 출발점입니다.

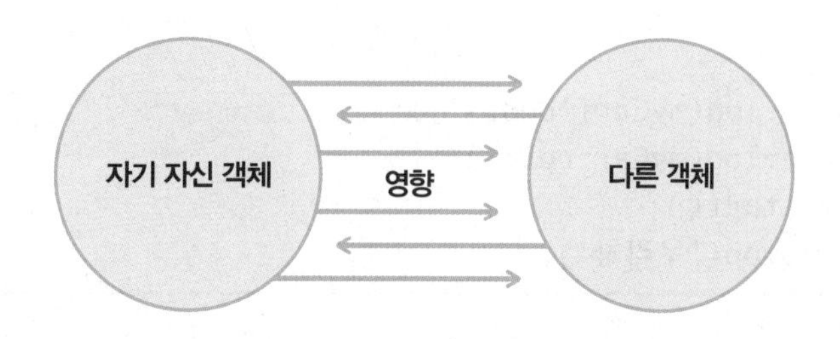

그러면 객체는 무엇으로 구성되어 있다고 봐야 할까요?
예를 들어 자동차를 떠올려 보면, 상태로서 차종, 탑승 인원, 색상, 제조사 등과 기능으로 출발하다, 멈추다. 문을 열다 등으로 구성된다고 할 수 있습니다. 프로그램에서 객체는 속성(attribute)과 메서드(method)로 표현됩니다. 어떤 시점에서 객체의 정적인 상태값으로 속성과 객체의 동적 기능인 메서드로 구성됩니다.
객체의 값을 가져오는 방법은 속성일 경우에 변수의 값을 표현하는 형태와 같은 myCar['doors'] 방식의 대괄호 표기법과 속성 접근자인 점(dot) 표기법을 사용한 myCars.color와 같은 방법을 모두 사용할 수 있습니다.
메서드는 키(key)에 괄호를 붙여 myCar.start()와 같이 사용합니다. 매개변수(전달변수)를 사용해 외부에서 필요한 값을 주입할 수도 있습니다.

```
 ⋮          ⋮
11:       const myCar = {
12:         type: '전기차',
13:         doors: 5,
14:         color: 'white',
15:         brand: '슈퍼카',
16:         start: function() {
17:           console.log('차량 출발');
18:         },
19:         stop: function(msg) {
20:           console.log(msg + ' 정지');
21:         }
22:       }
23:
24:       console.log(myCar['doors']);
25:       console.log(myCar.color);
26:       myCar.start();
27:       myCar.stop('우리차');
```

콘솔 화면

```
5
white
차량 출발
우리차 정지
```

배열의 값을 표현하는 대괄호 표기법으로 객체의 값을 표현하는 특징으로 인해 연관배열(associative array)이라고 부릅니다. 문자열 인덱스(named index)를 갖는 연관배열은 표현 방법이 배열과 같지만 객체입니다.

key-value 쌍으로 구성된 일반적인 형태로서 맵(map)이 있습니다. 키(key)가 가질 수 있는 데이터 타입에 따라 구분되는데, 배열의 키는 숫자 인덱스(numbered index), 연관배열의 키는 문자열 인덱스(named index)를 가지며, 맵의 키는 어떤 데이터 타입도 가질 수 있습니다.

표 4-7 | 배열, 연관배열, 맵의 키가 가질 수 있는 데이터 타입

구분	키(key)가 가질 수 있는 데이터 타입
배열	숫자 인덱스(0부터 시작하는 정수, numbered index)
연관배열(객체)	문자열 인덱스(named index)
맵(map)	모든 데이터 타입

Chapter

05

함수와 알고리즘

학습목표

함수는 특정한 작업을 수행하는 독립된 프로그램 단위로 재활용의 기초가 됩니다. 일반 함수, 화살표 함수, 콜백 함수의 형식과 쓰임을 알아봅니다. 알고리즘은 어떤 문제를 해결하기 위한 절차와 방법을 말합니다. 또한 알고리즘을 특정 프로그램 언어의 문법에 따라 구성한 것을 프로그램이라고 합니다. 간단한 형태이지만 자주 사용되는 알고리즘의 형태는 순차구조, 선택구조, 반복구조 알고리즘이 있으며, 이에 대한 활용 방법을 예제와 함께 살펴봅니다.

05-1 함수

알고리즘(algorithm)은 어떤 문제를 해결하기 위해 사용되는 방법(rule)과 절차(process)를 말합니다. 또한 프로그램은 알고리즘을 사용하는 프로그램 언어의 문법에 따라 구성한 코드입니다.

C언어나 자바와 같은 전통적인 프로그래밍 언어는 프로그램 실행의 시작점인 메인(main) 함수와 특정 기능을 수행하는 단위로서 서브루틴(subroutine)이나 클래스로 구성됩니다. 서브루틴은 메인 프로그램(또는 메인 함수) 이외의 부 프로그램을 부르는 말로 보통 함수를 말합니다.

함수(function)는 특정한 작업을 수행하는 독립된 프로그램 단위이며, 재활용의 기초가 됩니다. 잘 만들어진 함수는 다음에 수행할 작업이나 프로젝트에서 재활용될 수 있어 프로그램 구현에 들어갈 시간과 비용을 아껴 줄 수 있습니다. 또한 다양한 시행착오를 거치면서 잘 다듬어진 함수는 코드 품질을 향상시킬 수 있어, 프로그램의 오류를 최소화할 수 있습니다.

1. 함수의 사용법

함수를 사용하기 위해서는 function 키워드, 함수명, 매개변수, 함수 코드, 반환값 등으로 함수를 정의(또는 선언)합니다.

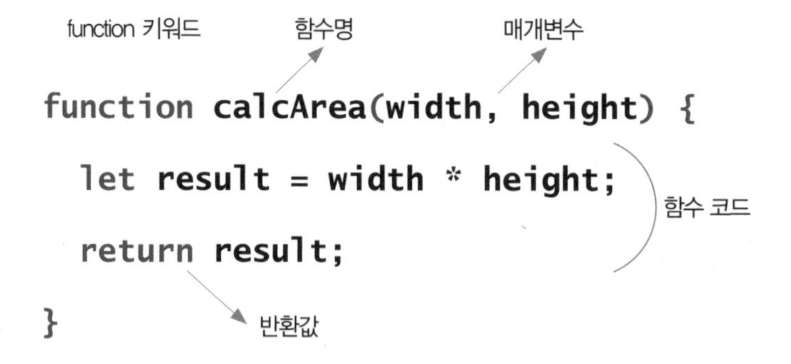
function 키워드
함수명
매개변수
function calcArea(width, height) {
let result = width * height;
return result;
}
함수 코드
반환값

표 5-1 | 함수의 구성요소

구성요소	설명
function 키워드	함수 정의(또는 선언)를 위한 키워드
함수명	함수를 식별하기 위한 이름

구성요소	설명
매개변수	함수에 외부 입력 값을 전달하기 위한 변수
함수 코드	함수 내부에 표현되는 명령어 모음
반환값	함수 수행의 결과값

다음의 예는 'helloWorld'라는 이름의 함수를 정의하고, helloWorld()를 호출하면 경고창을 띄우는 코드입니다. 변수와 함수의 외형적 차이는 이름 뒤 괄호의 유무로 구분할 수 있습니다. 함수를 실행하는 것을 호출이라고 표현하며 함수명 뒤에 괄호를 붙여 정의한 함수를 실행합니다.
함수의 호출은 단독으로 사용할 수 있고, 또 다른 함수의 내부에서 외부의 다른 함수를 호출할 수 있습니다.

●●● 예제 파일 05.function.html

```
 :         :
32:      document.querySelector('.btn-danger').onclick = helloWorld;
```

위의 경우는 괄호 없이 함수를 호출할 수 있는 경우로 혼동될 수 있겠지만, 원래 helloWorld 자리에 함수가 와야 하기에 괄호를 생략하고 함수명을 사용할 수 있으며, 변수로 처리되지 않습니다.

●●● 예제 파일 05.function.html

```
 :         :
11:   <div class="container">
12:     <div class="btn-group" role="group" aria-label="Basic example">
13:       <button type="button" class="btn btn-
    primary">helloWorld()</button>
14:       <button type="button" class="btn btn-danger">helloWorld()</
    button>
15:     </div>
16:   </div>
17:
18:   <script>
19:     // 함수 정의(function definition)
20:     // 함수 선언(function declaration)
```

```
21:       function helloWorld() {
22:         alert('hello world!');
23:       }
24:
25:       // 함수 호출(function call)
26:       helloWorld();
27:
28:       document.querySelector('.btn-primary').onclick = function() {
29:         helloWorld();
30:       }
31:
32:       document.querySelector('.btn-danger').onclick = helloWorld;
33:     </script>
```

함수를 구성하는 방식은 3가지가 있습니다. 함수 정의(function definition) 또는 함수 선언(function declaration)이라고 하는 기본형, 함수 표현식(function expression), 화살표 함수 표현식(arrow function expression)입니다. 함수 표현식은 ES5에서, 화살표 함수 표현식은 ES6에서 추가된 형식입니다.

```
// 함수 정의(function definition)
// 함수 선언(function declaration)
function myFunc1(x, y) {
  return x + y;
}
// 함수 표현식(function expression)
let myFunc2 = function (x, y) {
  return x + y;
}
// 화살표 함수(arrow function)
let myFunc3 = (x, y) => x + y;
```

함수 표현식은 함수 정의와 구문은 거의 동일합니다. 차이점으로, 함수명을 명시하지 않고 사용하는 형태를 익명 함수(anonymous function)라고 하는데, 익명 함수의 코드를 변수명에 할당한 형태입니다. 변수명에 익명 함수의 결과를 할당한 형태이기 때문에 함수 마지막에 세미콜론(;)을 추가합니다.

●●● 예제 파일 05.function2.html

```
⋮       ⋮
19:     // 함수 정의(function definition)
20:     // 함수 선언(function declaration)
21:     function plusOperation1(a, b) {
22:       return a + b;
23:     }
24:
25:     let sum1 = plusOperation1(3, 4);
26:     let sumText1 = '계산 결과는 '+ sum1 + ' 입니다.';
27:
28:     document.querySelector('input[name="sum1"]').value = sumText1;
29:
30:     //--------------------------
31:
32:     // 함수 표현식(function expression)
33:     let plusOperation2 = function (x, y) {
34:       return x + y;
35:     }
36:
37:     let sum2 = plusOperation2(5, 6);
38:     let sumText2 = '계산 결과는 ' + sum2 + ' 입니다.';
39:
40:     document.querySelector('input[name="sum2"]').value = sumText2;
```

미리보기

계산 결과는 7 입니다.	계산 결과는 11 입니다.

또 하나의 차이점은 [Chapter 04. 변수와 데이터 타입]에서 설명했던 '호이스팅(hoisting)' 문제입니다. 함수 표현식은 함수 정의와 달리 함수 표현식을 정의하기 전엔 사용할 수 없습니다.

함수 표현식은 콜백 형식으로 자주 사용됩니다. 콜백(callback)이란 함수를 매개변수 형식으로 다른 함수에 전달하는 방식을 말합니다.

●●● 예제 파일 05.function3.html

```
 ⋮      ⋮
19:     let sum = plusOperation1(3, 4);
20:
21:     function plusOperation1(a, b) {
22:       return a + b;
23:     }
 ⋮      ⋮
29:     //--------------------------
30:     // 오류 발생(호이스팅 되지 않음)
31:     let sum2 = plusOperation2(5, 6);
32:
33:     let plusOperation2 = function(x, y) {
34:       return x + y;
35:     }
```

콘솔 화면

```
Uncaught ReferenceError: Cannot access   05.function3.html:31
 'plusOperation2' before initialization
    at 05.function3.html:31:16
```

tip 파라미터와 아규먼트

파라미터(parameter)와 아규먼트(argument)는 각각 매개변수와 인자로 번역되는데 구별하여 사용해야 합니다. 파라미터(매개변수)는 함수 정의 시 사용되는 변수명(name)을 나타내며, 아규먼트(인자)는 함수에 전달되는 실제 값(value)을 의미합니다. 형식과 내용의 차이 정도로 이해할 수 있습니다. 다음 예시 코드에서 param1, param2, param3은 파라미터, '축구', '야구', '배구'는 아규먼트입니다.

```
function myFunction(param1, param2, param3) {
// 수행할 명령어
}
myFunction('축구', '야구', '배구'); // arguments
```

05-2 화살표 함수

화살표 함수(arrow function expression)는 function 키워드를 사용하지 않는 함수 표현식입니다. => 형태의 화살표를 사용하는 것이 특징이며, 중괄호와 return 키워드 없이 표현할 수 있습니다. 보통 한 줄의 명령문으로 표현합니다.

●●● 예제 파일 05.function4.html

```
 :       :
19:      /*
20:      // 함수 표현식
21:      let myFunc = function(x, y) {
22:        return x + y;
23:      }
24:      */
25:
26:      // 화살표 함수
27:      const myFunc1 = (x, y) => x + y;
28:
29:      const myFunc2 = (x, y) => {
30:        return x + y;
31:      };
```

this 키워드를 다루는 데도 차이점이 있는데, 함수의 내부에서 사용된 this는 해당 함수의 주인(owner)을 가리킵니다. 예제에서 첫 번째, 두 번째는 각각 함수의 주인인 window 객체와 클래스 btn-primary인 버튼 객체를 가리킵니다. 그러나 화살표 함수로 표현된 세 번째 예제는 클래스 btn-danger인 버튼이 아니라 최상위 객체인 window를 가리킵니다.

●●● 예제 파일 05.function5.html

```
 ⋮        ⋮
19:      window.onload = function() {
20:        console.log(1, this.toString());
21:      }
22:
23:      document.querySelector('.btn-primary').onclick = function() {
24:        console.log(2, this.toString());
25:      }
26:
27:      document.querySelector('.btn-danger').onclick = () => {
28:        console.log(3, this.toString());
29:      }
```

예제를 실행한 후 [일반 함수]와 [화살표 함수] 버튼을 각각 클릭하고 콘솔 화면을 확인해 보세요.

콘솔 화면

```
1 '[object Window]'                  05.function5.html:20
2 '[object HTMLButtonElement]'       05.function5.html:24
3 '[object Window]'                  05.function5.html:28
```

05-3 콜백 함수

콜백(callback)은 함수를 매개변수 형식으로 다른 함수에 전달하는 방식으로, 매개변수로 전달된 그 함수는 필요할 때 호출하게 됩니다. 함수가 나중에 호출(지연된 호출)되는 흔한 방법은 비동기 처리 또는 Ajax에서 보게 될 것입니다.

연산 과정에서 서로 연관된 함수가 있다면, 이 두 함수를 필요한 순서대로 차례로 호출하게 됩니다. 다음 예제에서는 더하기 연산 함수와 그 연산의 결과를 표현하는 함수가 있으며, 이를 차례로 호출하는 방법을 보여 주고 있습니다.

첫 번째 예제는 함수 외부에서 함수의 실행 순서에 따라 각각 순차적으로 호출하는 가장 단순한 방법입니다. 두 번째 예제는 한 번의 함수 호출로 연관된 다른 함수를 연쇄적으로 호출하는 형식입니다. 처음 호출되는 함수 내부에 다음 순서의 함수를 호출하도록 미리 구성한 것입니다.

마지막 예제는 콜백 함수로 호출될 함수를 매개변수로 전달하여 처리한 방식으로 두 번째 예제를 일반화한 형식입니다. 함수의 변경을 최소화하고, 재활용을 쉽게 할 수 있도록 구성한 것이 특징입니다.

매개변수로 함수명을 전달할 때 괄호를 표시하지 않는 것에 주의하세요.

●●● 예제 파일 05.callback.html

```
 ⋮        ⋮
19:      {
20:        function showResult(sum) {
21:          var msg = '결과는 ' + sum + ' 입니다.';
22:          document.querySelector('input[name="sum1"]').value = msg;
23:        }
24:
25:        function plusOperation(x, y) {
26:          return x + y;
27:        }
28:
29:        const result = plusOperation(2, 3);
30:
31:        showResult(result);
32:      }
33:
```

```
34:     {
35:       function showResult(sum) {
36:         var msg = '결과는 ' + sum + ' 입니다.';
37:         document.querySelector('input[name="sum2"]').value = msg;
38:       }
39:
40:       function plusOperation(x, y) {
41:         showResult(x + y);
42:       }
43:
44:       plusOperation(4, 5);
45:     }
46:
47:     {
48:       function showResult(sum) {
49:         var msg = '결과는 ' + sum + ' 입니다.';
50:         document.querySelector('input[name="sum3"]').value = msg;
51:       }
52:
53:       function plusOperation(x, y, callback) {
54:         callback(x + y);
55:       }
56:
57:       plusOperation(6, 7, showResult);
58:     }
```

미리보기

결과는 5 입니다.	결과는 9 입니다.	결과는 13 입니다.

05-4 순차구조 알고리즘

알고리즘은 어떤 문제를 해결하기 위한 절차와 방법을 말합니다. 알고리즘을 표현하는 명령어의 흐름에 따라 순차구조, 선택구조, 반복구조로 구분할 수 있습니다.
순차구조(sequence) 알고리즘은 명령어를 실행 순서에 따라 나열하는 아주 간단한 형태입니다. 따라서 명령을 배치한 순서에 따라 차례대로 수행하는 논리적 구조를 갖습니다.

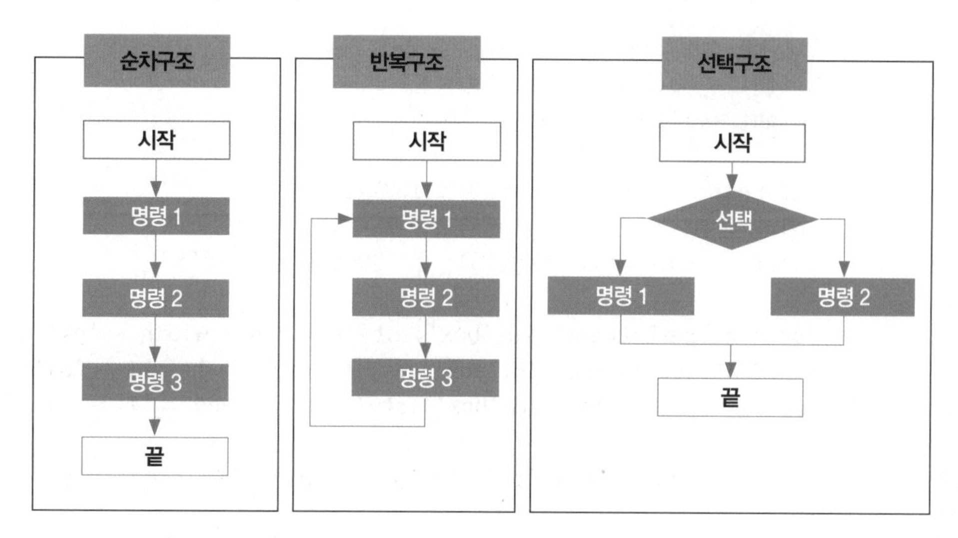

그림 5-1 순차구조, 선택구조, 반복구조 알고리즘

drawSquare()는 순차구조 알고리즘으로 구성된 함수입니다. 임의의 길이와 크기 그리고 색상을 갖는 사각형을 차례대로 만듭니다.
Math.random()은 자바스크립트가 제공하는 내장 객체(built-in object) 중 수학 연산을 할 수 있게 하는 Math 객체의 메서드로, 0부터 1 미만의 임의의 실수를 반환합니다.

---

① Math.random() : 0부터 1 미만의 임의의 실수를 반환
② Math.round() : 실수를 반올림하여 정수로 반환(예: 4.5 → 5)
③ Math.ceil() : 실수를 올림하여 정수로 반환(예: 4.3 → 5)
④ Math.floor() : 실수를 내림하여 정수로 반환(예: 4.7 → 4)

다음 예제 파일에서 drawSquare() 함수는 호출될 때마다 무작위로 사각형의 너비(width), 높이(height) 및 배경색(color)을 설정합니다.

●●● 예제 파일 05.sequence.html

```
 ⋮        ⋮
15:      function drawSquare() {
16:        let width = Math.random() * 50;
17:        width = Math.round(width); // 0 ~ 50
18:        width += 50; // 50 ~ 100
19:
20:        let height = Math.random() * 50;
21:        height = Math.ceil(height); // 0 ~ 50
22:        height += 100; // 100 ~ 150
23:
24:        let color = Math.random() * 16777216;
25:        color = Math.floor(color); // 0 ~ 16777215
26:        color = color.toString(16); // 000000 ~ ffffff
27:
28:        document.getElementById('box').style.width = width + 'px';
29:        document.getElementById('box').style.height = height + 'px';
30:        document.getElementById('box').style.background = '#' + color;
31:
32:        console.log(width + 'px', height + 'px', '#' + color);
33:      }
```

미리보기

콘솔 화면

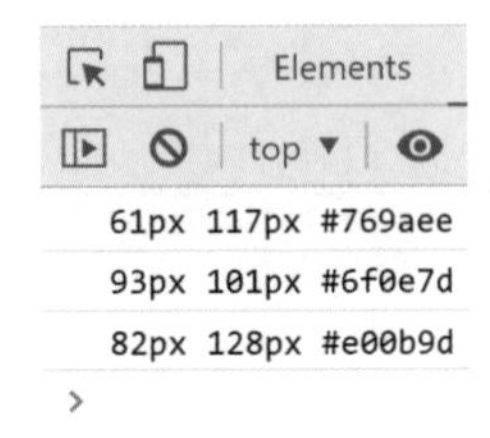

CSS에서 사용하는 색상은 red, blue와 같은 색깔의 이름 형식이나 HEX(헥스), RGB 등으로 표현합니다.
색상값을 16진수로 표현하는 HEX 표기법은 #RRBBGG 형식으로 빛의 3원색인 Red, Blue, Green을 각각 2자리의 16진수로 표현합니다. 16진수는 0부터 9까지의 수와 A에서 F까지의 알파벳으로 표현하며 대소문자는 구별하지 않습니다. 16진수는 4개의 2진수로 표현할 수 있고, 16진수 2자리는 8개의 2진수가 되어 8비트(bit)가 됩니다. 결국 Red, Blue, Green은 각각 8비트 형식이 됩니다.
RGB 표기법은 rgb(R,G,B)로도 표현하며 괄호 내부의 RGB값을 10진수로 표기합니다. 8비트를 10진수로 표현하면 0부터 255까지의 값을 가질 수 있습니다. 앞의 예제에서 사용한 16777216은 8비트가 3개인 24비트로 만들 수 있는 값의 개수(256×256×256)입니다. 0부터 16777215 사이의 임의 값으로 만든 후 16진수 표기법으로 변환하면 임의의 HEX로 만들 수 있습니다.

Color	Color HEX	Color RGB
	#000000	rgb(0,0,0)
	#FF0000	rgb(255,0,0)
	#00FF00	rgb(0,255,0)
	#0000FF	rgb(0,0,255)
	#FFFF00	rgb(255,255,0)
	#00FFFF	rgb(0,255,255)
	#FF00FF	rgb(255,0,255)
	#C0C0C0	rgb(192,192,192)
	#FFFFFF	rgb(255,255,255)

```
const color = 16777215;
  console.log(color.toString(16)); // ffffff
  console.log((16777215).toString(16)); // ffffff
```

위의 예제 코드를 간단히 하여 재구성하면 다음과 같습니다. cssText 속성은 CSS 선언을 문자열로 표현한 방식으로 여러 개의 CSS 속성을 묶어서 표현할 때 편리합니다.

●●● 예제 파일 05.sequence2.html

```
⋮        ⋮
14:      const drawSquare = function () {
15:        let width = Math.round(Math.random() * 50) + 50;
16:        let height = Math.ceil(Math.random() * 50) + 100;
17:        let color = Math.floor(Math.random() * 16777216).toString(16);
18:
19:        let css = 'width:' + width + 'px;height:' + height +
    'px;background:#' + color + ';';
20:        document.getElementById('box').style.cssText = css;
21:
22:        console.log(css);
23:      };
```

아이디 box 영역을 클릭할 때마다 drawSquare() 함수를 호출할 수 있는데, 가끔 색상이 표현되지 않는 오류가 있습니다. 콘솔 창으로 확인하면 색상값이 6자리가 아닌 경우 문제가 될 수 있습니다. 10진수 0부터 15까지의 값이 16진수로 표현될 때 한 자릿수로 표현되기 때문입니다.

width:93px;height:111px;background:#9cb7c6;
width:51px;height:124px;background:#a5ed4;
width:89px;height:127px;background:#4d99ea;
	console.log((0).toString(16)); // 0
	console.log((15).toString(16)); // f
	console.log((16).toString(16)); // 10

R값, G값, B값을 각각 나눠서 두 자리의 16진수 표기법으로 맞춘 후 결합하여 색상값을 다시 구성한 최종 예제를 작성합니다. 두 자리의 16진수를 구성하기 위해 formatHex() 함수를 구성하였습니다. 여기서 사용한 연산 방법은 3항 조건 연산자로 간단히 3항 연산자라 말합니다. 세 개의 피연산자를 사용하는 형태로 물음표를 기준으로 앞쪽에는 조건문이 뒤쪽에는 조건에 따른 결과를 표현합니다. 선택구조 알고리즘에서 소개될 연산자인데, 먼저 소개하게 되었습니다. 조건이 참일 경우는 물음표와 콜론(:) 사이의 값을 거짓일 경우에는 콜론 뒤의 값을 반환합니다.

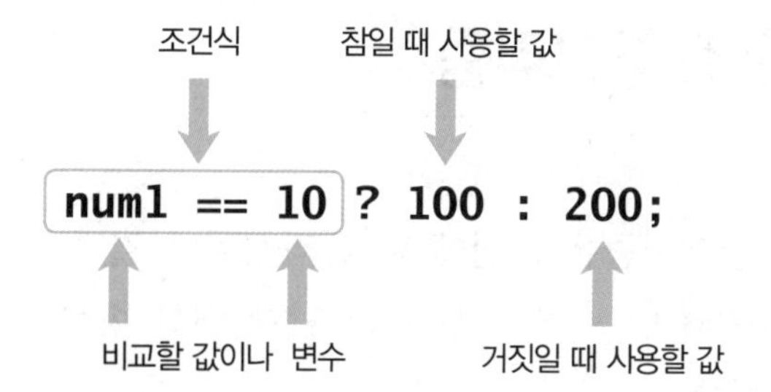

●●● 예제 파일 05.sequence3.html

```
13:     // HEX 자릿수 맞춤
14:     function formatHex(hex) {
15:       return hex.length == 1 ? '0' + hex : hex;
16:     }
17:
18:     // 화살표 함수 표현식
19:     const drawSquare = () => {
20:       let width = Math.round(Math.random() * 50) + 50;
21:       let height = Math.ceil(Math.random() * 50) + 100;
22:       let rColor = Math.floor(Math.random() * 255).toString(16); // 00
    ~ ff
23:       let gColor = Math.floor(Math.random() * 255).toString(16); // 00
    ~ ff
24:       let bColor = Math.floor(Math.random() * 255).toString(16); // 00
    ~ ff
25:
26:       let color = formatHex(rColor) + formatHex(gColor) +
    formatHex(bColor);
27:
28:       let css = 'width:' + width + 'px;height:' + height +
    'px;background:#' + color + ';';
29:       document.getElementById('box').style.cssText = css;
30:
31:       console.log(css);
32:     };
```

05-5 선택구조 알고리즘

선택구조(selection) 알고리즘은 조건에 따라 과정이나 결과를 선택하는 경우로 길을 가다 갈림길이 나왔을 때 어느 곳을 선택하느냐에 대한 형식입니다. 흔히 '조건문' 또는 '분기문'이라고도 합니다.

---

① if 문, if~else 문
② else if 문
③ switch 문
④ 3항 조건 연산자

---

1. if 문, if~else 문

if 문은 괄호 안에 표시되는 조건을 평가하여 결과를 불리언(boolean)으로 변환합니다. 이 결과가 참(true)이면 코드 블록이 실행됩니다. 여기서 불리언은 숫자 0, 빈 문자열, Null, Undefined, NaN을 모두 거짓으로 평가하며 이외의 값은 참으로 평가합니다. Undefined는 값을 갖지 않은 변수를 나타내는 속성이며, NaN(Not a Number)은 숫자 형식이 아님을 나타내는 속성입니다.
if~else 문은 조건이 참(true)이면 if의 코드 블록이 실행되고, 거짓(false)이라면 else의 코드 블록이 실행됩니다.
참고로 다음 코드에서 y.length는 입력 값으로 받는 글자의 개수를 나타냅니다.

●●● 예제 파일 05.selection.html

```
 :          :
11:        const x = 5;
12:
13:        if (x < 10) {
14:          alert('10보다 작습니다!');
15:        }
16:
17:        // if-else
18:        const y = prompt('아무 글자를 입력하세요');
19:
```

```
20:       if (y.length > 5) {
21:         alert('5글자보다 깁니다.');
22:       } else {
23:         alert('5글자 이하입니다.');
24:       }
```

2. else if 문

첫 번째 조건문인 if(...)가 거짓일 경우, 아래의 else if(...)를 차례로 평가하여 참일 때까지 수행합니다. if(...) 및 else if(...)가 모두 거짓일 경우 마지막 else의 코드 블록이 실행됩니다.

```
prompt(대화창에 표시될 글자, (옵션) 기본값);
```

prompt()로부터 받는 값은 숫자 형식을 입력하더라도 문자열로 변환되어 전달됩니다. 그래서 예제에서는 이 값을 정수로 변환하는 구문을 추가하여 구성했습니다. parseInt()를 사용하지 않더라도 프로그램이 자동으로 데이터 타입을 변환해 주긴 하지만, 데이터 타입을 알고 있을 필요는 있습니다.

●●● 예제 파일 05.selection2.html

```
⋮         ⋮
14:       const score = parseInt(prompt('점수를 입력하세요', 90));
15:
16:       if (score != null) {
17:         if (score >= 90) {
18:           alert('A학점입니다!^^');
19:         } else if (score >= 80) {
20:           alert('B학점입니다!^^;');
21:         } else if (score >= 70) {
22:           alert('C학점입니다.--');
23:         } else {
24:           alert('F학점입니다.ㅠㅠ');
25:         }
26:       }
```

3. switch 문

switch 문은 case 구문에 맞는 값이 들어왔을 때 조건이 실행됩니다. else if 문의 표현이 길어지면 코드의 가독성이 떨어집니다. 그래서 else if 문이 3~4개 이상일 때는 switch 문으로 표현을 바꾸는 것이 좋습니다. switch 문은 여러 개의 case 문으로 구성되며, default 문도 있으나 반드시 사용해야 하는 것은 아닙니다.

new Date().getDay()는 요일을 반환하는 자바스크립트 객체로 0~6 사이의 정수를 반환합니다. 정수 0이 일요일, 정수 6은 토요일입니다. case 문의 조건이 참일 경우 case 문의 코드 블록이 실행되며, break 문은 다음 case 문으로 넘어가지 않도록 하고 switch 문이 종료됩니다.

switch(true)는 조건의 판단을 case 문으로 위임한 형태로, case 문의 표현식에 의해 처리됩니다.

●●● 예제 파일 05.selection3.html

```
 ⋮          ⋮
11:      const dayOfWeek = new Date().getDay();
12:
13:      switch(dayOfWeek) {
14:        case 0:
15:          alert('일요일');
16:          break;
17:        case 1:
18:          alert('월요일');
19:          break;
20:        case 2:
21:          alert('화요일');
22:          break;
23:        case 3:
24:          alert('수요일');
```

```
25:         break;
26:       case 4:
27:         alert('목요일');
28:         break;
29:       case 5:
30:         alert('금요일');
31:         break;
32:       case 6:
33:         alert('토요일');
34:     }
```

미리보기

●●● 예제 파일 05.selection4.html

```
⋮         ⋮
11:     const score = parseInt(prompt('점수를 입력하세요', 90));
12:
13:     if(score != null) {
14:       switch(true) {
15:         case(score >= 90):
16:           alert('A학점입니다!^^');
17:           break;
18:         case(score >= 80):
19:           alert('B학점입니다!^^;');
20:           break;
21:         case(score >= 70):
22:           alert('C학점입니다.--');
23:           break;
24:         default:
25:           alert('F학점입니다.ㅠㅠ');
26:       }
27:     }
```

4. 3항 조건 연산자

3항 조건 연산자는 어떤 조건을 기초하여 값을 할당하는 연산자로 3개의 항으로 구성된 형식입니다. 순차구조 알고리즘 예제에서 설명과 예제로 만나봤기에 익숙할 겁니다. 여기서는 새로운 예제로 3항 조건 연산자를 확실하게 익히도록 하겠습니다.

```
변수명 = (조건문) ? 참값 : 거짓값;
```

〈input〉에 나이를 입력하고 [실행] 버튼을 클릭하면, 나이의 범위에 따라 '관람 가능' 또는 '관람 불가' 메시지를 표출하는 예제를 구성합니다.

[실행] 버튼을 클릭하면 checkAge()를 호출하며, 〈input〉에 입력한 값에 따라 3항 조건 연산자로 관람 가능 여부를 확인하여 setMessage()에 매개변수로 전달합니다. 전달된 매개변수에 따라 if-else 문으로 메시지 UI를 구성하여 화면에 표출하도록 했습니다.

특정 요소를 선택하고 이벤트를 구성하는 방법은 Chapter 06에서 충분히 연습하겠습니다.

●●● 예제 파일 : 05.selection5.html

```
 ⋮        ⋮
19:      function checkAge() {
20:        let age = document.getElementById('age').value;
21:        let passFail = (age > 18) ? '관람 가능' : '관람 불가';
22:
23:        setMessage(passFail);
24:      }
25:
26:      function setMessage(msg) {
27:        if (msg == '관람 가능') {
28:            message = '<div class="alert alert-success"
    role="alert">' + msg + '</div>';
```

```
29:         } else {
30:           message = '<div class="alert alert-danger"
    role="alert">' + msg + '</div>';
31:         }
32:
33:         document.getElementById('msg').innerHTML = message;
34:     }
```

미리보기

20	실행

관람 가능

05-6 반복구조 알고리즘

반복구조(iteration) 알고리즘은 조건에 따라 정의된 코드 블록을 반복적으로 처리하는 반복문(loop)입니다. 처리되는 데이터의 종류와 방법에 따라 몇 가지 형식으로 구분할 수 있습니다.

---

① for 문
② for-of 문
③ for-in 문
④ while 문
⑤ do-while 문
⑥ continue와 break

---

1. for 문

for 문은 반복구조 알고리즘의 기본형으로 정해진 조건에 따라 코드 블록을 반복적으로 수행합니다.
초기문은 반복문에 진입할 때 한 번 실행되는 조건입니다. 조건문은 반복할 때마다 해당 조건을 확인하는 연산으로, 참(true)이라면 반복을 계속하고 거짓(false)이라면 반복을 종료하게 됩니다. 증감문은 반복마다 코드 블록이 실행된 이후에 실행되어 초기문의 설정값을 증가시키거나 감소시킵니다.

```
for (초기문; 조건문; 증감문) {
  // 반복적으로 수행할 코드
}
```

다음은 변수 i의 초기값을 0으로 하고 1씩 증가할 때 5 미만의 조건에서 5번을 반복하는 반복문을 구성한 간단한 예제입니다. 반복할 때마다 메시지와 변수 i를 출력하도록 했습니다.

●●● 예제 파일 : 05.iteration.html

```
 ⋮         ⋮
11:        for (let i = 0; i < 5; i++) {
12:          document.write('반복 횟수 => ' + i + '<br>');
13:        }
```

미리보기

```
반복 횟수 => 0
반복 횟수 => 1
반복 횟수 => 2
반복 횟수 => 3
반복 횟수 => 4
```

다음 예는 10부터 1까지 1씩 감소하면서, i값을 계속 더하여 합계를 구하는 반복문입니다. for 문 외부에 변수 sum을 선언하고 여기에 값을 계속 더해 가는 코드입니다.

●●● 예제 파일 05.iteration2.html

```
 ⋮         ⋮
11:        let sum = 0;
12:        for (let i = 10; i >= 1; i--) {
13:          sum += i;
14:        }
15:        document.write(sum); // 55
```

미리보기

```
55
```

2. for-of 문

for-of 문은 배열, 문자열 등 여러 개의 값을 갖는 반복 가능한 객체를 대상으로 반복문을 구성할 때 사용됩니다.

```
for (변수 of 반복 가능한 객체) {
  // 반복적으로 수행할 코드
}
```

다음은 반복 가능한 객체로서 3개의 값을 갖는 배열을 처음부터 차례로 순회하면서 값을 변수 x에 할당하고 x를 출력하는 반복문 예제입니다.

●●● 예제 파일 05.iteration3.html

```
 ⋮        ⋮
11:      const actors = ['홍길동', '일지매', '임꺽정'];
12:
13:      for (let x of actors) {
14:        document.write(x + '<br>');
15:      }
```

미리보기

홍길동
일지매
임꺽정

다음은 반복 가능한 객체로서 3개의 값을 갖는 문자열을 처음부터 차례로 순회하면서 값을 변수 x에 할당하고 x를 3글자씩 묶어서 출력하는 반복문 예제입니다.
문자열을 변수 x에 할당할 때의 값과 변수 x를 변수 name을 이용하여 3글자씩 묶어질 때마다 이름을 출력하는 코드의 흐름을 콘솔 창의 결과로 확인해 보세요.

●●● 예제 파일 05.iteration4.html

```
 ⋮        ⋮
11:      let actors = '홍길동일지매임꺽정';
12:      let name = '';
13:
14:      for (let x of actors) {
15:        console.log('x =', x);
16:        name += x; // name = name + x;
17:        if(name.length == 3) {
18:           console.log('name =', name);
19:           name = '';
20:        }
21:      }
```

미리보기

```
x = 홍
x = 길
x = 동
name = 홍길동
x = 일
x = 지
x = 매
name = 일지매
x = 임
x = 꺽
x = 정
name = 임꺽정
```

3. for-in 문

for-in 문은 문자열로 키(key)를 사용하는 반복 가능한 객체를 대상으로 반복문을 구성할 때 사용됩니다. 인덱스를 키로 사용하는 배열도 for-in 문을 사용할 수 있지만, 반복되는 순서가 인덱스 키의 접근 순서를 보장하지 않으므로 인덱스 키의 순서가 중요한 경우에는 사용하지 않는 것이 좋습니다.

```
for (변수 in 문자열 키를 사용하는 객체) {
  // 반복적으로 수행할 코드
}
```

다음은 문자열을 키로 사용하는 객체인 연관배열의 반복문으로, 키(key)를 변수 x에 할당하고 순회하면서 키에 대응하는 값(value)을 출력합니다.

●●● 예제 파일 05.iteration5.html

```
 ⋮          ⋮
11:       const actors = {
12:         '성춘향',
13:         '이몽룡',
14:         '방자',
15:         '향단이'
16:       };
17:
```

```
18:      for (let x in actors) {
19:        document.write(actors[x] + '<br>');
20:      }
```

미리보기

성춘향
이몽룡
방자
향단이

4. while 문

while 문은 특정 조건이 참이라면 계속 코드 블록을 수행하는 반복문입니다.

```
while (조건문) {
  // 반복적으로 수행할 코드
}
```

다음은 변수 num과 sum을 0으로 초기화하고, 변수 num이 10 이하가 될 때까지 1씩 증가시키고 변수 num의 값을 변수 sum에 계속 합산하여 결국 0에서 10까지 합계를 구하는 반복문 예제입니다.

●●● 예제 파일 05.iteration6.html

```
 ⋮         ⋮
11:      let num = 0, sum = 0;
12:
13:      while (num <= 10) {
14:        sum += num;
15:        console.log(num, sum);
16:        num++;
17:      }
```

미리보기

```
0 0
1 1
2 3
3 6
4 10
5 15
6 21
7 28
8 36
9 45
10 55
```

5. do-while 문

do-while 문은 while 문의 변형입니다. while 문과 다른 점으로, while 문은 조건에 따라 코드 블록이 실행되지 않을 수 있지만, do-while은 반드시 한 번은 코드 블록을 실행하게 된다는 것입니다.

```
do (조건문) {
  // 반복적으로 수행할 코드
}
while (조건문);
```

다음은 변수 num과 sum을 0으로 초기화하고, 변수 num이 10 이하가 될 때까지 1씩 증가시키고 변수 num의 값을 변수 sum에 계속 합산하여 결국 0에서 10까지 합계를 구하는 반복문 예제입니다.

●●● 예제 파일 05.iteration7.html

```
⋮        ⋮
11:      let num = 0, sum = 0;
12:
13:      do {
14:        sum += num;
15:        console.log(num, sum);
16:        num++;
17:      }
18:      while (num <= 10);
```

미리보기

```
0 0
1 1
2 3
3 6
4 10
5 15
6 21
7 28
8 36
9 45
10 55
```

6. continue와 break

continue는 반복문의 해당 회차를 수행하지 않고 다음 반복 회차로 넘어가는 명령어이고, break는 반복문 자체를 종료하라는 명령어입니다.
continue의 경우 for 문과 while 문에서 다르게 동작한다는 것에 주의해야 합니다. for 문에서 continue를 만나면 for 구문의 증감식으로 이동하여 num의 값을 증가시켜 다음 반복 회차로 넘어가지만, while 문에서는 while의 조건식으로 이동하게 됩니다. 따라서 num 값의 증가되지 않기 때문에 다음 값으로 넘어가지 않아 '무한 루프' 현상이 발생합니다. while 문에서 continue를 사용할 때는 이러한 문제에 주의해야 합니다. while 문의 조건식에 true를 입력하면, 반복문에서 break를 만날 때까지 계속 반복문을 수행합니다.

●●● 예제 파일 05.iteration8.html

```
 ⋮        ⋮
11:      let sum = 0;
12:
13:      for (let num = 0; num < 10; num++) {
14:        if (num === 4) continue;
15:        if (num === 8) break;
16:
17:        sum += num;
18:        console.log(num, sum);
19:        num++;
20:      }
```

미리보기

```
0 0
2 2
5 7
7 14
9 23
```

●●● 예제 파일 05.iteration9.html

```
 ⋮          ⋮
11:       let num = 0, sum = 0;
12:
13:       while (true) {
14:         if (num === 4) {
15:           num++;
16:           continue;
17:         }
18:         if (num === 8) break;
19:
20:         sum += num;
21:         console.log(num, sum);
22:         num++;
23:       }
```

미리보기

```
0 0
1 1
2 3
3 6
5 11
6 17
7 24
```

Chapter

06

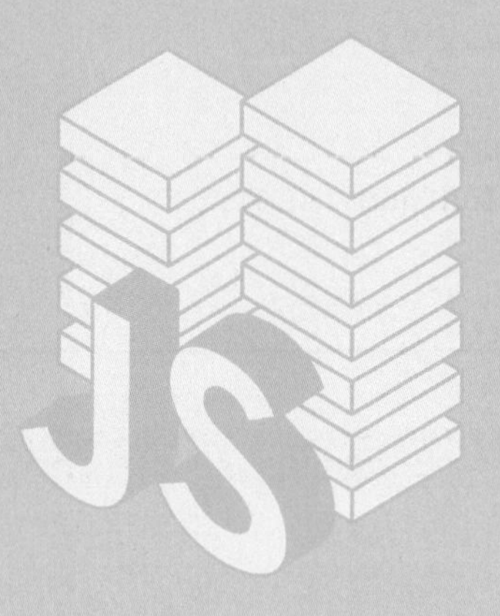

요소의 선택과 이벤트

학습목표

자바스크립트의 특징 중 하나는 이벤트 드리븐 방식입니다. 이벤트가 중요한 요소라는 말이죠. 이벤트 구성을 위해서는 특정 요소를 가리켜야 하는데, 이때 요소의 선택은 아주 중요합니다. 다양한 방법의 요소 선택을 살펴보고, 차이점을 예제로 살펴봅니다. 또한 이벤트 트리거와 이벤트 처리기(핸들러 또는 리스너)를 구성하는 방법과 사례를 연습합니다.

06-1 요소의 선택

웹페이지 내의 특정 요소(element)를 선택할 때 사용하는 형식으로 하나의 요소만을 가리키는 것과 여러 개의 요소를 한꺼번에 가리키는 방식이 있습니다. 물론 여러 개의 요소를 가리킬 때는 배열 형식으로 처리해야 합니다. 요소의 선택 형식은 뒤에서 다룰 DOM(Document Object Model)의 부분으로 DOM은 웹 문서를 체계화된 계층구조로 바라보는 개념입니다. 웹 문서가 브라우저에 로드(load)되면, 문서 객체 형식이 되어 각 HTML 요소와 속성에 접근할 수 있게 됩니다.

표 6-1 | 웹 문서의 각 HTML 요소와 속성에 접근할 수 있도록 하는 메서드

요소 접근 메서드	설명
① getElementById()	id 속성값으로 특정 값을 갖는 요소를 반환합니다.
② getElementsByTagName()	특정 태그(tag)명을 갖는 모든 요소를 반환합니다.
③ getElementsByClassName()	class 속성값으로 특정 값을 갖는 모든 요소를 반환합니다.
④ getElementsByName()	name 속성값으로 특정 값을 갖는 모든 요소를 반환합니다.
⑤ querySelector()	특정 CSS 선택자 형식과 일치하는 첫 번째 요소를 반환합니다.
⑥ querySelectorAll()	특정 CSS 선택자 형식과 일치하는 모든 요소를 반환합니다.

1. getElementById()

보통 id는 중복되지 않는 유일한 값을 의미하는 것으로 HTML 요소에서 id 속성의 값도 해당 문서에서 중복되지 않아야 합니다. 하지만 브라우저는 중복되더라도 오류를 일으키지는 않습니다.

다음의 예제는 〈ul〉로 구성된 목록에서 2번째와 4번째 〈li〉에 id 속성을 추가하여 이를 선택하는 과정을 보여 줍니다.

●●● 예제 파일 06.getElementById.html

```
 ⋮         ⋮
12:      <ul class="list-group">
13:        <li class="list-group-item">첫 번째</li>
14:        <li id="two" class="list-group-item">두 번째</li>
15:        <li class="list-group-item">세 번째</li>
16:        <li id="four" class="list-group-item">네 번째</li>
17:        <li class="list-group-item">다섯 번째</li>
18:      </ul>
```

요소의 id 속성에 할당된 값을 실마리로 웹 문서에서 특정 요소를 찾습니다. 그리고 요소의 style 속성을 설정하여 원하는 모습을 만듭니다. document.getElementById('four')를 변수에 할당하여 간단한 구문을 구성할 수도 있습니다. 해당 변수를 콘솔로 확인하면서 조금 더 상황을 이해해 보세요.

●●● 예제 파일 06.getElementById.html

```
 ⋮         ⋮
22:      document.getElementById('two').style.backgroundColor =
    'lightblue';
23:
24:      const list = document.getElementById('four');
25:      console.log(list);
26:      console.log(typeof list);
27:      list.style.backgroundColor = 'lightcoral';
```

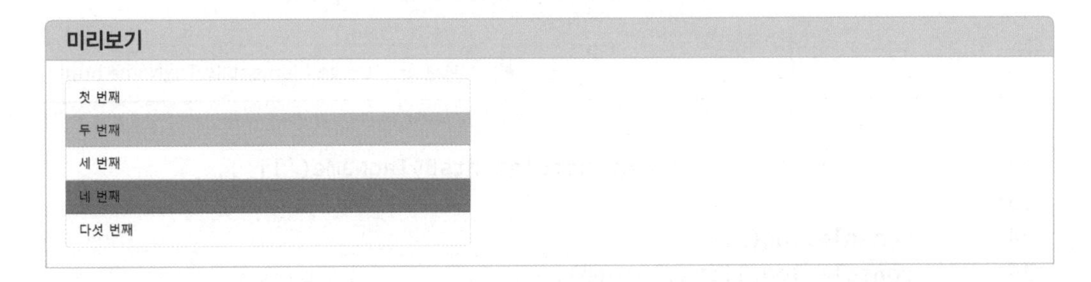

콘솔 화면

```
                                        06.getElementById.html:25
▶<li id="four" class="list-group-item" style="background-color: lightcoral;
 ">…</li>
object                                  06.getElementById.html:26
```

2. getElementsByTagName()

앞에서 살펴본 getElementById()가 특정 id 값을 갖는 요소 하나를 가리켰다면, getElementsByTagName()은 특정 태그명을 갖는 여러 개의 요소를 한꺼번에 선택합니다. elements라는 복수 표현에 주의하세요.

앞에서 했던 getElementById() 예제 구조에서 모든 〈li〉를 선택해 봅니다.

●●● 예제 파일 06.getElementsByTagName.html

```
⋮       ⋮
12:     <ul class="list-group">
13:       <li class="list-group-item">첫 번째</li>
14:       <li class="list-group-item">두 번째</li>
15:       <li class="list-group-item">세 번째</li>
16:       <li class="list-group-item">네 번째</li>
17:       <li class="list-group-item">다섯 번째</li>
18:     </ul>
```

콘솔 창으로 lists를 출력해 보면, HTMLCollection 형식으로 배열 구조로 반환되는 것을 확인할 수 있습니다. 또한 lists.length의 출력은 이 배열의 개수가 5개임을 알려주고 있습니다.

HTMLCollection은 HTML 요소로 구성된 배열 형식의 묶음입니다. 0부터 시작하는 인덱스(index)로 이 묶음(collection)의 HTML 요소에 접근할 수 있습니다. 배열이 아닌 배열 형식이라고 일컫는 이유는 [Chapter 07. 배열과 문자열]에서 다루겠지만 배열이 사용할 수 있는 속성과 메서드의 일부만 사용할 수 있기 때문입니다.

●●● 예제 파일 06.getElementsByTagName.html

```
⋮       ⋮
22:     const lists = document.getElementsByTagName('li');
23:
24:     console.log(lists);
25:     console.log(lists.length);
26:     console.log(typeof lists);
```

콘솔 화면

```
                                    06.getElementsByTagName.html:24
▼ HTMLCollection(5) ℹ
  ▶ 0: li.list-group-item
  ▶ 1: li.list-group-item
  ▶ 2: li.list-group-item
  ▶ 3: li.list-group-item
  ▶ 4: li.list-group-item
    length: 5
  ▶ [[Prototype]]: HTMLCollection
5                                   06.getElementsByTagName.html:25
object                              06.getElementsByTagName.html:26
```

[05-4 순차구조 알고리즘]에서 예제로 다뤘던 코드를 이용하여 반복문에서 배열의 값을 순회하면서 〈li〉의 배경색을 무작위로 설정하고 있습니다. 브라우저에서 새로고침(F5)을 해 보면 배경색이 계속 변경됨을 확인할 수 있습니다.

●●● 예제 파일 06.getElementsByTagName.html

```
 ⋮          ⋮
28:       function formatHex(hex) {
29:         return (hex.length == 1) ? '0' + hex : hex;
30:       }
31:
32:       for (let list of lists) {
33:         let rColor = Math.floor(Math.random() * 255).toString(16);
34:         let gColor = Math.floor(Math.random() * 255).toString(16);
35:         let bColor = Math.floor(Math.random() * 255).toString(16);
36:
37:         let color = formatHex(rColor) + formatHex(gColor) +
    formatHex(bColor);
38:
39:         list.style.backgroundColor = '#' + color;
40:       }
```

미리보기

첫 번째
두 번째
세 번째
네 번째
다섯 번째

3. getElementsByClassName()

getElementsByTagName()과 동일한 패턴이며, 클래스명을 실마리로 모든 요소를 찾아 배열 구조로 반환합니다. 15행에서 〈li〉의 가운데에 있는 클래스 active는 부트스트랩에서 정의된 클래스로, 선택된 목록을 표시합니다. 클래스 속성은 여러 개의 클래스를 가질 수 있으며, 여러 개의 클래스를 입력할 때 공백을 넣어 각 클래스를 구별합니다. 또한 여러 개의 클래스를 입력할 때 각각의 클래스에 동일한 스타일 속성이 적용되었을 경우, 뒤쪽에 나오는 클래스의 우선순위가 더 높다는 것도 유의하세요.

●●● 예제 파일 06.getElementsByClassName.html

```
 :         :
12:       <ul class="list-group">
13:         <li class="list-group-item">첫 번째</li>
14:         <li class="list-group-item">두 번째</li>
15:         <li class="list-group-item active">세 번째</li>
16:         <li class="list-group-item">네 번째</li>
17:         <li class="list-group-item">다섯 번째</li>
18:       </ul>
```

클래스명 list-group-item과 list-group-item active를 각각 선택한 결과 list-group-item은 5개의 모든 〈li〉를 가리키고, list-group-item active는 목록의 가운데에 있는 하나의 〈li〉만을 가리킵니다. 하나의 〈li〉를 반환하더라도 배열 구조라는 것에 주의해야 합니다. 콘솔 창의 결과를 참고하여 비교해 보세요.

반환되는 배열의 원소가 있는 경우에 한하여 반복문으로 순회하여 〈li〉의 콘텐츠를 변경합니다. active[active.length - 1]은 active[0]과 같은 결과가 되는데, active.length가 1이기 때문입니다. 자동화를 위해 상수로서 특정 값을 입력하는 것보다 변수로 처리하는 방법이 더 편리할 때가 있습니다.

innerText는 콘텐츠를 문자열로 삽입하며, innerHTML은 콘텐츠를 HTML 태그와 함께 삽입하여 사용할 수 있다는 것에 차이가 있습니다.

●●● 예제 파일 06.getElementsByClassName.html

```
:          :
22:      const lists = document.getElementsByClassName('list-group-
    item');
23:      const active = document.getElementsByClassName('list-group-
    item active');
24:
25:      console.log(lists, active);
26:      console.log(lists.length, active.length);
27:
28:      let i = 0;
29:      if (lists.length > 0) {
30:        while (i < lists.length) {
31:          lists[i].innerText = i + ' 번째';
32:          i++;
33:        }
34:      }
35:
36:      active[active.length - 1].innerHTML = '<em>선택한 목록</em>';
```

미리보기

- 0 번째
- 1 번째
- *선택한 목록*
- 3 번째
- 4 번째

콘솔 화면

```
                              06.getElementsByClassName.html:25
▼ HTMLCollection(5) ℹ               ▶ HTMLCollection(1)
  ▶ 0: li.list-group-item
  ▶ 1: li.list-group-item
  ▶ 2: li.list-group-item.active
  ▶ 3: li.list-group-item
  ▶ 4: li.list-group-item
    length: 5
  ▶ [[Prototype]]: HTMLCollection
5 1                           06.getElementsByClassName.html:26
```

4. getElementsByName()

역시 getElementsByTagName()과 동일한 패턴이며, name 속성의 특정 값을 실마리로 모든 요소를 찾아 배열 구조로 반환합니다. name 속성은 〈form〉에서 주로 사용되는데, 사용자가 입력하거나 선택한 값을 서버로 전달할 때, 값을 식별하기 위해 변수명으로 사용됩니다.

부트스트랩 forms의 [checks & radios] 예제로부터 코드를 가져와 3개의 radio 선택 폼을 구성합니다.[1)]

〈input type="radio"〉에서 〈label〉의 활용과 연관성을 살펴볼 필요가 있습니다. 보통 radio와 checkbox의 영역은 마우스와의 반응 영역이 작아 사용자가 선택하기 곤란할 수 있습니다. 특히 손이 불편한 사용자나 고령자일 경우는 더욱 그렇습니다. 이때 〈label〉은 텍스트 영역까지 선택할 수 있도록 반응 면적을 넓게 해 주는 역할을 합니다. 또한 〈label〉의 속성 for의 값과 〈input〉의 속성 id의 값이 같도록 구성하여 이들 간에 연관성을 갖도록 해야 합니다.

●●● 예제 파일 06.getElementsByName.html

```
 ⋮          ⋮
12:       <div class="form-check">
13:         <input class="form-check-input" type="radio" name="subject"
      id="subject1" value="html">
14:         <label class="form-check-label" for="subject1">HTML</label>
15:       </div>
16:       <div class="form-check">
17:         <input class="form-check-input" type="radio" name="subject"
      id="subject2" value="css">
18:         <label class="form-check-label" for="subject2">CSS</label>
19:       </div>
20:       <div class="form-check">
21:         <input class="form-check-input" type="radio" name="subject"
      id="subject3" value="javascript">
22:         <label class="form-check-label" for="subject3">자바스크립트</
      label>
23:       </div>
```

속성 name의 값을 'subject'로 하는 〈input type="radio"〉를 배열 형식으로 반환하

1) checks & radios : https://getbootstrap.com/docs/5.3/forms/checks-radios/#radios

고, 반복문에서 각각의 radio를 선택합니다. setTimeout()은 일정 시간 경과 후에 정의된 함수를 호출하는 타이밍 함수로 여기서는 i값의 변화에 따라 1초마다 radio를 선택(checked)합니다. 시간 정의에 사용된 단위는 밀리초(ms)로 1000밀리초는 1초입니다. setTimeout()은 이벤트를 다룰 때 새로운 예제로 다시 설명하겠습니다.

●●● 예제 파일 06.getElementsByName.html

```
 ⋮          ⋮
27:      const radios = document.getElementsByName('subject');
28:
29:      console.log(radios);
30:      console.log(radios.length);
31:
32:      let i = 0;
33:      for (let radio of radios) {
34:        setTimeout(function () {
35:          radio.checked = true;
36:        }, 1000 * i);
37:        i++;
38:      }
```

미리보기

○ HTML
○ CSS
◉ 자바스크립트

getElementsByName()은 getElementsByTagName()와 getElementsByClassName()과 달리 HTMLCollection이 아니라 NodeList 형식입니다. NodeList는 노드(node)의 묶음으로 DOM은 노드의 계층구조로 되어 있습니다. 노드는 요소 노드(element nodes), 속성 노드(attribute nodes), 텍스트 노드(text nodes) 등으로 구성되어 있으며, 요소(element)의 묶음인 HTMLCollection에서 요소는 노드의 요소 노드를 가리킵니다.

HTMLCollection은 추가, 변경, 삭제가 가능한 동적 묶음인 반면, NodeList는 변화를 줄 수 없는 정적인 묶음입니다. 자세한 내용은 Chapter 08에서 DOM과 BOM을 다룰 때 예제로 살펴보겠습니다.

콘솔 화면

```
                              06.getElementsByName.html:29
▼ NodeList(3) i
  ▶ 0: input#subject1.form-check-input
  ▶ 1: input#subject2.form-check-input
  ▶ 2: input#subject3.form-check-input
    length: 3
  ▶ [[Prototype]]: NodeList
3                             06.getElementsByName.html:30
```

라디오(radio)나 체크박스(checkbox)에서 〈label〉을 사용할 때, 속성 for와 속성 id 없이 적용할 수도 있습니다. 다음의 예제에서 코드를 확인하세요.

●●● 예제 파일 06.getElementsByName2.html

```
 ⋮         ⋮
12:       <div class="form-check">
13:         <label><input class="form-check-input" type="radio"
     name="subject" value="html">HTML</label>
14:       </div>
15:       <div class="form-check">
16:         <label><input class="form-check-input" type="radio"
     name="subject" value="css">CSS</label>
17:       </div>
18:       <div class="form-check">
19:         <label><input class="form-check-input" type="radio"
     name="subject" value="javascript">자바스크립트</label>
20:       </div>
```

5. querySelector()

다음의 querySelector()와 바로 뒤에서 다룰 querySelectorAll()은 앞에서 했던 형식과 조금 다릅니다. 매개변수로 CSS의 선택자를 전달합니다. querySelector()는 CSS의 선택자 조건과 일치하는 첫 번째 요소를 반환합니다.

다음 예제는 querySelector()로 5개의 목록 중에서 특정 목록을 선택합니다.

●●● 예제 파일 06.querySelector.html

```
 ⋮        ⋮
12:       <ul class="list-group">
13:         <li class="list-group-item">첫 번째</li>
14:         <li class="list-group-item">두 번째</li>
15:         <li class="list-group-item">세 번째</li>
16:         <li class="list-group-item">네 번째</li>
17:         <li class="list-group-item">다섯 번째</li>
18:       </ul>
```

querySelector()의 매개변수로 CSS 선택자를 전달하며, 여러 개의 요소를 가리키는 경우 그중 첫 번째 요소가 대상이 됩니다. 클래스 list-group-item은 5개 목록에 모두 표현되어 있으므로 코드의 표현 순서에 따라 먼저 나오는 '첫 번째' 목록의 배경색을 lightblue로 변경합니다.

querySelector('li:nth-of-type(3)')은 의사-클래스(pseudo-class) 선택자 표현으로 〈li〉 요소로부터 3번째 순서의 목록을 선택합니다. nth은 n번째를 의미하는 표현으로 서수입니다. 서수(ordinal number)는 순서를 나타내는 숫자로 첫 번째, 두 번째, first, second 등이며, 기수(cardinal number)는 하나, 둘, one, two처럼 일반적으로 숫자를 세는 수를 의미합니다.

만약 querySelector('li:nth-of-type(6)')처럼 매칭되는 요소가 없다면 널(null)을 반환합니다. 이어서 나온 오류는 널(null) 값으로 인해 list3.style.backgroundColor 속성에 접근할 수 없어서 발생했습니다.

●●● 예제 파일 06.querySelector.html

```
 ⋮        ⋮
22:       const list1 = document.querySelector('.list-group-item');
23:       console.log(list1);
24:       list1.style.backgroundColor = 'lightblue';
25:
26:       const list2 = document.querySelector('li:nth-of-type(3)');
27:       console.log(list2);
28:       list2.style.backgroundColor = 'lightcoral';
29:
30:       // 오류 발생
31:       const list3 = document.querySelector('li:nth-of-type(6)');
32:       console.log(list3);
33:       list3.style.backgroundColor = 'lightgreen';
```

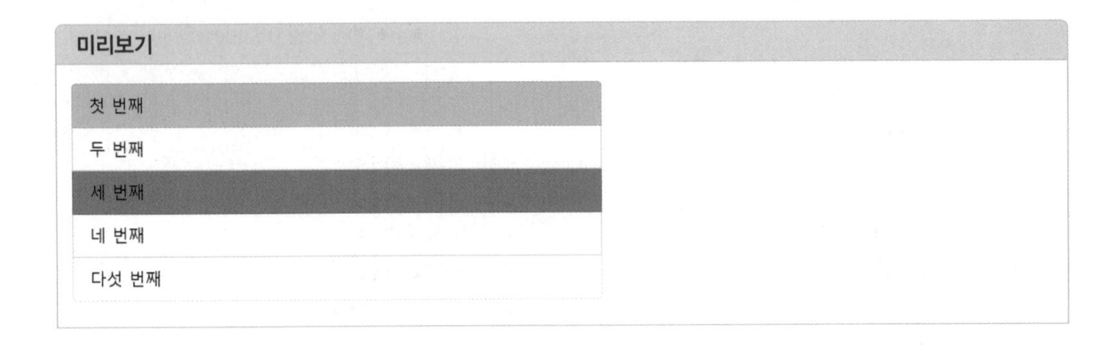

콘솔 화면

```
                                    06.querySelector.html:23
  <li class="list-group-item" style="background-color:
  lightblue;">첫 번째</li>
                                    06.querySelector.html:27
  <li class="list-group-item" style="background-color:
  lightcoral;">세 번째</li>
null                                06.querySelector.html:32
Uncaught TypeError: Cannot          06.querySelector.html:33
read properties of null (reading 'style')
    at 06.querySelector.html:33:11
```

6. querySelectorAll()

querySelectorAll()은 매개변수로 CSS의 선택자를 전달하며, getElementsByName() 처럼 NodeList를 반환합니다. 다양한 색깔의 버튼을 모두 선택하고 각각에 대하여 이벤트를 할당합니다. 이벤트는 바로 뒤에 나오는 예제에서 다뤄볼 것이니, 여기서는 동작만 확인하겠습니다.

●●● 예제 파일 : 06.querySelectorAll.html

```
 ⋮       ⋮
11:    <div class="container-fluid">
12:      <button type="button" class="btn btn-primary">Primary</button>
13:      <button type="button" class="btn btn-secondary">Secondary</
14:  button>
         <button type="button" class="btn btn-success">Success</button>
15:      <button type="button" class="btn btn-danger">Danger</button>
16:      <button type="button" class="btn btn-warning">Warning</button>
17:      <button type="button" class="btn btn-info">Info</button>
18:      <button type="button" class="btn btn-dark">Dark</button>
19:    </div>
```

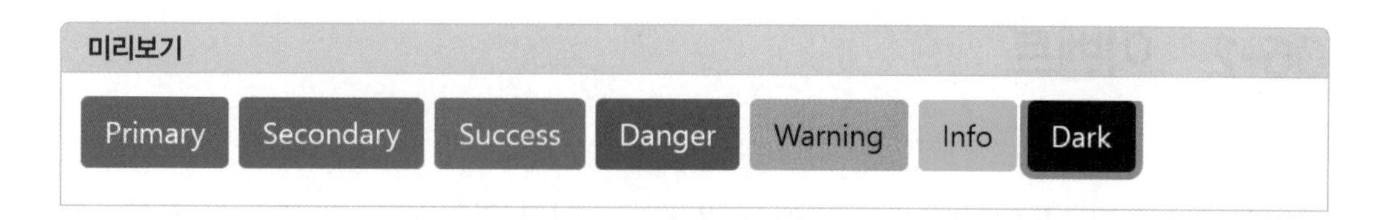

반복문에서 각 버튼에 클릭(click) 이벤트를 추가하여 클릭하면 클릭한 버튼의 텍스트를 콘솔 창으로 출력하는 예제를 구성합니다. 만약 매칭되는 요소가 없다면 널(null)을 반환합니다.

●●● 예제 파일 06.querySelectorAll.html

```
 ⋮          ⋮
22:     const buttons = document.querySelectorAll('.btn');
23:
24:     console.log(buttons);
25:     console.log(buttons.length);
26:
27:     for (let button of buttons) {
28:       button.onclick = function() {
29:         console.log(this.innerText);
30:       }
31:     }
```

콘솔 화면

```
▶ NodeList(7)           06.querySelectorAll.html:24
7                       06.querySelectorAll.html:25
Live reload enabled.    06.querySelectorAll.html:61
Primary                 06.querySelectorAll.html:29
Secondary               06.querySelectorAll.html:29
Success                 06.querySelectorAll.html:29
Danger                  06.querySelectorAll.html:29
Warning                 06.querySelectorAll.html:29
Info                    06.querySelectorAll.html:29
Dark                    06.querySelectorAll.html:29
```

06-2 이벤트

웹페이지에서 이벤트는 HTML 요소에서 발생하는 어떤 일입니다. 어떤 일이 일어나기 위해서는 그것이 발생하는 원인과 발생하는 내용이 있어야 합니다.

육상경기 장면을 잠깐 보겠습니다.
선수들이 출발선에 있고, 근처에 심판이 화약총을 머리 위로 올려 출발 신호를 주려 합니다. 화약총의 방아쇠를 당겨 출발 신호를 주면 선수들은 출발선으로부터 튀어 나가 결승점까지 전속력으로 내달리게 될 겁니다.

이벤트(event)는 이벤트를 발생하는 실마리로서 이벤트 트리거와 이벤트 내용인 이벤트 핸들러로 구성됩니다.
웹에서 이벤트 트리거(trigger)는 사용자의 행동이나 특정 상황의 발생을 의미하는 것으로 클릭(click), 선택 변경(change), 마우스 조작(mouseover, mouseout), 키보드 조작(keydown), 웹 문서의 로드(load) 등 다양한 종류가 있습니다.
다음 표는 자주 사용되는 이벤트 속성으로 이벤트 트리거가 HTML 요소의 속성으로 표현된 경우입니다.[2]

표 6-2 | 이벤트 속성

이벤트 속성	설명
① onclick	HTML 요소를 클릭할 때 발생합니다.
② onchange	HTML 요소를 변경할 때 발생합니다.
③ onmouseover	HTML 요소 외부로부터 요소 위로 마우스를 이동할 때 발생합니다.
④ onmousedown	HTML 요소 위에서 마우스 왼쪽 버튼을 누르는 동안 발생합니다.
⑤ onkeydown	키보드를 누를 때 발생합니다.
⑥ onload	웹페이지의 로딩이 완료될 때 발생합니다.

2) 이벤트 속성 : https://www.w3schools.com/tags/ref_eventattributes.asp

이벤트 트리거가 발생하면 미리 정해진 코드가 실행되는데, 이를 이벤트 처리기라고 합니다.
정리하면, 어떤 HTML 요소에 대하여 특정 트리거가 발생할 때 이벤트 처리기 내의 코드가 실행되는 것이 이벤트입니다.

```
대상 요소 + 이벤트 트리거 + 이벤트 처리기
```

이벤트 처리기는 하나의 요소에 하나의 이벤트만을 처리하는 이벤트 핸들러(event handler)와 하나의 요소에 여러 개의 이벤트 처리가 가능한 이벤트 리스너(event listener)가 있습니다.
자바스크립트에서 이벤트 발생과 처리는 HTML 요소의 속성에 직접 연결하는 인라인(inline) 방법과 〈script〉에서 요소를 선택하고 트리거를 연결한 후 코드를 실행하는 방법이 있습니다.

1. onclick

onclick은 가장 많이 사용되는 이벤트 트리거로, 마우스로 미리 약속된 HTML 요소를 클릭하는 경우 발생하는 이벤트입니다.
인라인 이벤트는 HTML 이벤트 속성의 값의 형태로 자바스크립트 코드를 직접 입력하거나, 함수명을 연결하여 해당 요소가 클릭될 때 코드나 함수가 실행되는 형태입니다.
결론적으로 말씀드리면 가급적 피해야 할 방법입니다. HTML 요소가 복잡해져 코드의 가독성이 떨어질 뿐만 아니라 코드의 수정 등 유지보수를 곤란하게 만들 수 있습니다.

●●● 예제 파일 06.event-onclick.html

```
 ⋮       ⋮
11:     <div class="container">
12:       <div class="btn-group" role="group">
13:         <button type="button" class="btn btn-primary"
   onclick="alert('자바스크립트 코드를 직접 입력!')">인라인 JS 코드</
   button>
14:         <button type="button" class="btn btn-success"
   onclick="myFunction();">인라인 함수 호출</button>
15:         <button type="button" class="btn btn-danger">느슨한 연결1</
   button>
```

```
16:         <button type="button" class="btn btn-warning">느슨한 연결2</
    button>
17:       </div>
```

추천할 다른 방법으로 HTML과 자바스크립트를 느슨하게 연결하는 방법이 있습니다. 〈script〉 내에서 자바스크립트로 HTML 요소를 선택하고 이벤트 처리기를 구성하는 방법입니다. 형식과 동작 방식에 따라 이벤트 핸들러 방식이나 이벤트 리스너 방식을 사용할 수 있습니다.

인라인 JS 코드 | 인라인 함수 호출 | 느슨한 연결1 | 느슨한 연결2

●●● 예제 파일 06.event-onclick.html

```
 ⋮        ⋮
22:       function myFunction() {
23:         alert('HTML 요소의 이벤트 속성에서 myFunction() 호출');
24:       }
25:
26:       // 이벤트 대상 + 이벤트 트리거 + 이벤트 핸들러
27:       document.querySelector('.btn-danger').onclick = function() {
28:         alert('이벤트 핸들러');
29:       }
30:
31:       // 이벤트 대상 + 이벤트 트리거 + 이벤트 리스너
32:       document.querySelector('.btn-warning').
    addEventListener('click', function() {
33:         alert('이벤트 리스너');
34:       });
```

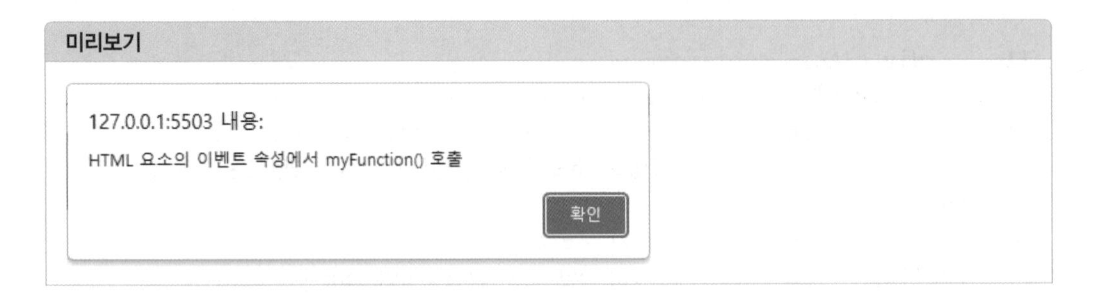

이벤트 핸들러는 하나의 요소에 하나의 이벤트만을 처리하는 방법으로 동일한 요소에

동일한 이벤트 트리거는 하나만 적용됩니다. 다음 예제에서 둘 중에 어떤 것이 실행되는지 확인해 보세요.
이벤트 리스너는 하나의 요소에 여러 개의 동일한 이벤트 트리거를 실행시킬 수 있습니다.

●●● 예제 파일 06.event-onclick2.html

```
 ⋮        ⋮
19:      // 이벤트 대상 + 이벤트 트리거 + 이벤트 핸들러
20:      document.querySelector('.btn-danger').onclick = function() {
21:        console.log('이벤트 핸들러#1');
22:      }
23:
24:      document.querySelector('.btn-danger').onclick = function() {
25:        console.log('이벤트 핸들러#2');
26:      }
27:
28:      // 이벤트 대상 + 이벤트 트리거 + 이벤트 리스너
29:      document.querySelector('.btn-warning').
    addEventListener('click', function() {
30:        console.log('이벤트 리스너#1');
31:      });
32:
33:      document.querySelector('.btn-warning').
    addEventListener('click', function() {
34:        console.log('이벤트 리스너#2');
35:      });
```

콘솔 화면

이벤트 핸들러#2	06.event-onclick2.html:25
이벤트 리스너#1	06.event-onclick2.html:30
이벤트 리스너#2	06.event-onclick2.html:34

2. onchange

<form>의 입력값 등에서 요소의 값이 변경될 경우 onchange 이벤트가 발생합니다. 텍스트 입력(text), 라디오(radio), 체크박스(checkbox), 선택상자(select) 등 대부분의 <input>에서 사용할 수 있습니다.

다음 예제는 <select>와 <input type="text">의 onchange 이벤트에 대한 것으로 값이 변경되면, 콘솔 창으로 변경된 내용을 출력하도록 했습니다.

●●● 예제 파일 06.event-onchange.html

```
 ⋮        ⋮
14:       <div class="row mb-3">
15:         <label for="subject" class="col-sm-2 col-form-label">
    과목명</label>
16:         <div class="col-sm-10">
17:           <select class="form-select" id="subject" name="subject">
18:             <option selected>선택하세요...</option>
19:             <option value="html">HTML</option>
20:             <option value="css">CSS</option>
21:             <option value="javascript">자바스크립트</option>
22:           </select>
23:         </div>
24:       </div>
25:       <div class="row mb-3">
26:         <label for="userid" class="col-sm-2 col-form-label">
    아이디</label>
27:         <div class="col-sm-10">
28:           <input type="text" class="form-control" id="userid"
    name="userid" placeholder="아이디 입력(onchange)">
29:         </div>
30:       </div>
31:       <div class="row mb-3">
32:         <label for="name" class="col-sm-2 col-form-label">이름</
    label>
33:         <div class="col-sm-10">
34:           <input type="text" class="form-control" id="name"
    name="name" placeholder="이름 입력(oninput)">
35:         </div>
36:       </div>
```

<select>의 선택 값이 바뀔 때마다 onchange 이벤트를 발생시켜 선택 값이 콘솔 창으로 출력하도록 했습니다. 여기서 키워드 this는 <select> 요소를 가리키고 있음을 확인할 수 있습니다.

<input type="text">에서는 onchange와 oninput이라는 이벤트 트리거를 비교하도록 했는데, 동작이 다르니 테스트해 보면서 발생 시점을 이해하도록 합니다.

〈input type="text"〉의 onchange는 값을 변경하고 Enter↵를 누르거나, 다른 영역을 클릭하여 〈input type="text"〉의 포커스(focus)를 잃게(blur) 되었을 때 이벤트가 발생됩니다. oninput의 경우는 값을 입력하는 순간 이벤트를 발생시켜 해당 시점에서의 값을 출력하게 됩니다. 원하는 이벤트 트리거 시점을 잘 알고 있어야 목적에 맞는 정확한 이벤트를 구성할 수 있습니다.

●●● 예제 파일 06.event-onchange.html

```
 ⋮         ⋮
43:     document.querySelector('select[name="subject"]').onchange =
    function() {
44:       console.log(this); // document.
    querySelector('select[name="subject"]')
45:       console.log(this.value);
46:     }
47:
48:     document.querySelector('[name="userid"]').onchange =
    function() {
49:       console.log(this.value);
50:     }
51:
52:     document.querySelector('[name="name"]').oninput = function() {
53:       console.log(this.value);
54:     }
```

미리보기

과목명	자바스크립트
아이디	hong
이름	홍길

콘솔 화면

```
                         06.event-onchange.html:44
▶<select class="form-select" id="subject" name="su
 bject">…</select>
javascript               06.event-onchange.html:45
hong                     06.event-onchange.html:49
ㅎ                       06.event-onchange.html:53
호                       06.event-onchange.html:53
❷ 홍                     06.event-onchange.html:53
홍ㄱ                     06.event-onchange.html:53
홍기                     06.event-onchange.html:53
❷ 홍길                   06.event-onchange.html:53
홍길ㄷ                   06.event-onchange.html:53
홍길도                   06.event-onchange.html:53
홍길동                   06.event-onchange.html:53
```

이번에는 〈input type="radio"〉와 〈input type="checkbox"〉에 대한 onchange 이벤트를 구성합니다.
name을 subject로 하는 라디오(radio) 3개 항목과 name을 holiday로 하는 체크박스(checkbox) 3개 항목을 구성하여 선택 값을 변경할 때마다 어떤 것을 선택했는지를 콘솔 창으로 출력하도록 합니다.

●●● 예제 파일 06.event-onchange2.html

```
 ⋮           ⋮
13:         <div class="row mb-3">
14:           <label class="col-sm-2 col-form-label">과목선택</label>
15:           <div class="col-sm-10">
16:             <div class="form-check">
17:               <label><input class="form-check-input" type="radio"
    name="subject" value="html">HTML</label>
18:             </div>
19:             <div class="form-check">
20:               <label><input class="form-check-input" type="radio"
    name="subject" value="css">CSS</label>
21:             </div>
22:             <div class="form-check">
```

```
23:             <label><input class="form-check-input" type="radio"
    name="subject" value="javascript">자바스크립트</label>
24:           </div>
25:         </div>
26:       </div>
27:       <div class="row mb-3">
28:         <label class="col-sm-2 col-form-label">휴가지</label>
29:         <div class="col-sm-10">
30:           <div class="form-check">
31:             <label><input class="form-check-input"
    type="checkbox" name="holiday" value="paris">파리</label>
32:           </div>
33:           <div class="form-check">
34:             <label><input class="form-check-input"
    type="checkbox" name="holiday" value="sydney">시드니</label>
35:           </div>
36:           <div class="form-check">
37:             <label><input class="form-check-input"
    type="checkbox" name="holiday" value="singapore">싱가포르</label>
38:           </div>
39:         </div>
40:       </div>
```

라디오와 체크박스는 같은 name 값(subject, holiday)에 여러 개의 항목 값(value)이 있으므로 배열로 처리해야 합니다. querySelectorAll()을 이용하여 배열 형식으로 받아 반복문으로 onchange 이벤트를 처리합니다. 라디오는 여러 개의 선택 값 중에서 오직 하나만 선택되는 형식이나, 체크박스는 다중 값을 선택할 수 있고, 선택한 후 다시 동일한 체크박스를 클릭하면 선택이 해제되는 형식입니다.

checked 속성을 이용해 선택(true)한 것인지 선택을 해제(false)한 것인지를 확인합니다.

참고로 함수의 형식을 복습하는 차원에서 표현식과 화살표 함수식을 사용했습니다.

●●● 예제 파일 06.event-onchange2.html

```
 ⋮          ⋮
45:      const radios = document.querySelectorAll('[name="subject"]');
46:      for (let radio of radios) {
47:        radio.onchange = function() {
48:          console.log(radio);
49:          console.log(radio.value);
50:        }
51:      }
52:
53:      const checkboxes = document.querySelectorAll('[name="holiday"]');
54:      for (let checkbox of checkboxes) {
55:        checkbox.onchange = () => {
56:          console.log(checkbox);
57:          console.log(checkbox.checked, checkbox.value);
58:        }
59:      }
```

미리보기

과목선택
- ○ HTML
- ◉ CSS
- ○ 자바스크립트

휴가지
- ☑ 파리
- ☑ 시드니
- ☐ 싱가포르

콘솔 화면

```
                                06.event-onchange2.html:48
  <input class="form-check-input" type="radio" name="subje
  ct" value="css">
css                             06.event-onchange2.html:49
                                06.event-onchange2.html:56
  <input class="form-check-input" type="checkbox" name="ho
  liday" value="paris">
true 'paris'                    06.event-onchange2.html:57
                                06.event-onchange2.html:56
  <input class="form-check-input" type="checkbox" name="ho
  liday" value="sydney">
true 'sydney'                   06.event-onchange2.html:57
```

다중 값을 선택할 수 있는 체크박스에서 어떤 것이 선택되었는지 확인하기 위해 코드를 좀 더 확장해 봅니다. 배열의 설명과 연습은 [Chapter 07. 배열과 문자열]에서 하겠지만 미리 살펴보는 차원에서 배열과 배열의 메서드를 사용하여 체크박스에서 선택한 항목을 확인할 수 있도록 했습니다.

배열을 선언한 후 체크박스를 선택할 때는 push() 메서드로 배열에 항목(item)을 추가하고, 체크박스를 해제할 때는 splice() 메서드를 이용하여 배열에 해당 항목(item)을 제거하도록 했습니다. 배열을 다루는 메서드는 나중에 설명하겠습니다.

●●● 예제 파일 06.event-onchange3.html

```
 ⋮          ⋮
31:     let holidays = [];
32:     const checkboxes = document.querySelectorAll('[name="holiday"]');
33:     for (let checkbox of checkboxes) {
34:       checkbox.onchange = () => {
35:         console.log(checkbox.checked, checkbox.value);
36:
37:         if (checkbox.checked) {
38:           holidays.push(checkbox.value);
39:         } else {
40:           let index = holidays.indexOf(checkbox.value);
41:           if (index !== -1) {
42:             holidays.splice(index, 1);
43:           }
44:         }
45:
46:         console.log(holidays);
47:       }
48:     }
```

콘솔 화면

```
true 'paris'                              06.event-onchange3.html:35
▸ ['paris']                               06.event-onchange3.html:46
true 'sydney'                             06.event-onchange3.html:35
▸ (2) ['paris', 'sydney']                 06.event-onchange3.html:46
true 'singapore'                          06.event-onchange3.html:35
▸ (3) ['paris', 'sydney', 'singapore']    06.event-onchange3.html:46
```

3. onmouseover

HTML 요소의 영역 위로 마우스를 이동하면 onmouseover 이벤트가 발생됩니다. 또한 HTML 요소로부터 마우스를 밖으로 이동하면 onmouseout 이벤트가 발생됩니다. 보통 2가지를 함께 사용해서 변경 후와 변경 전을 다룹니다.

다음 예제는 웹 표준에서 다뤘던 내용 중에 이미지 스프라이트(image sprite)에 대한 구성으로 CSS를 이용하는 방법과 자바스크립트로 하는 방법을 구성하였습니다.

개별 날씨 아이콘은 60px*60px의 영역에 배경 이미지로 보여질 수 있도록 〈div〉를 만들고 CSS로 스타일을 만들어 줍니다. CSS로 하는 경우는 :hover를 추가하여 마우스가 날씨 아이콘 위로 올라갈 경우, 배경 이미지 위치(background-position)의 X값을 변경하여 옆에 있는 다른 이미지가 보이도록 구성합니다.

●●● 예제 파일 06.event-onmouseover.html

```
 ⋮          ⋮
09:      #weather, #js_weather {
10:        width: 60px;
11:        height: 60px;
12:        background: url(weather.png) no-repeat;
13:        cursor: pointer;
14:      }
15:
16:      #weather:hover {
17:        background-position: -60px 0;
18:      }
 ⋮        ⋮
22:    <div id="weather"></div>
23:    <hr>
24:    <div id="js_weather"></div>
```

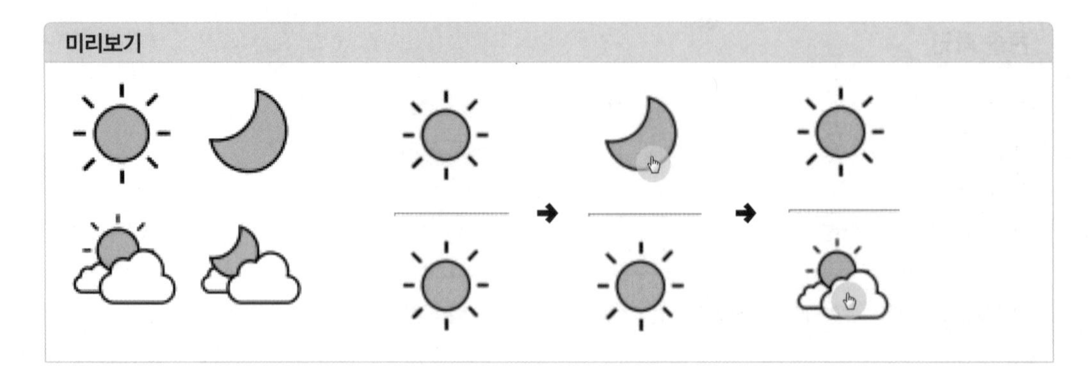

<div id="js_weather">는 자바스크립트로 구성하는 이미지 스프라이트로 onmouseover와 onmouseout 이벤트로 배경 이미지를 변경합니다. background-position의 Y값을 변경하여 다른 이미지로 교체하고 다시 원래대로 돌아오도록 구성합니다. 이때 키워드 this는 변수 weatherBox와 같습니다. 자바스크립트 코드에서 각각 적용했습니다.

●●● 예제 파일 06.event-onmouseover.html

```
 ⋮        ⋮
27:       const weatherBox = document.getElementById('js_weather');
28:
29:       weatherBox.onmouseover = function() {
30:         this.style.backgroundPosition = '0 -60px';
31:       }
32:
33:       weatherBox.onmouseout = function() {
34:         weatherBox.style.backgroundPosition = '0 0';
35:       }
```

4. onmousedown

HTML 요소 위에서 마우스 왼쪽 버튼을 누르는 동안 onmousedown 이벤트가 발생됩니다. 만약 마우스 버튼을 눌렀다 떼면 onmouseup 이벤트가 발생합니다. 보통 2가지를 함께 사용해서 변경 후와 변경 전을 다룹니다.

<div id="box"> 요소를 만들고, 스타일을 다음과 같이 적용합니다. 이번에 새롭게 등장한 CSS 속성 transition을 소개합니다. transition은 주어진 시간 동안 속성값을 부드럽게 변화시켜 줍니다. 예제에서는 1.5초 동안 width, height, background-color의 값을 부드럽게 변하도록 했습니다.

●●● 예제 파일 06.event-onmousedown.html

```
 ⋮        ⋮
09:       #box {
10:         width: 100px;
11:         height: 100px;
12:         background-color: lightcoral;
13:         cursor: pointer;
14:
15:         transition-duration: 1.5s;
16:       }
```

onmousedown은 특정 요소 위에서 마우스 왼쪽 버튼을 누르는 동안 이벤트를 발생시킵니다. 또한 onmouseup은 onmousedown 이후에 버튼에서 떼면 이벤트가 발생됩니다. 이들 이벤트 트리거는 매개변수를 받을 수 있는데, 콘솔 창에서 매개변수가 가진 여러 정보를 확인할 수 있습니다.

●●● 예제 파일 06.event-onmousedown.html

```
 ⋮         ⋮
23:      const box = document.querySelector('#box');
24:
25:      box.onmousedown = function(event) {
26:        console.log(event);
27:        this.style.width = '200px';
28:        this.style.height = '200px';
29:        this.style.backgroundColor = 'lightgreen';
30:      }
31:
32:      box.onmouseup = (evt) => {
33:        console.log(evt);
34:        box.style.width = '100px';
35:        box.style.height = '100px';
36:        box.style.backgroundColor = 'lightcoral';
37:      }
```

콘솔 화면

```
                    06.event-onmousedown.html:26
▶ MouseEvent {isTrusted: true, screenX: -1820,
  screenY: -21, clientX: 66, clientY: 57, …}
                    06.event-onmousedown.html:33
▶ MouseEvent {isTrusted: true, screenX: -1820,
  screenY: -21, clientX: 66, clientY: 57, …}
```

5. onkeydown

키보드의 특정 키를 누르면 onkeydown 이벤트가 발생됩니다.

검색 기능을 위해 〈input type="text"〉와 〈input type="search"〉를 구성하고, 한쪽에는 검색어를 입력한 후 〈button〉을 클릭(onclick)하여 수행하도록 하고, 다른 한쪽에는 검색어를 입력한 후 Enter↵키를 눌러(onkeydown) 진행하도록 합니다. 〈input type="search"〉는 검색어가 입력되면 검색어를 초기화할 수 있도록 [삭제] 버튼이 나타나는 것이 특징입니다.

●●● 예제 파일 06.event-onkeydown.html

```
 ⋮         ⋮
12:     <div class="input-group mb-3">
13:       <input type="text" class="form-control" name="query"
    placeholder="검색어 입력 후 버튼 클릭">
14:       <button type="button" class="btn btn-primary">검색</button>
15:     </div>
16:
17:     <div class="input-group mb-3">
18:       <span class="input-group-text">검색</span>
19:       <input type="search" class="form-control" name="keyword"
    id="keyword" placeholder="키워드 입력 후 엔터!">
20:     </div>
```

미리보기

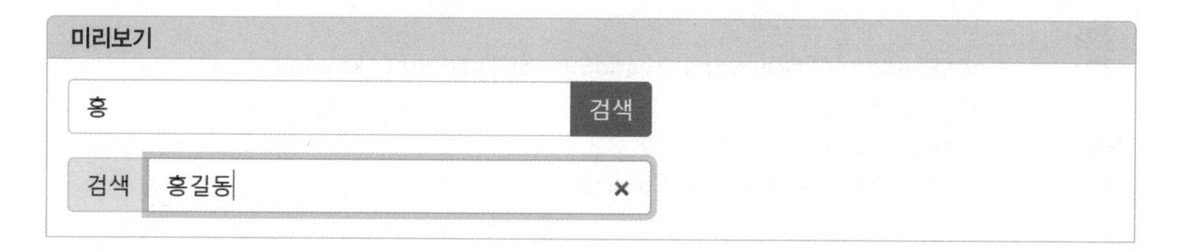

querySelector() 표현의 중복을 줄이고 코드를 짧게 하려고 함수 getElement()를 구성하였습니다. CSS 선택자를 매개변수로 전달하면 HTML 요소를 반환하는 간단한 함수로 복잡함을 줄여 주면 아무래도 가독성에 도움이 됩니다.

[검색] 버튼을 클릭(onclick)하면 두 글자 이상 검색어가 입력했는지를 확인하여 검색을 진행하거나 검색을 위한 조건인 두 글자 이상을 입력하라는 메시지를 경고창으로 띄우도록 합니다. 또한 검색어 입력란에 focus()를 적용하여 바로 입력할 수 있도록 안내합니다. focus()의 반대 역할로 포커스를 잃어버리는 blur()도 필요할 경우가 있으니 알아 두세요.

다음 검색 예제는 onkeydown을 사용하기 위한 것으로 검색어를 입력한 후 버튼 클릭 없이 바로 Enter↵키를 눌러 검색할 수 있도록 했습니다. Enter↵키를 누르면 이벤트 리스너의 콜백 함수에 매개변수로 키보드 이벤트 객체(evt)를 전달받을 수 있습니다. 이벤트 객체의 keyCode 속성은 키보드의 어떤 키가 눌렸는지에 대한 정보를 갖고 있습니다. Enter↵키는 '13'입니다. 다른 키도 눌러서 keyCode 값을 각각 확인해 보세요.

●●● 예제 파일 06.event-onkeydown.html

```
 ⋮        ⋮
24:     function getElement(param) {
25:       return document.querySelector(param);
26:     }
27:
28:     getElement('.btn').onclick = function() {
29:       const query = getElement('input[name="query"]').value;
30:
31:       if (query.length > 1) {
32:         alert(query + ' 검색중 =3=3=3');
33:       } else {
34:         alert('검색어는 2글자 이상 입력해주세요.');
35:         getElement('input[name="query"]').focus();
36:       }
37:     }
38:
39:     getElement('#keyword').addEventListener('keydown',
   function(evt) {
40:       console.log(evt);
41:       console.log(evt.keyCode);
42:
43:       if (evt.keyCode == 13 && this.value.length > 1) {
```

```
44:         alert(this.value + ' 검색중 =3=3=3');
45:       }
46:     });
```

콘솔 창에서 키보드 이벤트 객체가 갖는 정보를 확인해 보세요. 삼각형 아이콘을 클릭하면 키보드 이벤트 객체가 갖는 여러 정보를 확인할 수 있습니다. keyCode 정보를 찾아보세요.

콘솔 화면

```
                                    06.event-onkeydown.html:40
▶ KeyboardEvent {isTrusted: true, key: 'a', code: 'KeyA',
  location: 0, ctrlKey: false, …}
65                                  06.event-onkeydown.html:41
                                    06.event-onkeydown.html:40
▶ KeyboardEvent {isTrusted: true, key: 'Control', code: 'C
  ontrolLeft', location: 1, ctrlKey: true, …}
17                                  06.event-onkeydown.html:41
                                    06.event-onkeydown.html:40
▶ KeyboardEvent {isTrusted: true, key: 'Enter', code: 'Ent
  er', location: 0, ctrlKey: false, …}
13                                  06.event-onkeydown.html:41

▼ KeyboardEvent {isTrusted: true, key: 'Enter', code:
  'Enter', location: 0, ctrlKey: false, …} i
    isTrusted: true
    altKey: false
    bubbles: true
    cancelBubble: false
    cancelable: true
    charCode: 0
    code: "Enter"
    composed: true
    ctrlKey: false
    currentTarget: null
    defaultPrevented: false
    detail: 0
    eventPhase: 0
    isComposing: false
    key: "Enter"
    keyCode: 13
    location: 0
```

다음 이미지는 검색어 입력 조건에 따른 알림창입니다. 조건에 따라 사용자에게 알맞은 정보를 제공하도록 합니다.

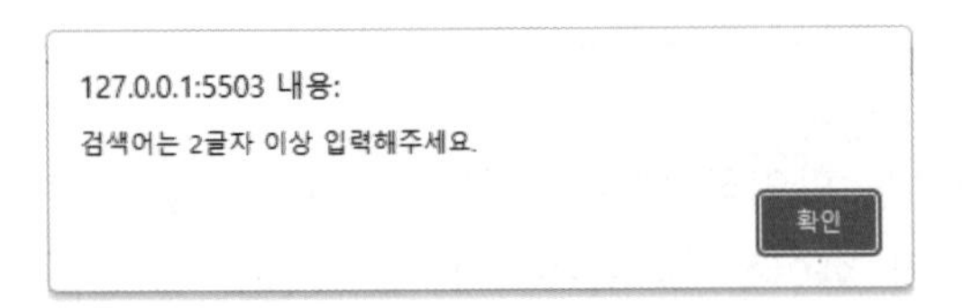

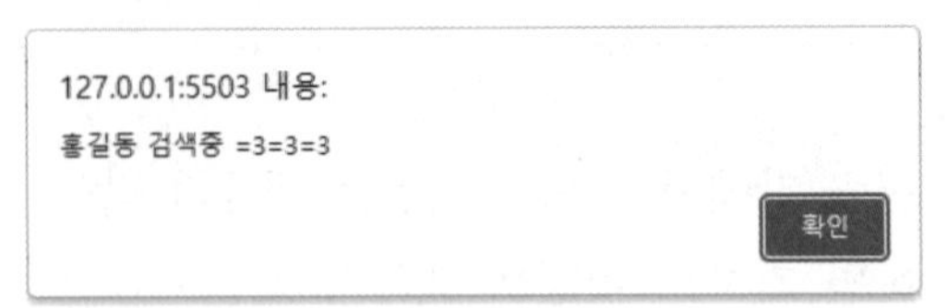

〈input type="search"〉는 onkeydown 이벤트가 아닌 onsearch 이벤트를 발생시킬 수 있습니다. onsearch 이벤트에서 Enter↵키는 onkeydown 이벤트와 달리 keyCode 값을 확인하지 않고 바로 검색을 수행할 수 있습니다. 특화된 이벤트 트리거 형식입니다.

●●● 예제 파일 06.event-onkeydown.html

```
⋮          ⋮
49:     getElement('#keyword').addEventListener('search',
      function(evt) {
50:       console.log(evt);
51:
52:       if (this.value.length > 1) {
53:         alert(this.value + ' 검색중 =3=3=3');
54:       }
55:     });
```

6. onload

하나의 HTML 문서에는 HTML 요소와 이미지 파일, 스크립트 파일, CSS 파일 등 링크로 연결된 외부 콘텐츠로 구성됩니다. 브라우저는 서버로부터 응답받은 웹 문서 내용을 살펴 링크로 연결된 외부 콘텐츠를 요청(request)합니다. 이렇게 요청한 외부 콘텐츠를 모두 내려받아지면 온전한 웹 문서를 화면에 안전하게 표출할 수 있습니다. 외부 콘텐츠의 파일 용량이 크거나(이미지인 경우가 많습니다) 네트워크 상태가 좋지 않다면 화면을 표현하는 렌더링 시간이 오래 걸릴 수 있습니다.
만약 자바스크립트 코드에서 내려받아지지 않은 외부 콘텐츠를 참조해야 하는 경우가 있다면 어떤 일이 생길까요? 오류가 발생합니다. 그래서 안전한 상황을 확보하기 위해 자바스크립트의 실행을 외부 콘텐츠의 로딩 이후로 지연시키는 onload 이벤트가 필요합니다.

다음 예제에서 콘솔 창으로 출력되는 순서를 주의해서 살펴보세요. 1번과 5번은 지연되지 않는 호출로 순서에 따라 출력됩니다. 2번과 3번은 동일한 이벤트로 중복으로 인해 3번만 출력됩니다. 만약 3번 부분을 주석 처리하거나 삭제하고 실행하면 2번이 실행됩니다. 4번은 여러 개의 동일한 이벤트 트리거를 실행시킬 수 있어 실행됩니다. onload 이벤트가 적용된 코드는 로딩이 모두 완료된 후 실행되는 지연(lazy) 이벤트입니다. 앞에서 설명했듯이 인라인 형식의 이벤트보다 이벤트 핸들러와 이벤트 리스너를 이벤트 처리기로 사용하기를 추천합니다.

●●● 예제 파일 06.event-onload.html

```
 ⋮    ⋮
10:  <body onload="myFunction()">
11:    <script>
12:      console.log(1);
13:
14:      function myFunction() {
15:        console.log(2);
16:      }
17:
18:      window.onload = function () {
19:        console.log(3);
20:      }
21:
22:      window.addEventListener('load', function () {
23:        console.log(4);
24:      });
25:
26:      console.log(5);
27:    </script>
28:  </body>
```

콘솔 화면

1	06.event-onload.html:12
5	06.event-onload.html:26
3	06.event-onload.html:19
4	06.event-onload.html:23

다음 예제는 〈iframe〉으로 연결된 외부 콘텐츠의 onload 이벤트를 연습합니다. 외부 콘텐츠로서 대한민국 정부 공식 유튜브 채널[3]의 영상을 연결하였습니다. 유튜브 영상을 잘 표현하기 위해 부트스트랩이 제공하는 코드를 사용하였습니다. 영상의 가로세로 비율을 최적화해 줍니다.[4]
두 번째와 세 번째 〈iframe〉 예제는 유튜브 영상의 자동 재생을 할 수 있도록 구성했습니다. 두 번째는 동영상 URL에 일련의 쿼리 스트링(query string)을 전달하는 방법을 사용했습니다. 물음표(?)를 기준으로 앞쪽은 동영상의 URL을, 뒤쪽은 동영상 구성을 위한 전달 속성으로 자동 재생(autoplay)과 음소거(mute)의 값을 true로 설정했습니다. 기본적으로 음소거 상태가 아니면 자동 재생을 할 수 없어 이 부분을 확인해야 합니다.

●●● 예제 파일 06.event-onload2.html

```
 ⋮      ⋮
11:    <div class="container-fluid">
12:      <div class="row">
13:        <div class="col">
14:          <div class="ratio ratio-21x9">
15:            <iframe src="https://www.youtube.com/embed/UxVykvgm_8U"
     title="수출강국 대한민국" allowfullscreen></iframe>
16:          </div>
17:        </div>
18:        <div class="col">
19:          <div class="ratio ratio-16x9">
20:            <iframe src="https://www.youtube.com/embed/
     V46M1IqMF1M?autoplay=1&mute=1" title="디지털 뉴딜로 통하는 새로운
     세상" allowfullscreen></iframe>
21:          </div>
22:        </div>
23:        <div class="col">
24:          <div class="ratio ratio-4x3">
25:            <iframe id=" player" src="https://www.youtube.com/
     embed/yNQOgzZ1Sw0?enablejsapi=1" title="탄소중립"></iframe>
26:          </div>
27:        </div>
28:      </div>
29:    </div>
```

3) https://www.youtube.com/c/hipolicy
4) ratio : https://getbootstrap.com/docs/5.3/helpers/ratio/

<iframe>의 src 속성값을 추출하려면 해당 유튜브 영상 위에서 마우스 오른쪽 버튼을 클릭합니다. 이 메뉴에서 [소스 코드 복사]를 선택하면 코드가 복사됩니다. 참고로 앞의 코드는 복사한 코드 그대로가 아니라 가독성을 위해 불필요한 코드를 조금 삭제했으나 그대로 넣어도 괜찮습니다.

querySelectorAll('iframe')을 이용하여 모든 <iframe>을 찾고 각각 onload 이벤트를 실행시켜 콘솔 창에 출력합니다.

●●● 예제 파일 06.event-onload2.html

```
 ⋮         ⋮
36:      const videos = document.querySelectorAll('iframe');
37:
38:      videos[0].onload = function() {
39:        console.log(1);
40:      }
41:
42:      videos[1].onload = function() {
43:        console.log(2);
44:      }
45:
46:      videos[2].addEventListener('load', function() {
47:        console.log(3);
48:      });
```

세 번째 〈iframe〉 예제는 유튜브 영상의 자동 재생을 위해 유튜브에서 제공하는 [iframe 삽입에 대한 YouTube Player API 참조 문서]를 참고하여 구성하였습니다.[5] 이 문서에 따라 "https://www.youtube.com/iframe_api" 코드를 연결하고 아래 예제와 같이 구성합니다. 자바스크립트가 실행되면 onYouTubeIframeAPIReady()를 호출하고, 재생을 위한 준비가 되면 onPlayerReady()를 호출하여 음소거 상태로 만들고 동영상을 재생합니다.
3가지 〈iframe〉 예제의 결과를 살펴보세요.

● ● ● 예제 파일 06.event-onload2.html

```
 ⋮       ⋮
34:    <script src="https://www.youtube.com/iframe_api"></script>
35:    <script>
 ⋮        ⋮
51:      function onYouTubeIframeAPIReady() {
52:        let player = new YT.Player('player', {
53:          events: {
54:            'onReady': onPlayerReady
55:          }
56:        });
57:      }
58:
59:      function onPlayerReady(event) {
60:        event.target.setVolume(0);
61:        event.target.playVideo();
62:      }
63:    </script>
```

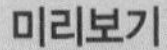

5) https://developers.google.com/youtube/iframe_api_reference?hl=ko

콘솔 화면

```
1                  06.event-onload2.html:39
3                  06.event-onload2.html:47
2                  06.event-onload2.html:43
```

유튜브 API의 다른 형태를 별도의 예제로 구성하였습니다.
<div id="player"> 영역을 만들고, 그 내부에 동영상을 <iframe> 형태로 삽입합니다. 비디오 아이디(videoId)를 실마리로 동영상을 식별하고 연결합니다. 비디오 아이디는 앞서 만든 <iframe> 예제의 URL 중 embed 뒷부분입니다. URL을 비교하여 확인한 후 다른 예제를 스스로 구성해 보세요.

●●● 예제 파일 06.event-onload3.html

```
 ⋮       ⋮
11:    <div class="container">
12:      <div class="row justify-content-center">
13:        <div class="col-6">
14:          <div id="player" class="ratio ratio-16x9"></div>
15:        </div>
16:      </div>
17:    </div>
18:
19:    <script src="https://www.youtube.com/iframe_api"></script>
20:    <script>
21:      function onYouTubeIframeAPIReady() {
22:        let player = new YT.Player('player', {
23:          videoId: 'yNQOgzZ1SwO',
24:          events: {
25:            'onReady': onPlayerReady
26:          }
27:        });
28:      }
29:
30:      function onPlayerReady(event) {
31:        event.target.setVolume(0);
32:        event.target.playVideo();
33:      }
34:    </script>
```

06-3 타이밍 이벤트

자주 사용하는 이벤트 형식 중에 정해진 시간이 지나고 난 후 코드를 실행하도록 하는 타이밍 이벤트가 있습니다. 정해진 시간 간격이 지나면 한 번 실행하는 setTimeout()과 정해진 시간 간격마다 계속 실행하는 setInterval()을 소개합니다.

---

① setTimeout(함수, 밀리초 단위의 시간) : 정해진 시간이 지나면 한 번 실행
② setInterval(함수, 밀리초 단위의 시간) : 정해진 시간 간격마다 계속 실행

---

1. setTimeout()

setTimeout()은 window 객체가 갖는 메서드로 최상위 객체인 window의 표현을 생략할 수 있어, window.setTimeout()이 아닌 setTimout() 형태로 간단히 표현할 수 있습니다. 부트스트랩의 모달(modal) 창을 구성하여 일정 시간 후에 모달 창을 화면에 표시하는 예제를 구성합니다.

모달 창은 별도의 윈도우 형태로 띄우는 팝업 창(popup)과 달리 동일한 최상위 객체인 윈도우에서 레이어(layer) 형태의 창으로, 알림, 입력과 선택 등 사용자가 반드시 알아야 할 메시지나 결정을 할 수 있도록 구성한 UI(User Interface)입니다.

부트스트랩에서 모달 UI 데모[6]를 먼저 실행하고, 다음 예제를 살펴보세요. 모달 창은 처음엔 보이지 않고, 버튼을 클릭하면 모달 창이 화면에 팝업으로 나타납니다. 이 기능을 수행하기 위해서는 부트스트랩이 제공하는 자바스크립트 파일을 추가해야 합니다.

●●● 예제 파일 06.event-setTimeout.html

```
 ⋮      ⋮
11:    <div class="container">
12:      <button type="button" class="btn btn-primary" data-bs-
     toggle="modal" data-bs-target="#exampleModal">모달창-열기</button>
13:    </div>
14:
```

6) Modal : https://getbootstrap.com/docs/5.3/components/modal/#live-demo

```
15:   <div class="modal fade" id="exampleModal" tabindex="-1" aria-
    labelledby="exampleModalLabel" aria-hidden="true">
16:     <div class="modal-dialog">
17:       <div class="modal-content">
18:         <div class="modal-header">
19:           <h5 class="modal-title" id="exampleModalLabel">Modal
    title</h5>
20:           <button type="button" class="btn-close" data-bs-
    dismiss="modal" aria-label="Close"></button>
21:         </div>
22:         <div class="modal-body">
23:           ...
24:         </div>
25:         <div class="modal-footer">
26:           <button type="button" class="btn btn-secondary" data-
    bs-dismiss="modal">Close</button>
27:           <button type="button" class="btn btn-primary">Save
    changes</button>
28:         </div>
29:       </div>
30:     </div>
31:   </div>
```

setTimeout(function(){실행 코드}, 1500);은 1500밀리초 즉 1.5초 후에 실행 코드가 실행되도록 구성된 코드입니다. 실행 코드는 버튼을 가상 클릭하도록 했습니다. 따라서 화면이 로딩되면 1.5초 후에 버튼을 브라우저가 클릭하는 형태로 눌리게 되고, 그러면 부트스트랩의 모달 창이 실행됩니다.

●●● 예제 파일 06.event-setTimeout.html

```
 ⋮      ⋮
33:   <script src="/bootstrap-5.3.2-dist/js/bootstrap.min.js"></
    script>
34:   <script>
35:     setTimeout(function () {
36:       document.querySelector('button.btn').click();
37:     }, 1500);
38:   </script>
```

경우에 따라서는 setTimeout()으로 정의된 실행 코드를 실행할 필요가 없어질 때가 있는데, clearTimeout()으로 setTimeout()을 해제할 수 있습니다.
setTimeout()을 식별할 수 있도록 변수에 담고, 그 변수를 매개변수로 clearTimeout()에 전달하면 setTimeout()을 해제할 수 있습니다. setTimeout()이 실행되면 콘솔 창으로 2초 후에 'setTimeout' 메시지를 출력하도록 했는데, 만약 2초 이내에 버튼을 클릭하게 되면 setTimeout()이 실행되지 않게 됩니다. 2가지 상황을 비교하여 clearTimeout()의 실행을 확인해 보세요.

●●● 예제 파일 06.event-setTimeout2.html

```
 :         :
35:       let timeout = setTimeout(function() {
36:         console.log('setTimeout');
37:         document.querySelector('.btn').click();
38:       }, 2000);
39:
40:       document.querySelector('.btn').onclick = function() {
41:         console.log('timeout', timeout);
42:         clearTimeout(timeout);
43:       };
```

2. setInterval()

setInterval()은 setTimeout()과 같이 window 객체의 메서드로 window.setInterval()이 아닌 setInterval() 형태로 간단히 표현할 수 있습니다. 정해진 시간 간격마다 함수를 호출하여 약속된 코드를 실행하도록 합니다.
작은 원을 만들고 이를 클릭하면, 일정 시간(0.25초)마다 원의 위치를 바꿔 원을 움직여 보도록 구성합니다.
#circle의 position 속성을 absolute로 하고, left 속성값을 변경하는 형식으로 원의 위치가 바뀌게 됨에 주의하세요.

●●● 예제 파일 06.event-setInterval.html

```
 ⋮         ⋮
09:      #circle{
10:        width: 100px;
11:        height: 100px;
12:        background-color: lightcoral;
13:        border-radius: 50%;
14:        cursor: pointer;
15:        position: absolute;
16:      }
 ⋮         ⋮
23:      let move = 0;
24:      document.querySelector('#circle').onclick = function() {
25:        setInterval(function() {
26:          move += 20;
27:          document.querySelector('#circle').style.left = move + 'px';
28:        }, 250);
29:      }
```

미리보기

document.querySelector('#circle')이 중복하여 표현되었는데, 뒤에 있는 것을 this로 변경하여 코드의 가독성을 높이는 예제로 구성해 봅니다.
우리가 만든 코드의 구조는 function 내부에 다른 function이 겹쳐진 형태로 콘솔 창으로 각 function 내부에 this를 출력하여 this가 동일한 것을 가리키는지 확인합니다.

●●● 예제 파일 06.event-setInterval2.html

```
 ⋮         ⋮
23:      let move = 0;
24:      document.querySelector('#circle').onclick = function() {
25:        console.log(this);
26:        setInterval(function() {
27:          console.log(this);
28:          move += 20;
29:          this.style.left = move + 'px';
30:        }, 250);
31:      }
```

function에게는 소속이 있습니다. 예컨대 주인이라고 볼 수 있는데, 첫 번째 function의 주인은 document.querySelector('#circle')로 우리가 this로 바꿀 대상인 그것입니다. 그런데 두 번째 function의 주인은 window 객체로 출력되었습니다. setInterval()의 주인이 window 객체이기 때문입니다.
setInterval() 내부에 표현된 this는 window 객체를 가리키기에 this.style.left에서 오류가 발생했습니다.

콘솔 화면

```
<div id="circle"></div>          06.event-setInterval2.html:25
                                 06.event-setInterval2.html:27
▶ Window {window: Window, self: Window, document: document, na
  me: '', location: Location, …}
⊗ ▶Uncaught TypeError: Cannot    06.event-setInterval2.html:29
  set properties of undefined (setting 'left')
      at 06.event-setInterval2.html:29:23
```

오류를 해결하기 위해 2가지 방법을 소개합니다.
첫 번째 방법은 첫 번째 function 내부의 this를 두 번째 function에 전달하기 위해, this를 변수 'that'에 할당하여 두 번째 function에서 그 변수를 참조하는 형식으로 구성합니다.

●●● 예제 파일 06.event-setInterval3.html

```
 ⋮        ⋮
23:      let move = 0;
24:      document.querySelector('#circle').onclick = function() {
25:        const that = this;
26:        setInterval(function() {
27:          move += 20;
28:          that.style.left = move + 'px';
29:        }, 250);
30:      }
```

두 번째 해결 방법은 화살표 함수를 사용해 this를 그대로 사용하는 방법입니다. 콘솔로 각각의 function 내부에 this를 출력하여 동일한지 확인해 보세요.

●●● 예제 파일 06.event-setInterval4.html

```
 ⋮        ⋮
23:      let move = 0;
24:      document.querySelector('#circle').onclick = function() {
25:        console.log(1, this);
26:        setInterval(() => {
27:          console.log(2, this);
28:          move += 20;
29:          this.style.left = move + 'px';
30:        }, 250);
31:      }
```

이번 예제는 #circle을 클릭하면 이동하고, 다시 클릭하면 멈추도록 구성해 봅니다. clearTimeout()처럼 clearInterval() 함수를 이용하여 setInterval()을 해제할 수 있습니다. setInterval()을 식별하기 위해 전역 변수 interval에 할당하고, 이 전역 변수를 clearInterval()에 매개변수로 전달하여 해제합니다.

#circle을 짝수 번째 눌렀는지, 홀수 번째 눌렀는지 확인하기 위해 변수 flag를 선언하여 클릭할 때마다 !(not) 연산자를 이용하여 true/false 값이 계속 바뀌도록 합니다. 이렇게 클릭할 때마다 true/false 값이 계속 바뀌는 형태를 토글(toggle) 버튼이라고 합니다.

●●● 예제 파일 06.event-setInterval5.html

```
 ⋮        ⋮
23:      let interval;
24:      let flag = false;
25:      let move = 0;
26:      document.querySelector('#circle').onclick = function() {
27:        if (flag = !flag)
28:          interval = setInterval(() => {
29:            move += 20;
30:            this.style.left = move + 'px';
31:          }, 250);
32:        } else {
33:          clearInterval(interval);
34:        }
35:      }
```

Chapter

07

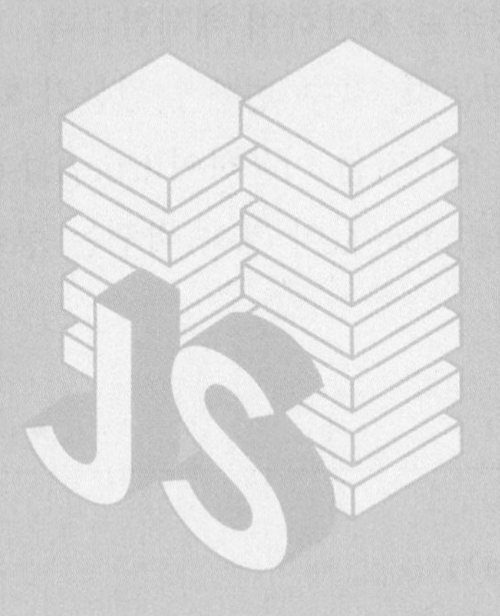

배열과 문자열

학습목표

배열과 문자열은 프로그램에서 가장 많이 사용하는 데이터 타입으로 데이터를 저장하고 조회하고 변경하는 여러 가지 방법을 제공합니다. 배열을 만들고, 배열값에 접근하고, 배열 객체에서 제공하는 속성과 메서드를 여러 예제를 구성하여 사용법을 익히도록 합니다. 문자열은 특정 값을 탐색하여 찾아내거나 새로운 문자열을 구성하는 등 다양한 메서드가 있으며, 여러 예제로부터 활용 방법을 알아봅니다.

07-1 배열

일반적으로 변수에는 하나의 값을 저장할 수 있지만 배열(array)에는 하나의 변수에 여러 값을 저장할 수 있습니다. 여러 개의 값을 묶음 처리하여 저장된 값을 조회하거나 연산을 편리하게 할 수 있게 해줍니다.

다음의 순서로 함께 알아보겠습니다.

---

① 배열 만들기
② 배열에 접근하기
③ 배열 원소의 데이터 타입
④ 배열의 속성과 메서드

---

1. 배열 만들기

배열을 만드는 방법은 생성자를 사용하는 방법과 심볼(symbol)을 이용하여 배열을 구성하는 리터럴(literal) 방법이 있습니다. 리터럴 구성 방법이 가독성이 높고 편리해 이를 추천합니다.

① 생성자(new)로 배열을 정의하는 방법

```
const subject = new Array('HTML', 'CSS', 'javascript');
```

② 리터럴(literal)로 배열을 정의하는 방법

```
const subject = ['HTML', 'CSS', 'javascript'];
```

2. 배열에 접근하기

배열의 값은 인덱스(index)로 구별합니다. 0부터 시작하는 정수를 사용해 순서대로 위치와 값을 key-value 형태로 연결합니다. '배열명[인덱스]' 형태로 배열에 접근합니다. 배열의 마지막 원소에 접근하기 위해서는 배열의 크기(Array.length)에서 1을 뺀 위치에 있는 원소의 인덱스로 구할 수 있으며, 또한 마지막 인덱스로도 접근할 수 있습니다.

다음 예제 코드는 3가지 다른 방식으로 배열을 생성하고, 각 원소에 접근하는 방법을 보여 줍니다. 먼저 'HTML', 'CSS', 'javascript' 세 원소로 이루어진 새 배열인 subject를 만듭니다. 그리고 subject[0]과 subject[1]로 각각 배열의 첫 번째와 두 번째 원소를 출력했습니다. 또한 배열의 크기(Array.length)인 3에서 1을 뺀 값을 인덱스 번호로 지정하면 배열의 마지막 원소에 접근할 수 있습니다.

●●● 예제 파일 07.array.html

```
 ⋮         ⋮
11:       {
12:         const subject = new Array('HTML', 'CSS', 'javascript');
13:         console.log('#1', subject[0]);
14:       }
15:       {
16:         const subject = ['HTML', 'CSS', 'javascript'];
17:         console.log('#2', subject[1]);
18:       }
19:       {
20:         const subject = [
21:           'HTML',
22:           'CSS',
23:           'javascript'
24:         ];
25:
26:         console.log('#3', subject.length);
27:         console.log('#3', subject[subject.length - 1]);
28:       }
```

콘솔 화면

```
#1 HTML
#2 CSS
#3 3
#3 javascript
```

3. 배열 원소의 데이터 타입

배열의 값(원소)이 될 수 있는 데이터 타입은 문자열, 숫자 등 한 가지 종류로 구성되거나, 여러 종류가 섞여 있는 경우도 가능합니다. 다음의 예는 문자열, 숫자, 함수 등 여러 종류가 섞여 있는 경우입니다.
원소가 function인 경우는 이를 실행하기 위해서는 배열의 값을 호출할 때 소괄호 () 를 붙여야 합니다. 변수와 함수의 외형상 구별되는 점은 이 괄호의 유무입니다.
배열의 원소가 특히 함수일 경우, 이를 사용하기 위해 호출하는 형식이 불편합니다. 숫자를 기억하기보다는 문자열로 사용하는 방법이 더 낫습니다.

●●● 예제 파일 07.array2.html

```
 ⋮            ⋮
11:       const myArray = [
12:         '문자열',
13:         25,
14:         function() {
15:           alert('함수');
16:         },
17:         function() {
18:           return '함수';
19:         },
20:         setTimeout(function() {
21:           alert('setTimeout');
22:         }, 1000)
23:       ];
24:
25:       console.log(typeof myArray);
26:       console.log('myArray[0]', myArray[0]);
27:       console.log('myArray[1]', myArray[1]);
28:       console.log('myArray[2]', myArray[2]());
29:       console.log('myArray[3]', myArray[3]());
30:       console.log('myArray[4]', myArray[4]);
```

콘솔 화면

```
object
myArray[0] 문자열
myArray[1] 25
myArray[2] undefined
myArray[3] 함수
myArray[4] 1
```

연관배열은 값(원소)을 숫자 인덱스가 아닌 문자열 인덱스(named index)로 식별하는 형태입니다. 대괄호 []가 아닌 함수에서 사용하는 중괄호 {}를 사용하는 것에서도 차이가 있습니다. 앞에서 설명한 배열과 비교해 살펴보면 좋습니다.
원소에 접근하는 방식은 배열의 방식(myObject['name'])과 점(dot)을 이용한 방식(myObject.name)을 모두 이용할 수 있습니다.
원소가 함수일 경우 myObject['myFunc1']()로 표현하기보다는 myObject.myFunc1()로 사용하면 코드를 더 이해하기 쉽습니다.

●●● 예제 파일 : 07.array3.html

```
 ⋮        ⋮
11:      const myObject = {
12:        name: '홍길동',
13:        age: 25,
14:        myFunc1: function() {
15:          alert('함수1');
16:        },
17:        myFunc2: function() {
18:          return '함수2';
19:        },
20:        timingEvent: setTimeout(function() {
21:          alert('setTimeout');
22:        }, 1000)
23:      }
24:
25:      console.log(typeof myObject);
26:      console.log("myObject['name']", myObject['name']);
27:      console.log("myObject['age']", myObject['age']);
28:      console.log("myObject['myFunc1']", myObject['myFunc1']());
29:      console.log("myObject['myFunc2']", myObject['myFunc2']());
30:      console.log("myObject['timingEvent']",
    myObject['timingEvent']);
31:      console.log('===========================');
32:      console.log('myObject.name', myObject.name);
33:      console.log('myObject.age', myObject.age);
34:      console.log('myObject.myFunc1', myObject.myFunc1());
35:      console.log('myObject.myFunc2', myObject.myFunc2());
36:      console.log('myObject.timingEvent', myObject.timingEvent);
```

콘솔 화면

```
object
myObject['name'] 홍길동
myObject['age'] 25
myObject['myFunc1'] undefined
myObject['myFunc2'] 함수2
myObject['timingEvent'] 1
===========================
myObject.name 홍길동
myObject.age 25
myObject.myFunc1 undefined
myObject.myFunc2 함수2
myObject.timingEvent 1
```

4. 배열의 속성과 메서드

객체(object)는 정적인 값의 저장을 위한 속성(property)과 동적인 연산을 위한 메서드(method)로 구성됩니다. 배열 등 객체에는 자바스크립트 언어에서 기본적으로 제공되는 속성과 메서드가 있으며 앞으로 이것들을 몇 가지 살펴보겠습니다.

다음 예제는 변수 pets를 원소가 4개인 리터럴 형식의 배열로 선언하고, pets의 크기를 확인할 수 있는 속성과 배열의 각 원소를 연결하여 문자열로 표현하는 메서드를 사용해봅니다. toString() 메서드는 배열의 원소를 콤마(,)로 연결하여 문자열로 표현하며, join()은 배열의 각 원소를 연결하는 구분자(delimiter)를 매개변수로 전달하여 배열의 원소를 문자열로 표현할 수 있습니다.

●●● 예제 파일 : 07.array4.html

```
 ⋮         ⋮
11:      const pets = ['개', '고양이', '앵무새', '햄스터'];
12:
13:      console.log('속성', pets.length);
14:      console.log('메서드', pets.toString());
15:      console.log('메서드', pets.join(';'));
```

콘솔 화면

```
속성 4
메서드 개,고양이,앵무새,햄스터
메서드 개;고양이;앵무새;햄스터
```

07-2 배열의 연산

자주 사용하는 배열의 메서드를 소개하고, 이를 통해서 다양한 연산 방법을 알아보도록 합니다.
다음은 예제로 설명할 배열의 대표적인 메서드로 사용 빈도가 아주 높은 것들입니다. 이외의 메서드는 다른 문서를 통해서 학습할 수 있습니다.

---

① push(), pop() : 원소의 추가/제거
② splice(), slice() : 원소의 변경/추출
③ concat() : 여러 배열 합치기
④ sort(), reverse() : 원소의 정렬
⑤ forEach(), map() : 배열의 각 요소를 순회하거나 조작
⑥ filter(), reduce() : 원소를 조건에 맞게 필터링하거나 누적값을 계산하는 등의 작업
⑦ 구조 분해 할당(Destructuring Assignment)

---

1. push(), pop()

push()는 배열에 새로운 원소(또는 아이템)를 추가하는 메서드입니다. 매개변수로 값을 전달하여 배열의 마지막에 원소로 추가합니다. pop()은 배열의 마지막 원소를 제거합니다. 마지막에 위치하는 원소를 제거하는 것이기에 전달하는 매개변수는 없습니다. 예제에서는 마지막 위치에 '햄스터'를 추가한 후, 다시 마지막에 위치한 '햄스터'를 제거합니다.

●●● 예제 파일 07.array-push-pop.html

```
 ⋮          ⋮
11:       const pets = ['개', '고양이', '앵무새'];
12:
13:       console.log('[처음]', pets.toString());
14:       pets.push('햄스터');
15:       console.log('[push("햄스터")]', pets.toString());
16:       pets.pop();
17:       console.log('[pop()]', pets.toString());
```

콘솔 화면

```
[처음] 개,고양이,앵무새
[push("햄스터")] 개,고양이,앵무새,햄스터
[pop()] 개,고양이,앵무새
```

다음 예제는 체크박스를 선택하면 선택된 값을 목록으로 하는 부트스트랩의 리스트 그룹(list group)[1]을 만들어 화면에 표시하도록 합니다.

●●● 예제 파일 07.array-push-pop2.html

```
 ⋮        ⋮
11:    <div class="container">
12:      <div class="row my-3">
13:        <div class="col">
14:          <div class="form-check">
15:            <label><input class="form-check-input" type="checkbox"
     name="city" value="paris">파리</label>
16:          </div>
17:          <div class="form-check">
18:            <label><input class="form-check-input" type="checkbox"
     name="city" value="sydney">시드니</label>
19:          </div>
20:          <div class="form-check">
21:            <label><input class="form-check-input" type="checkbox"
     name="city" value="seoul">서울</label>
22:          </div>
23:        </div>
24:        <div class="col"></div>
25:      </div>
26:    </div>
```

HTML 속성 name의 값을 city로 하는 모든 체크박스에 대하여 onchange 이벤트 트리거가 발생하면 setListGroup()을 호출하도록 합니다. 'checkbox.onchange = setListGroup'에서 setListGroup에는 괄호가 없는데 원래 그 자리에 올 수 있는 것은 변수가 아닌 함수여야 하기 때문입니다. 괄호를 추가하면 오히려 실행되지 않으니 직접 테스트해 보세요.

1) List group : https://getbootstrap.com/docs/5.3/components/list-group/

●●● 예제 파일 07.array-push-pop2.html

```
 ⋮          ⋮
29:        let lists = [];
30:        const checkboxes = document.querySelectorAll('[name="city"]');
31:        for (let checkbox of checkboxes) {
32:          checkbox.onchange = setListGroup;
33:        }
```

setListGroup() 함수가 호출되면 resetListGroup()을 호출하여 배열 lists를 초기화합니다.

반복문으로 여러 개의 체크박스 순회하면서 선택된 체크박스의 값을 부트스트랩의 리스트 그룹(list group)의 형태로 배열 lists에 추가합니다. 이때 push()를 이용하고 있음을 확인해 주세요.

반복문이 끝나고 만들어진 목록은 클래스 col의 두 번째 영역에 innerHTML을 이용하여 리스트 그룹 UI를 삽입합니다. 이때 lists.join('')으로 배열 lists의 모든 원소를 문자열로 연결하고 있음을 확인해 주세요. 특히 join()에 매개변수를 연속된 따옴표로 전달하여 배열 lists의 원소를 구분자(delimiter) 없이 연결합니다.

resetListGroup()은 배열 lists의 원소를 pop()을 이용하여 모두 삭제하여 초기화합니다. 콘솔 창으로 마지막 원소를 계속 제거하는 과정을 확인해 주세요.

●●● 예제 파일 07.array-push-pop2.html

```
 ⋮          ⋮
35:        function setListGroup() {
36:          resetListGroup();
37:
38:          for (let checkbox of checkboxes) {
39:            if (checkbox.checked) {
40:              lists.push('<li class="list-group-item">' + checkbox.
     value + '</li>');
41:            }
42:          }
43:          const target = document.querySelector('.col:nth-of-type(2)');
44:          target.innerHTML = '<ul class="list-group">' + lists.
     join('') + '</ul>';
45:        }
```

```
46:
47:      function resetListGroup() {
48:        if (lists.length) {
49:          console.log('[전]', lists.toString());
50:          while (lists.length) {
51:            lists.pop();
52:            console.log('[후]', lists.toString());
53:          }
54:        }
55:      }
```

미리보기

☐ 파리
☑ 시드니
☑ 서울

sydney
seoul

콘솔 화면

```
[전] <li class="list-group-item">paris</li>,<li class="list-group-item">sydney</li>,<li class="list-group-item">seoul</li>
[후] <li class="list-group-item">paris</li>,<li class="list-group-item">sydney</li>
[후] <li class="list-group-item">paris</li>
```

배열 메서드인 push()와 pop()을 이용하여 화면을 구성하는 다른 아이디어를 생각해 보세요.
체크박스의 선택에 따라 새롭게 만들어진 리스트 그룹은 동적 UI로 브라우저의 [페이지 소스 보기] 메뉴로는 볼 수 없습니다. 개발자 도구의 [요소(Elements)] 메뉴로 확인할 수 있습니다.

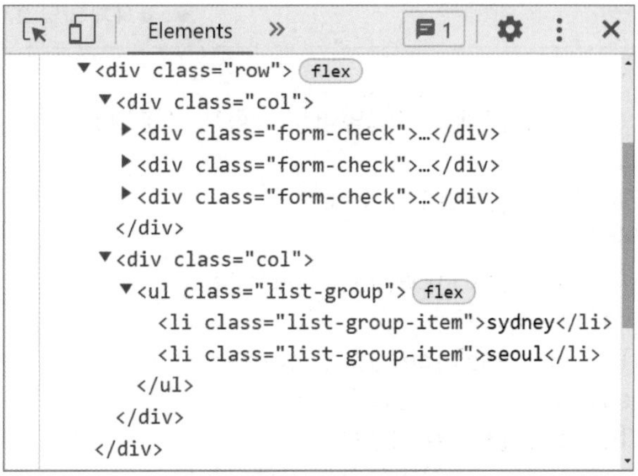

```
Elements  »  1
▼<div class="row"> flex
  ▼<div class="col">
    ▶<div class="form-check">…</div>
    ▶<div class="form-check">…</div>
    ▶<div class="form-check">…</div>
  </div>
  ▼<div class="col">
    ▼<ul class="list-group"> flex
        <li class="list-group-item">sydney</li>
        <li class="list-group-item">seoul</li>
     </ul>
  </div>
</div>
```

2. splice(), slice()

splice()는 배열의 기존 요소를 삭제 또는 교체하거나 새로운 요소를 추가하는 메서드입니다.

```
array.splice(start, deleteCount, item1, item2, ...);
```

slice()는 배열의 시작부터 마지막(마지막은 불포함)에 대해 값을 복사하여 새로운 배열로 반환합니다. 원본 배열은 변경되지 않습니다.

```
array.slice(begin, end);
```

배열의 키(key)는 0부터 시작하는 인덱스임을 기억하고 다음 예제를 따라갑니다.
splice(2)는 pets의 세 번째 원소부터 마지막 원소까지 삭제합니다. 따라서 '곰'과 '말'이 삭제되고 '개'와 '고양이'만 원소로 남게 됩니다. splice(0,1)은 첫 번째 요소를 1개 삭제합니다. '개'가 삭제되어 '고양이'만 남습니다.
splice(0, 0, '햄스터')는 첫 번째 요소를 삭제하지 않고, '햄스터'를 첫 번째 위치로 삽입합니다.
splice(1, 1, '거북이', '앵무새')는 두 번째 요소인 '고양이'를 삭제하고, 두 번째 요소에 '거북이'와 '앵무새'를 차례로 추가합니다.

●●● 예제 파일 07.array-splice-slice.html

```
⋮        ⋮
11:      const pets = ['개', '고양이', '곰', '말'];
12:
13:      console.log('[pets]', pets);
14:      pets.splice(2);
15:      console.log('[splice()]', pets);
16:      pets.splice(0, 1);
17:      console.log('[splice()]', pets);
18:      pets.splice(0, 0, '햄스터');
19:      console.log('[splice()]', pets);
20:      pets.splice(1, 1, '거북이', '앵무새');
21:      console.log('[splice()]', pets);
```

콘솔 화면

```
[pets] (4) ['개', '고양이', '곰', '말']
[splice()] (2) ['개', '고양이']
[splice()] (1) ['고양이']
[splice()] (2) ['햄스터', '고양이']
[splice()] (3) ['햄스터', '거북이', '앵무새']
```

weeks.slice()는 weeks 배열의 원소 모두를 반환합니다.

weeks.slice(2)는 원본 weeks의 세 번째부터 마지막 원소까지를 반환하여 ['수', '목', '금']이 됩니다.

weeks.slice(2, 4)는 원본 weeks의 세 번째부터 네 번째까지의 원소를 반환하여 ['수', '목']이 됩니다.

weeks.slice(−2)는 원본 weeks의 마지막 원소로부터 두 번째를 시작점으로 마지막까지의 원소를 반환합니다.

weeks.slice(1, −2)는 원본 weeks의 두 번째부터 마지막 원소로부터 세 번째까지를 원소로 반환합니다.

```
 ⋮       ⋮
24:      const weeks = ['월', '화', '수', '목', '금'];
25:
26:      console.log('[slice()]', weeks.slice());
27:      console.log('[slice()]', weeks.slice(2));
28:      console.log('[slice()]', weeks.slice(2, 4));
29:      console.log('[slice()]', weeks.slice(-2));
30:      console.log('[slice()]', weeks.slice(1, -2));
31:      console.log('[weeks]', weeks);
```

콘솔 화면

```
[slice()] (5) ['월', '화', '수', '목', '금']
[slice()] (3) ['수', '목', '금']
[slice()] (2) ['수', '목']
[slice()] (2) ['목', '금']
[slice()] (2) ['화', '수']
[weeks] (5) ['월', '화', '수', '목', '금']
```

다음 예제는 체크박스를 선택하면 선택된 값을 목록으로 하는 부트스트랩의 리스트 그룹(list group)[2]을 만들어 화면에 표시합니다. 앞서 예제 파일 07.array-push-pop.html에서 리스트 그룹을 만들었는데, 여기서는 배열의 원소를 제거하는 데 pop() 대신 splice()를 사용하여 동일한 예제를 구성합니다.

indexOf()는 배열의 원소 중에서 매개변수로 전달되는 값을 갖는 원소의 인덱스를 반환합니다. 만약 동일한 원소가 여러 개 있다면 첫 번째로 일치하는 원소의 인덱스(위치 값)를 반환합니다. 만약 일치하는 값이 없다면 -1을 반환합니다. 예제에서 index !== -1은 변수 index가 -1이 아니라면 일치하는 원소가 있음을 의미하는 것이고, 이에 splice()로 해당 위치의 원소 1개를 제거하도록 했습니다.

```
array.indexOf(item, start);
```

2) List group : https://getbootstrap.com/docs/5.3/components/list-group/

```
⋮         ⋮
29:       let cities = [];
30:       const checkboxes = document.querySelectorAll('[name="city"]');
31:       for (let checkbox of checkboxes) {
32:         checkbox.onchange = () => {
33:           if (checkbox.checked) {
34:             cities.push(checkbox.value);
35:           } else {
36:             let index = cities.indexOf(checkbox.value);
37:             if (index !== -1) {
38:               cities.splice(index, 1);
39:             }
40:           }
41:           setListGroup();
42:         }
43:       }
44:
45:       function setListGroup() {
46:         let lists = [];
47:         for (let city of cities) {
48:           lists.push('<li class="list-group-item">'+ city + '</li>');
49:         }
50:         const target = document.querySelector('.col:nth-of-type(2)');
51:         target.innerHTML = '<ul class="list-group">'+ lists.
    join('') + '</ul>';
52:       }
```

3. concat()

concat()은 여러 개의 배열을 하나의 배열로 연결하는 메서드입니다.

```
array.concat(array1, array2, ..., arrayN);
```

3개의 배열을 선언하고, 각 배열의 원소를 모두 모아 새로운 배열로 구성하는 예제입니다.

또한 새로 구성된 배열을 몇 가지 방법으로 콘솔에 출력해 봅니다. valueOf()는 배열 자체를 출력하는 메서드로, animals.valueOf()와 animals로 출력하는 결과는 똑같습니다.

join()과 toString()의 차이점도 다시 확인해 보세요.

●●● 예제 파일 07.array-concat.html

```
 ⋮          ⋮
11:     const pets = ['개', '고양이'];
12:     const birds = ['앵무새', '꾀꼬리'];
13:     const beasts = ['사자', '호랑이'];
14:
15:     const animals = pets.concat(birds, beasts);
16:
17:     console.log(animals.valueOf());
18:     console.log(animals.join(''));
19:     console.log(animals.toString());
20:     console.log(animals);
```

콘솔 화면

```
(6) ['개', '고양이', '앵무새', '꾀꼬리', '사자', '호랑이']
개고양이앵무새꾀꼬리사자호랑이
개,고양이,앵무새,꾀꼬리,사자,호랑이
(6) ['개', '고양이', '앵무새', '꾀꼬리', '사자', '호랑이']
```

다음 예제는 〈select multiple〉과 〈input type="checkbox"〉의 선택에 따라 선택된 값을 각각 배열로 저장하고, concat() 메서드를 이용하여 연결하여 화면에 표출하도록 합니다.
〈select multiple〉은 체크박스처럼 다중 값 선택이 가능합니다. 다중 값 선택은 Ctrl키를 누른 상태에서 여러 값을 선택합니다.

●●● 예제 파일 07.array-concat2.html

```
 ⋮       ⋮
17:    <div class="container">
18:      <div class="row">
19:        <div class="col">
20:          <select class="form-select" multiple name="country">
21:            <option value="france">프랑스</option>
22:            <option value="australia">호주</option>
23:            <option value="korea">대한민국</option>
24:          </select>
```

```
25:         </div>
26:         <div class="col-5">
27:           <div class="d-grid gap-2">
28:             <button class="btn btn-primary"
    type="button">concat()</button>
29:           </div>
30:           <div id="pocket"></div>
31:         </div>
32:         <div class="col">
33:           <div class="form-check">
34:             <label><input class="form-check-input" type="checkbox"
    name="city" value="paris">파리</label>
35:           </div>
36:           <div class="form-check">
37:             <label><input class="form-check-input" type="checkbox"
    name="city" value="sydney">시드니</label>
38:           </div>
39:           <div class="form-check">
40:             <label><input class="form-check-input" type="checkbox"
    name="city" value="seoul">서울</label>
41:           </div>
42:         </div>
43:       </div>
44:     </div>
```

화면의 가운데에 있는 버튼을 중심으로 좌우로 〈select multiple〉과 〈input type="checkbox"〉가 배치되어 있습니다. 양쪽의 선택을 마친 후 가운데 버튼을 클릭하여 선택된 모든 값을 concat()으로 표출합니다.
현재 어떤 값이 선택되었는지 각각의 배열 정보를 콘솔 창에 출력하도록 했습니다.

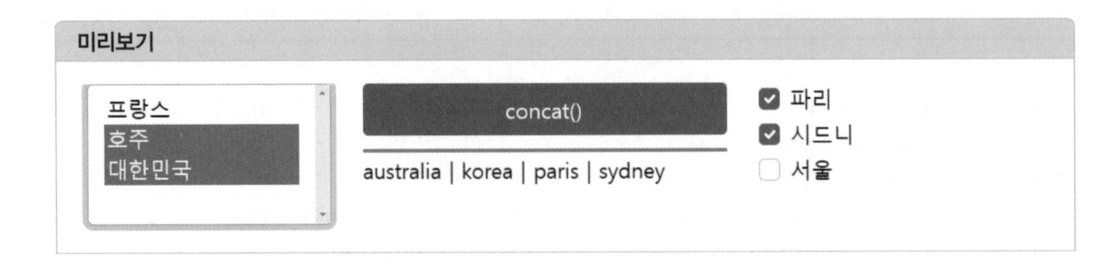

콘솔 화면

```
▶ ['australia']
▶ (2) ['australia', 'korea']
▶ ['paris']
▶ (2) ['paris', 'sydney']
```

〈select multiple〉과 〈input type="checkbox"〉의 선택 값을 담을 배열 2개를 전역 변수로 선언합니다.
가운데 버튼을 클릭하면 각각의 배열의 크기를 통해 선택 여부를 확인한 후 concat()으로 새로운 배열을 만들고 〈div id="pocket"〉 영역에 문자열로 넣어 줍니다.

●●● 예제 파일 07.array-concat2.html

```
 :    :
47:      let countryArray = [];
48:      let cityArray = [];
49:
50:      document.querySelector('.btn').onclick = function() {
51:        if (countryArray.length && cityArray.length) {
52:          const concatArray = countryArray.concat(cityArray);
53:          document.querySelector('#pocket').innerText =
    concatArray.join(' | ');
54:        } else {
55:          alert('좌우 선택을 먼저 해 주세요.');
56:        }
57:      }
```

〈select multiple〉 요소의 값을 선택하면 onchange 이벤트가 발생하며, 〈select multiple〉 내부의 여러 〈option〉 중에서 선택된 값을 배열 countryArray에 추가하거나 선택을 취소한 값을 배열에서 제거하는 과정을 거칩니다. 〈select〉 자식(child)으로서 〈option〉은 select.options(예제에서는 country.options)으로 가리킬 수 있습니다. 배열 countryArray은 onchange 이벤트가 발생하면 초기화하여 변경된 값을 새롭게 구성합니다. onchange 이벤트 발생 시 selectedIndex 속성으로 선택된 〈option〉의 위치를 인덱스로 파악할 수 있습니다. 61행의 주석을 해제하고 콘솔 창으로 확인해 보세요.

●●● 예제 파일 07.array-concat2.html

```
⋮        ⋮
59:      const country = document.querySelector('[name="country"]');
60:      country.onchange = function() {
61:        // console.log(country.selectedIndex);
62:        countryArray = [];
63:        for (let option of country.options) {
64:          if (option.selected) {
65:            countryArray.push(option.value);
66:          } else {
67:            let index = countryArray.indexOf(option.value);
68:            if (index !== -1) {
69:              countryArray.splice(index, 1);
70:            }
71:          }
72:        }
73:        console.log(countryArray);
74:      }
```

<input type="checkbox">는 이전의 예제에서 다뤘던 내용으로 여기서는 설명은 생략합니다.

●●● 예제 파일 07.array-concat2.html

```
⋮        ⋮
76:      const cities = document.querySelectorAll('[name="city"]');
77:      for (let city of cities) {
78:        city.onchange = function() {
79:          if (city.checked)
80:            cityArray.push(city.value);
81:          } else {
82:            let index = cityArray.indexOf(city.value);
83:            if (index !== -1) {
84:              cityArray.splice(index, 1);
85:            }
86:          }
87:          console.log(cityArray);
88:        }
89:      }
```

다음은 〈select multiple〉 요소의 값을 선택하면 onchange 이벤트가 발생하는 과정을 이벤트 트리거의 대상을 〈select multiple〉의 하위 요소인 〈option〉으로 바꿔 〈option〉의 onclick 이벤트로 코드를 재구성한 예제입니다. 반복문과 이벤트 트리거의 순서가 바뀌어 있음을 확인하면서 결과를 확인해 보세요.

●●● 예제 파일 07.array-concat3.html

```
 :       :
59:      const country = document.querySelector('[name="country"]');
60:      for (let option of country.options) {
61:        option.onclick = function() {
62:          if (option.selected) {
63:            countryArray.push(option.value);
64:          } else {
65:            let index = countryArray.indexOf(option.value);
66:            if (index !== -1) {
67:              countryArray.splice(index, 1);
68:            }
69:          }
70:          console.log(countryArray);
71:        }
72:      }
```

4. sort(), reverse()

sort()는 오름차순으로 배열의 원소(아이템)를 정렬합니다.
reverse()는 배열 원소의 순서를 거꾸로 정렬합니다.

●●● 예제 파일 07.array-sort-reverse.html

```
 :       :
11:      const pets = ['햄스터', '개', '고양이', '앵무새'];
12:
13:      console.log('[초기값]', pets.toString());
14:      console.log('[sort()]', pets.sort().toString());
15:      console.log('[reverse()]', pets.reverse().toString());
16:
17:      const numbers = [22, 55, 33, 11, 44];
18:
19:      console.log('[초기값]', numbers);
20:      console.log('[reverse()]', numbers.reverse());
21:      console.log('[sort()]', numbers.sort());
```

콘솔 화면

```
[초기값] 햄스터,개,고양이,앵무새
[sort()] 개,고양이,앵무새,햄스터
[reverse()] 햄스터,앵무새,고양이,개
[초기값] ▶(5) [22, 55, 33, 11, 44]
[reverse()] ▶(5) [44, 11, 33, 55, 22]
[sort()] ▶(5) [11, 22, 33, 44, 55]
```

다음 예제는 리스트 그룹의 〈li〉의 텍스트 노드의 값을 배열로 전환한 후 버튼을 클릭하여 배열을 sort(), reverse() 메서드를 실행하여 리스트 그룹을 새롭게 정렬합니다.

●●● 예제 파일 07.array-sort-reverse2.html

```
⋮        ⋮
11:    <div class="container">
12:      <div class="row">
13:        <div class="col">
14:          <div class="btn-group" role="group">
15:            <button type="button" class="btn btn-success">sort()</
     button>
16:            <button type="button" class="btn btn-primary">초기화</
     button>
17:            <button type="button" class="btn btn-danger">reverse()</
     button>
18:          </div>
19:        </div>
20:        <div class="col">
21:          <ul class="list-group">
22:            <li class="list-group-item">홍길동(1)</li>
23:            <li class="list-group-item">일지매(2)</li>
24:            <li class="list-group-item">임꺽정(3)</li>
25:            <li class="list-group-item">전우치(4)</li>
26:            <li class="list-group-item">장길산(5)</li>
27:          </ul>
28:        </div>
29:      </div>
30:    </div>
```

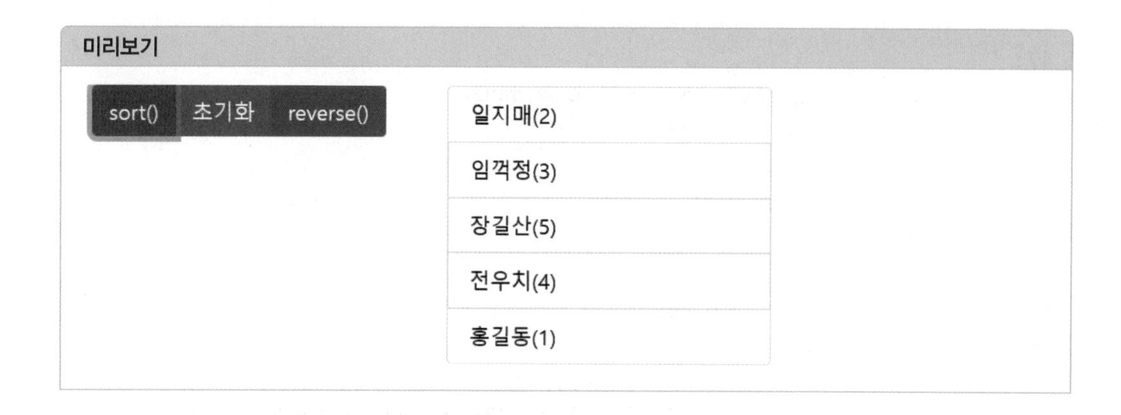

화면이 로딩되면 〈li〉의 텍스트 노드의 값을 각각 배열 listArray의 요소로 구성합니다. 색깔로 구분된 버튼을 각각 클릭하면 listArray.sort(), 화면 초기화, listArray.reverse()를 실행합니다.

정렬된 배열의 원소를 순서대로 반복문으로 순회하면서 리스트 그룹의 〈li〉를 구성하여, 기존의 리스트 그룹을 대체하도록 합니다.

화면의 초기화는 location 객체의 reload() 메서드로 브라우저를 새로고침(refresh) 합니다. location 객체는 Chapter 08에서 BOM(Browser Object Model)을 소개할 때 다루겠습니다.

●●● 예제 파일 07.array-sort-reverse2.html

```
 ⋮          ⋮
33:      const listArray = [];
34:      const lists = document.querySelectorAll('.list-group-item');
35:      for (let list of lists) {
36:        listArray.push(list.innerText);
37:      }
38:
39:      document.querySelector('.btn-success').
    addEventListener('click', function() {
40:        listArray.sort();
41:        setListGroup();
42:      });
43:
44:      document.querySelector('.btn-primary').
    addEventListener('click', function() {
45:        location.reload(); // 초기화
46:      });
```

```
47:
48:     document.querySelector('.btn-danger').
   addEventListener('click', function() {
49:       listArray.reverse();
50:       setListGroup();
51:     });
52:
53:     function setListGroup() {
54:       let tempArray = [];
55:       for(let list of listArray) {
56:         tempArray.push('<li class="list-group-item">' + list +
   '</li>');
57:       }
58:       document.querySelector('.list-group').innerHTML =
   tempArray.join('');
59:     }
```

5. forEach(), map()

배열은 하나의 변수명에 여러 개의 값을 할당할 수 있는 특별한 변수로 각각의 요소(아이템)에 접근하거나 조작할 때 반복문의 사용은 필수적입니다. 반복문 구조를 지원하는 배열의 메서드를 소개합니다.

forEach()는 배열의 요소를 각각 한 번씩 순회하는 반복문 요소입니다.

```
array.forEach(function(item, index, array){});
```

map()은 배열의 요소를 각각 한 번씩 순회하면서 실행하는 연산의 결과로 새로운 배열을 생성하는 메서드입니다.

```
array.map(function(item, index, array){});
```

다음은 forEach()와 map()의 간단한 활용 사례입니다. forEach()와 map()은 배열의 요소를 각각 한 번씩 순회하는 것은 동일하지만 map()은 수행의 결과로서 새로운 배열을 생성한다는 점에서 차이가 있습니다.

메서드의 매개변수로 사용되는 함수에 전달되는 3가지의 변수는 순회차의 값(item), 순회차의 인덱스(index), 순회 대상이 되는 배열(array)이 있습니다. 첫 번째 값(item)을 제외한 나머지는 생략할 수 있습니다. 특히 마지막의 순회 대상이 되는 배열(array)은 필요하지 않은 경우가 많습니다.

●●● 예제 파일 07.array-forEach-map.html

```
 ⋮        ⋮
11:       const numbers = [1, 3, 5, 7];
12:
13:       numbers.forEach(function(value, index, numbers) {
14:         console.log(value, index, numbers);
15:       });
16:
17:       numbers.forEach(loopNumber1);
18:
19:       function loopNumber1(item, index) {
20:         console.log(item, index);
21:       }
22:
23:       console.log('========================');
24:
25:       let newArray1 = numbers.map(function(value, index, numbers) {
26:         return 10 + value;
27:       });
28:       console.log(newArray1);
29:
30:       let newArray2 = numbers.map(loopNumber2);
31:
32:       function loopNumber2(item, index) {
33:         return 10 * item;
34:       }
35:       console.log(newArray2);
```

콘솔 화면

```
1 0 ▶(4) [1, 3, 5, 7]
3 1 ▶(4) [1, 3, 5, 7]
5 2 ▶(4) [1, 3, 5, 7]
7 3 ▶(4) [1, 3, 5, 7]
1 0
3 1
5 2
7 3
======================
▶(4) [11, 13, 15, 17]
▶(4) [10, 30, 50, 70]
```

다음 예제는 연관배열을 원소로 하는 배열 users을 forEach()와 map()으로 순회하면서 리스트 그룹을 만들어 각각 〈div class="col"〉 영역에 동적인 UI를 구성합니다. forEach()는 배열의 모든 원소로부터 일부를 추출하여 리스트 그룹을 만들고, map()은 users.address가 '서울'인 경우로만 리스트 그룹을 만들어 화면에 출력합니다.

●●● 예제 파일 07.array-forEach-map2.html

```
 ⋮      ⋮
11:     <div class="container">
12:       <div class="row">
13:         <div class="col"></div>
14:         <div class="col"></div>
15:       </div>
16:     </div>
 ⋮      ⋮
19:       const users = [
20:         { id: 1, name: '홍길동', address: '서울' },
21:         { id: 2, name: '일지매', address: '부산' },
22:         { id: 3, name: '임꺽정', address: '서울' },
23:         { id: 4, name: '전우치', address: '광주' },
24:         { id: 5, name: '장길산', address: '서울' }
25:       ];
26:
27:       let lists = [];
28:       users.forEach(function(value, index) {
```

```
29:         lists.push('<li class="list-group-item">' + value.name +
    '</li>');
30:       });
31:
32:       const target1 = document.querySelector('.col:nth-of-type(1)');
33:       target1.innerHTML = '<ul class="list-group">' + lists.
    join('') + '</ul>';
34:
35:       let newArray = users.map(myFunction);
36:
37:       function myFunction(item, index) {
38:         if (item.address == '서울') {
39:           return '<li class="list-group-item">' + item.name + '</li>';
40:         }
41:       }
42:
43:       const target2 = document.querySelector('.col:nth-of-type(2)');
44:       target2.innerHTML = '<ul class="list-group">' + newArray.
    join('') + '</ul>';
```

미리보기

홍길동	홍길동
일지매	임꺽정
임꺽정	장길산
전우치	
장길산	

6. filter(), reduce()

filter()는 배열의 요소를 각각 한 번씩 순회하면서 특정 조건을 통과하는 원소로만 구성된 새로운 배열을 생성하는 메서드입니다.

```
array.filter(function(item, index, array){});
```

reduce()는 배열의 요소를 각각 한 번씩 순회하면서 실행하는 연산의 결과를 반환하는 메서드입니다. 해당 순회 회차에 대한 소계로서 total 변수가 있다는 것과 초기값이 있어 다른 연산의 결과를 기초로 계속 연산을 할 수 있다는 것이 특징입니다.

```
array.reduce(function(total, item, index, array){}, initialValue)
```

배열 numbers의 원소를 filter()를 이용하여 각각 순회하면서 3으로 나눠 나머지가 1인 경우의 원소로만 구성된 배열 remains를 새롭게 생성합니다.
또한 배열 numbers에 대하여 초기값을 10으로 하고, 각각의 원소를 더하여 최종 합계를 구하는 예제를 구성합니다.

●●● 예제 파일 07.array-filter-reduce.html

```
 :          :
11:     const numbers = [1, 3, 5, 7, 9];
12:
13:     const remains = numbers.filter(function(value, index) {
14:       return(value % 3) == 1;
15:     });
16:     console.log('remains', remains);
17:
18:     const sum = numbers.reduce(makeSum, 10);
19:
20:     function makeSum(total, item, index) {
21:       console.log('total, item, index', total, item, index);
22:       return total + item;
23:     }
24:     console.log('sum', sum);
```

콘솔 화면

```
remains ▶(2) [1, 7]
total, item, index 10 1 0
total, item, index 11 3 1
total, item, index 14 5 2
total, item, index 19 7 3
total, item, index 26 9 4
sum 35
```

다음 예제는 연관배열을 원소로 하는 배열 users에서 filter( )로 짝수 번째 인덱스를 갖는 원소를 추출하여 새로운 배열 remains를 생성합니다. 배열 remains를 map()으로 리스트 그룹을 만들어 <div class="col"> 영역에 동적인 UI를 구성합니다.

reduce()로 배열 users를 순회하면서 각 요소의 address 값을 문자열 연결로 구성합니다. 문자열을 다루기 때문에 초기값을 빈 문자열('')을 입력한 것을 확인해 주세요.

예제에서 사용된 filter(), map(), reduce()의 매개변수에 화살표 함수를 사용하여 코드를 축약하였습니다. 콜백 함수 표현식과 화살표 함수의 사용 방법을 잘 익혀 가독성 높은 코드로 구성하는 연습이 필요합니다.

map()과 filter()는 코드 구성에 따라 유사한 패턴이 될 수 있으나, 기초가 되는 배열로부터 새로운 배열을 생성하는 취지에서 차이가 있습니다. 같은 결과를 만들어 낼 수 있더라도, 취지에 따라 구별하여 사용하는 것이 좋겠습니다.

tip map()과 filter()

① map() : 배열의 모든 원소에 대하여 특정 함수(연산)의 수행 결과로 새로운 배열을 생성합니다.

② filter() : 배열의 모든 원소에 대하여 특정 조건에 맞는 원소를 추려 새로운 배열을 생성합니다.

● ● ● 예제 파일 07.array-filter-reduce2.html

```
 ⋮            ⋮
19:       const users = [
20:         { id: 1, name: '홍길동', address: '서울' },
21:         { id: 2, name: '일지매', address: '부산' },
22:         { id: 3, name: '임꺽정', address: '대구' },
23:         { id: 4, name: '전우치', address: '광주' },
24:         { id: 5, name: '장길산', address: '제주' }
25:       ];
26:
27:       const remains = users.filter((value, index) => (index % 2) === 0);
28:
29:       const lists = remains.map((value) => {
30:         return '<li class="list-group-item">' + value.name + '</li>';
31:       });
32:
33:       const target1 = document.querySelector('.col:nth-of-type(1)');
34:       target1.innerHTML = '<ul class="list-group">'+ lists.join('')
    + '</ul>';
```

```
35:
36:       const addr = users.reduce((total, value) => total + value.
    address, '');
37:
38:       document.querySelector('.col:nth-of-type(2)').innerText = addr;
```

미리보기

홍길동	서울부산대구광주제주
임꺽정	
장길산	

7. 구조 분해 할당

구조 분해 할당(Destructuring Assignment)은 배열이나 객체의 속성을 해체하여 그 값의 전부 혹은 일부를 개별 변수에 담을 수 있게 하는 표현식입니다.
일반적으로 배열의 값을 조회하기 위해서는 '배열명[인덱스]' 형태로 사용하였습니다. 그러나 구조 분해 할당 문법을 사용하면 간단히 원하는 값을 개별 변수에 담을 수 있어 편리합니다.

●●● 예제 파일 07.array-destructuring.html

```
⋮           ⋮
11:       const casts = ['홍길동', '일지매', '임꺽정'];
12:
13:       // 배열 값을 이용한 예전 방법
14:       const cast01 = casts[0]; // 홍길동
15:       const cast02 = casts[1]; // 일지매
16:       const cast03 = casts[2]; // 임꺽정
17:
18:       // 구조 분해 할당(Destructuring Assignment)
19:       const [cast11, cast12, cast13] = casts;
20:
21:       console.log('old way', cast01, cast02, cast03);
22:       console.log('destructuring', cast11, cast12, cast13);
```

콘솔 화면

```
old way 홍길동 일지매 임꺽정
destructuring 홍길동 일지매 임꺽정
```

배열의 순서에 따라 변수를 할당하며 이때 배제할 배열의 값은 쉼표(,)로 표시하여 배제할 수 있습니다. 또한 나머지 연산자(rest operator)를 이용해 분해하고 남은 부분을 하나의 변수에 할당할 수 있습니다.
문자열과 같은 반복 가능한 객체(iterable)에 구조 분해 할당을 적용할 수 있습니다. 예제에서 문자열 '장길산'의 각 글자를 개별 변수에 할당할 수 있습니다. 마지막으로 객체의 속성명을 변수명으로 하는 형태로 객체 구조 분해를 할 수 있습니다.

●●● 예제 파일 07.array-destructuring2.html

```
 ⋮          ⋮
11:       const casts = ['홍길동', '일지매', '임꺽정', '전우치'];
12:
13:       const [cast11, , , cast14] = casts;
14:       console.log(cast11, cast14);
15:
16:       const [cast21, ...rest] = casts;
17:       console.log(cast21, rest);
18:
19:       const [a, b, c] = '장길산';
20:       console.log(a, b, c);
21:
22:       const { name, age } = { name: '전우치', age: 21 };
23:       console.log(name, age);
```

콘솔 화면

```
홍길동 전우치
홍길동 ▶(3) ['일지매', '임꺽정', '전우치']
장 길 산
전우치 21
```

tip 스프레드 연산자와 나머지 연산자

스프레드 연산자(spread operator)와 나머지 연산자(rest operator)는 동일한 형태로 보이지만, 스프레드 연산자는 배열을 그 요소(엘리먼트)로 확장하는 반면, 나머지 연산자는 여러 요소(엘리먼트)를 수집하여 하나의 요소(엘리먼트)로 압축합니다.

① 스프레드 연산자 : 배열이나 객체를 전부 복사하거나 그 일부를 다른 배열이나 객체로 만드는 연산자
② 나머지 연산자 : 구조 분해 할당에서 분해하고 남은 부분을 하나의 변수에 할당하는 연산자

```
// 스프레드 연산자(Spread Operator)
const firstArray = [1, 2, 3];
const secondArray = [4, 5, 6];
const arrayCombined = [...firstArray, ...secondArray];
console.log(arrayCombined);

// 나머지 연산자(Rest Operator)
const myArray = [1, 2, 3, 4, 5, 6];
const [one, two, ...rest] = myArray;
console.log(one, two, rest);
```

콘솔 화면

```
▶(6) [1, 2, 3, 4, 5, 6]
1 2 ▶(4) [3, 4, 5, 6]
```

07-3 문자열

문자열은 배열과 함께 자주 사용하는 객체로 저장하거나 특정 문자를 탐색하여 찾아내거나 새로운 문자열을 구성하는 등을 합니다. 문자열은 큰따옴표(""), 작은따옴표(''), 백틱(``)으로 감싸서 표현할 수 있습니다. 큰따옴표보다 작은따옴표가 조금 더 선호되는데, 자바스크립트 코드에서 HTML의 요소와 혼재되어 표시되는 경우가 많아 HTML의 속성값을 표현할 때 쓰는 큰따옴표와 구별하기 위해 그렇습니다. 백틱(back-tic, `)은 키보드 왼쪽의 ⭾키 바로 위에 있는 기호입니다. 백틱은 템플릿 문자열(template literal)에서 사용 사례를 살펴보겠습니다.
지금부터 자주 사용되는 속성과 메서드를 예제와 함께 소개합니다.

---

① charAt(), indexOf() : 문자열 탐색
② include(), startsWith(), endsWith() : 문자열 탐색
③ match(), search(), replace() : 문자열 탐색과 대체
④ slice(), substring(), substr() : 문자열 추출
⑤ split(), 스프레드 연산자(spread operator) : 배열로 변환
⑥ trim(), 템플릿 문자열(template literal) : 문자열 표현

---

1. charAt(), indexOf()

문자열에서 특정 위치의 문자나 특정 문자의 위치를 확인할 때 사용할 수 있는 메서드를 소개합니다.
charAt()은 문자열에서 특정한 위치에 있는 문자를 반환합니다. 매개변수에 위치로 인덱스를 사용합니다. 문자열의 마지막 위치는 -1을 사용하여 마지막 문자를 확인할 수 있습니다.

```
string.charAt(인덱스);
```

indexOf()는 문자열에서 매개변수로 전달되는 특정 문자(열)가 처음 발견되는 위치를 인덱스로 반환합니다. 만약 일치되는 경우가 아니라면, -1을 반환하게 되고 대소문자는 구별해야 합니다.

```
string.indexOf(찾아볼 문자, 탐색 시작 인덱스);
```

문자열 'korea'의 각 문자를 for-of 반복문으로 각각 순회하면서 인덱스와 문자를 콘솔 창으로 출력합니다. 'str[2]'와 같이 배열 원소에 접근하듯 특정 위치의 문자에 접근할 수 있습니다.

●●● 예제 파일 07.string-charAt-indexOf.html

```
 ⋮        ⋮
11:      const str = 'korea';
12:
13:      for (let char of str) {
14:        //console.log(char);
15:        console.log(str.indexOf(char), char);
16:      }
17:
18:      console.log('================');
19:      console.log('str[2]: ', str[2]);
20:      console.log('str[str.length - 1]: ', str[str.length - 1]);
21:      console.log('str.charAt(2): ', str.charAt(2));
22:      console.log("str.indexOf('r'): ", str.indexOf('r'));
```

콘솔 화면

```
0 'k'
1 'o'
2 'r'
3 'e'
4 'a'
================
str[2]:  r
str[str.length - 1]:  a
str.charAt(2):  r
str.indexOf('r'):  2
```

2. include(), startsWith(), endsWith()

include()는 문자열에서 매개변수로 전달되는 특정 문자(열)가 포함되는지 여부를 true/false로 반환합니다.

'탐색 시작 인덱스'는 탐색 대상의 문자열에서 탐색을 시작할 위치로 옵션이며, 기본값은 0입니다. 물론 영어의 대소문자를 구별하여 사용해야 합니다.

```
string.include(찾을 문자, 탐색 시작 인덱스);
```

startsWith()와 endsWith()는 문자열에서 매개변수로 전달되는 특정 문자(열)로 시작하거나 끝나는지를 true/false로 반환합니다. 물론 영어의 대소문자를 구별하여 사용해야 합니다.

```
string.startsWith(찾을 문자, 탐색할 문자열의 길이);
string.endsWith(찾을 문자, 탐색할 문자열의 길이);
```

다음은 문자열로 표현한 고은 시인의 『그 꽃』이라는 작품에서 특정 문자(열)가 있는지를 탐색하는 예제입니다.
문자열을 보기 좋게 여러 줄로 표현(multiline strings)하기 위해 백틱으로 템플릿 문자열을 만들었습니다. 백틱은 작은따옴표와 헷갈릴 수 있으나 서로 다른 심볼입니다.
trim()을 이용하여 변수 poem을 문자열 앞뒤의 공백(white space)을 제거하여 startsWith()와 endsWith()를 다시 테스트하였습니다. 전후를 비교해 보세요. 또한 콘솔 창에서 출력된 trim() 전후의 문자열 앞뒤 공백을 확인해 주세요.

●●● 예제 파일 07.string-include-startsWith-endsWith.html

```
 :          :
11:       let poem = `
12:         그 꽃 (고은)
13:
14:         내려갈 때 보았네
15:         올라갈 때 보지못한
16:         그 꽃
17:       `;
18:
19:       console.log(poem.includes('고은'));
20:       console.log(poem.startsWith('그 꽃'));
21:       console.log(poem.endsWith('그 꽃'));
22:       console.log(poem);
```

```
23:
24:     poem = poem.trim();
25:
26:     console.log(poem);
27:     console.log(poem.startsWith('그 꽃'));
28:     console.log(poem.endsWith('그 꽃'));
```

콘솔 화면

```
true
false
false
      그 꽃 (고은)

      내려갈 때 보았네
      올라갈 때 보지못한
      그 꽃

그 꽃 (고은)

      내려갈 때 보았네
      올라갈 때 보지못한
      그 꽃
true
true
```

3. match(), search(), replace()

match()는 문자열에서 매개변수로 전달되는 문자(열)이나 정규표현식(regular expression)의 조건으로 매칭되는 값을 배열로 반환합니다. 매칭되지 않는 경우는 null을 반환하며, 대소문자를 구별합니다.

```
string.match(탐색 문자열 | 패턴);
```

search()는 문자열에서 매개변수로 전달되는 문자(열)이나 정규표현식의 조건으로 가장 먼저 매칭되는 문자의 위치를 인덱스로 반환합니다. 매칭되지 않은 경우는 -1을 반환하며, 대소문자를 구별합니다.

```
string.search(탐색 문자열 | 패턴);
```

replace()는 문자열에서 매개변수로 전달되는 문자(열)이나 정규표현식의 조건으로 매칭되는 값을 찾아 '새로운 문자열'로 교체하거나 지정된 함수가 반환됩니다. 매칭되지 않은 경우 아무런 변화가 없습니다.

```
string.replace(탐색 문자열 | 패턴, 새로운 문자열 | 함수);
```

다음은 문자열로 표현된 애국가 가사로 '후렴'이라는 단어를 탐색하여 매칭 정보를 확인합니다. match()는 매칭된 값을 배열로 반환하고, search()는 첫 번째 매칭되는 위치를 인덱스로 반환합니다. 매개변수는 문자(열)이나 정규표현식 패턴입니다. match()에서 패턴을 사용하는 경우, 탐색조건(modifier)으로 g(global, 전역 탐색)를 사용하면 모든 매치된 값을 배열로 반환합니다. i(ignore case)를 사용하면 대소문자를 구분하지 않고 탐색합니다.

●●● 예제 파일 07.string-match-search.html

```
⋮        ⋮
11:      const anthem = '동해물과 백두산이 마르고 닳도록 하느님이 보우하사
    우리나라만세 (후렴)무궁화 삼천리 화려강산 대한사람 대한으로 길이 보전하세,
    남산위에 저 소나무 철갑을 두른듯 바람서리 불변함은 우리기상 일세 (후렴)무궁화
    삼천리 화려강산 대한사람 대한으로 길이보전하세, 가을하늘 공활한데 높고
    구름없이 밝은달은 우리가슴 일편단심일세 (후렴)무궁화 삼천리 화려강산 대한사람
    대한으로 길이보전하세, 이 기상과 이 맘으로 충성을 다하여 괴로우나 즐거우나
    나라사랑하세 (후렴)무궁화 삼천리 화려강산 대한사람 대한으로 길이보전하세';
12:
13:      console.log(anthem.match('후렴'));
14:      console.log(anthem.match(/대한민국/));
15:      console.log(anthem.match(/후렴/g));
16:      console.log(anthem.match(/후렴/gi));
17:      console.log('====================');
18:      console.log(anthem.search('후렴'));
19:      console.log(anthem.search('대한민국'));
20:      console.log(anthem.search(/후렴/i));
```

콘솔 화면

```
▶ ['후렴', index: 36, input: '동해물과 백두산이 마르고 닳도록 하느님이 보우하사 우리나라만세 (후렴)무궁화 삼천리 화려강…로우나 즐거우나 나라사랑하세 (후렴)무궁화 삼천리 화려강산 대한사람 대한으로 길이보전하세', groups: undefined]
null
▶ (4) ['후렴', '후렴', '후렴', '후렴']
▶ (4) ['후렴', '후렴', '후렴', '후렴']
====================
36
-1
36
```

tip 정규표현식

정규표현식(regular expression)이란 RegExp 객체로 문자열을 탐색하기 위한 패턴을 표현하는 방법입니다. 어떤 텍스트에서 특정 데이터를 찾고자 할 때 사용하는 형식으로 한 글자 이상의 문자를 찾을 수 있습니다. 다양한 형태의 패턴이 있고, RegExp 객체가 제공하는 몇 가지 기능의 메서드도 있습니다.

```
/패턴/탐색조건
```

```
new RegExp(패턴, 탐색조건)
```

① 패턴 : 탐색하려는 한 글자 이상의 문자

② 탐색조건 : 여러 값을 찾거나 대소문자를 구별하는 등의 한정 조건

탐색조건	설명
i	대소문자 구별없이 탐색합니다(ignore case).
g	매칭되는 모든 조건을 찾아냅니다(global match).
m	여러 줄 매칭을 수행합니다(multiline match).

tip match() vs. search()

① match() : 매칭 시 반환되는 형식은 배열입니다.
② search() : 매칭 시 반환되는 형식은 인덱스입니다.

다음은 첫 번째 매개변수로 전달되는 문자열이나 정규표현식으로 표현된 패턴이 문자열로 일치되는 매칭 정보를 확인하여, 두 번째 매개변수로 전달되는 값으로 변경하여 그 결과로 얻어진 문자열을 반환합니다. 글로벌 매칭 조건의 경우는 매칭 값이 여러 개일 경우 모두 찾아 변경합니다. 패턴에서 i는 OR 연산자로 예제에서는 2가지 경우를 모두 찾아 변경합니다.

●●● 예제 파일 07.string-replace.html

```
 :          :
11:      const myString = 'HELLO WORLD, Hello world, hello world';
12:
13:      console.log(myString);
14:      console.log(myString.replace('HELLO', 'Hi!'));
15:      console.log(myString.replace(/WORLD/, 'there'));
16:      console.log(myString.replace(/world/g, 'there'));
17:      console.log(myString.replace(/hello|world/gi, function(char) {
18:        return char.toUpperCase();
19:      }));
```

콘솔 화면

```
HELLO WORLD, Hello world, hello world
Hi! WORLD, Hello world, hello world
HELLO there, Hello world, hello world
HELLO WORLD, Hello there, hello there
HELLO WORLD, HELLO WORLD, HELLO WORLD
```

다음은 문장에서 입력 값에 대해 매칭되는 모든 단어를 찾아 표시해 주는 예제입니다. 〈input type="search"〉 형식의 검색 상자를 구성하여, 찾을 문자를 입력한 후 Enter↵키를 눌러 하단의 문장에서 매칭되는 문자를 찾아 하이라이트(배경색에 의한 강조)합니다.

●●● 예제 파일 07.string-replace2.html

```
 ⋮      ⋮
11:    <div class="container">
12:      <div class="row justify-content-center">
13:        <div class="col-10">
14:          <input type="search" class="form-control" name="search"
    placeholder="검색어 입력 후 엔터">
15:          <div class="alert alert-dark" role="alert">
16:            동해물과 백두산이 마르고 닳도록 하느님이 보우하사 우리나라만세
17:            (후렴)무궁화 삼천리 화려강산 대한사람 대한으로 길이 보전하세,
18:            남산위에 저 소나무 철갑을 두른듯 바람서리 불변함은 우리기상 일세
19:            (후렴)무궁화 삼천리 화려강산 대한사람 대한으로 길이보전하세,
20:            가을하늘 공활한데 높고 구름없이 밝은달은 우리가슴 일편단심일세
21:            (후렴)무궁화 삼천리 화려강산 대한사람 대한으로 길이보전하세,
22:            이 기상과 이 맘으로 충성을 다하여 괴로우나 즐거우나 나라사랑하세
23:            (후렴)무궁화 삼천리 화려강산 대한사람 대한으로 길이보전하세
24:          </div>
25:        </div>
26:      </div>
27:    </div>
```

미리보기

무궁화 ×

동해물과 백두산이 마르고 닳도록 하느님이 보우하사 우리나라만세 (후렴) 무궁화 삼천리 화려강산 대한사람 대한으로 길이 보전하세, 남산위에 저 소나무 철갑을 두른듯 바람서리 불변함은 우리기상 일세 (후렴)무궁화 삼천리 화려강산 대한사람 대한으로 길이보전하세, 가을하늘 공활한데 높고 구름없이 밝은달은 우리가슴 일편단심일세 (후렴)무궁화 삼천리 화려강산 대한사람 대한으로 길이보전하세, 이 기상과 이 맘으로 충성을 다하여 괴로우나 즐거우나 나라사랑하세 (후렴)무궁화 삼천리 화려강산 대한사람 대한으로 길이보전하세

입력한 검색어를 변수로 받아 replace()의 탐색 문자열 또는 패턴으로 전달합니다. 변수 형식으로 전달하기 위해 정규표현식 객체(RegExp)의 생성자 형식인 new RegExp()를 사용하였습니다. 또한 replace()의 매칭 시 변경할 문자열을 함수로 전달하여 연산 결과를 반환하도록 했으며, 새롭게 만들어진 변수 newText를 문장으로 교체하였습니다.

●●● 예제 파일 07.string-replace2.html

```
 ⋮          ⋮
30:      const searchBox = document.
    querySelector('input[name="search"]');
31:      const textBox = document.querySelector('div.alert');
32:
33:      searchBox.onsearch = function() {
34:        var re = new RegExp(this.value, 'g');
35:
36:        let newText = textBox.innerText.replace(re, function(x) {
37:          return '<span class="bg-white">' + x + '</span>';
38:        });
39:
40:        textBox.innerHTML = newText;
41:      }
```

이전 예제에서 변수 전달을 위해 사용했던 new RegExp() 형식을 사용하지 않고 표현할 방법을 소개합니다. 최근 문자열(String) 메서드에 추가된 replaceAll()로 매칭되는 모든 문자에 대해 교체할 수 있습니다. 탐색조건 g가 필요 없어 패턴이나 문자열 값이 아닌 변수로 매개변수를 전달할 수 있습니다.

●●● 예제 파일 07.string-replace3.html

```
 ⋮          ⋮
30:      const searchBox = document.
    querySelector('input[name="search"]');
31:      const textBox = document.querySelector('div.alert');
32:
33:      searchBox.onsearch = function() {
34:        let newText = textBox.innerText.replaceAll(this.value,
    function(x) {
35:          return '<span class="bg-warning">' + x + '</span>';
36:        });
37:
38:        textBox.innerHTML = newText;
39:      }
```

4. slice(), substring(), substr()

slice()는 문자열 일부분을 추출하는 메서드입니다. 매개변수로 전달되는 추출을 시작하는 인덱스와 끝 인덱스로 문자열을 추출하여 생성한 새로운 문자열을 반환합니다. 끝 인덱스를 지정하지 않은 경우는 추출할 문자열의 마지막 위치를 끝 인덱스로 간주합니다. 또한 매개변수 인덱스가 음수인 경우에는 문자열의 끝 위치로부터 선택됩니다. 대상이 되는 문자열에는 변화가 없습니다.

```
string.slice(시작 인덱스, 끝 인덱스);
```

substring()은 slice()의 쓰임과 같지만, 매개변수 인덱스에 음수를 사용할 경우 0으로 간주되어 처리됩니다. 또한 시작 인덱스가 끝 인덱스보다 클 경우에는 두 매개변수의 위치를 바꿔서 연산됩니다. 음수가 될 수 없고, 항상 시작 인덱스보다 끝 인덱스가 크다는 것을 가정하여 처리됩니다.

```
string.substring(시작 인덱스, 끝 인덱스);
```

substr()은 slice(), substring()과 쓰임이 같지만, 매개변수에서 차이가 있습니다. 두 번째 매개변수가 위치 값인 인덱스가 아니라 추출할 문자의 개수(길이)를 전달합니다. 두 번째 매개변수가 생략될 경우 문자열의 마지막까지 추출합니다. 첫 번째 매개변수로 음수가 전달될 경우 문자열의 마지막 위치에서부터 연산합니다. 그러나 표준 문서(ECMA-262)에서 이 메서드의 사용을 금지할 수도 있음[3]을 밝히고 있어, slice()나 substring()으로 대체하여 사용하는 것이 좋겠습니다.

```
string.substr(시작 인덱스, 길이);
```

다음은 문자열에서 일부 영역을 추출하는 예제로 slice(), substring(), substr() 메서드를 사용하여 쓰임과 결과를 비교할 수 있도록 구성하였습니다.

---

3) substr : https://developer.mozilla.org/ko/docs/Web/JavaScript/Reference/Global_Objects/String/substr

●●● 예제 파일 07.string-slice-substring.html

```
:        :
11:      const txt = 'HTML, CSS, 자바스크립트';
12:
13:      console.log(txt.slice(1, 7));
14:      console.log(txt.slice(7));
15:      console.log(txt.slice(-6));
16:      console.log(txt.slice(-6, -2));
17:      console.log('===============');
18:      console.log(txt.substring(1, 7));
19:      console.log(txt.substring(7, 1));
20:      console.log(txt.substring(7));
21:      console.log(txt.substring(-7));
22:      console.log('===============');
23:      console.log(txt.substr(1, 3));
24:      console.log(txt.substr(-6));
25:      console.log(txt.substr(-6, 4));
```

콘솔 화면

```
TML, C
SS, 자바스크립트
자바스크립트
자바스크
===============
TML, C
TML, C
SS, 자바스크립트
HTML, CSS, 자바스크립트
===============
TML
자바스크립트
자바스크
```

5. split(), 스프레드 연산자

split()은 문자열을 매개변수로 전달되는 구분자로 나눠 여러 개의 문자(열)를 배열로 변환하여 반환합니다. 대상이 되는 문자열에는 변화가 없습니다.

```
string.split(구분자, 제한);
```

다음은 문자열을 구분자를 이용하여 여러 개의 문자열로 나눠 배열로 반환하는 split()의 쓰임과 결과의 비교입니다.
두 번째 매개변수에 0을 전달하면, 원소가 없는 빈 배열을 반환하며, 구분자 없이 연속된 따옴표를 전달하면 문자열의 길이만큼의 원소를 갖는 배열이 되며, 그때 문자열 내의 공백도 배열의 원소가 됨을 확인하세요.
문자열을 거꾸로 표현하기 위해서는 split()으로 배열을 만들어 배열의 메서드인 reverse()로 배열의 순서를 거꾸로 변경한 후, 이를 join()으로 연결하여 문자열을 만들 수 있습니다.

●●● 예제 파일 07.string-split.html

```
 :          :
11:        const txt = 'HTML, CSS, 자바스크립트';
12:
13:        console.log(txt.split(','));
14:        console.log(txt.split(', '));
15:        console.log(txt.split(', ', 1));
16:        console.log(txt.split(', ', 0));
17:        console.log(txt.split(''));
18:        console.log(txt.split('').reverse().join(''));
```

콘솔 화면

```
▸(3) ['HTML', ' CSS', ' 자바스크립트']
▸(3) ['HTML', 'CSS', '자바스크립트']
▸['HTML']
▸[]
▸(17) ['H', 'T', 'M', 'L', ',', ' ', 'C', 'S', 'S', ',', ' ', '자', '바', '스', '크', '립', '트']
트립크스바자 ,SSC ,LMTH
```

다음 예제는 간단한 타자 연습을 구성했습니다. 문장으로 주어진 문자열을 똑같이 입력하고 Enter↵키를 누르면, 제대로 타이핑한 것과 잘못 입력한 것을 구분할 수 있도록 했습니다.

●●● 예제 파일 07.string-split2.html

```
 ⋮       ⋮
11:    <div class="container">
12:      <div class="row justify-content-center">
13:        <div class="col-10">
14:          <input type="search" class="form-control" name="input" 
    placeholder="아래 문장 입력 후 엔터">
15:          <input type="text" class="form-control" name="answer" 
    disabled value="나의 살던 고향은 꽃피는 산골">
16:          <div class="alert alert-dark" role="alert"></div>
17:        </div>
18:      </div>
19:    </div>
```

정답과 입력값을 각각 공백으로 split()을 이용하여 배열로 구성하고, 이를 map()을 이용하여 반복문으로 해당 위치의 배열값이 같은지 비교하도록 했습니다. 같은 경우 글자를 흰색 바탕으로 구성하고 다를 경우 붉은색을 바탕으로 구성하여 새로운 배열을 만들고, 이를 확인할 수 있도록 했습니다.

●●● 예제 파일 07.string-split2.html

```
 ⋮       ⋮
22:      const inputBox = document.querySelector('input[name="input"]');
23:      const answerBox = document.
    querySelector('input[name="answer"]');
24:
25:      const alertBox = document.querySelector('div.alert');
26:
27:      inputBox.onsearch = function() {
28:        let inputArray = this.value.split(' ');
29:        let answerArray = answerBox.value.split(' ');
30:
31:        let newArray = inputArray.map(function(item, index) {
32:          if (item == answerArray[index])
33:            return '<span class="bg-white">' + item + '</span>';
34:          } else {
35:            return '<span class="bg-danger text-white">' + item + 
    '</span>';
36:          }
37:        });
```

```
38:
39:             alertBox.innerHTML = newArray.join(' ');
40:       }
```

다음은 입력 전의 화면과 문장 입력 후 Enter↵키를 눌렀을 때의 화면 예시입니다. 공백으로 나눠지는 5개의 단어에서 2개를 잘못 입력했네요.

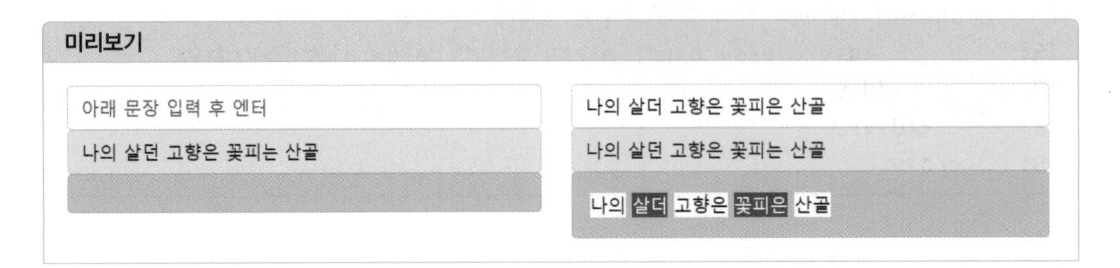

스프레드 연산자(spread operator)는 배열이나 객체를 전부 복사하거나 그 일부를 다른 배열이나 객체로 만들어 주는 연산자입니다. 번역에 따라서 '전개 구문'으로 표현하기도 하는 이 연산자는 심볼로 [...]를 사용합니다.
다음은 문자열을 스프레드 연산자로 문자열 배열로 만들어 배열 메서드로 순회하는 예제를 구성합니다. 일반 for-of 문장과 배열.forEach()와의 쓰임을 함께 비교해 보세요. 참고로 객체로부터 배열을 생성하는 배열의 메서드인 Array.from()으로도 동일한 결과를 만들 수 있습니다.

●●● 예제 파일 07.spread-operator.html

```
 :          :
11:       const str = 'korea';
12:
13:       for (let char of str) {
14:         console.log(char, str.indexOf(char));
15:       }
16:
17:       console.log([...str]);
18:
19:       [...str].forEach(function(item, index) {
20:         console.log(item, index);
21:       });
22:
23:       console.log(Array.from(str));
```

콘솔 화면

```
k 0
o 1
r 2
e 3
a 4
▶(5) ['k', 'o', 'r', 'e', 'a']
k 0
o 1
r 2
e 3
a 4
▶(5) ['k', 'o', 'r', 'e', 'a']
```

다음은 스프레드 연산자의 몇 가지 활용 예제입니다. 배열을 복사하거나 여러 배열을 하나의 배열로 통합할 수 있으며, 객체를 통합할 수 있습니다. 특히 여러 개의 객체를 하나로 통합할 때 같은 이름의 키(key)가 있는 경우, 뒤에 연결되는 객체가 우선순위가 높아 그 값으로 설정된다는 점을 주목하세요. 예제에서는 type: '내연기관'과 type: '전기차'가 통합될 때, 값이 전기차로 결정됩니다.

●●● 예제 파일 07.spread-operator2.html

```
 ⋮          ⋮
11:      const arr = [1, 2, 3];
12:      const arrCopy = [...arr];
13:      console.log('배열 복사', arrCopy);
14:
15:      const arr2 = [4, 5, 6];
16:      const arrMerged = [...arr, ...arr2];
17:      console.log('배열 통합', arrMerged);
18:
19:      const arrMerged2 = [0, ...arr, 4, ...arr2];
20:      console.log('배열 통합', arrMerged2);
21:
22:      const myCar1 = { type: '내연기관', color: 'white' };
23:      const myCar2 = { type: '전기차', doors: 5 };
24:      const myCarMerged = { ...myCar1, ...myCar2 };
25:
26:      console.log('객체 통합', myCarMerged);
```

콘솔 화면

```
배열 복사 ▶(3) [1, 2, 3]
배열 통합 ▶(6) [1, 2, 3, 4, 5, 6]
배열 통합 ▶(8) [0, 1, 2, 3, 4, 4, 5, 6]
객체 통합 ▶{type: '전기차', color: 'white', doors: 5}
```

6. trim(), 템플릿 문자열

trim()은 문자열에서 양 끝의 공백(white space)을 제거합니다. 공백이란 스페이스, 탭(tab) 등에 의해 삽입된 공백문자와 줄 바꿈을 위한 개행문자(LF, CR 등)입니다. 여기서 LF는 현재의 위치에서 바로 아래로 이동하는 라인 피드(Line Feed)를 말하고, CR은 커서의 위치가 앞으로 이동하는 캐리지 리턴(Carriage Return)을 뜻합니다.

```
string.trim();
```

예제 파일 07.string-replace3.html의 코드를 일부 변형해 trim() 예제를 구성합니다. 입력값으로부터 입력값의 앞뒤 공백을 사용할 수 없도록 제한하기 위해 입력값 this.value의 앞뒤 공백을 제거하도록 했습니다. 검색어를 입력할 때 일부러 앞뒤 공백을 추가하여 결과를 확인해 보세요.

●●● 예제 파일 07.string-trim.html

```
⋮          ⋮
30:     const searchBox = document.
    querySelector('input[name="search"]');
31:     const textBox = document.querySelector('div.alert');
32:
33:     searchBox.onsearch = function() {
34:       let keyword = this.value.trim();
35:       // let keyword = this.value.replace(/^\s+|\s+$/g, '');
36:
37:       let newText = textBox.innerText.replaceAll(keyword, function(x) {
38:         return '<span class="bg-warning">' + x + '</span>';
39:       });
40:
41:       textBox.innerHTML = newText;
42:     }
```

미리보기

무궁화 | ×

동해물과 백두산이 마르고 닳도록 하느님이 보우하사 우리나라만세 (후렴)무궁화 삼천리 화려강산 대한사람 대한으로 길이 보전하세, 남산위에 저 소나무 철갑을 두른듯 바람서리 불변함은 우리기상 일세 (후렴)무궁화 삼천리 화려강산 대한사람 대한으로 길이보전하세, 가을하늘 공활한데 높고 구름없이 밝은달은 우리가슴 일편단심일세 (후렴)무궁화 삼천리 화려강산 대한사람 대한으로 길이보전하세, 이 기상과 이 맘으로 충성을 다하여 괴로우나 즐거우나 나라사랑하세 (후렴)무궁화 삼천리 화려강산 대한사람 대한으로 길이보전하세

trim()은 replace()를 이용하여 동일한 기능을 만들 수 있습니다. 정규표현식으로 간단히 하는 방법을 소개하면, ^\s+은 공백으로 시작하는 하나 이상의 공백을, 간단히 말하면 앞쪽 공백을 \s+$는 공백으로 끝나는 하나 이상의 공백을, 간단히 말하면 뒤쪽 공백을 빈 값('')으로 교체해서 삭제하는 효과를 만들게 됩니다. 소문자 s는 공백을, ^는 앞쪽, $는 뒤쪽, +는 1개 이상을 의미합니다.

```
// let keyword = this.value.trim();
let keyword = this.value.replace(/^\s+|\s+$/g, '');
```

템플릿 문자열(template literal)은 문자열을 작은따옴표, 큰따옴표 대신 백틱으로 표현하는 방식입니다. 문자열 내부에서 작은따옴표나 큰따옴표를 표현할 경우, 문자열에 따옴표를 사용하면 오류가 발생합니다. 다음 예제의 11행과 12행의 주석을 해제하고 실행해 보세요.

●●● 예제 파일 07.template-literals.html

```
 ⋮          ⋮
11:       let txt1 = "his name's \"홍길동\"";
12:       let txt2 = 'his name\'s "홍길동"';
```

콘솔 화면

```
❌ Uncaught SyntaxError: Unexpected identifier '홍길동'   07.template-literals.html:11
   Live reload enabled.                                  07.template-literals.html:50
>
```

따옴표 등 심볼은 그것이 나타내는 표현과 의미가 있는데, 심볼 앞에 역슬래시를 추가하여 그 심볼이 갖는 의미를 없애고 표현 형식만 남기게 할 수 있습니다. 이것을 이스케이프(escape)라고 하며, 오류가 발생하는 것을 막을 수 있습니다. 또한 그저 백틱을 사용하여 문자열을 묶음으로 표시하면 의도한 대로 문자열을 사용할 수 있습니다.

●●● 예제 파일 07.template-literals.html

```
 ⋮        ⋮
14:      let txt1 = "his name's \"홍길동\"";
15:      let txt2 = 'his name\'s "홍길동"';
16:      let txt3 = `his name's "홍길동"`;
17:
18:      console.log(txt1);
19:      console.log(txt2);
20:      console.log(txt3);
```

콘솔 화면

```
his name's "홍길동"
his name's "홍길동"
his name's "홍길동"
```

백틱은 여러 줄 문자열을 표현할 수 있도록 해 줍니다. 따옴표로도 여러 줄 문자열을 표현할 수는 있지만, 이스케이프 등 부가적인 표현이 필요합니다. 문자열을 백틱으로 감싸는 것만으로 이를 표현할 수 있습니다.

```
 ⋮         ⋮
11:       let txt1 = '홍길동\n일지매\n전우치\n장길산';
12:       let txt2 = '\
13:         홍길동 \
14:         일지매 \
15:         전우치 \
16:         장길산 \
17:       ';
18:       let txt3 = `
19:         홍길동
20:         일지매
21:         전우치
22:         장길산
23:       `;
24:
25:       console.log(txt1);
26:       console.log(txt2);
27:       console.log(txt3);
```

콘솔 화면

```
홍길동
일지매
전우치
장길산
        홍길동        일지매        전우치        장길산

        홍길동
        일지매
        전우치
        장길산
```

또한 백틱은 템플릿 문자열을 표현할 수 있습니다. 문자열 내부에 변수를 연결하는 방법은 문자열과 변수를 +(더하기) 연산자를 이용하여 결합하는 다소 복잡한 형태를 사용했었는데, 이에 백틱을 이용하면 변수를 ${변수명} 형식으로 내부에 그대로 표시할 수 있어, 간결한 코드를 구성할 수 있고 오류도 줄일 수 있습니다.

```
let info = '입력 값은 ' + userId.value + ', ' + passwd.value + '입니다!';
let info = `입력 값은 ${userId.value}, ${passwd.value}입니다!`;
```

다음 예제는 로그인 UI에서 아이디와 비밀번호를 입력하고 [확인] 버튼을 클릭하면, 입력한 아이디와 비밀번호를 아래 영역에 표시하도록 합니다.

●●● 예제 파일 07.template-literals3.html

```
 ⋮       ⋮
16:    <div class="container">
17:      <div class="row justify-content-center">
18:        <div class="col-4">
19:          <form>
20:            <h1 class="h3 mb-3 fw-normal">로그인</h1>
21:            <div class="form-floating">
22:              <input type="text" class="form-control" id="userId"
    name="userId" placeholder="hong">
23:              <label for="userId">아이디</label>
24:            </div>
25:            <div class="form-floating">
26:              <input type="password" class="form-control"
    id="passwd" name="passwd" placeholder="비밀번호">
27:              <label for="passwd">비밀번호</label>
28:            </div>
29:            <button type="button" class="w-100 btn btn-lg btn-
    primary">확인</button>
30:          </form>
31:          <hr>
32:          <div class="alert alert-dark" role="alert"></div>
33:        </div>
34:      </div>
35:    </div>
```

백틱으로 문자열과 변수를 혼합해서 표현하는 형식과 방법을 주의해서 살펴보세요.

●●● 예제 파일 07.template-literals3.htm

```
 ⋮          ⋮
38:      const trigger = document.
    querySelector('button[type="button"]');
39:      trigger.onclick = function() {
40:        let userId = document.
    querySelector('input[name="userId"]');
41:        let passwd = document.
    querySelector('input[name="passwd"]');
42:        let txtBox = document.querySelector('.alert');
43:
44:        let info = '입력 값은 ' + userId.value + ', ' + passwd.value
    + '입니다!';
45:        let info = `입력 값은 ${userId.value}, ${passwd.value}입니다!`;
46:
47:        txtBox.innerText = info;
48:      }
```

부트스트랩에서는 자주 사용할 수 있는 여러 가지 UI를 실전 예제로 코드와 함께 제공하고 있습니다.[4] 그대로 복사해서 사용하기보다는 필요한 UI를 참고해서 목적에 맞게 다듬어 사용하게 됩니다. 예제에서 사용한 UI도 부트스트랩에서 제공하는 예제에서 코드를 따와서 구성했습니다.

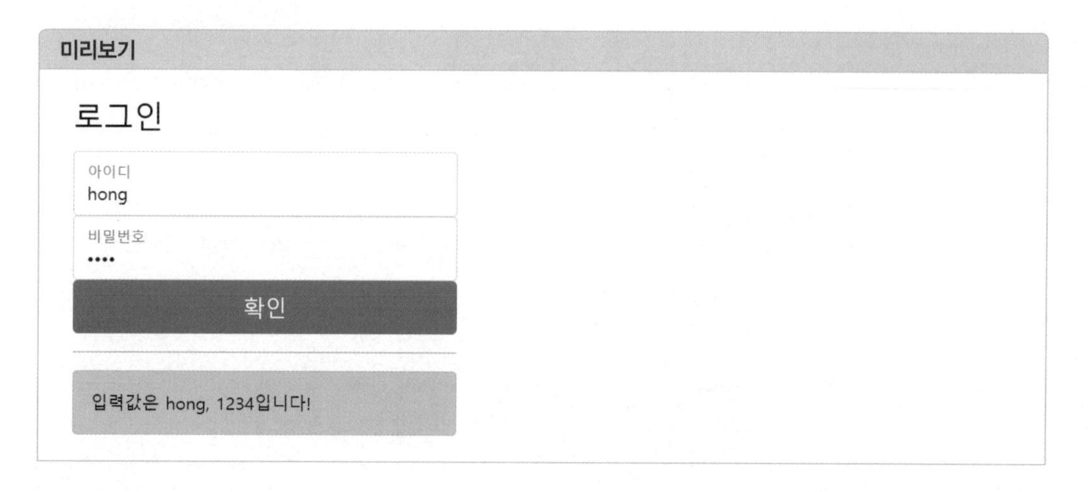

4) 부트스트랩 예제 : https://getbootstrap.com/docs/5.3/examples/

Chapter

08

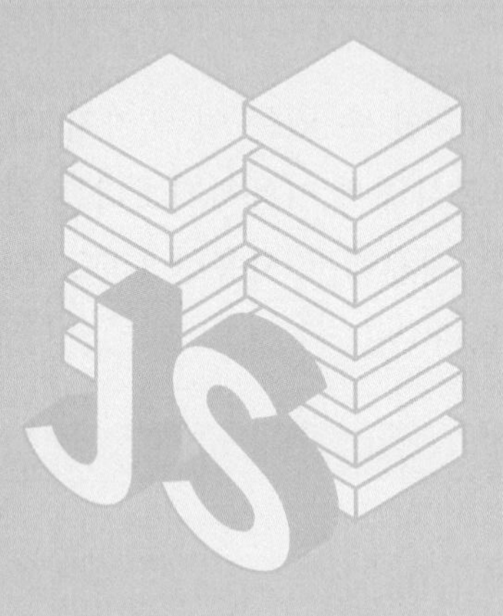

DOM과 BOM

학습목표

DOM은 HTML이나 XML에서 프로그래밍을 위한 인터페이스로 자바스크립트 등의 프로그래밍 언어가 각 요소에 접근하여 조회하거나 변화(추가/변경/삭제)시킬 수 있도록 도와줍니다. BOM은 브라우저가 제공하는 여러 기능에 대하여 문서 객체 모델과 같이 객체의 구조로 이해하는 모델입니다. 문서 객체 모델과 브라우저 객체 모델의 이해를 위해 여러 예제로 살펴봅니다.

08-1 DOM

DOM(Document Object Model, 문서 객체 모델)은 HTML이나 XML에서 프로그래밍을 위한 인터페이스(interface)로, 자바스크립트 등의 프로그래밍 언어가 각 요소에 접근하여 조회하거나 변화(추가/변경/삭제)시킬 수 있도록 도와줍니다.

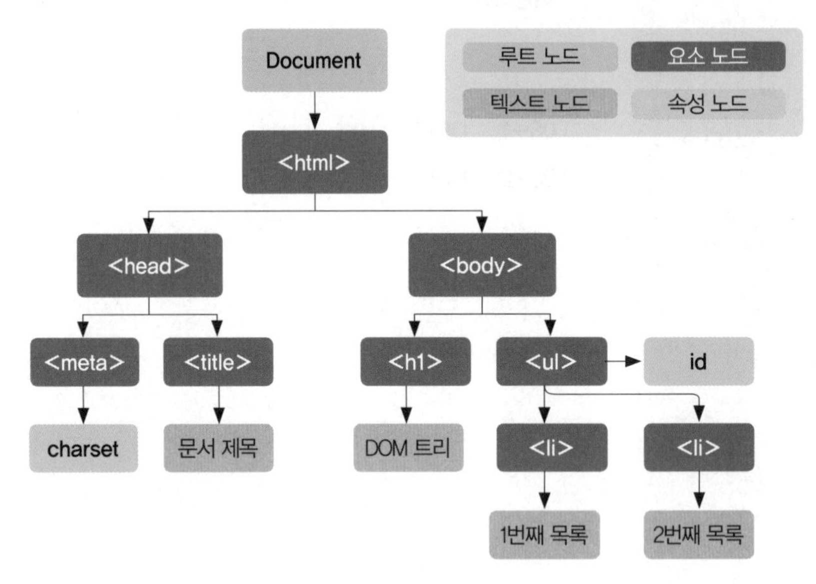

그림 8-1 HTML 문서의 DOM 예시

문서 객체 모델은 노드(node)와 객체(object)로 웹 문서의 구조를 논리적으로 표현합니다. 노드는 HTML 문서를 트리(tree) 모양의 계층구조로 만들 때 각 지점이 되는 곳입니다. HTML 문서는 하나 이상의 노드로 구성된 모둠(collection)이라 할 수 있습니다. 각 노드는 내부적으로 요소(element) 노드, 속성(attribute) 노드, 텍스트 노드 등 여러 개의 유형으로 구분하는데 그중에서 태그로 표현된 요소 노드를 짧게 요소(element)라고 합니다.

[Chapter 06. 요소의 선택과 이벤트]에서 요소(element)에 접근하는 여러 가지 방법(getElementById(), querySelector() 등)을 살펴봤는데 여기서는 그 외 다양한 쓰임에 대해 알아보겠습니다.

① HTML 요소의 발견
② HTML 요소의 변경
③ HTML 요소의 추가
④ HTML 요소의 삭제

1. HTML 요소의 발견

[Chapter 06. 요소의 선택과 이벤트]에서 요소(element)를 찾아 접근하는 방법을 학습했는데, 기억을 되살리는 의미에서 학습한 메서드를 다시 보여 드립니다.

표 8-1 | 웹 문서의 각 HTML 요소와 속성에 접근할 수 있도록 하는 메서드

요소 접근 메서드	설명
getElementById( )	id 속성값으로 특정 값을 갖는 요소를 반환합니다.
getElementsByTagName( )	특정 태그(tag)명을 갖는 모든 요소를 반환합니다.
getElementsByClassName( )	class 속성값으로 특정 값을 갖는 모든 요소를 반환합니다.
getElementsByName( )	name 속성값으로 특정 값을 갖는 모든 요소를 반환합니다.
querySelector( )	특정 CSS 선택자 형식과 일치하는 첫 번째 요소를 반환합니다.
querySelectorAll( )	특정 CSS 선택자 형식과 일치하는 모든 요소를 반환합니다.

여기서 살펴볼 내용은 웹 문서에서 여러 개의 이미지(〈img〉), 링크(〈a〉) 또는 폼(〈form〉)이 있는 경우, 각각에 접근하는 방법입니다.
먼저 여러 개의 〈img〉에 배열 형식으로 접근하는 방법으로 document.images를 사용합니다.
다음 예제에서는 〈input type="number"〉에 1~3 사이의 숫자를 입력하고 [제외] 버튼을 클릭하면 해당 순서의 이미지를 보이지 않도록 합니다. 〈input type="number"〉는 숫자 입력을 편하게 하기 위한 것으로 마우스를 개체 위로 가져가면 활성화되는 버튼으로 숫자의 증감을 선택할 수 있습니다. 또한 속성(attribute)으로 min과 max를 설정할 수 있어 입력되는 숫자의 범위를 제한할 수 있습니다.
〈img class="img-fluid"〉는 이미지의 크기를 이미지가 표현되는 영역에 맞게 크기를 맞추는 반응형 이미지(responsive image)로 만들어 줍니다. CSS에서 이미지의 너비

(width)를 max-width:100%;로 설정해 이미지 영역을 넘어서지 않도록 합니다.[1)]

●●● 예제 파일 08.find-images.html

```
⋮       ⋮
11:     <div class="container">
12:       <div class="row">
13:         <div class="input-group mb-3">
14:           <input type="number" class="form-control" name="num"
     min="1" max="3" placeholder="1 ~ 3 값 입력">
15:           <button class="btn btn-outline-secondary" type="button">
     제외</button>
16:         </div>
17:         <div class="col-4">
18:           <img src="https://dummyimage.com/600x400/000/fff"
     class="img-fluid" alt="첫번째 이미지">
19:         </div>
20:         <div class="col-4">
21:           <img src="https://dummyimage.com/600x400/666/fff"
     class="img-fluid" alt="두번째 이미지">
22:         </div>
23:         <div class="col-4">
24:           <img src="https://dummyimage.com/600x400/bbb/000"
     class="img-fluid" alt="세번째 이미지">
25:         </div>
26:       </div>
27:     </div>
```

〈input〉의 입력 값이 숫자라 할지라도 문자열로 반환되기 때문에 숫자 연산인 필요한 경우에는 parseInt()로 데이터 타입을 문자에서 숫자로 변경할 필요가 있습니다. 순서와 인덱스의 시작이 달라 parseInt()를 적용할 때 1을 빼서 인덱스 형태로 만들어 줍니다. Array.from() 메서드를 이용하여 document.images를 배열로 변경한 후, 배열의 메서드인 forEach() 반복문으로 입력한 순서의 이미지가 보이지 않도록 코드를 구성합니다.

1) 반응형 이미지 : https://getbootstrap.com/docs/5.3/content/images/#responsive-images

```
 ⋮          ⋮
30:       document.querySelector('.btn').onclick = function() {
31:         let num = document.querySelector('input[name="num"]').value;
32:         num = parseInt(num) - 1;
33:
34:         let imgs = Array.from(document.images);
35:
36:         imgs.forEach(function (item, index) {
37:           if (num == index) {
38:             item.style.display = 'none';
39:           } else {
40:             item.style.display = '';
41:           }
42:         });
43:       }
```

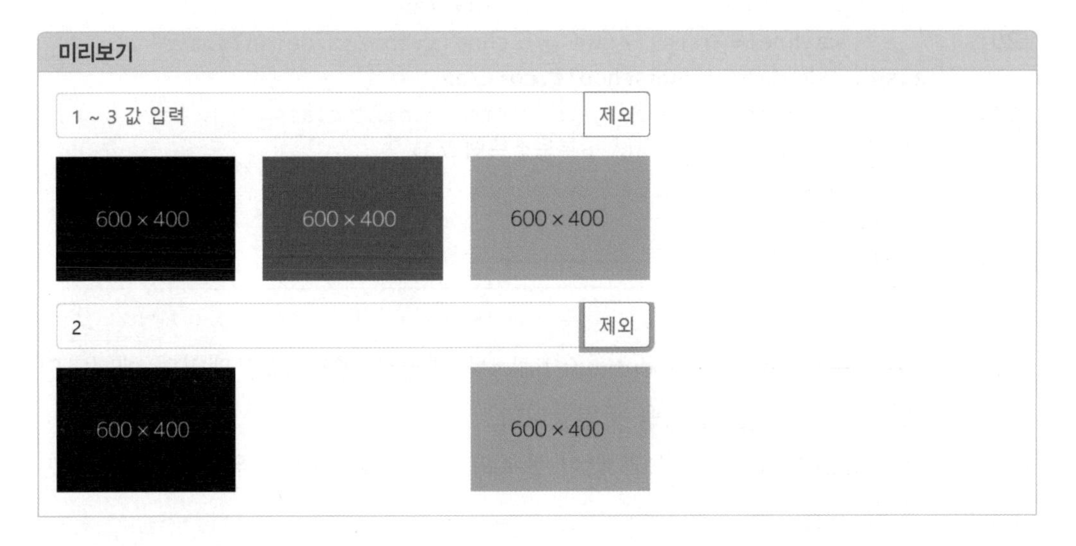

다음은 여러 개의 <a>에 배열 형식으로 접근하는 방법으로 document.links를 사용합니다.
<input type="number">에 1~4 사이의 숫자를 입력하고 [링크] 버튼을 클릭하면 해당 순서의 링크를 가상 클릭하도록 합니다. 가상 클릭은 사용자가 클릭한 것처럼 자바스크립트로 실행되는 링크나 버튼의 클릭입니다. <a target="_blank">는 새로운 창(window)을 열어 링크를 연결합니다. <a class="btn"> 형식은 부트스트랩에서 링크를 버튼처럼 모양을 만드는 클래스입니다. 부트스트랩에서 <button>, <a>, <input>을

이용한 버튼 형식도 있으니 참고하세요.[2)]

●●● 예제 파일 08.find-links.html

```
 ⋮       ⋮
11:    <div class="container">
12:      <div class="row">
13:        <div class="input-group mb-3">
14:          <input type="number" class="form-control" name="num"
     min="1" max="4" placeholder="1 ~ 4 값 입력">
15:          <button class="btn btn-outline-secondary" type="button">
     링크</button>
16:        </div>
17:        <div class="col">
18:          <a href="https://www.booksr.co.kr/" class="link-primary"
     target="_blank">생능출판사</a>
19:          <a href="https://developer.mozilla.org/ko/docs/Web/
     JavaScript" class="link-success">MDN</a>
20:          <a href="https://www.w3schools.com/js/default.asp"
     class="link-danger">w3schools.com</a>
21:          <a href="https://getbootstrap.com/" class="btn btn-
     secondary" target="_blank">부트스트랩</a>
22:        </div>
23:      </div>
24:    </div>
```

스프레드 연산자를 이용하여 document.links를 배열로 변경하고, 배열의 메서드인 forEach() 반복문으로 가상 클릭을 구현합니다.
if (num == index) item.click( );과 같이 블록의 구문이 한 줄인 경우 중괄호({}) 없이 사용할 수 있습니다.

---

2) button 태그 : https://getbootstrap.com/docs/5.3/components/buttons/#button-tags

```
 ⋮        ⋮
27:       document.querySelector('.btn').onclick = function() {
28:         let num = document.querySelector('input[name="num"]').value;
29:         num = parseInt(num) - 1;
30:
31:         let hyperlinks = document.links;
32:
33:         [...hyperlinks].forEach(function(item, index) {
34:           if (num == index) item.click();
35:         });
36:       }
```

다음은 하나의 웹 문서에서 다수의 〈form〉이 있을 때, 배열 형식으로 각 〈form〉에 접근하는 방법을 살펴봅니다. 위의 예제처럼 document.forms[인덱스] 형식을 사용할 수 있습니다. 또한 〈form〉에 name 속성을 추가하여 document.forms[폼이름]이나 document.폼이름으로 〈form〉에 접근할 수 있습니다.

●●● 예제 파일 08.find-forms.html

```
 ⋮       ⋮
11:    <div class="container">
12:      <div class="row">
13:        <div class="input-group mb-3">
14:          <input type="number" class="form-control" name="num"
     min="1" max="3" placeholder="1 ~ 3 값 입력">
15:          <button class="btn btn-outline-secondary" type="button">
     선택</button>
16:        </div>
17:        <div class="col-4">
18:          <form>
19:            <input type="text" class="form-control" name="user"
     placeholder="1 번째 form">
20:          </form>
21:        </div>
```

```
22:         <div class="col-4">
23:           <form name="myForm">
24:             <input type="text" class="form-control" name="user"
      placeholder="2 번째 form">
25:           </form>
26:         </div>
27:         <div class="col-4">
28:           <form name="yourForm">
29:             <input type="text" class="form-control" name="user"
      placeholder="3 번째 form">
30:           </form>
31:         </div>
32:       </div>
33:     </div>
```

<input type="number">로 전달받은 값으로 switch 문을 이용하여 <form>에 접근합니다. 인덱스 배열로 접근하거나 <form name="폼이름">으로 설정된 경우에는 document.forms[폼이름]이나 document.폼이름으로 접근할 수 있습니다. 또한 <form> 내부에 있는 <input name="user">는 user로 접근할 수 있으며, focus()는 입력 상자를 활성화합니다.

●●● 예제 파일 08.find-forms.html

```
 ⋮          ⋮
36:       document.querySelector('.btn').onclick = function() {
37:         let num = document.querySelector('input[name="num"]').value;
38:
39:         switch (parseInt(num)) {
40:           case 1:
41:             document.forms[0].user.focus();
42:             break;
43:           case 2:
44:             document.forms['myForm'].user.focus();
45:             break;
46:           case 3:
47:             document.yourForm.user.focus();
48:             break;
49:         }
50:     }
```

미리보기

2	선택

1 번째 form | 2 번째 form | 3 번째 form

2. HTML 요소의 변경

HTML 요소를 선택한 후 속성이나 콘텐츠를 변경할 수 있습니다.
다음 예제에서 〈img src=""〉를 클릭할 때 src 속성을 변경하여 이미지를 바꿔 보겠습니다. 부트스트랩의 class="img-thumbnail"은 이미지에 테두리를 만들어 섬네일 형식으로 보일 수 있도록 합니다.

●●● 예제 파일 08.change-element.html

```
⋮      ⋮
11:    <div class="container">
12:      <div class="row">
13:        <div class="col-4">
14:          <img src="https://dummyimage.com/320x240/000/fff"
    class="img-fluid img-thumbnail" alt="첫번째 이미지">
15:        </div>
16:        <div class="col-4">
17:          <img src="https://dummyimage.com/320x240/666/fff"
    class="img-fluid img-thumbnail" alt="두번째 이미지">
18:        </div>
19:        <div class="col-4">
20:          <img src="https://dummyimage.com/320x240/bbb/000"
    class="img-fluid img-thumbnail" alt="세번째 이미지">
21:        </div>
22:      </div>
23:    </div>
```

시안용 더미 이미지를 무료로 제공하는 LoremFlickr라는 사이트[3]를 이용하여 이미지를 변경하도록 합니다. 이곳은 온라인 사진 공유 커뮤니티인 플리커(flickr.com)의 공개된 사진을 사용할 수 있도록 도와줍니다.

3) https://loremflickr.com

사진의 주제에 대한 키워드를 배열로 만들고, 이미지를 클릭할 때마다 임의의 인덱스를 갖는 배열 원소를 이미지 URL로 만들어 새로운 이미지로 교체하도록 합니다.

●●● 예제 파일 08.change-element.html

```
 ⋮         ⋮
26:       const things = ['car', 'dog', 'cat', 'mountain', 'sea'];
27:
28:       for (let img of document.images) {
29:         img.onclick = function() {
30:           let index = Math.floor(Math.random() * things.length);
31:           let url = 'https://loremflickr.com/320/240/' +
    things[index];
32:
33:           img.setAttribute('src', url);
34:           img.src = url;
35:
36:           console.log(url);
37:         }
38:       }
```

속성(어트리뷰트, attribute)을 변경하려면 img.setAttribute() 형식의 메서드로 하는 방법과 img.src 형식의 속성의 값을 할당하는 방법, 모두 가능합니다. 이미지를 클릭하면 이미지가 변경되는지 확인하세요. 또한 콘솔 창으로 실제 어떤 URL로 표현되는지도 확인해 보세요. 참고로 getAttribute()는 요소의 속성값을 조회하는 메서드입니다.

```
img.setAttribute('src', url);
img.src = url;
```

콘솔 화면

```
https://loremflickr.com/320/240/mountain
https://loremflickr.com/320/240/sea
```

다음 예제는 〈li〉를 클릭할 때 class 속성에 'active'를 추가하여 메뉴가 선택된 것으로 변경하겠습니다. class의 값은 여러 개가 할당될 수 있으며 동일한 CSS 속성일 경우 뒤쪽에 나오는 CSS 속성이 우선순위가 높습니다.

●●● 예제 파일 08.change-element2.html

```
 :       :
16:    <div class="container">
17:      <div class="row justify-content-center">
18:        <div class="col-10">
19:          <ul class="list-group">
20:            <li class="list-group-item active">An item</li>
21:            <li class="list-group-item">A second item</li>
22:            <li class="list-group-item">A third item</li>
23:            <li class="list-group-item">A fourth item</li>
24:            <li class="list-group-item">And a fifth one</li>
25:          </ul>
26:        </div>
27:      </div>
28:    </div>
```

〈li〉를 클릭할 때마다 클릭한 〈li〉의 class 값을 확인하여 active가 없는 경우에만 active를 붙여 주도록 합니다. class 속성에 할당된 CSS 클래스는 className으로 확인해야 한다는 것에 주의하세요.
마지막에 선택한 〈li〉에만 active가 있어야 하므로 active를 추가하기 전에 모든 〈li〉에서 active를 없애는 resetLists()를 실행해야 합니다.

●●● 예제 파일 08.change-element2.html

```
⋮        ⋮
31:      const lists = document.querySelectorAll('.list-group-item');
32:
33:      for (let list of lists) {
34:        list.onclick = function() {
35:          console.log(list.className);
36:          if (list.className == 'list-group-item') {
37:            resetLists();
38:            list.setAttribute('class', 'list-group-item active');
39:          }
40:        }
41:      }
42:
43:      function resetLists() {
44:        for (let list of lists) {
45:           list.setAttribute('class', 'list-group-item');
46:        }
47:      }
```

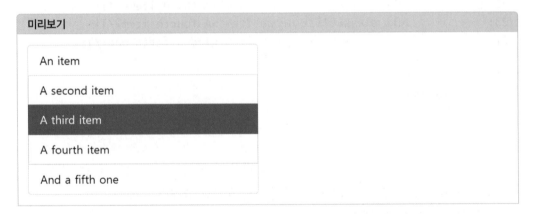

콘솔 화면

```
list-group-item
list-group-item active
```

다음 예제는 이미지와 이미지 설명을 하나로 묶어 표현하는 〈figure〉를 사용하였고, 이를 클릭하면 부트스트랩의 모달 창(modal)에 〈figure〉의 복사본을 삽입하여 모달 창의 콘텐츠를 변경합니다. 부트스트랩에서 〈figure〉로 구성한 UI를 참고하여 화면을

구성하였습니다.[4]

●●● 예제 파일 08.change-element3.html

```
 ⋮       ⋮
11:    <div class="container">
12:     <div class="row">
13:      <div class="col">
14:       <figure class="figure">
15:        <img src="https://dummyimage.com/600x400/000/fff"
     class="figure-img img-fluid" alt="첫번째 이미지">
16:        <figcaption class="figure-caption">이미지 설명#1</figcaption>
17:       </figure>
18:      </div>
19:      <div class="col">
20:       <figure class="figure">
21:        <img src="https://dummyimage.com/600x400/bbb/000"
     class="figure-img img-fluid rounded" alt="두번째 이미지">
22:        <figcaption class="figure-caption text-end">이미지 설명#2</
     figcaption>
23:       </figure>
24:      </div>
25:     </div>
26:    </div>
```

다음 UI는 모달 창[5]의 코드입니다. 기존 콘텐츠와 흐름을 달리하는 영역이므로, 〈div class="container"〉 영역 외부에 별도로 위치하도록 합니다.

●●● 예제 파일 08.change-element3.html

```
 ⋮       ⋮
28:    <div class="modal fade" id="myModal" tabindex="-1">
29:     <div class="modal-dialog">
30:      <div class="modal-content">
31:       <div class="modal-header">
32:        <h5 class="modal-title" id="myModalLabel">Modal title</h5>
33:        <button type="button" class="btn-close" data-bs-
     dismiss="modal" aria-label="Close"></button>
```

4) Figures : https://getbootstrap.com/docs/5.3/content/figures/

5) Modal : https://getbootstrap.com/docs/5.3/components/modal/

```
34:       </div>
35:       <div class="modal-body">
36:         ...
37:       </div>
38:     </div>
39:   </div>
40: </div>
```

모달은 부트스트랩이 제공하는 자바스크립트 라이브러리가 필요하므로 <script>에 추가합니다.
다음은 자바스크립트로 모달을 제어하는 부분으로 모달 창을 초기화하고, 화면에서 보이도록 하는 코드입니다. 모달 창 초기화는 자바스크립트 코드의 시작 부분에서 하고, show()는 이벤트 흐름에 따라 넣어 주면 됩니다.

```
const myModal = new bootstrap.Modal('#myModal');
myModal.show();
```

<figure>를 모두 찾아 forEach()에서 각각에 대하여 이벤트를 구성합니다. 예제에서는 이벤트 리스너 형태를 사용하였습니다. 여기서 주의할 점은 콘솔 창으로 확인할 figure, figure.outerHTML, figure.innerHTML의 내용입니다. 객체와 문자열로 구분되는 점을 확인하고, 삽입하려는 영역에 figure.outerHTML로 HTML 태그를 할당해야 합니다.

●●● 예제 파일 08.change-element3.html

```
 ⋮        ⋮
42:     <script src="/bootstrap-5.3.2-dist/js/bootstrap.min.js"></
    script>
43:     <script>
44:       const myModal = new bootstrap.Modal('#myModal');
45:       const figures = document.querySelectorAll('figure');
46:       const modalBody = document.querySelector('#myModal .modal-
    body');
47:
48:       for (let figure of figures) {
49:         figure.addEventListener('click', function() {
50:           console.log(figure);
```

```
51:         console.log(figure.outerHTML);
52:         console.log(figure.innerHTML);
53:         console.log(typeof figure, typeof figure.outerHTML,
54:           typeof figure.innerHTML);
55:
56:         modalBody.innerHTML = figure.outerHTML;
57:         myModal.show();
58:       });
59:     }
60:   </script>
```

querySelectorAll()로부터 찾은 HTML 요소는 객체 타입으로 여기서는 변수 figure로 표현하고 있습니다. 콘솔 창에서 객체와 문자열의 표시에 차이가 있음을 확인하세요. 또한 outerHTML과 innerHTML과의 차이는 지칭하는 요소를 포함하거나 포함하지 않고 그 내부의 부분만을 가리키는 문자열로 나타낸 일련의 문자열 형태입니다.

```
outerHTML
innerHTML
<figure class="figure">
  <img src="https://dummyimage.com/600x400/000/fff"
  class="figure-img img-fluid" alt="첫번째 이미지">
  <figcaption class="figure-caption">이미지 설명#1</figcaption>
</figure>
```

콘솔 화면

```
▼<figure class="figure">
    <img src="https://dummyimage.com/600x400/000/fff" class="figure-img
    img-fluid" alt="첫번째 이미지">
    <figcaption class="figure-caption">이미지 설명#1</figcaption>
  </figure>
<figure class="figure">                                10.change-element3.html:53
            <img src="https://dummyimage.com/600x400/000/fff"
class="figure-img img-fluid" alt="첫번째 이미지">
            <figcaption class="figure-caption">이미지 설명#1</figcaption>
        </figure>
                                                       10.change-element3.html:54
            <img src="https://dummyimage.com/600x400/000/fff"
class="figure-img img-fluid" alt="첫번째 이미지">
            <figcaption class="figure-caption">이미지 설명#1</figcaption>

object string string                                   10.change-element3.html:55
```

3. HTML 요소의 추가

DOM을 이용하여 HTML 요소를 추가하는 방법에 대하여 알아봅니다.
다음 예제는 리스트 그룹의 〈li〉를 클릭할 때 〈li〉 마지막 요소를 추가합니다. createElement(), createAttribute(), createTextNode()로 요소, 속성, 텍스트를 생성하여 〈ul〉의 마지막 〈li〉로 추가하도록 합니다. 추가된 〈li〉를 구별하기 위해 active 속성을 추가했습니다.

●●● 예제 파일 08.add-element.html

```
 ⋮     ⋮
11:   <div class="container">
12:    <div class="row justify-content-center">
13:     <div class="col-10">
14:      <ul class="list-group">
15:       <li class="list-group-item">1 번째</li>
16:       <li class="list-group-item">2 번째</li>
17:       <li class="list-group-item">3 번째</li>
18:       <li class="list-group-item">4 번째</li>
19:       <li class="list-group-item">5 번째</li>
20:      </ul>
21:     </div>
22:    </div>
23:   </div>
```

모든 〈li〉를 선택하여 반복문에서 클릭 이벤트를 구성합니다.
createElement()는 요소를 생성하며, createAttribute()는 요소의 속성을 생성합니다. 요소의 값을 만들고 새로 만든 속성을 setAttributeNode()로 요소에 연결합니다. 또한 createTextNode()로 새로운 텍스트 노드를 생성하고, 요소에 appendChild()를 이용하여 자식(child)으로 연결합니다.
이렇게 만든 일련의 요소를 〈ul〉의 자식으로 연결하기 위해 현재 선택한 〈li〉의 부모(parent) 요소를 parentElement로 찾아 appendChild()로 자식으로 연결합니다. 일련의 흐름 속에서 생성과 연결을 생각하면, 어렵지 않게 이해할 수 있습니다. DOM의 프로퍼티와 메서드의 사용이 어렵지 않아 문법 설명은 생략합니다. 오히려 예제 코드를 살펴보면 그 쓰임을 더 쉽게 이해할 수 있습니다.

●●● 예제 파일 08.add-element.html

```
 ⋮         ⋮
26:       const lists = document.querySelectorAll('li');
27:
28:       for (let list of lists) {
29:         list.onclick = function() {
30:           const newList = document.createElement('li');
31:
32:           const newAttr = document.createAttribute('class');
33:           newAttr.value = 'list-group-item active';
```

```
34:            newList.setAttributeNode(newAttr);
35:
36:            const newText = list.innerText + ' [추가]';
37:            const newTextNode = document.createTextNode(newText);
38:            newList.appendChild(newTextNode);
39:
40:            console.log(list.parentElement);
41:            list.parentElement.appendChild(newList);
42:          }
43:        }
```

미리보기

1 번째
2 번째
3 번째
4 번째
5 번째
3 번째 [추가]
1 번째 [추가]

앞선 예제에서 새로 추가된 〈li〉는 클릭 이벤트가 적용되지 않습니다. 이에 다음 예제에서는 앞선 예제를 조금 수정하여 이벤트에 의해 추가된 〈li〉에도 클릭 이벤트를 적용하도록 합니다.

반복문에서 〈li〉의 클릭 이벤트의 이벤트 핸들러를 이름이 있는 함수를 별도로 만들고, 새로 생성한 〈li〉에서 그 함수를 참조할 수 있도록 구성합니다. 새로 생성한 요소에 onclick 이벤트를 만들어 함수를 호출하도록 구성하면 간단히 연결할 수 있습니다.

●●● 예제 파일 08.add-element2.html

```
 ⋮         ⋮
26:      const lists = document.querySelectorAll('li');
27:
28:      for (let list of lists) {
29:        list.onclick = () => {
30:          makeElement(this);
31:        }
32:      }
33:
34:      function makeElement(list) {
35:        const newList = document.createElement('li');
36:
37:        const newAttr = document.createAttribute('class');
38:        newAttr.value = 'list-group-item active';
39:        newList.setAttributeNode(newAttr);
40:
41:        const newText = list.innerText + ' [추가]';
42:        const newTextNode = document.createTextNode(newText);
43:        newList.appendChild(newTextNode);
44:
45:        newList.onclick = () => makeElement(newList);
46:
47:        list.parentElement.appendChild(newList);
48:      }
```

innerText 프로퍼티로 텍스트 노드를 간단히 만들 수 있습니다. 주석 안의 innerText로 위 3줄에 걸친 텍스트 노드의 생성을 대체할 수 있습니다. 또한 이벤트 핸들러 대신 이벤트 리스너로 변경하여 적용할 수도 있습니다. 다음 코드를 참고해서 함께 익혀두세요.

```
const newText = list.innerText + ' [추가]';
const newTextNode = document.createTextNode(newText);
newList.appendChild(newTextNode);

newList.innerText = list.innerText + ' [추가]';

newList.onclick = () => {
  makeElement(newList);
}

newList.addEventListener('click', () => {
  makeElement(newList);
});
```

4. HTML 요소의 삭제

DOM을 이용하여 HTML 요소를 삭제하는 방법에 대하여 알아봅니다.

다음 예제는 버튼을 클릭할 때 리스트 그룹의 특정 위치의 〈li〉를 삭제합니다. removeChild()로 특정 요소를 삭제합니다.

●●● 예제 파일 08.remove-element.html

```
 ⋮       ⋮
11:    <div class="container">
12:      <div class="row justify-content-center">
13:        <div class="col-10">
14:          <div class="btn-group" role="group">
15:            <button type="button" class="btn btn-danger">새로고침</
     button>
16:            <button type="button" class="btn btn-warning">3번째
     삭제</button>
17:            <button type="button" class="btn btn-success">계속
     삭제</button>
18:          </div>
19:          <ul class="list-group">
20:            <li class="list-group-item">1 번째</li>
21:            <li class="list-group-item">2 번째</li>
22:            <li class="list-group-item">3 번째</li>
23:            <li class="list-group-item">4 번째</li>
24:            <li class="list-group-item">5 번째</li>
25:          </ul>
```

```
26:        </div>
27:      </div>
28:    </div>
```

[새로고침] 버튼을 클릭하면, 브라우저를 새로고침 하여 화면 초기화를 합니다. BOM(Browser Object Model)에서 소개할 location 객체의 reload() 메서드를 사용합니다.

[3번째 삭제] 버튼을 클릭하면, 3번째 위치(인덱스로는 2)의 〈li〉를 removeChild()로 제거합니다. removeChild()는 매개변수로 전달되는 특정한 자식 요소를 삭제하는 것이므로, removeChild()의 주체 또는 주인은 〈li〉를 감싸고 있는 〈ul class="list-group"〉이 됩니다.

[계속 삭제] 버튼을 클릭하면, 〈ul〉의 첫 번째 자식 요소를 클릭할 때마다 삭제합니다. children은 해당 요소의 자식 요소를 배열 형식으로 반환합니다. 콘솔 창에서 확인해 보세요.

●●● 예제 파일 08.remove-element.html

```
 ⋮        ⋮
31:     document.querySelector('.btn-danger').onclick = function() {
32:       location.reload();
33:     }
34:
35:     const ul = document.querySelector('.list-group');
36:
37:     document.querySelector('.btn-warning').onclick = function() {
38:       const target = document.querySelectorAll('li')[2];
39:       ul.removeChild(target);
40:     }
41:
42:     document.querySelector('.btn-success').onclick = function() {
43:       console.log(ul.children);
44:
45:       if (ul.children.length) {
46:         ul.removeChild(ul.children[0]);
47:       }
48:     }
```

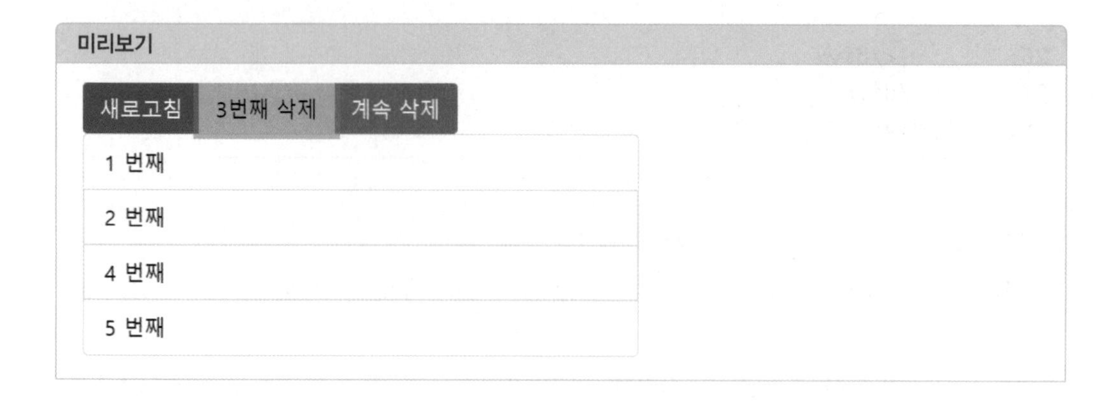

다음 예제는 리스트 그룹에서 〈li〉를 클릭하면 해당 〈li〉를 삭제합니다. 이벤트의 대상이 〈li〉이고 removeChild()의 주체가 〈ul〉이 되어야 하므로 parentElement를 이용하여 〈ul〉을 선택하는 것이 눈여겨 볼 부분입니다. 예제는 for 문과 배열의 forEach() 메서드를 각각 이용하여 동일한 결과를 만들어 내는 코드를 나타내었는데, 선택하여 실전에서 사용하면 되겠습니다. 인덱스가 필요 없는 코드 구성이기에 for 문을 추천합니다.

●●● 예제 파일 08.remove-element2.html

```
 ⋮        ⋮
26:       const lists = document.querySelectorAll('li');
27:
28:       for (let list of lists) {
29:         list.onclick = () => {
30:           list.parentElement.removeChild(list);
31:         }
32:       }
33:
34:       /*
35:       const lists = Array.from(document.querySelectorAll('li'));
36:
37:       lists.forEach((item, index) => {
38:         item.onclick = () => {
39:           item.parentElement.removeChild(item);
40:         }
41:       });
42:       */
```

08-2 BOM

BOM(Browser Object Model, 브라우저 객체 모델)은 브라우저가 제공하는 여러 기능에 대하여 문서 객체 모델과 같이 객체의 구조로 이해하는 모델입니다. 공식 문서에서 표현하는 용어는 아니지만, 흔히 최상위 객체인 window와 하위 객체에서 브라우저의 기능으로 제공하는 일부 객체를 묶어 브라우저 객체 모델로 소개하고 있습니다.

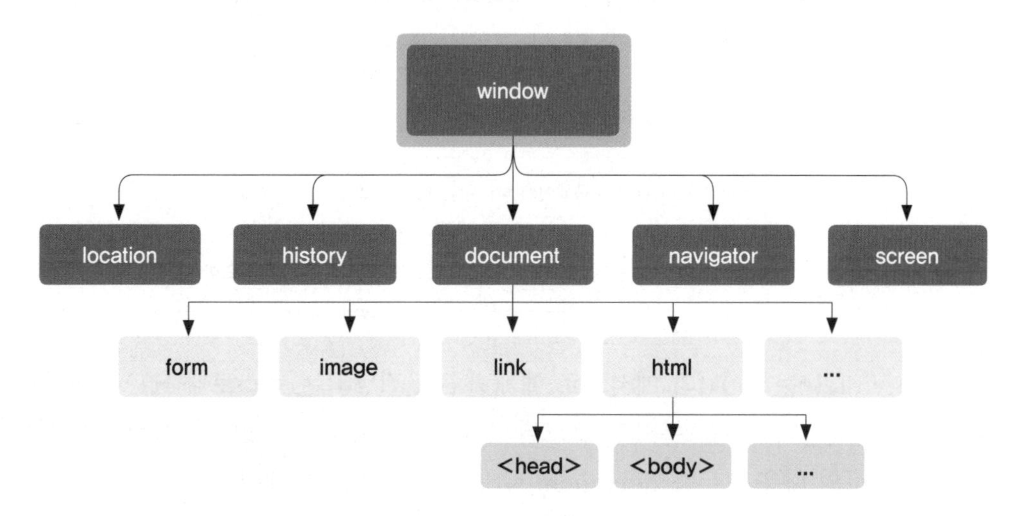

그림 8-2 BOM 모델의 구조

표 8-2 | 웹 문서의 각 HTML 요소와 속성에 접근할 수 있도록 하는 메서드

BOM	설명
window	브라우저 윈도우(window)에 대한 정보를 갖는 최상위 객체
screen	브라우저 스크린(screen)에 대한 정보를 갖는 객체
location	현재 웹 문서의 주소(URL)와 관련된 정보를 갖는 객체
history	뒤로 가기, 앞으로 가기 등 브라우징 이력에 대한 정보를 갖는 객체
navigator	사용자의 브라우저에 대한 정보를 갖는 객체
popup alert	alert( ), confirm( ), prompt( )와 같은 팝업 알림 기능을 갖는 객체
timing	setTimeout( ), setInterval( )의 타이밍 이벤트 기능을 갖는 객체
cookies	사용자 컴퓨터에 사용자의 웹페이지 관련 정보를 저장 · 관리하는 기능을 갖는 객체

흔히 사용되는 몇 가지 예제를 통해 BOM의 기능과 쓰임을 알아봅니다.
화면의 크기와 관련된 쓰임을 살펴보겠습니다. window 객체에서 지원하는 outerWidth, outerHeight, innerWidth, innerHeight 등과 window 하위 객체인 스크린(screen)에서 지원하는 width, height, availWidth, availHeight 등이 있습니다.

표 8-3 | BOM의 메서드

화면 크기	설명
window.outerWidth window.outerHeight	툴바와 스크롤바를 포함하는 브라우저 영역의 크기
window.innerWidth window.innerHeight	브라우저의 콘텐츠 영역의 실제 크기
screen.width screen.height	브라우저의 크기와 관계없이 모니터의 픽셀 단위 크기
screen.availWidth screen.availHeight	모니터의 픽셀 단위 크기에서 하단의 태스크 바(task bar)를 제외한 크기

document.write()는 DOM의 메서드로 매개변수로 전달되는 텍스트나 HTML 요소를 웹페이지에 출력합니다. 웹 문서가 로드된 후에 document.write()가 실행되면 이미 로드된 웹 문서의 내용 모두를 document.write()의 결과로 대체됩니다.
매개변수로 전달되는 값을 백틱을 이용하여 변수 등을 함께 표현했는데, 이러한 형식을 템플릿 리터럴이라고 앞에서 소개했었습니다.

●●● 예제 파일 08.BOM-screen.html

```
 ⋮       ⋮
11:    <script>
12:      document.write(`${window.outerWidth} * ${window.outerHeight}<br>`);
13:      document.write(`${window.innerWidth} * ${window.innerHeight}<br>`);
14:      document.write(`${screen.width} * ${screen.height}<br>`);
15:      document.write(`${screen.availWidth} * ${screen.availHeight}`);
16:    </script>
```

미리보기

```
1920 * 1040
1745 * 846
1920 * 1080
1920 * 1040
```

location 객체는 현재의 URL과 관련한 정보를 갖고 있습니다. 다른 것과 마찬가지로 계층구조상 window.location으로 표현되어야 하겠지만, 최상위 객체의 표현은 생략할 수 있어 location으로 표현할 수 있습니다.
부트스트랩의 〈table〉 UI[6]를 이용하여 location 객체의 쓰임을 예제로 구성하였습니다. 코드와 결과를 함께 살펴보면 그 쓰임을 간단히 알 수 있기에 설명은 생략합니다.

●●● 예제 파일 08.BOM-location.html

```
 ⋮          ⋮
51:       document.querySelector('#href').innerText = location.href;
52:       document.querySelector('#hostname').innerText = location.
     hostname;
53:       document.querySelector('#pathname').innerText = location.
     pathname;
```

6) Tables : https://getbootstrap.com/docs/5.3/content/tables/

```
54:     document.querySelector('#protocol').innerText = location.
    protocol;
55:
56:     document.querySelector('.btn').onclick = function() {
57:       location.assign('https://www.booksr.co.kr');
58:
⋮    ⋮
60: }
```

미리보기

location	결과
location.href	http://127.0.0.1:5500/10.BOM-location.html
location.hostname	127.0.0.1
location.pathname	/10.BOM-location.html
location.protocol	http:
location.assign()	화면이동

location 객체의 메서드인 assign()과 replace()는 매개변수로 전달되는 URL로 화면을 이동하는 결과는 같지만, replace()는 현재의 URL을 매개변수로 전달되는 URL로 대체하여, history 객체의 기능인 브라우저의 URL 이력(history)에서 현재의 URL을 제거하게 됩니다. 따라서 브라우저 메뉴의 [뒤로 가기(back)] 버튼으로 현재의 웹페이지를 찾을 수 없습니다. 예제의 57행을 주석 처리하고 59행의 주석을 해제해 확인해 보세요. 현재 웹페이지의 URL 기록을 보존하려면 assign()을 사용해야 합니다.

●●● 예제 파일 08.BOM-location.html

```
⋮    ⋮
57:  location.assign('https://www.booksr.co.kr');
58:
59:  location.replace('https://www.booksr.co.kr');
```

navigator 객체는 사용하는 브라우저에 대한 정보를 갖고 있습니다.

표 8-4 | navigator 객체의 종류

navigator	설명
appCodeName	브라우저의 코드네임을 반환합니다(모든 브라우저가 Mozilla를 반환합니다).
appName	브라우저의 이름을 반환합니다(모든 브라우저가 Netscape를 반환합니다).
appVersion	브라우저의 버전을 반환합니다.
language	브라우저의 언어를 반환합니다.
onLine	브라우저가 온라인 상태인지를 true/false로 반환합니다.
platform	브라우저의 플랫폼을 반환합니다.
userAgent	브라우저의 헤더(header) 정보를 반환합니다.
geolocation	사용자의 위치 정보를 가진 geolocation 객체를 반환합니다.

다음은 부트스트랩의 〈table〉 UI를 이용하여 navigator 객체의 쓰임을 예제로 구성하였습니다. 코드와 결과를 함께 살펴보면 그 쓰임을 간단히 알 수 있기에 설명은 생략합니다.

● ● ● 예제 파일 08.BOM-navigator.html

미리보기

navigator	결과
navigator.appCodeName	Mozilla
navigator.appName	Netscape
navigator.appVersion	5.0 (Windows NT 10.0; Win64; x64) AppleWebKit/537.36 (KHTML, like Gecko) Chrome/102.0.0.0 Safari/537.36
navigator.language	ko-KR
navigator.onLine	true
navigator.platform	Win32
navigator.userAgent	Mozilla/5.0 (Windows NT 10.0; Win64; x64) AppleWebKit/537.36 (KHTML, like Gecko) Chrome/102.0.0.0 Safari/537.36
geolocation	위도 37.7139908, 경도 126.6865863

geolocation은 navigator 객체의 하위 객체로 사용자의 위치 정보를 갖고 있습니다.

[Chapter 12. OpenAPI]에서 카카오맵 사용법에 대하여 설명할 때 다시 등장하겠지만, 사용자의 현재 위치 정보를 브라우저로부터 받는 방법을 간단하게 살펴봅니다. navigator.geolocation은 사용자의 브라우저가 geolocation 객체를 지원하는지 여부를 true/false로 확인해 줍니다. geolocation의 메서드인 getCurrentPosition()은 사용자의 현재 위치 정보를 위도(latitude)와 경도(longitude) 값으로 반환받을 수 있도록 해 줍니다. 콜백 함수의 매개변수로부터 위치 정보를 받아 위도 및 경도 정보를 추출할 수 있습니다.

●●● 예제 파일 08.BOM-navigator.html

```
 ⋮        ⋮
63:     document.querySelector('#appCodeName').innerText = navigator.
    appCodeName;
64:     document.querySelector('#appName').innerText = navigator.
    appName;
65:     document.querySelector('#appVersion').innerText = navigator.
    appVersion;
66:     document.querySelector('#language').innerText = navigator.
    language;
67:     document.querySelector('#onLine').innerText = navigator.
    onLine;
68:     document.querySelector('#platform').innerText = navigator.
    platform;
69:     document.querySelector('#userAgent').innerText = navigator.
    userAgent;
70:
71:     document.querySelector('.btn-success').onclick = function() {
72:       let geoText = document.querySelector('#geolocation');
73:
74:       if (navigator.geolocation) {
75:         navigator.geolocation.
    getCurrentPosition(function(position) {
76:           console.log(position);
77:           let lat = position.coords.latitude;
78:           let lng = position.coords.longitude;
79:           geoText.innerText = `위도 ${lat}, 경도 ${lng}`;
80:         });
81:       } else {
82:         geoText.innerText = '지원되지 않는 브라우저입니다.';
83:       }
84:     }
```

위도와 경도 정보는 카카오맵, 네이버 지도, 구글 지도 등의 OpenAPI 지도 애플리케이션에서 지도 위의 위치 표시에 활용됩니다. 지도 활용에 대한 흥미로운 예제는 Chapter 12에서 확인하세요. 다음 이미지는 예제로부터 확인한 위도/경도 정보를 카카오맵에서 지도의 중심으로 표현한 경우입니다.

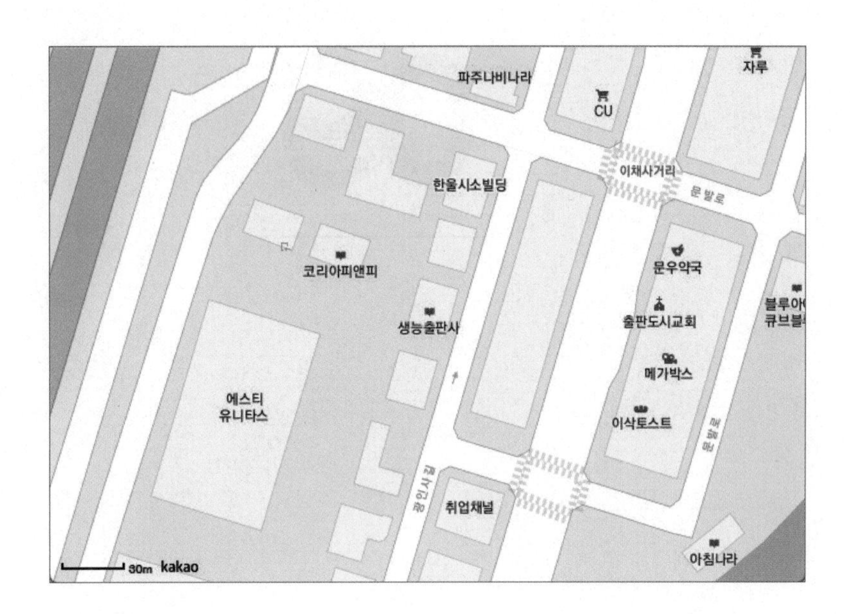

Chapter

09

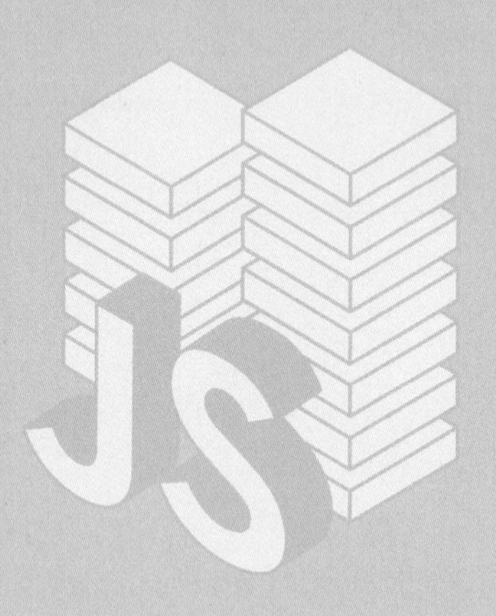

<form>과 유효성 검사

학습목표

HTML 〈form〉은 사용자에게 정보를 입력할 수 있는 공간과 방법을 제공하고, 사용자가 입력한 정보를 서버로 전송하는 형식이자 도구입니다. 사용자가 입력하는 데이터의 종류와 내용에 따라 주저함 없이 올바르게 입력할 수 있도록 UI를 잘 구성하고, 유효한 입력값만이 서버로 전송될 수 있도록 자바스크립트로 제어할 수 있어야 합니다. 〈form〉의 입력 요소를 살펴보고, 사용자가 입력한 정보의 형태가 서버에서 바로 처리될 수 있는지 입력값에 대한 유효성 검사하는 방법을 알아봅니다.

09-1 HTML <form>

HTML의 〈form〉(폼)은 사용자에게 정보를 입력할 수 있는 공간과 방법을 제공하고, 사용자가 입력한 정보를 서버로 전송하는 형식이자 도구입니다. 서버와의 소통 창구입니다. 사용자가 입력하는 데이터의 종류와 내용에 따라 주저함 없이 올바르게 입력할 수 있도록 UI를 잘 구성하고, 유효한 입력값만이 서버로 전송될 수 있도록 자바스크립트로 제어할 수 있어야 합니다. 이에 〈form〉을 효과적으로 구성하는 여러 가지 입력 형식과 입력값에 대한 유효성 검사를 알아봅니다.

표 9-1 | 〈form〉과 하위 요소

〈form〉 요소	설명
〈form〉	사용자의 정보 입력을 위한 여러 폼 요소들의 상위 요소
〈input〉	type 속성에 따라 다양한 모양으로 표현되는 기본적인 입력 요소
〈select〉	드롭다운(drop-down) 목록을 정의하는 폼 요소
〈option〉	〈select〉의 내부에서 선택지 역할을 하는 폼 요소
〈textarea〉	여러 줄 입력이 가능한 입력 요소
〈button〉	마우스 클릭이 가능한 버튼 요소로 이벤트 트리거 역할
〈fieldset〉	관련 데이터 간 그룹을 만들기 위해 영역으로 표현하는 요소
〈legend〉	〈fieldset〉의 타이틀을 표현하는 요소
〈label〉	입력 요소에 대한 라벨 정의

표 9-2 | 〈form〉에서 사용하는 이벤트 트리거

이벤트 트리거	설명
onfocus	입력 포커스를 얻을 때 발생
onblur	입력 포커스를 잃을 때 발생
onchange	폼 요소의 값이 변경되었을 때 발생
oninput	입력 요소에 값을 입력할 때 발생
onsearch	〈input type="search"〉에서 입력 후 Enter↵ 키를 누를 때 발생
onselect	폼 요소의 텍스트가 마우스 드래그 등으로 선택되었을 때 발생

이벤트 트리거	설명
oninvalid	폼 요소의 입력값이 유효하지 않을 때 발생
onreset	초기화(reset) 버튼 클릭 시 발생
onsubmit	전송(submit) 버튼 클릭 시 발생

다음으로 〈form〉의 다양한 입력 요소를 살펴봅니다. 또한 〈form〉의 스타일을 위해 부트스트랩의 UI를 기반으로 예제를 구성합니다.

① 다양한 입력 요소
② 입력 제어 속성
③ 입력 요소의 이벤트

1. 다양한 입력 요소

type 속성으로 구분되는 〈input〉은 20여 개나 있습니다. 그중 자주 사용되는 type 속성값으로 text, password, email, file, hidden, radio, checkbox, submit 등이 있습니다.

type 속성값에 따라 꼭 필요하거나 입력 요소 제어를 위한 속성이 있습니다. 다음에서 확인해 보세요.

●●● 예제 파일 09.form-input.html

```
 ⋮                 ⋮
15:            <div class="row mb-3">
16:              <label for="userId" class="col-sm-2 col-form-
     label">text</label>
17:              <div class="col-sm-10">
18:                <input type="text" class="form-control" id="userId"
     name="userId" placeholder="아이디 입력">
19:              </div>
20:            </div>
21:            <div class="row mb-3">
22:              <label for="passwd" class="col-sm-2 col-form-
     label">password</label>
23:              <div class="col-sm-10">
```

```
24:                 <input type="password" class="form-control"
    id="passwd" name="passwd" placeholder="비밀번호 입력">
25:               </div>
26:             </div>
27:             <div class="row mb-3">
28:               <label for="search" class="col-sm-2 col-form-
    label">search</label>
29:               <div class="col-sm-10">
30:                 <input type="search" class="form-control"
    id="search" name="search" placeholder="검색어 입력">
31:               </div>
32:             </div>
33:             <div class="row mb-3">
34:               <label for="color" class="col-sm-2 col-form-
    label">color</label>
35:               <div class="col-sm-10">
36:                 <input type="color" class="form-control form-
    control-color" id="color" name="color" title="클릭하여 컬러 선택">
37:               </div>
38:             </div>
39:             <div class="row mb-3">
40:               <label for="range" class="col-sm-2 col-form-
    label">range</label>
41:               <div class="col-sm-10">
42:                 <input type="range" class="form-range" id="range"
    name="range" min="0" max="100" step="1">
43:               </div>
44:             </div>
45:             <div class="row mb-3">
46:               <label for="date" class="col-sm-2 col-form-
    label">date</label>
47:               <div class="col-sm-10">
48:                 <input type="date" class="form-control" id="date"
    name="date">
49:               </div>
50:             </div>
```

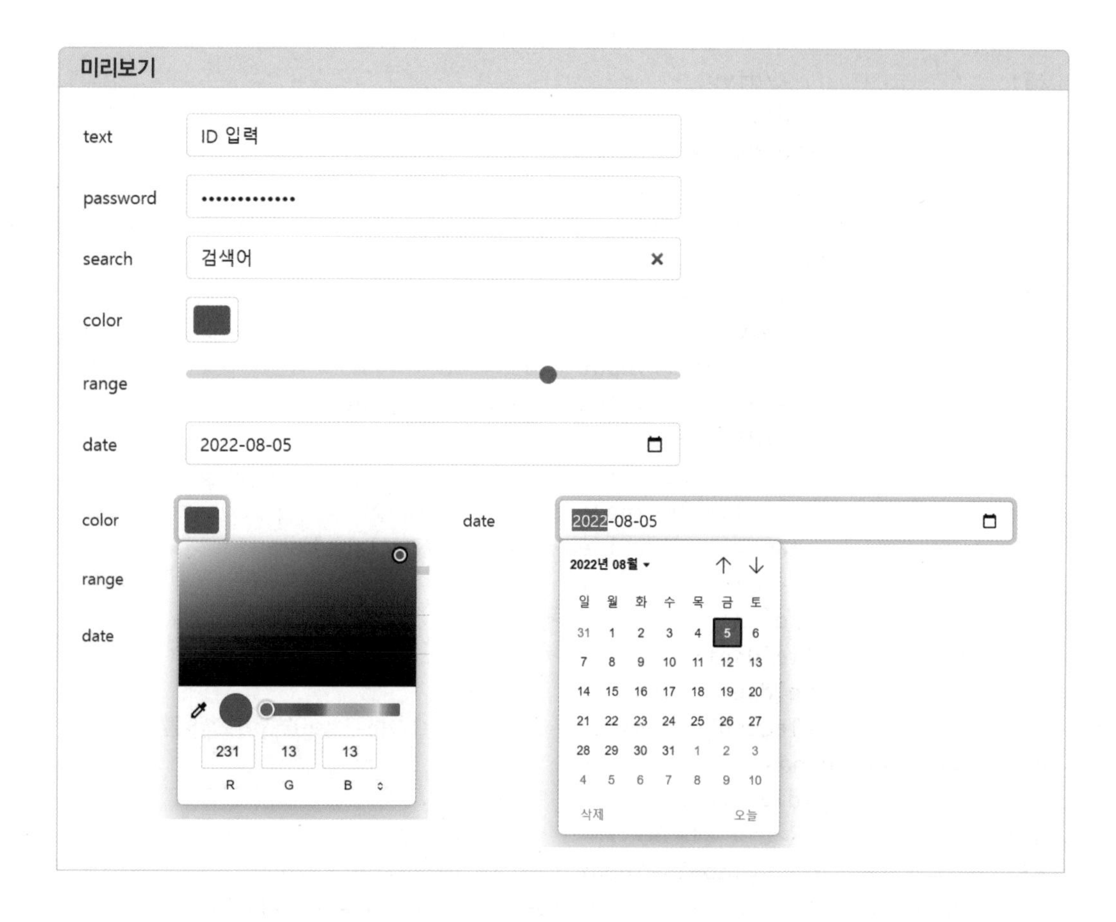

<input type="radio">와 <input type="checkbox">를 소개합니다. 동일 그룹의 라디오와 체크박스는 name 속성의 값이 같도록 구성해야 합니다. 라디오는 동일 그룹 내 단일 값을 선택할 수 있고, 체크박스는 동일 그룹 내 다중 값을 선택할 수 있습니다.

●●● 예제 파일 09.form-input2.html

```
 ⋮                  ⋮
17:             <fieldset class="row mb-3">
18:               <legend class="col-form-label col-sm-2 pt-0">블록
    라디오</legend>
19:               <div class="col-sm-10">
20:                 <div class="form-check">
21:                   <label><input class="form-check-input"
    type="radio" name="rb1" value="1">Radio#1</label>
22:                 </div>
23:                 <div class="form-check">
24:                   <label><input class="form-check-input"
    type="radio" name="rb1" value="2">Radio#2</label>
```

```
25:                 </div>
26:               </div>
27:             </fieldset>
28:             <fieldset class="row mb-3">
29:               <legend class="col-form-label col-sm-2 pt-0">인라인
30:   라디오</legend>
31:               <div class="col-sm-10">
32:                 <div class="form-check form-check-inline">
33:                   <label><input class="form-check-input"
      type="radio" name="rb2" value="1">Radio#1</label>
34:                 </div>
35:                 <div class="form-check form-check-inline">
36:                   <label><input class="form-check-input"
      type="radio" name="rb2" value="2">Radio#2</label>
37:                 </div>
38:               </div>
39:             </fieldset>
40:             <fieldset class="row mb-3">
41:               <legend class="col-form-label col-sm-2 pt-0">블록
42:   체크박스</legend>
43:               <div class="col-sm-10">
44:                 <div class="form-check">
45:                   <label><input class="form-check-input"
      type="checkbox" name="cb1" value="1">Checkbox#1</label>
46:                 </div>
47:                 <div class="form-check">
48:                   <label><input class="form-check-input"
      type="checkbox" name="cb1" value="2">Checkbox#2</label>
49:                 </div>
50:               </div>
51:             </fieldset>
52:             <fieldset class="row mb-3">
53:               <legend class="col-form-label col-sm-2 pt-0">블록
54:   체크박스</legend>
55                <div class="col-sm-10">
56                  <div class="form-check form-check-inline">
57:                   <label><input class="form-check-input"
      type="checkbox" name="cb2" value="1">Checkbox#1</label>
58:                 </div>
59:                 <div class="form-check form-check-inline">
```

```
60:                     <label><input class="form-check-input"
     type="checkbox" name="cb2" value="2">Checkbox#2</label>
61:                   </div>
62:                 </div>
63:               </fieldset>
```

미리보기

블록 라디오	○ Radio#1 ◉ Radio#2
인라인 라디오	○ Radio#1 ◉ Radio#2
블록 체크박스	☑ Checkbox#1 ☑ Checkbox#2
블록 체크박스	☐ Checkbox#1 ☑ Checkbox#2

2. 입력 제어 속성

폼 요소의 속성 required, readonly, disabled, pattern을 소개합니다.
required는 해당 입력 요소에 대하여 사용자의 필수 입력사항 또는 선택사항으로 강제하는 것이며, readonly나 disabled는 변경할 수 없는 읽기 전용이나 비활성 입력 요소를 나타냅니다. pattern은 전화번호, 우편번호 등 입력 데이터 타입과 형식이 정해진 입력값의 패턴을 강제하는 것으로 정규표현식을 사용합니다.

●●● 예제 파일 09.form-input-attribute.html

```
 ⋮                ⋮
16:               <div class="row my-3">
17:                 <label for="userId" class="col-sm-2 col-form-label">
     아이디</label>
18:                 <div class="col-sm-10">
19:                   <input type="text" class="form-control" id="userId"
     name="userId"  placeholder="아이디 입력" readonly>
20:                 </div>
21:               </div>
22:
23:               <div class="row mb-3">
24:                 <label for="passwd" class="col-sm-2 col-form-label">
     비밀번호</label>
```

```
25:                <div class="col-sm-10">
26:                  <input type="password" class="form-control"
    id="passwd" name="passwd" placeholder="비밀번호 입력" required>
27:                </div>
28:              </div>
29:
30:              <div class="row mb-3">
31:                <label for="search" class="col-sm-2 col-form-label">
    검색어</label>
32:                <div class="col-sm-10">
33:                  <input type="search" class="form-control"
    id="search" name="search" value="자바스크립트" disabled>
34:                </div>
35:              </div>
```

예전 웹 문서에서 required="required", readonly="readonly", disabled="disabled", checked="checked", selected="selected" 등의 형식으로 속성과 속성값이 동어반복으로 표현된 것을 볼 수 있는데, 이는 예전 HTML 버전인 XHTML의 형식이 남아 있기 때문입니다. XHTML은 HTML에 XML 문법을 도입하여 엄격한 형식을 통해 웹 문서의 오류를 줄이고, 확장성과 유연성을 향상시키기 위해 HTML 4.01에 적용된 과도기적 사양이었습니다. 그러나 HTML5가 만들어지면서 상대적으로 느슨한 형식인 HTML로 되돌아왔습니다. 그러나 엄격한 문법을 적용해도 문제가 되지는 않습니다.

XML(eXtensible Markup Language)은 데이터 교환 표준으로 데이터의 저장과 전송을 위해 디자인된 언어로 엄격한 문법과 확장성, 유연성 때문에 많은 곳에서 사용되고 있습니다. 뒤쪽에서 배울 Ajax에서 데이터를 전송하기 위한 데이터 컨테이너로 등장합니다.

XHTML에 적용된 주요 XML 문법은 다음과 같습니다.

---

① 열기 태그(start tag)가 있으면 반드시 닫기 태그(end tag)가 있어야 합니다.

② 요소명과 속성명은 소문자이어야 합니다.

③ 속성값은 반드시 따옴표로 묶어야 합니다(이 부분 때문에 동어반복으로 표현되었습니다).

속성값으로 정규표현식을 갖는 pattern 속성은 입력 값의 형식과 패턴을 지정하기 위해 사용합니다. required와 pattern을 함께 사용하여 반드시 입력해야 하고, 입력할

경우에는 지정된 패턴으로 올바르게 입력되어야 함을 강제하고 있습니다. required가 필수가 아닐 경우도 있습니다.

●●● 예제 파일 09.form-input-attribute.html

```
 ⋮                ⋮
37:             <div class="row mb-3">
38:               <label for="postcode" class="col-sm-2 col-form-
    label">pattern</label>
39:               <div class="col-sm-10">
40:                 <input type="text" class="form-control"
    id="postcode" name="postcode" pattern="[0-9]{5}" title="5자리
    우편번호" placeholder="우편번호 입력" required>
41:               </div>
42:             </div>
```

미리보기

readonly	hongkildong
required	비밀번호 입력
disabled	자바스크립트
pattern	우편번호 입력

이 입력란을 작성하세요.

전송

readonly	hongkildong
required	••••
disabled	자바스크립트
pattern	12

요청한 형식과 일치시키세요.
5자리 우편번호

전송

tip readonly와 disabled

① readonly : 입력값을 읽기 전용으로 처리합니다. 폼 전송 시 입력된 값이 서버로 전달됩니다.

② disabled : 입력 요소를 비활성화합니다. 폼 전송 시 입력된 값이 서버로 전달되지 않습니다.

3. 입력 요소의 이벤트

다음은 <input type="range">를 이용한 이벤트 예제입니다. <input type="range">의 손잡이를 잡아 움직이면, 그 값에 따라 이미지를 회전시키도록 합니다.

●●● 예제 파일 09.form-oninput.html

```
 :        :
11:    <div class="container">
12:      <div class="row my-3">
13:        <div class="col-7">
14:          <input type="range" class="form-range" name="range"
     min="-180" max="180">
15:          <hr>
16:          <input type="text" readonly class="form-control-
     plaintext" name="rangeValue">
17:        </div>
18:        <div class="col-5">
19:          <img src="https://dummyimage.com/400x400/000/fff"
     class="img-fluid" alt="">
20:        </div>
21:      </div>
22:    </div>
```

입력 요소에 값을 입력할 때 발생 oninput 이벤트는 <input type="range">의 값 변화가 생길 때마다 트리거 되어 range의 값을 출력 창에 표시하고, 이미지를 그 값에 따라 회전하도록 합니다.

이미지의 회전은 CSS의 transform 속성의 rotate의 각도로 표현된 값을 전달하여 이뤄집니다. CSS transform은 2D 또는 3D 형태로 요소의 모양을 변경하는 속성으로 이동(move), 회전(rotate), 크기(scale), 찌그러짐(skew) 등의 효과를 줄 수 있습니다.

```
:         :
25:     var slider = document.querySelector('input[name="range"]');
26:     var output = document.
    querySelector('input[name="rangeValue"]');
27:     var img = document.querySelector('img');
28:
29:     output.value = slider.value;
30:
31:     slider.oninput = function() {
32:       output.value = this.value;
33:       img.style.transform = `rotate(${this.value}deg)`;
34:     }
```

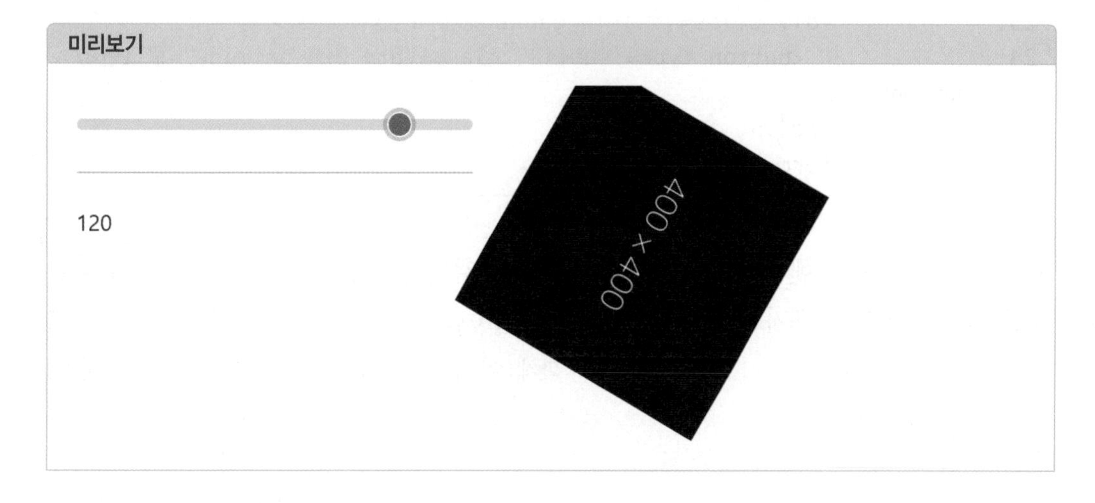

다음은 onsubmit 이벤트 예제입니다. onsubmit 이벤트는 사용자가 입력한 폼을 서버로 보내기 위해 전송(submit) 버튼을 클릭할 때 발생합니다. 이 이벤트 트리거를 통해 사용자가 입력한 정보가 요구한 형식과 의도에 맞는지 유효성 검사를 할 수 있으며, 자세한 내용은 [09-2 유효성 검사]에서 다루도록 합니다. 여기서는 onsubmit이 발생하는 조건과 방법에 대하여 알아봅니다.

onsubmit은 〈form〉의 이벤트 속성으로 이를 처리할 자바스크립트 함수와 연결합니다. 〈form〉이 흔히 갖는 속성에는 method와 action이 있는데, method는 사용자의 입력값이 전달되는 방법을 지정하고, action은 사용자의 입력값이 전달될 URL을 지정합니다.

●●● 예제 파일 09.form-onsubmit.html

```
 ⋮            ⋮
14:          <form method="get" action="receive.html"
    onsubmit="validateForm(event)">
15:            <div class="form-floating mb-3">
16:              <input type="text" class="form-control" id="userId"
    name="userId">
17:              <label for="userId">아이디</label>
18:            </div>
19:            <div class="form-floating mb-3">
20:              <input type="password" class="form-control"
    id="passwd" name="passwd">
21:              <label for="passwd">비밀번호</label>
22:            </div>
23:            <div class="d-grid gap-2 col-6 mx-auto">
24:              <button type="submit" class="btn btn-primary">로그인</
    button>
25:            </div>
26:          </form>
```

onsubmit의 이벤트 핸들러는 매개변수로 event 객체를 전달받을 수 있으며, 이후 유효성 검사를 통해 사용자의 입력값을 서버로 전송할지를 결정하게 됩니다. 이벤트 객체의 메서드인 preventDefault()는 대상 객체(여기서는 〈form〉)의 기본 기능을 수행하지 못하도록 합니다.

●●● 예제 파일 09.form-onsubmit.html

```
 ⋮        ⋮
32:      function validateForm(event) {
33:        console.log(event);
34:        event.preventDefault();
35:      }
```

콘솔 화면

```
  SubmitEvent {isTrusted: true, submitter:
▸ button.btn.btn-primary, type: 'submit',
  target: form, currentTarget: form, …}
```

〈form〉의 onsubmit 이벤트 속성을 이용하기 위해 event 매개변수를 사용하지 않고 preventDefault()의 역할을 하는 다른 방법을 소개합니다. 앞서 preventDefault()는 대상 요소가 갖는 기본 기능을 수행하지 못하도록 막는다고 설명했는데요. 예컨대 〈form〉의 기본 기능은 사용자의 입력값을 서버로 전송하는 것이고, 〈a〉는 href 속성값으로 지정된 URL로 화면을 이동하는 것입니다.

다음 예제에서 15행에 있는 〈a〉를 살펴보면, onclick="return false"로 되어 있습니다. 〈a〉는 클릭하면 href 속성값으로 화면을 이동하는데, onclick 이벤트 속성이 추가된 경우에는 onclick 이벤트가 먼저 실행되고 그 이후에 기본 기능인 화면 이동이 이뤄집니다. 이때 onclick의 값인 return false는 preventDefault( )와 같은 역할을 합니다. 화면이 이동하지 않도록 붙잡는 겁니다.

〈form〉에서도 동일한 형식을 취할 수 있습니다. 17행의 onsubmit="return validateForm()"은 먼저 수행되는 validateForm()의 결과로 true 또는 false를 반환값으로 받아 onsubmit="return false" 또는 onsubmit="return true"가 되어 사용자의 입력값이 서버로 전송될지 말지를 결정하게 됩니다.

●●● 예제 파일 09.form-onsubmit2.html

```
 ⋮            ⋮
15:         <a href="https://www.booksr.co.kr" class="btn btn-primary
    mb-3" onclick="return false">이동</a>
16:
17:         <form method="get" action="receive.html" onsubmit="return
    validateForm()">
18:           <div class="form-floating mb-3">
19:             <input type="text" class="form-control" id="userId"
    name="userId">
20:             <label for="userId">아이디</label>
21:           </div>
22:           <div class="form-floating mb-3">
23:             <input type="password" class="form-control"
    id="passwd" name="passwd">
24:             <label for="passwd">비밀번호</label>
25:           </div>
26:           <div class="d-grid gap-2 col-6 mx-auto">
27:             <button type="submit" class="btn btn-primary">로그인</
    button>
28:           </div>
29:         </form>
 ⋮            ⋮
```

```
35:      function validateForm() {
36:        console.log('onsubmit');
37:        return false;
38:      }
```

onsubmit 이벤트를 〈form〉 속성이 아닌 자바스크립트로 연결할 수 있습니다.

이번 예제에서는 〈form name="authForm"〉으로 name 속성을 추가하고 onsubmit 속성을 제외하여 구성하였습니다. name 속성은 하나의 문서에 여러 개의 〈form〉이 있는 경우, 각 〈form〉을 식별하기 위해 사용하나, 반드시 있어야 하는 것은 아닙니다.

먼저 〈form〉을 선택하는 방법입니다. 〈form〉은 배열 형식으로 식별하거나 querySelector() 등의 요소를 찾는 메서드를 통해서 식별할 수 있습니다. 예제에서는 32행~35행의 myForm 4개 중에서 하나를 선택하고 나머지는 주석 처리합니다.

●●● 예제 파일 09.form-onsubmit3.html

```
 :        :
11: <div class="container">
12:   <div class="row justify-content-center">
13:     <div class="col-8 m-3">
14:       <form name="authForm" method="get" action="receive.html">
15:         <div class="form-floating mb-3">
16:           <input type="text" class="form-control" id="userId"
    name="userId">
17:           <label for="userId">아이디</label>
18:         </div>
19:         <div class="form-floating mb-3">
20:           <input type="password" class="form-control" id="passwd"
    name="passwd">
21:           <label for="passwd">비밀번호</label>
22:         </div>
23:         <div class="d-grid gap-2 col-6 mx-auto">
24:           <button type="submit" class="btn btn-primary">로그인</button>
25:         </div>
26:       </form>
27:     </div>
28:   </div>
29: </div>
32:      const myForm = document.forms[0];
33:      const myForm = document.forms['authForm'];
34:      const myForm = document.authForm;
35:      const myForm = document.querySelector('form');
```

이벤트 핸들러나 이벤트 리스너를 구성하여 [전송(submit)] 버튼을 클릭할 때 이벤트를 처리할 수 있습니다. 아래 2가지 블록 중에서 하나를 선택하여 사용해 보세요.

●●● 예제 파일 09.form-onsubmit3.html

```
 ⋮          ⋮
37:        // 방법 #1
38:        myForm.onsubmit = function(event) {
39:          event.preventDefault();
40:          console.log('*');
41:        }
42:
43:        // 방법 #2
44:        myForm.addEventListener('submit', function(event) {
45:          event.preventDefault();
46:          console.log('**');
47:        });
```

09-2 유효성 검사

유효성 검사(Form Validation)는 사용자가 입력한 〈form〉 정보의 형식이 올바른지 또한 값을 제대로 입력했는지를 전송하기 전에 검토하는 과정입니다. 정보를 제공하는 서버보다 정보를 소비하고 이용하는 클라이언트의 숫자가 현저히 많기 때문에 서버에서 처리하지 못할 사용자의 입력 값을 검토 없이 서버에 전송한다면, 서버는 오류를 찾고 오류에 대한 메시지를 만들어 다시 클라이언트에 보내는 오버헤드(서버의 자원 소모)가 발생합니다. 오버헤드는 없으면 좋을 일(노력)이나 비용 따위를 일컫는 말로, 결국 여기서는 다른 클라이언트의 요청을 수행할 수 없을 수도 있게 됩니다. 그래서 서버로 전송하기 전에 클라이언트에서 입력 값의 유효성 검사를 통과한, 서버에서 처리가 가능한 상태의 입력 폼을 전송하는 것이 필요합니다.

간단한 방법으로서 입력 요소의 속성인 required, pattern, min, max 등을 이용하는 것을 포함하여 onsubmit 이벤트로서 서버로 전송하기 전에 자바스크립트로 유효성 검사를 하는 것이 필요합니다.

다음은 〈form〉의 유효성 검사의 간단한 예시입니다. 사용자가 입력폼을 완성하고 [전송(submit)] 버튼을 클릭하여 서버로 전송할 때, onsubmit 이벤트에서 입력 값의 길이와 형식을 확인하여 유효성을 검사합니다.

●●● 예제 파일 09.form-validation.html

```
 ⋮           ⋮
14:          <form method="get" action="receive.html">
15:            <div class="form-floating mb-3">
16:              <input type="text" class="form-control" id="userId"
     name="userId">
17:              <label for="userId">아이디</label>
18:            </div>
19:            <div class="form-floating mb-3">
20:              <input type="password" class="form-control"
     id="passwd" name="passwd">
21:              <label for="passwd">비밀번호</label>
22:            </div>
23:            <div class="d-grid gap-2 col-6 mx-auto">
24:              <button type="submit" class="btn btn-primary">로그인</
     button>
25:            </div>
26:          </form>
```

this는 document.forms[0]을 지칭하는 것으로 〈form〉입니다. 〈form〉 내부의 입력 요소에 접근하는 경우에 점(dot) 문법으로 '폼.입력요소이름' 형식으로 표현합니다. this.userId.value는 〈form〉 하위의 〈input name="userId"〉에 입력한 값을 문자열로 반환합니다. this.userId.value.length는 문자열로 반환된 입력 값의 길이가 됩니다. isNaN()는 NaN(Not a Number, 숫자가 아님)의 불리언값을 반환하는 함수로 매개변수가 숫자(Number)가 아니라면 true를, 그 외에는 false를 반환합니다. 보통 변수나 함수 이름 앞에 'is'가 있는 경우는 불리언을 다룹니다.

●●● 예제 파일 09.form-validation.html

```
⋮          ⋮
32:      document.forms[0].onsubmit = function (event) {
33:        if (this.userId.value.length < 6) {
34:          alert('6글자 이상의 ID를 입력하세요');
35:          this.userId.focus();
36:          event.preventDefault();
37:        } else if ((this.passwd.value.length < 4) || isNaN(this.
    passwd.value)) {
38:          alert('4글자 이상의 숫자로 된 비밀번호를 입력하세요');
39:          this.passwd.focus();
40:          event.preventDefault();
41:        }
42:      }
```

유효성 검사를 통과하여 사용자의 입력 값이 서버로 전달은 보통 다음의 2가지 형태로 이뤄집니다. method에 get 또는 post로 지정하여 방법을 결정할 수 있는데, get은 주소창에 다음의 형식으로 입력 값이 변수명과 변수값의 쌍(key−value) 형식으로 전달됩니다. 주소창으로 사용자의 입력 값이 드러나는 보안에 취약한 형식이며 대개 정보를 '조회'하는 용도로 사용됩니다. 반면 post는 전송되는 입력 값을 외부로 드러내지 않고 서버로 전달되는 방식으로 get에 비해 상대적으로 덜 취약합니다. 그래서 사용자의 정보를 서버측 저장소에 주로 '삽입, 갱신, 삭제'하는 용도로 사용됩니다. 하지만 중요한 데이터의 안전한 전송을 위해서는 전송 데이터를 암호화를 고려해야 합니다. post로 전달될 때의 값은 브라우저의 개발자 도구의 [네트워크(network)] 메뉴에서 다음과 같이 찾아볼 수 있습니다.

receive.html?userId=hongkildong&passwd=1234

GET 방식의 데이터 전달 예시

Name	× Headers **Payload** Preview Response »
11.form-va...	▾ **Form Data** view source view URL-encoded
receive.html	**userId:** hongkildong
	passwd: 5678

POST 방식의 데이터 전달 예시

다음은 아이디 중복 확인 관련 유효성 검사의 간단한 예시입니다. 사용자가 사용할 아이디(userId)를 입력하고 [중복확인] 버튼을 클릭하여 아이디 중복 확인 절차를 완료해야만 폼 전송이 가능하도록 구성하였습니다.

〈input type="hidden"〉은 사용자의 입력값 처리를 위해 필요한 변수와 변수값을 다루는 것으로 사용자에게는 보이지 않는 입력 요소입니다. value 속성값에 중복 확인이 되지 않은 경우의 상태값을 초기값으로 할당하고 아이디 중복 확인의 결과에 따라 값을 제어합니다.

●●● 예제 파일 09.form-validation2.html

```
 ⋮            ⋮
14:         <form method="get" action="receive.html">
15:           <div class="input-group form-floating mb-3">
16:             <input type="text" class="form-control" id="userId"
    name="userId">
17:             <label for="userId">아이디</label>
18:             <button type="button" id="checkId" class="btn btn-
    secondary">중복확인</button>
19:           </div>
20:
21:           <input type="hidden" name="isCheck" value="0">
22:
23:           <div class="d-grid gap-2 col-6 mx-auto">
24:             <button type="submit" class="btn btn-primary">로그인</
    button>
25:           </div>
26:         </form>
```

입력 요소의 접근은 document.forms[0]['isCheck'] 또는 document.forms[0].isCheck 형식 모두 가능합니다. 배열 형식으로 접근하는 방법입니다. 다음의 코드와 결과를 확인하세요.
코드에서는 [중복확인] 버튼을 클릭하면 단지 <input type="hidden">의 상태값을 1로 변경하는 것으로 간단히 처리했는데, 아이디 중복 확인 프로세스의 결과에 따라 값이 결정되어야 합니다. 여기서는 중복 확인 프로세스가 생략된 코드입니다. 다음 장에서 소개할 Ajax(에이젝스)라는 웹 기술을 이용하여 처리하는 경우가 많습니다.

●●● 예제 파일 09.form-validation2.html

```
 ⋮         ⋮
32:      document.getElementById('checkId').onclick = function () {
33:        // 아이디 중복 확인 프로세스의 결과에 따라 값 설정
34:        document.forms[0]['isCheck'].value = 1;
35:      }
36:
37:      document.forms[0].onsubmit = function (event) {
38:        let isCheckId = parseInt(this.isCheck.value);
39:
40:        if (this.userId.value.length < 6) {
41:          alert('6글자 이상의 ID를 입력하세요');
42:          this.userId.focus();
43:          event.preventDefault();
44:        } else if (!isCheckId) {
45:          alert('아이디의 중복확인이 필요합니다.');
46:          event.preventDefault();
47:        }
48:      }
```

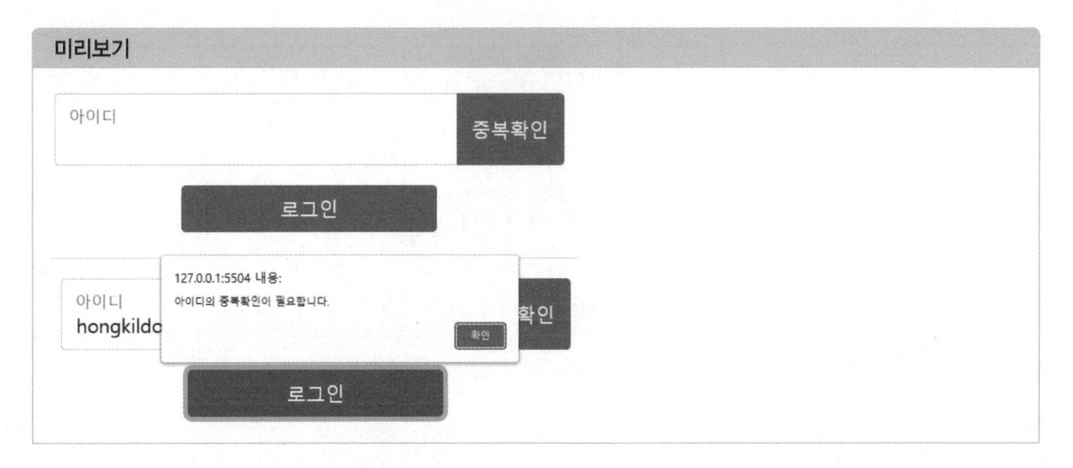

Chapter

10

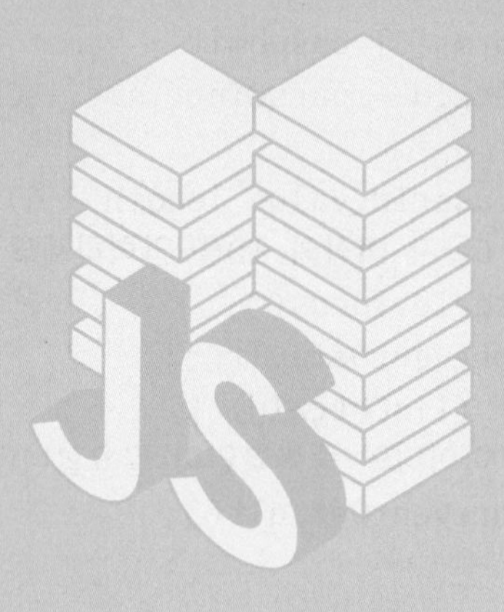

Ajax

학습목표

Ajax는 웹페이지의 일부 영역 또는 전체를 갱신할 수 있도록 해 주는 매우 효율적인 방법입니다. Ajax는 브라우저에 탑재된 XMLHttpRequest 객체 또는 Fetch API를 이용하여 서버에게 데이터를 요청하고 그 처리가 비동기적으로 이뤄진다는 것이 핵심입니다. XMLHttpRequest와 Fetch API를 이용하여 Ajax를 실습하고, 데이터 교환 표준으로 사용되는 XML과 JSON의 쓰임새를 알아봅니다.

10-1 Ajax의 이해

Ajax(Asynchronous Javascript And XML)는 웹페이지의 일부 또는 전체 영역을 갱신할 수 있도록 해 주는 방법입니다. 브라우저에서 보이는 화면은 URL 즉, 페이지 단위로 처리됩니다. 다른 콘텐츠를 보기 위해서는 주소창에 URL을 입력하거나 링크나 이벤트 등을 통해서 다른 페이지를 이동합니다. 그러나 동일한 형태의 UI를 갖는 페이지에서 일부 영역의 콘텐츠를 변경하기 위해 페이지 전체를 갱신(update)한다는 것은 서버나 사용자 모두에게 비효율적입니다.
Ajax는 브라우저에 탑재된 XMLHttpRequest 객체 또는 Fetch API를 이용하여 서버에게 데이터를 요청하고 그 처리가 비동기적(asynchronous)으로 이뤄진다는 것이 핵심입니다. 페이지의 새로고침 없이 서버로부터 데이터를 가져와 사용자의 작업을 방해하지 않고 페이지의 일부 영역을 갱신할 수 있습니다.

- Asynchronous : 비동기 처리
- Javascript : 자바스크립트 이벤트로 데이터의 요청과 처리
- And
- XML : 데이터 교환 표준(서버에서 보내는 데이터를 담는 형식, 데이터 컨테이너)

비동기(Asynchronous)는 컴퓨터 프로그램이 동작하는 하나의 방법입니다. 비동기라는 이름에서 느껴지듯 동기라는 방법 또한 있습니다. 대부분 프로세스는 동기식으로 동작합니다.
예를 들어 설명하겠습니다. 어떤 집의 아침 풍경으로 엄마와 아들인 동현이와의 일입니다. 엄마는 아침 식사를 준비하고 있었고, 동현이는 아직 자고 있습니다. 이내 학교에 갈 시간이 되어 엄마는 동현이를 깨우고 있으나, 동현이는 아직 일어나지 못하고 있습니다.
동기식의 경우에는 동현이가 일어날 때까지 엄마는 깨우기 전에 하고 있었던 아침 준비를 이어가지 못합니다. 동현이가 일어나야만 엄마는 아침 준비를 할 수 있게 되는 방식이 동기식입니다.
인터넷 작업을 하다 보면 가끔 화면에 모래시계 아이콘이 뜨는 경우가 있습니다. 이전에 수행한 명령이 아직 완료되지 않아 다음 명령어를 받을 수 없으니 기다려 달라는

의미입니다. 바로 동기식으로 처리되기 때문에 그렇습니다. 비동기식이라면 엄마가 동현이에게 일어나라고 외치고, 계속 아침 준비를 이어갈 수 있습니다. 그러나 동현이가 바로 일어날지, 뒤척이다가 일어날지 아니면 결국 일어나지 않을지 알 수 없습니다.

Ajax는 비동기로 명령어를 처리하는 방법입니다. 비동기의 장점은 전체적인 프로세스의 수행이 빨라질 수 있으며, 화면 위 모래시계처럼 멈추는 현상도 없습니다. 무엇보다 Ajax로 화면의 부분 갱신을 처리하는 동안 계속 브라우징 작업을 할 수 있습니다. 인터넷 지도를 떠올려 보세요. 지도의 중심 위치를 바꿀 때 서버에서는 계속 화면의 다른 영역의 지도 이미지를 내려보내 주고 있으며, 동시에 지도 사용자는 지도의 위치를 변경하고 검색하는 등 작업을 계속할 수 있습니다. 비동기로 처리되는 대표적인 사례입니다.

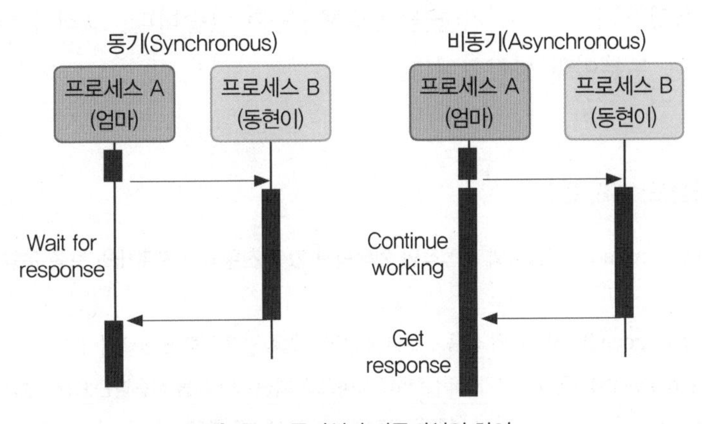

그림 10-1 동기식과 비동기식의 차이

> **tip 프로그램과 프로세스**
>
> - **프로그램(program) : 프로그램 언어로 구현된 코드로서 보조기억장치(하드디스크)에 저장됩니다.**
> - **프로세스(process) : CPU에 의해 실행되기 위해 주기억장치(메인메모리)에 저장된 프로그램입니다.**

자바스크립트는 이벤트를 이용하여 데이터의 요청과 처리를 담당합니다. 비동기 이벤트가 발생하는 상황에 미리 정의된 작업을 수행하여 서버로 필요한 데이터를 요청하고, 서버의 응답으로서 클라이언트(브라우저)에 전달된 XML에 담긴 데이터로 UI를 만들어 화면의 영역 일부를 갱신합니다.

XML은 데이터 교환 표준으로, 데이터를 전송하기 위한 데이터 컨테이너입니다. XML은 우리가 일상에서 만나는 택배 상자와 같습니다. 구매 또는 판매 물품을 안전하고 편리하게 배송하기 위해 사용하는 택배 상자입니다. 다만, XML에는 물품 대신 요청한 데이터가 들어 있을 뿐입니다.
물품의 종류에 따라 종이 상자, 스티로폼 상자, 뽁뽁이 봉투 등으로 택배 포장이 됩니다. 데이터를 담는 데이터 컨테이너도 XML 이외에 JSON(JavaScript Object Notation)이 있습니다. JSON은 XML보다 경량이라 최근에는 JSON을 많이 사용하는 편입니다. 그래서 Ajax 마지막의 X는 XML로서 고정된 것이 아니라 데이터 컨테이너, 즉 데이터를 배송하기 위한 택배 상자로서 이해하면 쉽습니다.
백그라운드(background)에서 서버와의 통신이 많은 경우에는 SSE(Server-Sent Events)나 웹소켓(websocket) 기술을 검토해 볼 수 있습니다. 그러나 이 부분은 책의 범위를 넘어서는 부분이라 생략합니다.

tip 백그라운드, SSE, 웹소켓

- 백그라운드(back-ground) : 사용자와 직접적인 인터랙션 없이 진행되는 프로세스(보통 운영체제, 네트워크 액세스)입니다.
- 포어그라운드(fore-ground) : 사용자와 응용 프로그램 간의 직접적인 인터랙션 상태입니다.
- SSE(Server-Sent Events) : 웹페이지가 서버로부터 자동으로 최신 데이터를 전송받는 HTML API입니다.
- 웹소켓(websocket) : 서버와 브라우저 간 연결을 유지한 상태로 데이터를 교환할 수 있는 웹 기술입니다.

10-2 Ajax 활용

XMLHttpRequest 객체를 사용하여 Ajax를 활용하는 방법을 살펴봅니다.
일반적인 순서는 다음과 같습니다.

---

① XMLHttpRequest 객체를 생성하여 초기화합니다.
② XMLHttpRequest 객체를 open() 메서드로 요청할 조건을 구성합니다.
③ XMLHttpRequest 객체를 서버로 전달하여 요청 과정을 수행합니다.
④ 서버로 전달된 요청에 대한 응답을 처리할 콜백 함수를 정의합니다.

아래에서 Ajax의 간단한 예제로 사용법을 익혀 봅니다. 컬럼을 2개로 하는 UI를 만들고 왼쪽에는 Ajax 이벤트를 발생시킬 버튼을 두고, 오른쪽에는 Ajax의 결과로서 서버로부터 전달된 UI를 삽입할 영역을 정의합니다. 오른쪽 영역은 <div id="pocket">이라고 구성했습니다.

●●● 예제 파일 10.ajax-basic.html

```
 ⋮      ⋮
11:    <div class="container">
12:      <div class="row my-3">
13:        <div class="col-4">
14:          <div class="d-grid gap-2">
15:            <button class="btn btn-primary" type="button">AJAX
     활용</button>
16:          </div>
17:        </div>
18:        <div class="col-8" id="pocket"></div>
19:      </div>
20:    </div>
```

[AJAX 활용] 버튼을 클릭하여 Ajax 이벤트를 수행합니다. XMLHttpRequest 객체는 일종의 퀵 서비스 또는 배달 앱 같은 역할을 합니다. 가져오거나 배달할 물건에 대하여 고객을 대신해서 중간에서 연결해 주니까요.
데이터를 요청하기 위해서는 먼저 XMLHttpRequest 객체가 필요하겠지요? 먼저

XMLHttpRequest 객체를 초기화합니다. 그리고 가져올 데이터와 요청 방식을 지정합니다. 이제 준비는 다 되었으니 출발하겠습니다.
잠시 기다리면 잘 받았다고 연락이 올 겁니다. 이럴 줄 알고 xhr.onload 이벤트로 다음 할 일을 미리 기록했는데 바로 그걸 실행하도록 하면 끝입니다. 간단하죠?
그리고 실행은 꼭 서버 환경에서 하세요. VSCode의 Live Server 확장 기능을 사용하면 편리합니다.

●●● 예제 파일 10.ajax-basic.html

```
 ⋮        ⋮
23:     document.querySelector('.btn-primary').onclick = function() {
24:       const xhr = new XMLHttpRequest();
25:
26:       xhr.open('GET', '10.ajax-basic-response.html');
27:
28:       xhr.send();
29:
30:       xhr.onload = function() {
31:         document.querySelector('#pocket').innerHTML = this.
    responseText;
32:       }
33:     }
```

[AJAX 활용] 버튼을 클릭하여 테스트해 보세요. 그럼 부트스트랩의 카드(card) UI가 나타납니다.
요청한 '10.ajax-basic-response.html'을 코드 편집기로 열어 보세요. 〈html〉,〈head〉, 〈body〉 없이 카드 UI 코드만 들어 있습니다. 〈html〉, 〈head〉, 〈body〉를 갖는 형식이 완전한 웹 문서가 아니고 일부분 코드만 담긴 조각(fragment) 파일입니다. 실제로 이것만 필요하니까요.

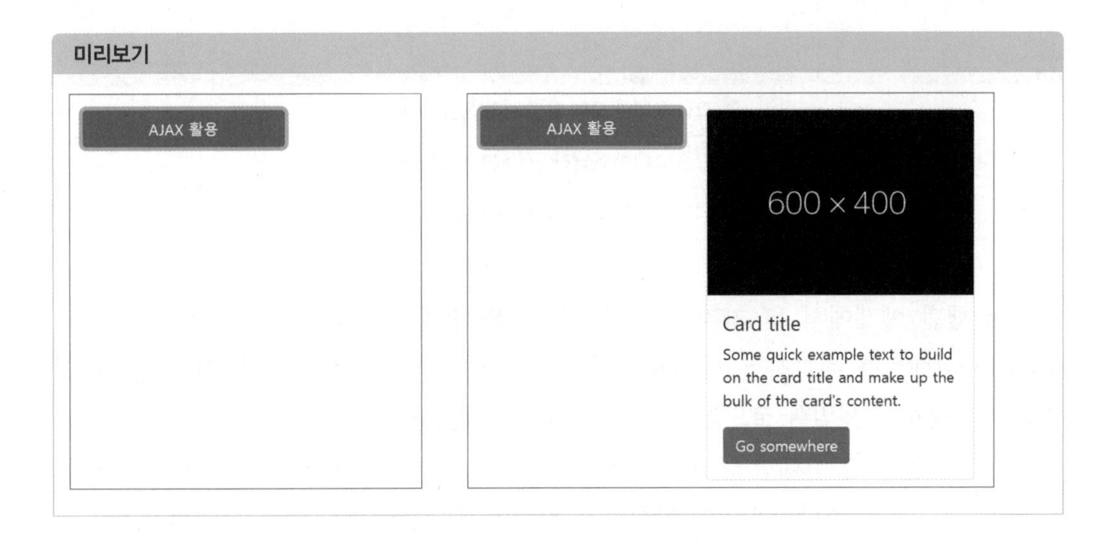

다음은 자주 참조되는 XMLHttpRequest 객체의 API입니다. API(Application Programming Interface)는 간단히 말해 프로그램 사용설명서입니다. 스마트폰이나 전자제품을 구매하여 살펴보면 그 안에는 언제나 제품 사용설명서가 있습니다. 이런 제품은 눈에 보이는 실체가 있기에 제품 사용설명서를 유사시 필요할 때만 찾아봅니다. 하지만 프로그래밍은 눈에 보이지 않으므로 사용설명서 없이 프로그램을 이해하여 사용하기 어렵습니다. 그래서 프로그램 사용설명서가 있다면, 반드시 살펴봐야 합니다. 물론 매우 건조하게 설명한 문서라 익숙하기까지는 시간이 걸리지만 말이죠. API는 보통 속성과 메서드 등에 대한 기능(역할)과 성능을 알려줍니다. 이름, 매개변수, 반환값 등 여러 가지를 함께 보도록 합니다.

표 10-1 | XMLHttpRequest API

XMLHttpRequest API		설명
속성(property)	responseText	• 요청에 대한 응답을 텍스트로 반환 • 요청 실패나 전송 전인 경우는 null 반환
	responseType	응답의 유형을 반환(document, json, text 등)
	status	HTTP 서버가 반환한 상태 코드 (200 OK, 404 Not Found, 500 Internal Server Error)
	statusText	HTTP 서버가 반환한 응답 문자열(OK 등)
메서드(method)	open()	요청을 초기화
	send()	요청을 전송

XMLHttpRequest API		설명
이벤트(event)	onerror	요청에 대한 오류 발생 시 발생할 이벤트
	onload	요청에 대한 응답이 종료되면 발생할 이벤트
	onprogress	응답 데이터를 수신하는 동안 주기적으로 발생할 이벤트

앞에서 했던 예제에서 몇 가지를 추가하여 사용 방법을 살펴봅니다. onprogress와 onerror 이벤트를 추가하였고, status 속성으로 요청의 처리가 제대로 이뤄졌는지 확인하여 친절하고 세밀한 코드가 될 수 있도록 구성하였습니다.

onprogress는 요청에 대한 응답 데이터를 수신하는 동안 주기적으로 발생하는 이벤트로 응답 데이터를 얼마나 내려받아졌는지 확인할 수 있습니다. 응답 데이터가 충분히 크다면 주기적으로 이벤트가 발생하는 것을 확인할 수 있지만, 지금 예제는 크기가 작아 그렇지 않습니다.

this는 xhr(XMLHttpRequest)을 가리키는 대명사격으로, this.status가 200이라면 요청에 대해 서버의 처리가 제대로 이뤄졌음을 확인하는 OK 사인입니다.

●●● 예제 파일 10.ajax-basic2.html

```
 :          :
23:      document.querySelector('.btn-primary').onclick = function() {
24:        const xhr = new XMLHttpRequest();
25:        xhr.open('GET', '10.ajax-basic-response.html');
26:        xhr.send();
27:
28:        xhr.onprogress = function(event) {
29:          console.log(event);
30:          if (event.lengthComputable) {
31:            console.log(`Received ${event.loaded} of ${event.total}
    bytes`);
32:          } else {
33:            console.log(`Received ${event.loaded} bytes`);
34:          }
35:        }
36:
37:        xhr.onload = function() {
38:          console.log(this);
39:          if (this.status != 200) {
40:            console.log(`Error ${this.status} : ${this.statusText}`);
```

```
41:          } else {
42:            document.querySelector('#pocket').innerHTML = this.
    responseText;
43:          }
44:        }
45:
46:        xhr.onerror = function() {
47:          alert('AJAX 오류 발생');
48:        }
49:     }
```

progress 이벤트 객체와 XMLHttpRequest 객체에 대한 콘솔 창의 출력입니다. 이들이 어떤 정보를 담고 있는지 확인해 보세요. 지금은 눈에 잘 안 들어오고, 필요 없을지라도 세밀하게 다루기 위해 알면 좋을 정보입니다.

콘솔 화면

```
▼ProgressEvent {isTrusted: true, lengthComputable: true,
 loaded: 413, total: 413, type: 'progress', …}
   isTrusted: true
   bubbles: false
   cancelBubble: false
   cancelable: false
   composed: false
 ▶ currentTarget: XMLHttpRequest {onreadystatechange: nul
   defaultPrevented: false
   eventPhase: 0
   lengthComputable: true
   loaded: 413
 ▶ path: []
   returnValue: true
 ▶ srcElement: XMLHttpRequest {onreadystatechange: null,
 ▶ target: XMLHttpRequest {onreadystatechange: null, read
   timeStamp: 10750.100000023842
   total: 413
   type: "progress"
 ▶ [[Prototype]]: ProgressEvent
```

```
 XMLHttpRequest {onreadystatechange: null, readyState:
▼4, timeout: 0, withCredentials: false, upload: XMLHttpR
 equestUpload, …}
   onabort: null
 ▶ onerror: ƒ ()
 ▶ onload: ƒ ()
   onloadend: null
   onloadstart: null
 ▶ onprogress: ƒ (event)
   onreadystatechange: null
   ontimeout: null
   readyState: 4
   response: "<div class=\"card\" style=\"width: 18rem;\"
   responseText: "<div class=\"card\" style=\"width: 18re
   responseType: ""
   responseURL: "http://127.0.0.1:5504/ch12.AJAX/12.ajax-
   responseXML: null
   status: 200
   statusText: "OK"
   timeout: 0
 ▶ upload: XMLHttpRequestUpload {onloadstart: null, onpro
   withCredentials: false
 ▶ [[Prototype]]: XMLHttpRequest
```

서버로부터의 응답 데이터가 XML 문서인 예제를 구성합니다.

xhr.onload = function(){} 대신 xhr.onreadystatechange = function(){}을 사용했습니다. onreadystatechange는 XMLHttpRequest 객체의 상태(status) 정보가 변경될 때 이벤트가 트리거됩니다.

다음은 XMLHttpRequest 객체의 단계적 상태 값입니다.

0 : 요청이 초기화되기 전 상태
1 : 서버와의 연결이 수립된 상태
2 : 요청이 서버로 전달된 상태
3 : 서버가 요청을 처리하고 있는 상태
4 : 요청에 대한 처리가 완료되어 응답이 준비된 상태

29행의 if (this.readyState == 4 && this.status == 200)은 XMLHttpRequest 객체의 상태가 요청에 대한 처리가 완료되어 응답이 준비된 상태이고, HTTP 서버가 반환한 상태 코드가 200으로 완료된 상태인 경우를 의미하는데, 곧 요청이 서버에서 처리 완료되어 서버로부터 응답이 브라우저로 전달된 상태인 것을 말합니다.
XML이 전달되는 경우라면, responseXML로 받아낼 수 있습니다. XML 문서는 HTML처럼 태그로 구성되어 있으므로 querySelectorAll() 등으로 원하는 요소에 접근할 수 있습니다. 여러 개의 <list>를 선택하여 배열 형태로 만들어 반복문을 통해 각각의 <list>에 접근하여 콘텐츠를 추출합니다. XML로부터 추출된 문자열은 부트스트랩 [리스트 그룹]의 형식으로 문자열 형태로 태그를 구성하고, 반복문이 종료된 후 [리스트 그룹] 형태를 완성하여 <div id="pocket">에 삽입하여 Ajax 이벤트를 완료합니다.

●●● 예제 파일 10.ajax-xml.html

```
 ⋮        ⋮
23:     document.querySelector('.btn-primary').onclick = function() {
24:       const xhr = new XMLHttpRequest();
25:       xhr.open('GET', '10.ajax-xml.xml');
26:       xhr.send();
27:
28:       xhr.onreadystatechange = function()
29:         if (this.readyState == 4 && this.status == 200) {
30:           const doc = this.responseXML;
31:           // console.log(doc);
32:           const lists = doc.querySelectorAll('list');
33:
34:           let listGroup = '';
35:           for (let list of lists) {
 ⋮              // console.log()
40:             let title = list.childNodes[0].nodeValue;
41:             listGroup += '<li class="list-group-item">' + title
    + '</li>';
```

```
42:             }
43:
44:             document.querySelector('#pocket').innerHTML = '<ul
    class="list-group">' + listGroup + '</ul>';
45:           }
46:         };
47:     }
```

다음은 간단한 XML 문서입니다. 〈lists〉라는 루트 요소 아래 여러 개의 〈list〉를 구성하고 있습니다.

XML은 '데이터 컨테이너'라고 했었습니다. XML이 활용되는 측면에서 볼 때는 그렇습니다. 구조적인 측면에서 볼 때는 XML은 XML을 사용하는 규칙, 그러니까 문법이 있습니다. 따라서 XML을 두 단어로 요약한다면 '문법과 데이터 컨테이너'가 되겠습니다. XML의 X는 확장 가능(eXtensible)의 의미로 태그와 속성의 정의 그리고 그것들의 관계 등을 새롭게 정의할 수 있게 합니다. 특정 용도에 사용할 XML 쓰임에 대한 사용법(문법)을 만들 수 있습니다. 이를 DTD(Document Type Definition), XML 스키마(Schema)라고 합니다.

XML의 규칙을 제대로 따르고 있는지에 대한 판정을 내릴 때, well-formed XML과 valid XML이라는 용어를 사용합니다. well-formed XML은 XML 문서가 XML의 기본 문법을 잘 준수해서 만들어진 문서인가를 따지고, valid XML은 well-formed XML에서 나아가 DTD나 XML 스키마에 따라 올바르게 구성된 문서인가를 따집니다.

●●● 예제 파일 10.ajax-xml.xml

```
01: <?xml version="1.0" encoding="UTF-8"?>
02: <lists>
03:   <list>서울</list>
04:   <list>대전</list>
05:   <list>대구</list>
06:   <list>부산</list>
07:   <list>광주</list>
08: </lists>
```

tip well-formed XML vs valid XML

- well-formed XML : XML의 기본 문법을 준수해서 만들어진 XML 문서입니다.
- valid XML : well-formed XML이고, DTD나 XML 스키마에 따라 올바르게 만들어진 XML 문서입니다.

XML이 처리되는 과정과 상태를 알아보기 위해 console.log()를 삽입하여 알아봅니다. 응답 데이터로서 responseXML은 'document' 타입입니다. console.log(doc)의 콘솔 창과 비교해서 보세요.

console.log(list)는 요소를 나타내고, console.log(list.childNodes)는 요소의 구조를 보여 줍니다.

또한 console.log(list.childNodes[0])는 list.childNodes에서 첫 번째 노드인 텍스트 노드를 가리키며 데이터 타입이 객체인 것에 주목하세요. 이를 문자열로 받아내기 위해서는 list.childNodes[0].nodeValue를 사용해야 합니다. 개발자 도구의 console 객체를 적절히 이용하면 코드에 대한 이해와 적용력을 높일 수 있습니다.

●●● 예제 파일 10.ajax-xml.html

```
 :    :
32:           const lists = doc.querySelectorAll('list');
33:
34:           let listGroup = '';
35:           for (let list of lists) {
36:             console.log(list);
37:             console.log(list.childNodes);
38:             console.log(typeof list.childNodes[0], list.
    childNodes[0]);
39:             console.log(typeof list.childNodes[0].nodeValue,
    list.childNodes[0].nodeValue);
40:             let title = list.childNodes[0].nodeValue;
41:             listGroup += '<li class="list-group-item">' + title
    + '</li>';
42:           }
```

콘솔 화면

```
▼#document
  <lists>
    <list>서울</list>
    <list>대전</list>
    <list>대구</list>
    <list>부산</list>
    <list>광주</list>
  </lists>
```

```
<list>서울</list>

▼NodeList [text]
  ▶0: text
   length: 1
  ▶[[Prototype]]: NodeList

object   "서울"

string 서울
```

[AJAX 활용] 버튼을 클릭하여, 서버로부터 전달받은 XML 문서에서 필요한 데이터를 추출하여 UI를 구성하고 사용자 화면을 부분 갱신한 결과입니다.

앞의 예제에는 XML로부터 추출한 데이터를 문자열로 연결하여 UI를 구성하였는데, 이번에는 배열을 사용하여 동일한 구성을 해 봅니다.
반복문 실행 전에 배열을 선언하고, 반복문에서 push() 메서드로 배열의 원소를 추가합니다. 반복문이 종료된 후에는 join() 메서드를 이용하여 배열을 문자열로 변환하여 사용자 화면을 갱신합니다.
onload 이벤트와 백틱(backtick)의 템플릿 리터럴을 사용한 것도 찾아서 확인하세요.
똑같은 목적을 위해서 사용할 수 있는 방법은 여러 가지가 있으니, 그중에서 사용하기 좋을 방법으로 하면 됩니다. 처리할 데이터가 많은 경우에는 방법에 따라 더 효율적인 것이 있긴 하겠지만, 나중에 익숙해진 다음에 살펴볼 문제입니다.

```
 ⋮        ⋮
23:     document.querySelector('.btn-primary').onclick = function() {
24:       const xhr = new XMLHttpRequest();
25:       xhr.open('GET', '10.ajax-xml.xml');
26:       xhr.send();
27:
28:       xhr.onload = function() {
29:         if (this.status == 200) {
30:           const doc = this.responseXML;
31:           const lists = doc.querySelectorAll('list');
32:
33:           let listGroup = [];
34:           for (let list of lists) {
35:             let title = list.childNodes[0].nodeValue;
36:             listGroup.push(`<li class="list-group-
    item">${title}</li>`);
37:           }
38:
39:           let newUI = `<ul class="list-group">${listGroup.
    join('')}</ul>`;
40:           document.querySelector('#pocket').innerHTML = newUI;
41:         }
42:       };
43:     }
```

이번에는 JSON[1] 문서에서 데이터를 추출해 봅니다. JSON(JavaScript Object Notation)은 XML처럼 데이터 교환 표준(data interchange standard)으로, 자바스크립트 언어에 기초한 name-value(또는 key-value) 형태의 텍스트 형식입니다. 자바스크립트 언어로부터 만들어진 형식이지만, 독립적으로 사용할 수 있는 텍스트 형식으로 다른 많은 언어에서 데이터 컨테이너 역할을 위해 사용되고 있습니다.

JSON 형식으로 전달된 텍스트를 JSON.parse()로 자바스크립트 객체로 변환해줍니다. 파싱(parsing)은 분석하여 변환한다는 뜻으로 이해하면 됩니다. 여기서는 문자열인 텍스트를 분석하여 객체로 변환하는 것을 말합니다. 변환되는 객체는 배열이 되며 이후 작업은 반복문(forEach())에서 배열의 각 원소에 접근하여 데이터를 추출합니다.

1) JSON : https://www.json.org/json-ko.html

```
⋮         ⋮
23:    document.querySelector('.btn-primary').onclick = function() {
24:        const xhr = new XMLHttpRequest();
25:        xhr.open('GET', '10.ajax-json.json');
26:        xhr.send();
27:
28:        xhr.onload = function() {
29:          if (this.status == 200) {
30:            const doc = JSON.parse(this.responseText);
31:            const lists = doc.lists;
32:
33:            console.log(doc);
34:            console.log(doc.lists);
35:
36:            let listGroup = [];
37:            lists.forEach(function(item, index) {
38:              listGroup.push('<li class="list-group-item">' + item.
    list + '</li>');
39:            });
40:
41:            let newUI = '<ul class="list-group">' + listGroup.
    join('') + '</ul>';
42:            document.querySelector('#pocket').innerHTML = newUI;
43:          }
44:        };
45:    }
```

JSON 형식의 파일입니다. 구성하는 방법 등은 뒤에서 살펴보기로 하고, 일단은 눈으로만 익혀 두고, XML과 보이는 차이점 정도만 살펴주세요. 자바스크립트에서 객체는 중괄호({})로 표시했고, 배열은 대괄호([])로 표시한 바 있었습니다. 그리고 name-value 형식의 연관배열을 살펴본 바 있습니다. 이것들이 JSON의 주요 표현 방법입니다.

●●● 예제 파일 10.ajax-json.json

```
01: {
02:   "lists": [
03:     { "list": "서울" },
04:     { "list": "대전" },
05:     { "list": "대구" },
06:     { "list": "부산" },
07:     { "list": "광주" }
08:   ]
09: }
```

콘솔 화면

```
▼{lists: Array(5)} ℹ
  ▼lists: Array(5)
    ▶0: {list: '서울'}
    ▶1: {list: '대전'}
    ▶2: {list: '대구'}
    ▶3: {list: '부산'}
    ▶4: {list: '광주'}
     length: 5
    ▶[[Prototype]]: Array(0)
  ▶[[Prototype]]: Object
```

10-3 XML과 JSON

XML과 JSON의 쓰임새는 모두 데이터 컨테이너입니다. 이들 형식 내부에 데이터를 저장하여 데이터를 전달하고, 이것으로부터 데이터를 쉽게 추출할 수 있습니다.
다음은 XML과 JSON의 형식을 비교한 간단한 예입니다. 데이터로 ICT 관련 학과를 졸업하는 학생들이 관심 가진 대표적인 국가기술자격증과 주관처를 표현했습니다.

예제 파일 10.xml.xml

```
01: <?xml version="1.0" encoding="UTF-8"?>
02: <certificates>
03:   <certificate>
04:     <title>정보처리기사</title>
05:     <issuer>한국산업인력공단</issuer>
06:   </certificate>
07:   <certificate>
08:     <title>전자계산기조직응용기사</title>
09:     <issuer>한국산업인력공단</issuer>
10:   </certificate>
11:   <certificate>
12:     <title>정보보안기사</title>
13:     <issuer>한국방송통신전파진흥원</issuer>
14:   </certificate>
15:   <certificate>
16:     <title>빅데이터분석기사</title>
17:     <issuer>한국데이터산업진흥원</issuer>
18:   </certificate>
19: </certificates>
```

예제 파일 10.json.json

```
01: {
02:   "certificate": [
03:     }
04:       "title": "정보처리기사",
05:       "issuer": "한국산업인력공단"
06:     {,
07:     }
08:       "title": "전자계산기조직응용기사",
```

```
09:         "issuer": "한국산업인력공단"
10:       {,
11:       }
12:         "title": "정보보안기사",
13:         "issuer": "한국방송통신전파진흥원"
14:       {,
15:       }
16:         "title": "빅데이터분석기사",
17:         "issuer": "한국데이터산업진흥원"
18:       {
19:     ]
20:  }
```

전달하는 데이터의 양이 많은 경우 XML보다 JSON 형식이 활용하기에 유리합니다. JSON은 XML에 비해 경량이라는 점과 자바스크립트 객체로 바로 변환 가능해 Ajax에서 데이터 교환 표준으로 사용하기 편리하다고 할 수 있습니다.

표 10-2 | JSON와 XML 비교

공통점	차이점
데이터 교환 표준	JSON은 닫기 태그 없음
데이터 컨테이너	JSON은 XML보다 경량
계층구조로 이해가 용이(self-descriptive)	JSON은 다수의 데이터 타입 지원
프로그램 언어에 독립적	파서(parser)의 차이 - XML 파서 vs 자바스크립트 API

표 10-3 | JSON 메서드

JSON 메서드	설명
JSON.parse()	JSON 문자열을 JSON 객체로 변환
JSON.stringify()	자바스크립트의 값이나 객체를 JSON 문자열로 변환

JSON.parse()와 JSON.stringify()를 연습하는 예제를 구성합니다. 자바스크립트 JSON 객체가 제공하는 메서드는 JSON.parse()와 JSON.stringify()가 있습니다. JSON 형식으로 구성된 문자열을 JSON 객체로 변환하고, 연관배열 등의 형태의 자바스크립트 변수값을 JSON 형식의 문자열로 변환합니다. 브라우저의 버튼을 클릭하여

각각을 테스트해 보세요. 그리고 콘솔 창으로 출력되는 값도 확인하여 활용 방법을 익혀 주세요.

●●● 예제 파일 10.json.html

```
 ⋮          ⋮
24:       const book = '{"title":"자바스크립트 입문",
    "publisher":"생능출판사"}';
25:       const obj = {title:'자바스크립트 입문', publisher:'생능출판사'};
26:
27:       document.querySelector('.btn-primary').onclick = function() {
28:         let json = JSON.parse(book);
29:         let txt = `${json.title} (${json.publisher})`;
30:         document.querySelector('#pocket').innerHTML = txt;
31:
32:         console.log(typeof txt);
33:       }
34:
35:       document.querySelector('.btn-success').onclick = function() {
36:         console.log(`${obj.title} (${obj.publisher})`);
37:
38:         let json = JSON.stringify(obj);
39:         document.querySelector('#pocket').innerHTML = json;
40:
41:         console.log(typeof json);
42:       }
```

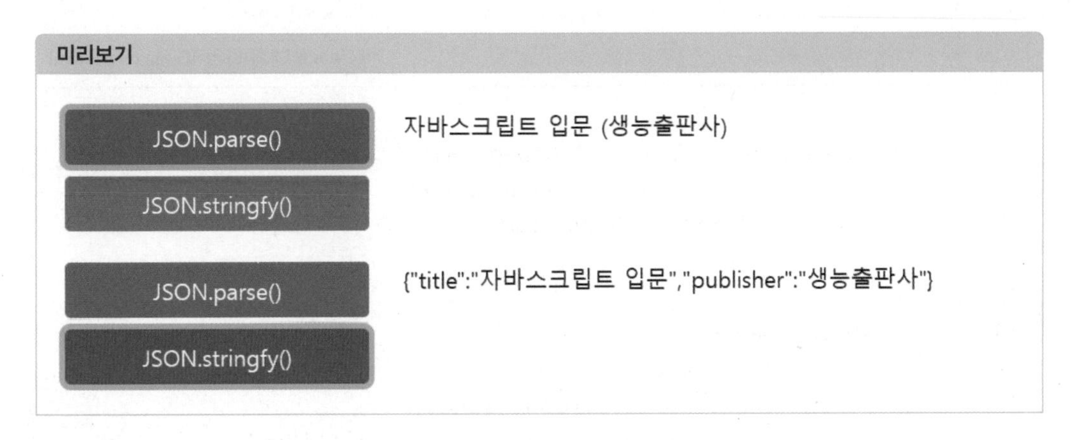

10-4 Ajax 응용

실제 사용하는 데이터를 이용하여 Ajax 애플리케이션을 만들어 봅니다. 앞에서 사용한 XML 데이터(10.rss.xml)는 복잡해 보이긴 하지만, 규칙이 있기에 필요한 요소를 기계적으로 찾아 데이터를 추출할 수 있습니다. 좀 더 흥미로운 예제는 [Chapter 12. OpenAPI]에서 이어 가겠습니다.

XML 문서를 코드 편집기로 열어서 살펴보면 〈item〉 요소가 반복적으로 보이고 있음을 알 수 있습니다. 이것은 RSS 피드(feed)라는 형식의 XML 문서로, RSS(Really Simple Syndication)라고 합니다. RSS는 뒤에서 설명하겠습니다. 여기서 〈item〉 하나는 뉴스의 한 꼭지 기사입니다.

doc.querySelectorAll('item')은 XML 문서로부터 기사(article, 이하 아티클이라 함)를 배열 형식의 변수로 만듭니다. 반복문을 통해 각 아티클에 접근하여 필요한 데이터인 아티클의 제목과 아티클의 상세 내용을 확인할 수 있는 링크(URL)를 문자열로 추출합니다. 하나의 아티클은 〈title〉, 〈link〉 등 아티클을 구성하는 요소로 만들어져 있습니다. item.querySelector('title')은 각 아티클에서 〈title〉 요소를 발견하고, 요소의 콘텐츠를 chileNodes[0].nodeValue로 추출하여 title 변수에 할당합니다. 〈link〉 요소도 동일한 방법으로 처리합니다. 그다음 처리는 앞의 예제에서 했던 방법 그대로입니다. 다만 새로운 UI에서 차이가 있어 코드 구성이 다릅니다. 예제의 핵심은 필요한 요소에 접근하고, 필요한 데이터를 추출하는 것입니다.

●●● 예제 파일 10.ajax-rss.html

```
 ⋮          ⋮
23:      document.querySelector('.btn-primary').onclick = function() {
24:        const xhr = new XMLHttpRequest();
25:        xhr.open('GET', '10.rss.xml');
26:        xhr.send();
27:
28:        xhr.onload = function() {
29:          if (this.status == 200) {
30:            const doc = this.responseXML;
31:            const items = doc.querySelectorAll('item');
32:
33:            let listGroup = [];
34:            for (let item of items) {
```

```
35:             let title = item.querySelector('title').
    childNodes[0].nodeValue;
36:             let link = item.querySelector('link').childNodes[0].
    nodeValue;
37:
38:             listGroup.push(`<a href="${link}" class="list-group-
    item list-group-item-action" target="_blank">${title}</a>`);
39:           }
40:
41:           let newUI = `<div class="list-group">${listGroup.
    join('')}</div>`;
42:           document.querySelector('#pocket').innerHTML = newUI;
43:         }
44:       };
45:     }
```

XML 문서의 텍스트 노드 데이터는 '〈![CDATA[~~]]〉'와 같은 기호로 감싸서 표현되는데, 이는 Character DATA로 ~~ 부분의 콘텐츠가 문자열 데이터로 처리되어야 함을 의미하는 XML 문법입니다. 표현되는 데이터에 〈와 〉 등 심볼(symbol)을 사용한 경우에 XML에서 사용하는 심볼과 구분되지 않게 되어, XML 문법 오류가 발생할 수 있습니다. XML의 문법 오류 발생을 막으려면, 즉 well-formed XML을 구성하려면 심볼을 사용하지 않거나 데이터에서 사용된 심볼을 이스케이프(escape)해야 합니다. 〈![CDATA[~~]]〉를 사용하면 간단히 문자열 데이터로 처리될 수 있습니다.

●●● 예제 파일 10.rss.xml

```
⋮        ⋮
50:     <item>
51:       <title><![CDATA[과기부, 고급 디지털 인재 양성 대학 21곳 선정]]></
    title>
52:       <link><![CDATA[https://www.korea.kr/news/policyNewsView.
    do?newsId=148902752&call_from=rsslink]]></link>
```

[AJAX 활용] 버튼을 클릭하여 RSS 피드(feed)를 가져와 각 아티클의 제목과 링크로 UI를 구성합니다. 리스트 그룹의 아티클 제목을 클릭하면 새 창으로 해당 뉴스 기사로 이동합니다. 클릭해 보세요.

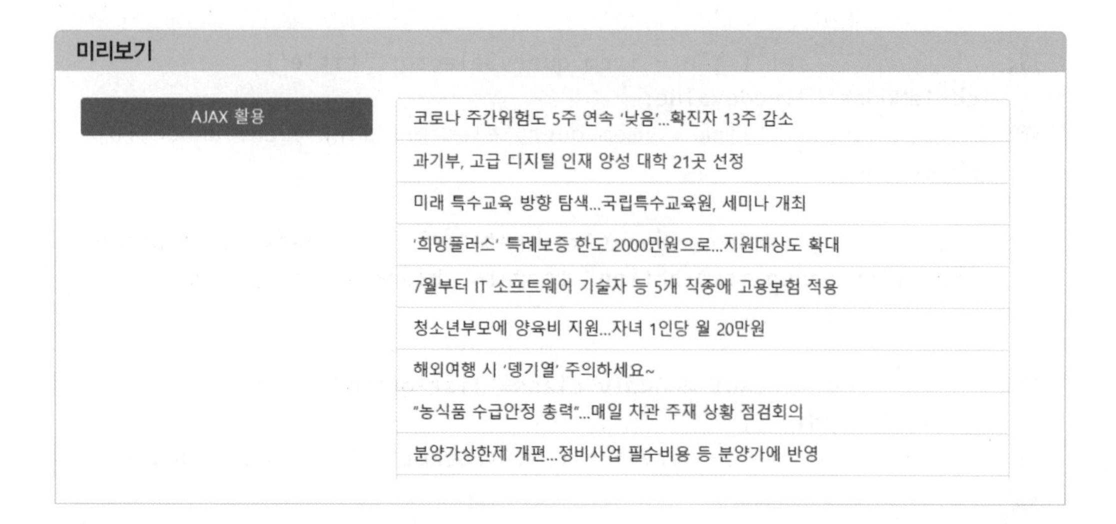
미리보기
AJAX 활용
코로나 주간위험도 5주 연속 '낮음'...확진자 13주 감소
과기부, 고급 디지털 인재 양성 대학 21곳 선정
미래 특수교육 방향 탐색...국립특수교육원, 세미나 개최
'희망플러스' 특례보증 한도 2000만원으로...지원대상도 확대
7월부터 IT 소프트웨어 기술자 등 5개 직종에 고용보험 적용
청소년부모에 양육비 지원...자녀 1인당 월 20만원
해외여행 시 '뎅기열' 주의하세요~
"농식품 수급안정 총력"...매일 차관 주재 상황 점검회의
분양가상한제 개편...정비사업 필수비용 등 분양가에 반영

tip RSS

뉴스나 블로그(blog)같이 콘텐츠 업데이트가 자주 일어나는 사이트에서 업데이트된 정보를 사용자들에게 제공하기 위한 서비스입니다. 업데이트된 정보를 XML 형태로 제공하며, 이때 사용되는 XML 문서를 RSS(Really Simple Syndication) 피드라고 합니다.

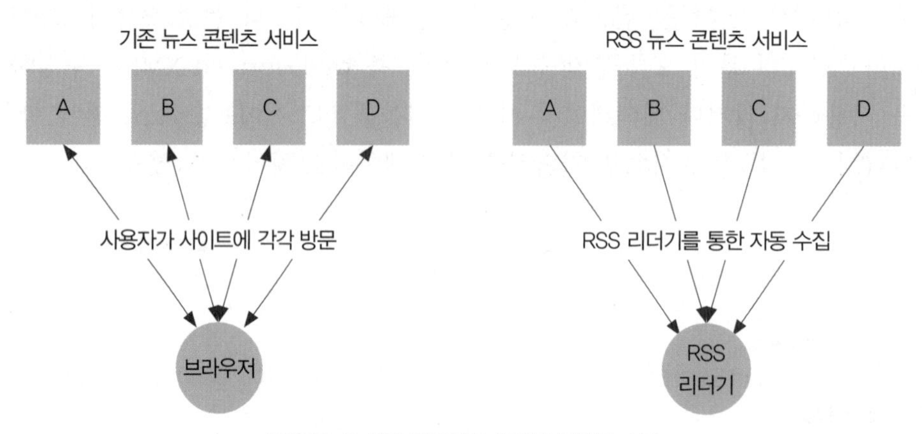
기존 뉴스 콘텐츠 서비스
A
B
C
D
사용자가 사이트에 각각 방문
브라우저
RSS 뉴스 콘텐츠 서비스
A
B
C
D
RSS 리더기를 통한 자동 수집
RSS
리더기

그림 10-2 RSS 리더기를 이용한 콘텐츠 수집

뉴스 정보를 확인하기 위해 방문하는 사이트가 아주 많이 있다고 가정해 봅니다. 매일 매일 브라우저를 열고 해당 사이트를 접속하여 내용을 확인하고 다른 사이트로 이동하는 일은 아주 귀찮은 일입니다. 누군가가 나를 대신하여 뉴스 정보를 제공하는 사이트로부터 새로운 정보만을 뽑아 한곳에서 모아 볼 수 있게 해준다면 아주 편리할 것입니다. 이 아이디어에 대한 구현이 바로 RSS입니다.

뉴스 정보에는 전형적인 구성요소가 있는데 제목, 내용, 날짜, 제공자, 링크(원본 아티클의 링크)입니다. 그래서 아티클을 제공하는 특정한 형식을 XML로 만들고 RSS 피드(feed)라고 했습니다. RSS 피드(feed)는 외부적으로는 URL이나, 내용상으로는 XML입니다. 뉴스 정보를 제공하는 사이트에서는 주기적으로 RSS 피드의 내용을 업데이트하여 새로운 정보와 연결될 수 있도록 했습니다. 이렇게 만들어진 RSS는 논리적인 구조를 갖기 때문에 자동화가 가능합니다. RSS 리더기(또는 RSS 피드 수집기)라는 프로그램을 통해 사용자가 등록한 다량의 RSS 피드에 기계적으로 접근하여 업데이트된 뉴스 정보를 수집하여 한곳에서 모아 볼 수 있습니다.
포털사이트에서 'RSS 리더기', 'rss reader', 'rss aggregator' 등으로 검색하면 프로그램을 찾을 수 있습니다. RSS의 마지막 S가 의미하는 것은 신디케이션(Syndication)으로 '배급'입니다. 영화의 배급사나 뉴스 기사를 배급하는 '연합뉴스' 같은 뉴스통신사를 떠올리면 됩니다.
아래는 참고할 만한 무료로 사용할 수 있는 RSS 리더기 제공 사이트입니다.

---

① feedly.com(https://feedly.com) : 온라인 RSS 리더기
② SharpReader(http://www.sharpreader.net) : 설치형 RSS 리더기

다음은 RSS 피드의 코드입니다. 뉴스 정보를 담기 위해 XML로 특별한 형식을 구성하고 있습니다. 이러한 XML의 특별한 형식을 XML 스키마라고 하고, 여기서는 RSS입니다. 이와 비슷한 역할을 하는 다른 XML 스키마로 Atom feeds가 있습니다.[2)]

2) Feed : https://validator.w3.org/feed/docs/

콘솔 화면

```
▼<rss xmlns:dc="http://purl.org/dc/elements/1.1/" version="2.0">
  ▼<channel>
     <title>정책정보 - 전체</title>
     <link>https://www.korea.kr/news/policyNewsView.do</link>
     <description>대한민국 정책포털 RSS서비스</description>
     <language>ko</language>
     <pubDate>Tue, 21 Jun 2022 07:37:01 GMT</pubDate>
     <dc:date>2022-06-21T07:37:01Z</dc:date>
     <dc:language>ko</dc:language>
    ▶<item>
     ...
     </item>
    ▼<item>
      ▶<title>
       ...
       </title>
      ▶<link>
       ...
       </link>
      ▶<description>
       ...
       </description>
       <pubDate>Tue, 21 Jun 2022 06:50:00 GMT</pubDate>
      ▶<guid>
       ...
       </guid>
      ▶<dc:creator>
       ...
       </dc:creator>
       <dc:date>2022-06-21T06:50:00Z</dc:date>
     </item>
```

앞의 예제에서 사용한 XML은 로컬 드라이브에 위치한 xml 파일입니다. 그러나 사용했어야 했던 최신의 뉴스 정보(RSS feed)는 외부 링크의 뉴스 제공 사이트에서 제공하는 URL이어야 합니다. 데이터를 가져오는데 오류가 발생하기 때문에 로컬로 저장한 뒤 사용했던 것이고, 여기에서 오류가 발생하는 이유에 대하여 설명하고자 합니다. RSS를 제공하는 곳은 방송국, 신문사 그리고 블로그 사이트 등에서 주로 이뤄지고 있습니다. 예제에서 이용한 사이트는 [대한민국 공식 전자정부 누리집(대한민국 정책브리핑)[3]]입니다.

RSS 제공 페이지로 이동하여 원하는 RSS 주소를 복사합니다.

3) https://www.korea.kr/etc/rss.do

이전 예제와는 단지 RSS 주소만 다릅니다. 외부 링크로 된 URL을 open()의 매개변수에 붙여 주면 됩니다. 그다음 로컬 서버나 VSCode의 확장 기능이 제공하는 Live Server에서 확인합니다.

●●● 예제 파일 10.ajax-app-SOP.html

```
⋮        ⋮
23:     document.querySelector('.btn-primary').onclick = function() {
24:       const xhr = new XMLHttpRequest();
25:       // xhr.open('GET', '10.rss.xml');
26:       xhr.open('GET', 'https://www.korea.kr/rss/policy.xml');
27:       xhr.send();
28:
29:       xhr.onload = function() {
30:         if (this.status == 200) {
31:           const doc = this.responseXML;
32:           const items = doc.querySelectorAll('item');
33:
34:           let listGroup = [];
35:           for (let item of items) {
36:             let title = item.querySelector('title').
  childNodes[0].nodeValue;
37:             let link = item.querySelector('link').childNodes[0].
  nodeValue;
```

```
38:
39:             listGroup.push(`<a href="${link}" class="list-group-
    item list-group-item-action" target="_blank">${title}</a>`);
40:           }
41:
42:           let newUI = `<div class="list-group">${listGroup.
    join('')}</div>`;
43:           document.querySelector('#pocket').innerHTML = newUI;
44:         }
45:       };
46:     }
```

[AJAX 활용] 버튼을 클릭하면 콘솔 창에 다음과 같은 오류 메시지가 표시됩니다. 오류의 내용은 현재 화면의 URL과 XMLHttpRequest 객체로 요청한 URL이 서로 다른 서버이기 때문에 CORS 정책에 따라 막았다는 메시지입니다. CORS(Cross-Origin Resource Sharing, 교차 출처 리소스 공유[4])는 특정 서버에서 실행 중인 웹 애플리케이션이 다른 서버의 자원에 접근할 수 있는 권한을 부여하도록 브라우저에 알려주는 제약사항입니다.

동일 출처 정책(Same Origin Policy)은 브라우저가 보안상 이유로 스크립트(자바스크립트)에서 다른 서버로의 요청을 금지하는 정책입니다. 악의적인 해커가 악성 스크립트를 이용하여 해커의 서버로 사용자 정보를 탈취할 가능성으로부터 보호하기 위한 관리적인 방법입니다. 서버가 같은 경우를 '동일 출처', 다른 경우를 '교차 출처'라 합니다. 적절한 CORS를 사용하면 동일 출처 정책을 지키면서 교차 출처 환경에서 요청을 가능하게 할 수 있는데, 요청과 응답 헤더를 조작해야 합니다. 보통 헤더를 조작하기 위해서는 PHP, JSP 등의 웹 프로그래밍 언어를 사용합니다. 또는 서버 설정을 변경하거나 프록시(proxy) 기능을 사용하여 가능하게 할 수 있습니다.

콘솔 화면

```
Access to XMLHttpRequest at 'https://www.   10.ajax-app-SOP.html:1
korea.kr/rss/policy.xml' from origin 'http://127.0.0.1:5500' has
been blocked by CORS policy: No 'Access-Control-Allow-Origin'
header is present on the requested resource.
```

4) CORS : https://developer.mozilla.org/ko/docs/Web/HTTP/CORS

아래는 동일 출처 정책(SOP)의 이해를 위해 그림으로 표현한 것입니다.

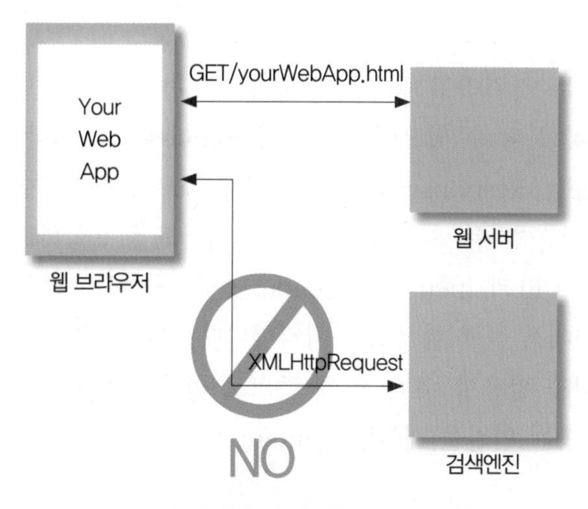

그림 10-3 동일 출처 정책

10-5 Fetch API

브라우저가 제공하는 강력하고 유연한 기능인 Fetch API는 브라우저가 웹 서버로 HTTP 요청(request)을 할 수 있으며, XMLHttpRequest를 대체할 수 있습니다.
Fetch API는 Request, Response, Headers 객체 등으로 구성되어 있으며, 각 객체는 특정 값이나 기능을 수행하는 속성(property)과 메서드를 포함하고 있습니다.
fetch()에 요청하는 URL과 method나 header 등의 옵션을 매개변수로 전달하고, 그 결과에 대해 then()에서 콜백 형식으로 처리합니다. then()은 계속 연결할 수 있으며, 이전 메서드의 결과를 활용할 수 있게 해 주므로 콜백 형식으로 처리해 줄 수 있습니다. 이런 방식의 계속된 연결을 체이닝(chaining)이라고 합니다.

```
fetch(url, [옵션]).then().then();
```

다음에서 Fetch API로 XML을 다루는 방법을 살펴봅니다. fetch()의 결과를 response 변수로 받아 이를 입력값으로 response.text()를 수행합니다. response.text()는 요청한 웹 문서인 '10.ajax-xml.xml'을 텍스트 형식으로 받습니다. 또한 다음 then()에서의 result는 response.text()의 반환값으로 이를 콘솔 창에 출력하도록 합니다. 서버로부터 오류가 발생했다면 catch()에서 처리됩니다.

●●● 예제 파일 10.ajax-fetch-xml.html

```
 ⋮        ⋮
23:     document.querySelector('.btn-primary').onclick = function() {
24:       fetch('10.ajax-xml.xml')
25:         .then(response => response.text())
26:         .then(result => {
27:           console.log('[성공]', result);
28:         })
29:         .catch(error => {
30:           console.error('[실패]', error);
31:         });
32:     }
```

```
01:  <?xml version="1.0" encoding="UTF-8"?>
02:  <lists>
03:   <list>서울</list>
04:   <list>대전</list>
05:   <list>대구</list>
06:   <list>부산</list>
07:   <list>광주</list>
08:  </lists>
```

실제 사용할 수 있는 Fetch API 예제를 살펴봅니다.
XMLHttpRequest 예제에서 다뤘던 것을 Fetch API로 변환하여 구성하였습니다.
XMLHttpRequest에서 XML 문서를 처리하기 위해 제공되었던 'responseXML'이 Fetch API에는 제공되지 않기 때문에 DOMParser 객체를 사용하여 XML 문서를 처리하도록 합니다. DOMParser는 대부분 브라우저에서 제공하는 XML parser(처리기)로 XML 문서에 접근하여 XML을 조작할 수 있는 기능을 제공합니다.
DOMParser 객체의 메서드인 parseFromString()으로 텍스트 형식을 XML 문서로 변경하고 XML을 조작합니다. XMLHttpRequest 예제인 '10.ajax-xml.html'와 코드를 비교해 보세요.

```
const doc = xhr.responseXML;
```

vs

```
const parser = new DOMParser();
const doc = parser.parseFromString(result, 'application/xml');
```

application/xml은 MIME(Multipurpose Internet Mail Extensions) 타입으로, 클라이언트에게 전송된 문서의 타입을 알려주기 위한 방식입니다. 보통 파일의 형식을 구별하기 위해서 확장자(extension)를 사용합니다. *.html은 웹 문서, *.png는 이미지, *.hwp는 한글 파일 등 이렇게 사용되는 확장자는 사실 사용자, 즉 사람이 파일의 형식을 구별하는 방법으로 제공되는 것입니다. 프로그램은 파일의 코드 내에 포함된 MIME 타입으로 이 파일이 어떤 것인지 구별합니다. 여기서 application/xml은 XML 문서의 MIME 타입입니다.

자주 사용되는 MIME 타입으로는 text/html, text/css, image/png, image/jpg 등이 있습니다.

●●● 예제 파일 10.ajax-fetch-xml2.html

```
 ⋮        ⋮
23:     document.querySelector('.btn-primary').onclick = function() {
24:       fetch('10.ajax-xml.xml')
25:         .then(response => response.text())
26:         .then(result => {
27:           const parser = new DOMParser();
28:           const doc = parser.parseFromString(result,
     'application/xml');
29:
30:           const lists = doc.querySelectorAll('list');
31:           let listGroup = [];
32:
33:           for (let list of lists) {
34:             let title = list.childNodes[0].nodeValue;
35:             listGroup.push(`<li class="list-group-
     item">${title}</li>`);
36:           }
37:
38:           let newUI = `<ul class="list-group">${listGroup.
     join('')}</ul>`;
39:           document.querySelector('#pocket').innerHTML = newUI;
40:         })
41:         .catch(error => {
42:           console.error('실패', error);
43:         });
44:     }
```

다음은 Fetch API로 JSON을 다루는 방법입니다.

JSON은 자바스크립트 객체로 바로 변환이 가능한 형식이기 때문에 Fetch API에서 json() 메서드를 제공하고 있어 편리하게 사용할 수 있습니다.

```
 :          :
23:      document.querySelector('.btn-primary').onclick = function() {
24:        fetch('10.ajax-json.json')
25:          .then(response => response.json())
26:          .then(result => {
27:            console.log('[성공]', result);
28:          })
29:          .catch(error => {
30:            console.error('[실패]', error);
31:          });
32:      }
```

콘솔 화면

```
[성공] ▼{lists: Array(5)} i
         ▼lists: Array(5)
           ▶0: {list: '서울'}
           ▶1: {list: '대전'}
           ▶2: {list: '대구'}
           ▶3: {list: '부산'}
           ▶4: {list: '광주'}
            length: 5
           ▶[[Prototype]]: Array(0)
         ▶[[Prototype]]: Object
```

실제 사용할 수 있는 Fetch API 예제를 살펴봅니다.

XMLHttpRequest 예제인 10.ajax-json.html과 코드를 비교해 보세요. XML 문서를 다루는 것보다 JSON 문서를 다루는 것이 더 편리해 보입니다. 다음 장에서 배워볼 jQuery에서도 Ajax를 다루는 방법이 있는데, 꽤 흥미롭습니다.

```
const doc = JSON.parse(xhr.responseText);
```

vs

```
const doc = response.json();
```

●●● 예제 파일 10.ajax-fetch-json2.html

```
 ⋮         ⋮
23:     document.querySelector('.btn-primary').onclick = function() {
24:       fetch('10.ajax-json.json')
25:         .then(response => response.json())
26:         .then(result => {
27:           const lists = result.lists;
28:
29:           let listGroup = [];
30:           lists.forEach(function(item, index) {
31:             listGroup.push(`<li class="list-group-item">${item.
    list}</li>`);
32:           });
33:
34:           let newUI = `<ul class="list-group">${listGroup.
    join('')}</ul>`;
35:           document.querySelector('#pocket').innerHTML = newUI;
36:         })
37:         .catch(error => {
38:           console.error('실패', error);
39:         });
40:     }
```

PART 3

자바스크립트 응용

Chapter 11. jQuery | Chapter 12. OpenAPI | Chapter 13. 리액트

Part 3에서는 jQuery, OpenAPI, 리액트에 대해 소개합니다.

jQuery는 웹사이트에서 자바스크립트를 쉽게 활용할 수 있도록 도와주는 오픈소스 기반의 라이브러리입니다. 쉽게 표현하면 자바스크립트를 수월하게 사용하는 색다른 방법입니다.

OpenAPI는 공개된 API를 의미하는데, 여기서 API는 '프로그램 사용설명서'로 이해할 수 있습니다. 프로그램은 함수 이름 등 식별자와 매개변수(파라미터), 반환값 등으로 구성되는데 필요한 프로그램의 기능을 사용하기 위해서는 API로 이들을 알고 있어야합니다. Daum 우편번호 서비스, 구글 차트, 카카오맵, 공공데이터포털(data.go.kr)에서 제공하는 정보를 활용하여 매시업 서비스를 만들고 활용하는 방법을 익힐 수 있습니다.

끝으로 리액트는 node.js 환경에서 SPA(Single-Page Application) 프로젝트를 위해 사용되는 자바스크립트 라이브러리로 주목을 한껏 받고 있는 자바스크립트의 최신 트렌드입니다.

Chapter

11

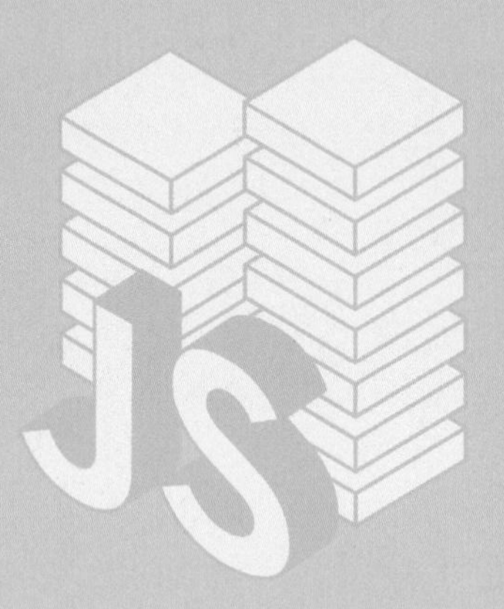

jQuery

학습목표

jQuery는 웹사이트에서 자바스크립트를 쉽게 활용할 수 있도록 도와주는 오픈소스 기반의 라이브러리입니다. jQuery의 사용법을 API 문서와 예제를 통해 학습합니다.

11-1 jQuery

jQuery(제이쿼리)는 자바스크립트를 편리하고 강력하게 사용하기 위한 목적으로 만들어졌습니다. 자바스크립트와 다른 새로운 언어가 아니라, 자바스크립트를 사용하는 색다른 방법입니다.

아래의 jQuery 로고(write less, do more)에서 보이듯 약간의 코드를 구성하여 대단한 기능을 발휘합니다. 게다가 API 문서(jQuery 사용설명서)가 잘되어 있어 배우기 쉽습니다. 특히 HTML이나 CSS를 다루거나 이벤트를 구성하여 다양한 효과나 기능을 구성하는 데 효율적입니다.

ES5, ES6 등 자바스크립트 프로그램(ECMA-262) 버전이 여러 차례 업데이트되면서 편리하고 강력한 기능이 추가되었고, jQuery와 경쟁하는 새롭고 향상된 라이브러리와 프레임워크들이 소개되면서 전성기가 지났다는 평가를 받고 있지만, 여전히 많은 개발자가 사용하는 멋진 자바스크립트 라이브러리입니다.

tip 라이브러리와 프레임워크

특정 기능을 수행하도록 프로그래밍 언어로 구현된 프로그램, 즉 애플리케이션(응용프로그램)을 효율적이고 효과적으로 만들기 위한 도구로서 라이브러리와 프레임워크가 있습니다.

라이브러리(library)는 컴퓨터 프로그램에서 사용하는 재사용이 가능한 함수의 모음(collection)입니다. 특정 기능을 잘 수행할 수 있도록 잘 만들어진 함수를 단지 복사해서 사용할 수 있도록 체계적으로 모아둔 것이라 하겠습니다.

프레임워크는 어떤 목적 애플리케이션을 제대로 구현하기 위해 만든 표준 방법이자 절차입니다. 그래서 프레임워크를 '방법론'으로 번역하기도 합니다. 프로그래밍 과정에서 주도권 또는 자유도 측면으로 바라보면 이해하기 쉬운데, 프로그래밍 주도권(제어 권한)이 개발자에게 있고(높은 자유도), 개발자가 직접 필요한 함수를 복사 또는 호출로 사용하는 형태가 라이브러리를 사용하는 경우입니다.

프레임워크(framework)는 이것이 규정하는 표준 방법, 표준 절차에 따라 요구된 코드를 개발자가 구성하는 방법입니다(낮은 자유도). 물론 그 코드를 기존의 특정 라이브러리로 대체할 수도 있습니다.

'수레바퀴를 다시 만들지 말라'라는 유명한 프로그래밍 격언이 있습니다. 이미 만들어져 있는 것을 다시 만들 필요가 없다는 뜻입니다. 효율적인 애플리케이션 개발을 위해 사용하는 도구와 방법이 라이브러리와 프레임워크라 할 수 있습니다.

본문에서 소개하는 내용 중에 jQuery는 라이브러리로 그리고 부트스트랩(bootstrap)은 프레임워크라고 볼 수 있습니다. 아래 그림은 라이브러리와 프레임워크의 차이점을 나타내고 있습니다.

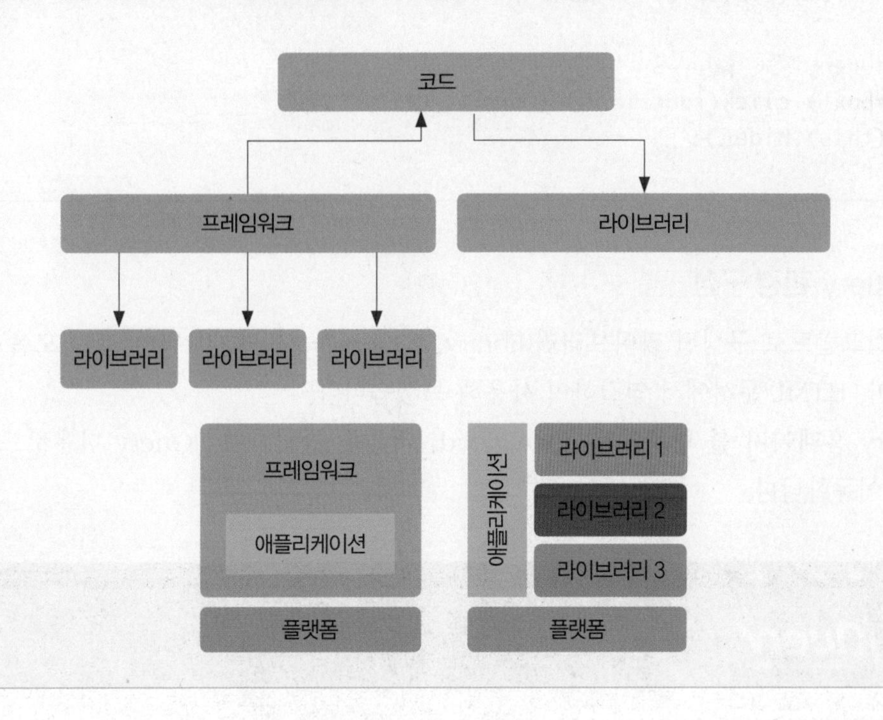

jQuery와 같이 색다른 자바스크립트 사용법과 기존의 순수한 자바스크립트를 구별하기 위해 순수한 자바스크립트를 플레인 자바스크립트(plain Javascript), 퓨어 자바스크립트(pure Javascript), 바닐라 자바스크립트(vanilla Javascript) 등으로 부릅니다. 바닐라(vanilla)라는 단어에 갸우뚱할 수 있을 텐데요, 기본 맛 아이스크림인 바닐라 아이스크림을 떠올려 보세요. 기본형 자바스크립트 정도로 이해하시면 됩니다.

바닐라 자바스크립트와 jQuery의 코드 스타일을 비교하면 다음과 같습니다. id="box"인 요소를 클릭할 때 해당 요소를 화면에서 보이지 않도록 처리하는 코드입니다.

jQuery는 언뜻 봐도 코드가 짧죠? 근데 괄호를 좀 많이 쓰고 있죠? jQuery 사용법은 앞으로 API 문서와 예제를 통해 설명될 테니까, 여기서는 모양만 보고 '별거 없네!' 정도의 느낌만 있으면 됩니다.

```
// 바닐라 자바스크립트
document.querySelector('.btn-primary').onclick = function() {
  this.style.display = 'none';
}
// jQuery
$('#box').click(function() {
  $(this).hide();
});
```

1. jQuery 환경 구성

자바스크립트로 구성된 라이브러리(library, jQuery를 사용하기 위한 코드 모음)를 내려받아, HTML 문서에서 연결하여 사용해 보겠습니다.

jQuery 홈페이지[1]를 방문해서 [Download] 버튼을 클릭하여, jQuery 다운로드 페이지로 이동합니다.

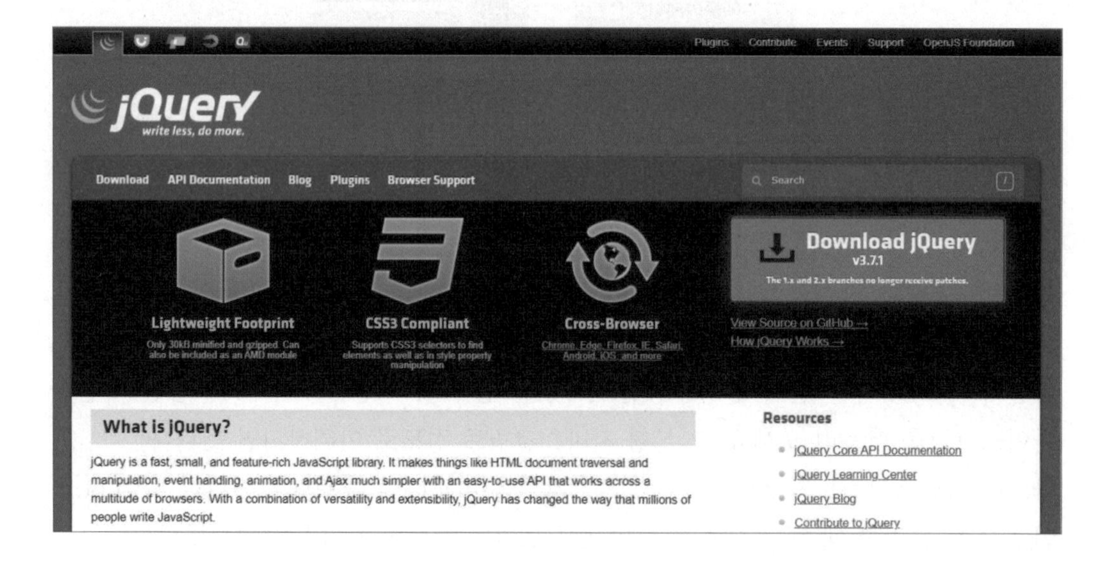

jQuery를 사용하기 위한 환경 구성은 최신 버전 또는 원하는 버전의 jQuery 파일을 내려받아 HTML 문서에서 연결해서 사용하면 되는데, 연결하는 jQuery 파일의 형태에 따라 세 종류가 있습니다.

1) jQuery : https://jquery.com

① jQuery 기본형
② jQuery 최소형(slim build)
③ CDN을 통한 jQuery 연결

jQuery 기본형과 최소형

다운로드 페이지 이미지에서 노란색과 파란색 영역은 jQuery 기본형과 jQuery 최소형(slim build)입니다. jQuery 최소형은 jQuery 기본형에서 지원하는 Ajax와 Effects 기능이 제외된 구성으로 jQuery 이외의 라이브러리로 Ajax나 Effects 기능을 사용하고자 하는 사용자를 위한 파일입니다.

각 jQuery 파일 형태에는 서비스용(compressed, production)과 개발용(uncompressed, development) 꼬리표가 달린 파일이 있습니다. 서비스용은 실제 서버에서 사용자를 대상으로 서비스할 때 사용하라는 것으로 jQuery 파일에 공백과 주석을 제거하여 파일의 크기를 최소화한 형태입니다. 개발용은 코드를 살펴보고 학습할 수 있도록 적당한 공백과 주석을 유지한 것입니다. 서버로부터 클라이언트(웹 브라우저)로 내려받아 구동되는 웹의 특성상 파일 용량이 작으면 응답 시간의 지연을 줄일 수 있습니다.

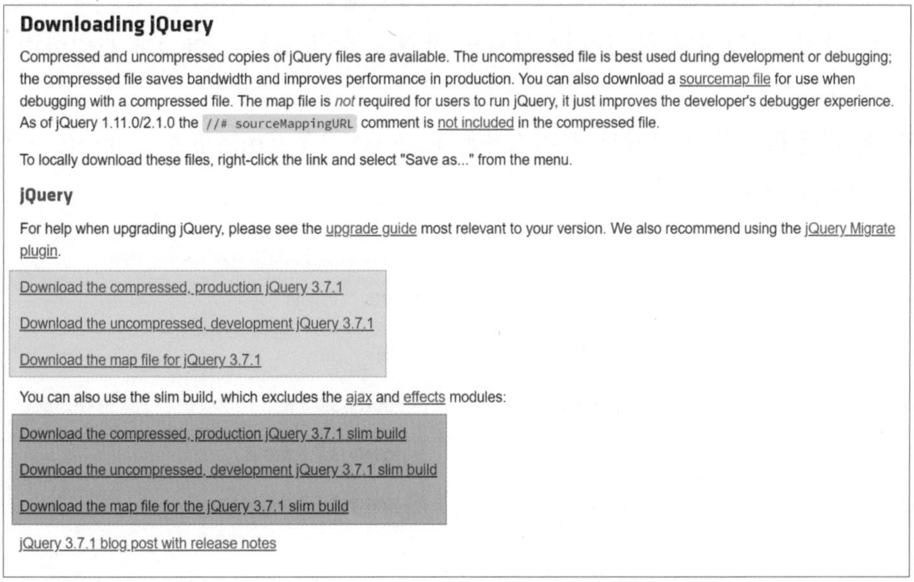

Downloading jQuery

Compressed and uncompressed copies of jQuery files are available. The uncompressed file is best used during development or debugging; the compressed file saves bandwidth and improves performance in production. You can also download a sourcemap file for use when debugging with a compressed file. The map file is *not* required for users to run jQuery, it just improves the developer's debugger experience. As of jQuery 1.11.0/2.1.0 the `//# sourceMappingURL` comment is not included in the compressed file.

To locally download these files, right-click the link and select "Save as..." from the menu.

jQuery

For help when upgrading jQuery, please see the upgrade guide most relevant to your version. We also recommend using the jQuery Migrate plugin.

Download the compressed, production jQuery 3.7.1

Download the uncompressed, development jQuery 3.7.1

Download the map file for jQuery 3.7.1

You can also use the slim build, which excludes the ajax and effects modules:

Download the compressed, production jQuery 3.7.1 slim build

Download the uncompressed, development jQuery 3.7.1 slim build

Download the map file for the jQuery 3.7.1 slim build

jQuery 3.7.1 blog post with release notes

jQuery 기본형의 타입을 모두 내려받아 보겠습니다. 마우스 오른쪽 버튼을 클릭하여 팝업 메뉴에서 [다른 이름으로 링크 저장]을 선택하여 각각 다운로드합니다. 다운로드 시점에서 버전이 다르다면 최신 버전을 다운로드합니다.

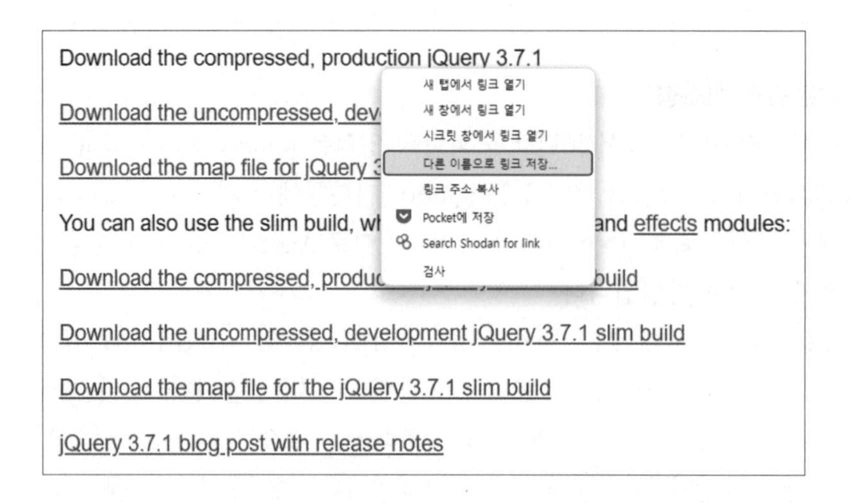

웹 서버에서 서비스할 파일은 개수가 늘어날 것에 대비하여 디렉터리를 만들고 적당한 네이밍을 준비하는 것이 필요합니다. 마치 음식점의 식자재 창고를 가지런히 정리하여 준비하듯이 말이죠. URL과 같은 경로를 미리 생각하여 패턴을 만들면 관리하기 편리해집니다. 여기서는 assets 폴더를 만들고 그 내부에 css, image, js 폴더를 구성했습니다. css 파일, 이미지 파일, 자바스크립트 파일을 각각 별도의 폴더로 관리하려는 의도입니다.

js 폴더에 다운로드된 파일에서 서비스용은 jQuery-3.7.1.min.js처럼 min(minified, 축소)이 표시된다는 점을 확인하세요.

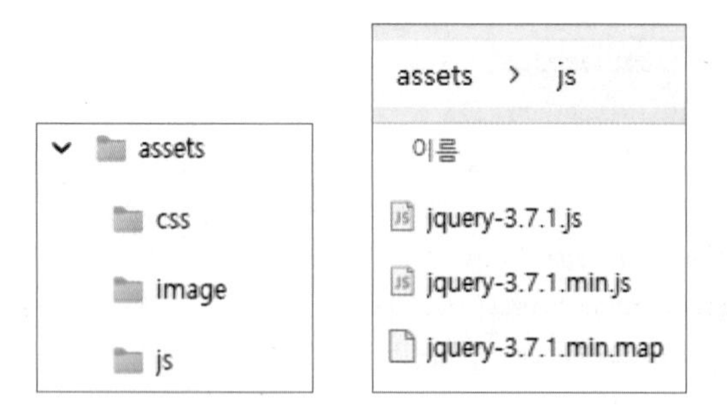

다음 왼쪽 그림은 개발용으로 공백과 주석을 포함하여 코드를 살펴보기 좋게 구성한 jquery-3.7.1.js 파일이고, 오른쪽 그림은 서비스용으로 공백과 주석을 제거하여 파일 용량을 줄인 jquery-3.7.1.min.js 파일입니다.

```
1  /*!
2   * jQuery JavaScript Library v3.7.1
3   * https://jquery.com/
4   *
5   * Copyright OpenJS Foundation and other contributors
6   * Released under the MIT license
7   * https://jquery.org/license
8   *
9   * Date: 2023-08-28T13:37Z
10  */
11 ( function( global, factory ) {
12
13   "use strict";
14
15   if ( typeof module === "object" && typeof module.exports ===
16
17     // For CommonJS and CommonJS-like environments where a prop
18     // is present, execute the factory and get jQuery.
19     // For environments that do not have a `window` with a `doc
```

```
1  /*! jQuery v3.7.1 | (c) OpenJS Foundation and other contributors | j
2  !function(e,t){"use strict";"object"==typeof module&&"object"==typec
   t(e,!0):function(e){if(!e.document)throw new Error("jQuery requires
   ("undefined"!=typeof window?window:this,function(ie,e){"use strict";
   [],r=Object.getPrototypeOf,ae=oe.slice,g=oe.flat?function(e){return
   oe.concat.apply([],e)},s=oe.push,se=oe.indexOf,n=
   {},i=n.toString,ue=n.hasOwnProperty,o=ue.toString,a=o.call(Object),l
   e&&"number"!=typeof e.nodeType&&"function"!=typeof e.item},y=functic
   null!=e&&e===e.window},C=ie.document,u={type:!0,src:!0,nonce:!0,noMc
   (n=n||C).createElement("script");if(o.text=e,t)for(r in u)
   (i=t[r]||t.getAttribute&&t.getAttribute(r))&&o.setAttribute(r,i);n.h
   function x(e){return null==e?e+"":"object"==typeof e||"function"==ty
   t="3.7.1",l=/HTML$/i,ce=function(e,t){return new ce.fn.init(e,t)};fu
   e&&e.length,n=x(e);return!v(e)&&!y(e)&&("array"===n||0===t||"number"
   {return e.nodeName&&e.nodeName.toLowerCase()===t.toLowerCase()}ce.fr
   {jquery:t,constructor:ce,length:0,toArray:function(){return ae.call(
   ae.call(this):e<0?this[e+this.length]:this[e]},pushStack:function(e)
   t.prevObject=this,t},each:function(e){return ce.each(this,e)},map:fu
   this.pushStack(ce.map(this,function(e,t){return n.call(e,t,e)}))},sl
```

CDN을 통한 jQuery 연결

다운로드 페이지를 아래로 내려 [Using jQuery with a CDN]를 찾으세요.

CDN(Contents Delivery Network)은 저장된 파일을 URL로 다운로드할 수 있도록 구성된 일종의 파일 서버입니다. 전 세계 여러 곳에 위치하여 정적인 콘텐츠(css, js, 이미지 파일)를 관리하며, 사용자가 위치한 곳에서 가장 가까운 곳의 CDN에서 파일을 다운로드할 수 있도록 합니다. 서버에서 정적 콘텐츠를 분리하여 CDN에서 서비스하면, 운영하는 서버의 부하를 줄여줄 수 있어, 서버의 성능 유지에 도움이 됩니다.

CDN은 대개 유료 서비스이나 웹에서 자주 사용하는 일부 파일에 대해서는 구글, 마이크로소프트 등 유명 IT 기업에서 무료 서비스로 운영하기도 합니다.

다음 이미지의 노란색 영역의 링크로 연결하면 CDN의 jQuery 파일의 URL을 발견할 수 있으며, 이 URL을 〈script src=""〉의 src 속성값에 넣으면 간단하게 구성할 수 있습니다.

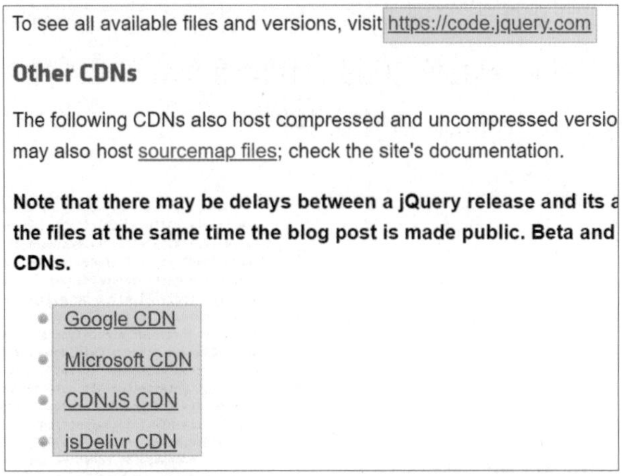

To see all available files and versions, visit https://code.jquery.com

Other CDNs

The following CDNs also host compressed and uncompressed versio
may also host sourcemap files; check the site's documentation.

**Note that there may be delays between a jQuery release and its a
the files at the same time the blog post is made public. Beta and
CDNs.**

- Google CDN
- Microsoft CDN
- CDNJS CDN
- jsDelivr CDN

다음은 로컬 서버로 내려받은 경우에 jQuery를 사용하기 위한 템플릿(template)입니다. 애플리케이션이 실행되는 서버의 위치와 파일의 위치가 같을 경우는 http://localhost, http://127.0.0.1 또는 https://www.yourserver.co.kr과 같은 도메인 주소를 표시하지 않고 /assets/js/~ 형식과 같이 서버 표시 없이 URL을 사용할 수 있습니다. 맨 앞의 슬래시(/)는 서버의 루트(root), 즉 콘텐츠가 저장된 최상위 폴더(예: htdocs)를 의미합니다.

```
<script src="http://localhost/assets/js/jquery-3.7.1.min.js"></script>
<script src="/assets/js/jquery-3.7.1.min.js"></script>
```

●●● 예제 파일 11.jQuery-template.html

```
01:  <!DOCTYPE html>
02:  <html lang="ko">
03:  <head>
04:    <meta charset="UTF-8">
05:    <meta http-equiv="X-UA-Compatible" content="IE=edge">
06:    <meta name="viewport" content="width=device-width, initial-
     scale=1.0">
07:    <title>jQuery::Template</title>
08:  </head>
09:  <body>
10:    <script src="/assets/js/jquery-3.7.1.min.js"></script>
11:  </body>
12:  </html>
```

다음은 구글 CDN을 클릭하여 연결된 화면입니다. 사용하려는 jQuery 버전의 〈script〉 부분을 복사하여 웹페이지에 붙입니다. 여기서는 최신 버전의 jQuery를 사용하였습니다.

3.x 스니펫:

```
<script src="https://ajax.googleapis.com/ajax/libs/jquery/3.7.1/jquery.min.js"></script>
```

2.x 스니펫:

```
<script src="https://ajax.googleapis.com/ajax/libs/jquery/2.2.4/jquery.min.js"></script>
```

1.x 스니펫:

```
<script src="https://ajax.googleapis.com/ajax/libs/jquery/1.12.4/jquery.min.js"></script>
```

●●● 예제 파일 11.jQuery-template-CDN.html

```
01: <!DOCTYPE html>
02: <html lang="ko">
03: <head>
04:   <meta charset="UTF-8">
05:   <meta http-equiv="X-UA-Compatible" content="IE=edge">
06:   <meta name="viewport" content="width=device-width, initial-
07: scale=1.0">
08:   <title>jQuery::Template</title>
09: </head>
10: <body>
      <script src="https://ajax.googleapis.com/ajax/libs/
    jquery/3.7.1/jquery.min.js"></script>
11: </body>
12: </html>
```

2. jQuery API 문서

jQuery에서 제공하는 API 문서로부터 jQuery를 사용법을 살펴보겠습니다. API 문서란 '프로그램 사용설명서'라고 했습니다. [API Documentation] 버튼을 클릭하여 이동합니다.[2]

2) jQuery API : https://api.jquery.com/

API 문서의 왼쪽에는 알파벳 순서로 API 문서에서 제공하는 목록이 있습니다. 책에서는 자주 사용하는 기능과 사용 방법을 간단하게 살펴볼 것이고, 이후에는 사전처럼 필요한 기능을 스스로 찾아 학습하세요.

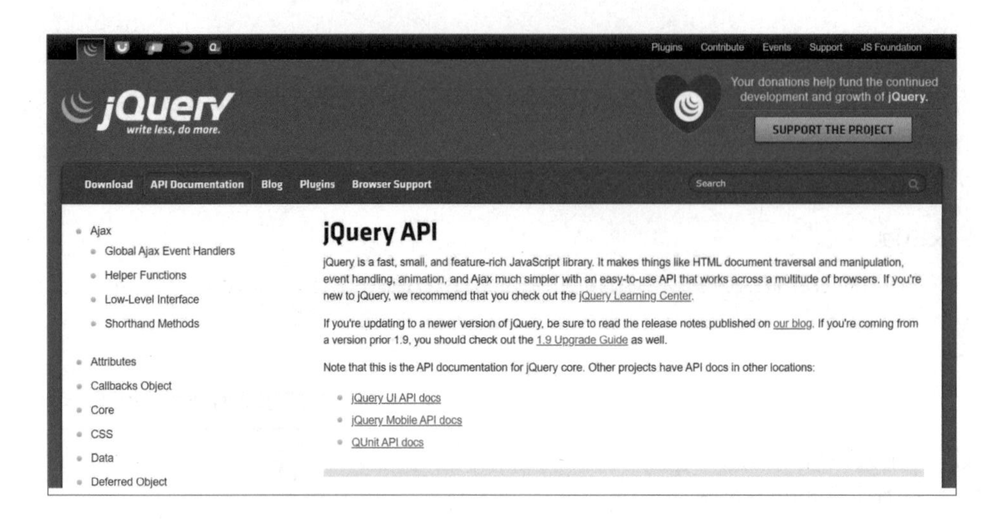

먼저 API 문서를 보는 방법을 소개합니다. API 문서의 왼쪽의 메뉴는 쓰임새에 따라 카테고리로 묶어서 목록화한 메뉴입니다. 물론 자주 사용되는 기능도 있기도 하고, 쓰임이 적어 사용할 경우가 없는 속성이나 메서드도 있습니다.
메서드는 다음의 형태처럼 소개하고 있습니다. each()처럼 해당 메서드가 객체(주인) 없이 표현된 경우와 jQuery.param()과 같이 특정 객체(주인)가 표현된 경우가 있습니다. each()는 메서드의 기능에 적합한 어떤 객체도 올 수 있으나 jQuery.param()은 메서드가 소속된 객체가 이미 결정된 경우로 다른 객체로 바꿔 사용할 수 없습니다.

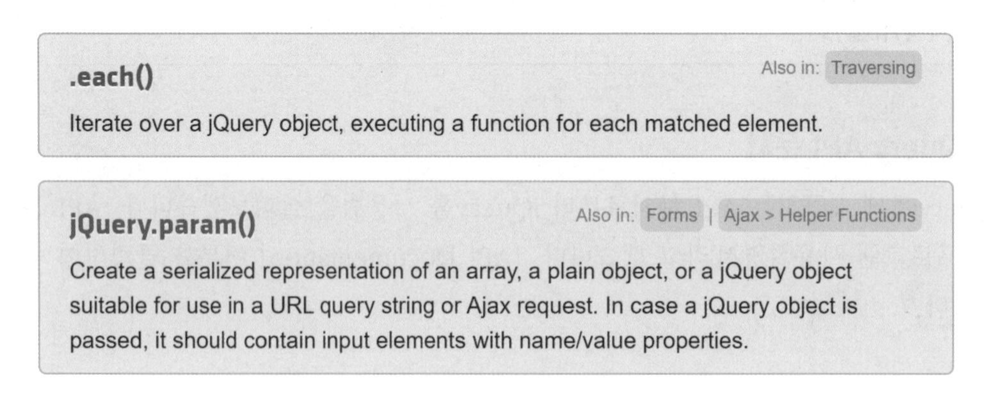

메서드를 클릭해서 상세 정보 페이지로 이동하면, 다음 이미지와 같은 형태로 API 문

서가 구성됩니다.

메서드 설명은 대개 메서드 이름, 메서드의 역할(기능), 메서드의 매개변수, 메서드의 반환값으로 구성되어 있습니다. 매개변수는 개수, 순서 그리고 각 매개변수의 의미와 데이터 타입이 무엇인지를 설명합니다.

아직 낯설어 어렵게 보일 수 있겠으나, 몇 번 살펴보면 일정한 패턴이 있어서 어렵지 않게 될 것입니다.

다음 화면을 보면 API 문서 보는 방법을 간단하게 설명하며, .hide()를 사용할 수 있는 객체는 HTML 요소이고 반환값은 jQuery입니다. 여기서 jQuery는 웹 문서에서 선택된 DOM의 요소 모둠(collection)입니다.

.hide()는 매개변수 없이 사용할 수도 있고, duration과 complete라는 2개의 매개변수를 사용할 수도 있는데 대괄호([])로 표현되어 있다면 있어도 또는 없어도 된다는 선택(option)의 의미입니다.

매개변수를 사용할 경우는 duration 자리에 숫자(Number) 또는 문자열(String)이 올 수 있으며 사용하지 않을 경우는 기본값(default)으로 400(단위는 밀리초, ms)이 처리됩니다. 또 complete 자리에는 함수가 올 수 있는데, .hide() 메서드가 수행 완료된 직후 자동 호출되는 콜백 함수입니다. 기본값은 호출되는 함수가 없는 경우로 아무런 일이 발생하지 않습니다.

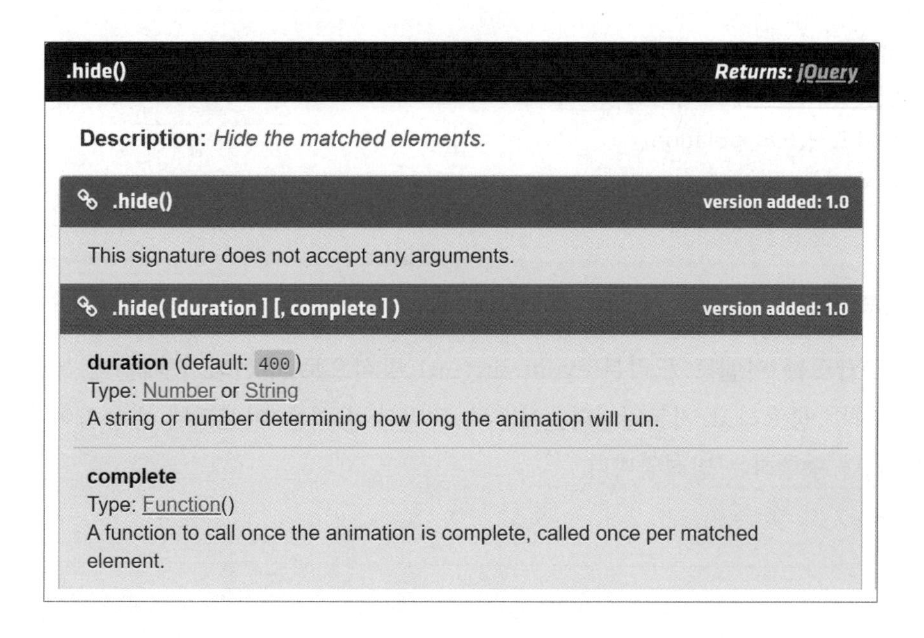

11-2 jQuery API

지금부터 jQuery API 문서에서 흔히 사용하는 기능과 사용법에 대하여 예제를 통해 알아보겠습니다.
시작하기 전에 다음 2가지를 기억하면 좋습니다. 먼저 선택자가 중요하다는 것과, 괄호를 많이 쓰므로 괄호를 구성하고 그 이후에 괄호 안에 코드를 추가하는 방식으로 코딩해야 오류를 줄일 수 있다는 것입니다. 선택자는 기본적으로 CSS에서 다뤘던 선택자와 jQuery에서만 사용하는 형태가 있으니 헷갈리지 않게 같이 학습하도록 합니다.
또한 jQuery를 사용할 때 jQuery 코드와 바닐라 자바스크립트를 같이 사용해서 코드를 구성할 수 있습니다.
다음은 예제를 통해 함께 다뤄 볼 jQuery API 문서의 카테고리입니다. 부트스트랩도 함께 사용하여 실전에 적용할 수 있는 예제를 만들어 보겠습니다. jQuery 파일은 구글 CDN을 사용하겠습니다.

---

① 이벤트(마우스 이벤트, 키보드 이벤트)
② 효과(Effects)
③ CSS
④ 선택자(Selectors)
⑤ 속성(Attributes)
⑥ DOM 조작(Manipulation)
⑦ Ajax

---

1. 이벤트(마우스 이벤트, 키보드 이벤트)

자바스크립트는 이벤트 드리븐(event-driven) 방식으로 구현되기 때문에, 이벤트의 구성이 아주 중요하고 기본입니다. 이벤트 드리븐 방식은 이벤트에 반응하여 동작을 변경하거나 수행하는 방식입니다.

이벤트 카테고리에서는 마우스 이벤트[3]와 키보드 이벤트[4]에 대하여 예제를 구성합니다. 다른 이벤트에 대해서는 지금부터 작성하는 예제를 참고해서 API 문서를 살펴보세요.

먼저 마우스 이벤트 예제입니다. 마우스 이벤트에는 click() 등 12가지의 이벤트 트리거(trigger)가 있습니다. API 문서의 마우스 이벤트 카테고리에서 .toggle()은 사용하지 말라고(deprecated) 권고하고 있습니다. jQuery의 새로운 버전이 출시될 때 보안이나 성능 등에서 문제가 있는 기존의 속성이나 메서드에 대하여 사용하지 않도록 권고하는 경우가 있는데, 당연히 사용하지 말고 다른 방법으로 구현하는 것이 좋습니다.

표 11-1 | 마우스 이벤트의 종류

마우스 이벤트	설명
.click()	대상 요소를 클릭할 경우 이벤트 트리거가 발생합니다.
.contextmenu()	대상 요소에서 마우스 오른쪽 버튼을 클릭할 경우 이벤트 트리거가 발생합니다.
.dbclick()	대상 요소를 더블클릭할 경우 이벤트 트리거가 발생합니다.
.hover()	대상 요소에 마우스가 진입할 때와 대상 요소에서 나올 때 이벤트 트리거가 발생합니다.
.mousedown()	대상 요소에서 마우스를 누를 때 이벤트 트리거가 발생합니다.
.mouseenter()	대상 요소에 마우스가 진입할 때 이벤트 트리거가 발생합니다.
.mouseleave()	대상 요소에서 마우스가 나올 때 이벤트 트리거가 발생합니다.
.mousemove()	대상 요소에서 마우스를 움직일 때 이벤트 트리거가 발생합니다.
.mouseout()	대상 요소에서 마우스가 나올 때 이벤트 트리거가 발생합니다.
.mouseover()	대상 요소에 마우스가 진입할 때 이벤트 트리거가 발생합니다.
.mouseup()	대상 요소에서 mousedown 후 버튼을 뗄 때 이벤트 트리거가 발생합니다.

클릭은 마우스 왼쪽 버튼을 클릭하는 것을 말합니다. 마우스 오른쪽 버튼은 콘텍스트 메뉴(context menu)를 나타낼 때 사용되며, 어떤 요소 또는 어떤 영역에서 눌렀는지에 따라 다른 메뉴를 구성할 때 사용됩니다. 더블클릭은 단지 클릭 두 번의 의미가 아니라 연속된 클릭의 시간 간격이 중요합니다. 0.5초 동안 두 번의 클릭이 이뤄져야 더

3) 마우스 이벤트 : https://api.jquery.com/category/events/mouse-events/
4) 키보드 이벤트 : https://api.jquery.com/category/events/keyboard-events/

블클릭으로 유효합니다.[5)]
다음은 마우스 이벤트의 시간에 대한 트리거 순서 관계를 비교한 것으로 HTML 요소 위로 마우스를 가져가면 mouseover, HTML 요소 위에서 마우스의 버튼을 누르고 있으면 mousedown, mousedown 후 마우스의 버튼을 떼면 mouseup, HTML 요소로부터 외부로 빠져나가면 mouseout 이벤트 트리거가 발생됩니다. 따라서 클릭은 mousedown과 mouseup이 결합된 형태입니다.

```
mouseover() → mousedown() → mouseup() → mouseout()
```

mouseover()와 mouseenter(), mouseout()과 mouseleave()는 기능 면에서는 동일하지만, 성능 면에서 mouseenter()와 mouseleave()가 낫기 때문에 이를 사용하는 것을 추천합니다.
jQuery 파일은 〈script src=""〉 형태로 연결되고, jQuery 코드가 나열되기 전에 먼저 와야 합니다. 보통 〈script〉는 〈head〉나 〈body〉 내부에 어느 곳이나 위치해도 되지만, 책에서는 일관적으로 문서의 마지막인 〈/body〉 바로 위에 자리하도록 하고 있습니다. 예제를 참고해 주세요.
마우스 이벤트는 $(선택자).click(콜백 함수); 형태로 구성하는데, 해당 선택자를 갖는 요소를 클릭하면 콜백 함수(callback function)를 수행합니다. 여기서는 〈button id="btn"〉과 〈button class="btn-success"〉를 선택 요소로 하여 클릭하면 콘솔 창으로 출력하도록 했습니다. 코드가 간결하고 이해하기도 쉽죠? 이것이 바로 jQuery가 폭넓게 사랑받는 이유입니다. document.querySelector(선택자)를 $(선택자) 형태의 간결한 방식으로 변경했다고 생각해도 됩니다.

5) https://docs.microsoft.com/ko-kr/windows/win32/controls/ttm-setdelaytime?redirectedfrom=MSDN

●●● 예제 파일 11.jQuery-event-mouse.html

```
 ⋮     ⋮
11:    <div class="container">
12:      <div class="row justify-content-center">
13:        <div class="col-10">
14:          <button type="button" class="btn btn-primary" id="btn">
    클릭(id)</button>
15:          <button type="button" class="btn btn-success">
    클릭(class)</button>
16:        </div>
17:      </div>
18:    </div>
19:
20:    <script src="https://ajax.googleapis.com/ajax/libs/
    jquery/3.7.1/jquery.min.js"></script>
21:    <script>
22:      /*
23:      // 선택자 + 이벤트 트리거 + 이벤트 핸들러(콜백 함수)
24:      $('#btn').click(function() {
25:        // 클릭 시 수행할 코드
26:      });
27:      */
28:
29:      $('#btn').click(function() {
30:        console.log('#btn 버튼 클릭');
31:      });
32:
33:      $('.btn-success').click(function() {
34:        console.log('.btn-success 버튼 클릭');
35:      });
36:    </script>
```

다음은 선택자를 제대로 선택하지 않은 경우의 문제점입니다. $('.btn')에는 문제가 있습니다. $('#btn')으로 선택된 〈button〉의 class 속성에도 btn이 있기 때문에 [클릭(id)] 버튼을 클릭할 경우, 2개의 이벤트 트리거가 모두 수행되게 됩니다. 의도한 것이 아니라면 선택자를 잘못 선택한 것입니다. jQuery는 다중 선택의 경우 반복문 없이 사용할 수 있습니다. document.querySelector()나 document.querySelectorAll()을 모두 $() 형태로 받아낼 수 있습니다.

```
:            :
14:          <button type="button" class="btn btn-primary" id="btn">
    클릭(id)</button>
15:          <button type="button" class="btn btn-success">
    클릭(class)</button>
:        :
22:      $('#btn').click(function() {
23:        console.log('#btn 버튼 클릭');
24:      });
25:
26:      $('.btn').click(function() {
27:        console.log('.btn 버튼 클릭');
28:        console.log($(this).get(0));
29:      });
```

콘솔 화면

```
  #btn 버튼 클릭
❷ .btn 버튼 클릭
```

다음은 hover()의 예제입니다. hover()는 mouseenter()와 mouseleave()가 결합된 이벤트 트리거로 콜백 함수를 2개 구성합니다.

주석으로 표현된 부분을 참고해서 보면, 콜백 함수의 자리에 handlerIn과 handlerOut으로 표현되어 있는데, 각각 마우스가 HTML 요소에 진입(mouseenter)할 때의 콜백 함수와 나갈(mouseleave) 때의 콜백 함수를 구성합니다. jQuery는 괄호가 많습니다. 그래서 먼저 괄호를 모두 입력해 구성하고 그런 다음 괄호 안에 내용을 추가하는 방식으로 코드를 구현하면 괄호가 빠져 오류가 발생하는 상황을 줄일 수 있습니다.

〈img〉 위로 마우스를 가져가면 handlerIn 콜백 함수가 호출되고, 마우스를 바깥으로 빠져나오게 하면 handlerOut 콜백 함수가 호출됩니다. 여기서는 콘솔 창으로 각각 출력되도록 구성했습니다.

●●● 예제 파일 11.jQuery-event-mouse3.html

```
 ⋮         ⋮
21:       // $('img').hover(handlerIn, handlerOut);
22:       // $('img').hover(function(){}, function(){});
23:       $('img').hover(function() {
24:         console.log('마우스 들어옴');
25:       }, function() {
26:         console.log('마우스 나감');
27:       });
```

hover()는 mouseenter()와 mouseleave() 이벤트 트리거가 결합된 경우로 이들을 이용해서 표현할 수도 있습니다. 결과는 동일하고 사용자의 선택에 따라 사용하면 됩니다. 점(.)을 사용하여 여러 개의 메서드를 연결할 수 있습니다. 이를 체이닝(chaining)이라 하며 코드를 간결하게 만들 수 있어 코드의 복잡도를 낮출 수 있습니다. 한국어나 영어에서 동일한 주어를 생략하고 사용하는 경우를 떠올려 보세요.

```
홍길동아 마트에 다녀와라 + 홍길동아 세탁소에 다녀와라 → 홍길동아 마트와 세탁소에 다녀와라
```

●●● 예제 파일 11.jQuery-event-mouse3.html

```
 ⋮         ⋮
30:       // $('img').mouseenter(handlerIn).mouseleave(handlerOut);
31:       // $('img').mouseenter(function(){}).mouseleave(function(){});
32:       $('img').mouseenter(function() {
33:         console.log('마우스 들어옴2');
34:       }).mouseleave(function() {
35:         console.log('마우스 나감2');
36:       });
```

다음은 키보드 이벤트 예제입니다. 3개의 이벤트 트리거를 소개하고 있지만, 그중 keypress()는 사용하지 않는 것이 좋습니다. keydown()의 기능과 명확히 구별되지 않아, keypress() 대신 keydown()을 사용하기를 권장합니다.[6] 참고로 keyover()는 없습니다. 손가락이 키보드 위로 올라갔는지 컴퓨터가 알 수 없기 때문입니다.

6) Keypress 이벤트 : https://developer.mozilla.org/en-US/docs/Web/API/Document/keypress_event

표 11-2 | 키보드 이벤트의 종류

키보드 이벤트	설명
.keydown()	키보드의 임의의 키를 누를 때 이벤트 트리거가 발생합니다.
.keypress()	키보드의 임의의 키를 누를 때 이벤트 트리거가 발생합니다.
.keyup()	키보드의 임의의 키를 누른 후 뗐을 때 이벤트 트리거가 발생합니다.

바닐라 자바스크립트에서 다뤘던 onkeydown을 jQuery 형식으로 표현하는 예제를 구성합니다. 예제에서는 바닐라 자바스크립트와 jQuery로 표현하는 방법을 각각 만들었습니다. 두 방법을 비교해서 jQuery 사용법을 익히도록 하세요. 〈input type="text"〉에 키워드를 입력하고 Enter↵키를 누르면, Enter↵키가 눌려 있음을 keyCode로 확인하여 이벤트를 수행합니다.
this 키워드를 표현하는 방법과 〈input〉의 입력값을 확인하는 방법도 비교하여 보세요.

●●● 예제 파일 11.jQuery-event-keyboard.html

```
 ⋮        ⋮
21:      // plain javascript 형식
22:      const search = document.querySelector('input[name="keyword"]');
23:      search.onkeydown = function(event) {
24:        if (event.keyCode == 13) { // enter 누름
25:          alert(this.value);
26:        }
27:      }
28:
29:
30:      // jQuery 형식
31:      $('input[name="keyword"]').keydown(function(event) {
32:        if (event.keyCode == 13) { // enter 누름
33:          alert($(this).val());
34:        }
35:      });
```

2. 효과

효과(Effects) 카테고리[7]는 jQuery API 문서에서 가장 가벼운 예제 구성으로 jQuery

7) 효과 : https://api.jquery.com/category/effects/

예제의 출발점으로 적당합니다. 베이직(basic) 효과로 출발하겠습니다. 베이직 효과는 hide(), show(), toggle() 메서드가 있습니다. 화면에서 보이는 요소를 보이지 않게 감추거나 그 반대 효과를 줄 수 있으며, toggle()은 hide()와 show()가 결합된 경우로 하나의 메서드로 상황에 따라 2가지 일을 번갈아 하도록 합니다.
아이디가 다른 〈img〉 3개를 구성하고 각각의 〈img〉를 클릭할 때 hide()를 실행합니다. hide()에 전달되는 매개변수 조건에 따라 각각을 다르게 구성합니다.

●●● 예제 파일 11.jQuery-effects-basic.html

```
⋮       ⋮
11:   <div class="container">
12:     <div class="row my-3">
13:       <div class="col">
14:         <img id="img1" src="https://dummyimage.com/600x400/000/
     fff" class="img-fluid" alt="첫번째 이미지">
15:       </div>
16:       <div class="col">
17:         <img id="img2" src="https://dummyimage.com/600x400/666/
     fff" class="img-fluid" alt="두번째 이미지">
18:       </div>
19:       <div class="col">
20:         <img id="img3" src="https://dummyimage.com/600x400/ccc/
     fff" class="img-fluid" alt="세번째 이미지">
21:       </div>
22:     </div>
23:   </div>
```

hide()에 전달되는 매개변수는 시간(duration, 사라지기까지 걸리는 시간)과 콜백 함수(complete, 사라진 후 호출되는 함수)로 모두 옵션입니다. 매개변수 없이 사용해도 되고, 둘 중 하나만 사용해도 되고, 모두 사용해도 됩니다.
시간의 기본값(default)은 400이며 이때 단위는 밀리초(ms)이고, 콜백 함수의 기본값은 없습니다. 콜백 함수의 기본값이 없다는 것은 hide() 후 실행되는 콜백 함수가 없다는 것입니다.
$('#img1')의 코드처럼 대상이 동일할 경우 $('#img1')을 중복해서 표현하기보다 this 키워드를 사용하는 방법이 나은 방법입니다. $(this)로 표현된 부분을 확인해 주세요.
콜백 함수(complete)를 표현한 예제는 〈img id="img3"〉을 클릭하면 1초가 지나면 완전히 사라지고, hide()가 완료된 직후 콜백 함수가 수행되어 콘솔 창에 '이미지 안 보임' 문자열이 출력됩니다.

●●● 예제 파일 11.jQuery-effects-basic.html

```
 :        :
27:      // $(선택자).hide([duration][, complete]);
28:
29:      $('#img1').click(function() {
30:        $('#img1').hide();
31:      });
32:
33:      $('#img2').click(function() {
34:        $(this).hide(1000);
35:      });
36:
37:      $('#img3').click(function() {
38:        $(this).hide(1000, function() {
39:          console.log('이미지 안 보임');
40:        });
41:      });
```

미리보기

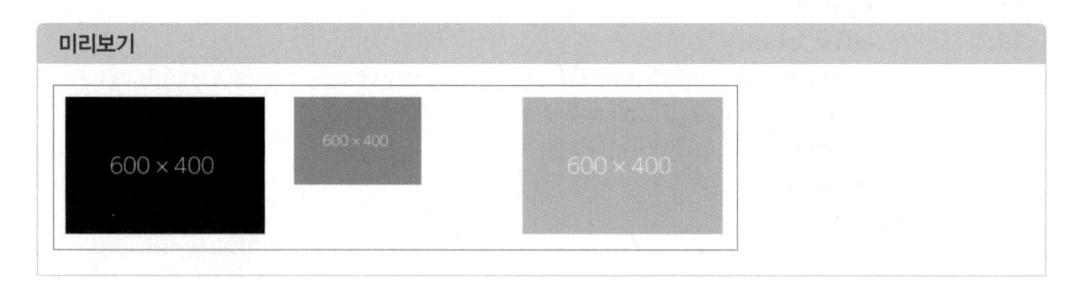

show() 메서드를 같이 실행하도록 합니다. <img>를 클릭할 때 hide()를 실행하고 콜백 함수에서 show()를 호출합니다. 설정된 시간 동안 <img>가 사라지고 콜백 함수가 호출되어 show()가 수행되어 설정된 시간 동안 다시 화면에 보이도록 합니다.

API 문서를 확인해 보면 hide()나 show()는 같은 형태의 매개변수를 갖는 서로 다른 기능을 하는 메서드입니다. jQuery에서 this 키워드를 사용하기 위해 콘솔 창으로 이를 출력해 봅니다.

콜백 함수의 형태를 화살표 함수로 바꿔서 적용합니다. 익명 함수를 사용한 <img id="img1">에서의 $(this)는 <img id="img1">을 가리키고 있지만, 화살표 함수가 적용된 <img id="img2">에서는 최상위 객체인 window를 가리키고 있는 점이 다릅니다. 그래서 $(this).show(1000);이 수행되지 않았습니다. 그러나 오류가 발생하지 않고 실행이 무시되었다는 점도 기억해 주세요.

click()은 매개변수로 event 객체가 전달될 수 있습니다. event 객체로부터 실마리를 얻기 위해 콘솔 창으로 출력하여 <img id="img3">을 event.currentTarget이나 event.target 형태로 받아올 수 있음을 확인했습니다.

●●● 예제 파일 11.jQuery-effects-basic2.html

```
 :         :
27:     $('#img1').click(function() {
28:       console.log('#img1-1', $(this));
29:       $(this).hide(1000, function() {
30:         console.log('#img1-2', $(this));
31:         $(this).show(1000);
32:       });
33:     });
34:
35:     $('#img2').click(() => {
36:       console.log('#img2-1', $(this));
37:       $('#img2').hide(1000, () => {
38:         console.log('#img2-2', $(this));
39:         $(this).show(1000); // 수행되지 않음
40:       });
41:     });
42:
43:     $('#img3').click(event => {
44:       console.log(event);
45:       const target = $(event.currentTarget);
46:       //const target = $('#img3');
47:       target.hide(1000, () => {
48:         target.show(1000);
49:       });
50:     });
```

콘솔 화면

```
#img1-1 ▶S.fn.init [img#img1.img-fluid]
#img1-2 ▶S.fn.init [img#img1.img-fluid]
#img2-1 ▶S.fn.init [Window]
#img2-2 ▶S.fn.init [Window]
```

click()의 매개변수로 전달된 event 객체의 콘솔 창 출력을 살펴봅니다.

currentTarget과 target이 〈img id="img3"〉을 가리키고 있어, event.currentTarget 또는 event.target을 사용하여 $(this) 표현 대신 $(event.currentTarget)을 사용할 수 있습니다. 화살표 함수에서 this 키워드를 사용하려면 event 객체의 속성으로 대신해야 함을 확인했습니다. 익명 함수나 화살표 함수는 선택적으로 사용하면 됩니다.

콘솔 화면

```
 S.Event {originalEvent: PointerEvent, type: 'click', targ
▼et: img#img3.img-fluid, currentTarget: img#img3.img-fluid
 , isDefaultPrevented: ƒ, …} ℹ
  ▶currentTarget: img#img3.img-fluid
   data: null
  ▶delegateTarget: img#img3.img-fluid
  ▶handleObj: {type: 'click', origType: 'click', data: null
  ▶isDefaultPrevented: ƒ Te()
   jQuery36004672582094460236: true
  ▶originalEvent: PointerEvent {isTrusted: true, pointerId:
   relatedTarget: null
  ▶target: img#img3.img-fluid
```

fading 카테고리를 학습합니다. fadeIn()과 fadeOut()이 여기서 소개하는 대표적인 메서드인데, 이름에서도 느껴지듯이 연극이나 뮤지컬에서 막이나 장면이 시작되거나 끝날 때 서서히 밝아오고, 서서히 어두워지는 효과를 제공합니다. 사용 방법은 show(), hide()와 같습니다. fadeIn()과 fadeOut()의 사용법을 설명하지 않더라도 코드만 보고도 쉽게 이해되죠?

●●● 예제 파일 11.jQuery-effects-fading.html

```
 ⋮     ⋮
27:      $('#img1').click(function() {
28:        $(this).fadeOut(1000);
29:      });
30:
31:      $('#img2').click(function() {
32:        $(this).fadeOut(1000, function() {
33:          $(this).fadeIn(500);
34:        });
35:      });
36:
```

```
37:         $('#img3').click(event => {
38:           $(event.currentTarget).fadeOut(1000, () => {
39:             $(event.currentTarget).fadeIn(1000);
40:       });
41:     });
```

fadeTo()와 fadeToggle()을 소개합니다.
fadeTo()는 투명도를 조절할 수 있습니다. fadeOut()과 fadeIn()의 경우는 투명도를 0(투명)과 1(불투명)의 값만 선택하는 경우라면, fadeTo()는 투명도를 세밀하게 조절할 수 있습니다. fadeTo()의 매개변수에서 시간(duration)과 투명도(opacity)는 반드시 있어야 하며, 콜백 함수(complete)는 옵션입니다.
fadeToggle()은 토글 버튼처럼 현재 투명도가 0(투명)이면 fadeIn()을 수행하고, 1이라면 fadeOut()을 수행하는 것으로 fadeIn()과 fadeOut()을 하나로 묶은 일종의 세트입니다.

●●● 예제 파일 11.jQuery-effects-fading2.html

```
 ⋮         ⋮
27:       // .fadeTo(duration, opacity [, complete ])
28:
29:       $('#img1').click(function() {
30:         $(this).fadeTo(1000, 0.5);
31:       });
32:
33:       $('#img2').click(function() {
34:         $(this).fadeTo(1000, 0.2, function() {
35:          $(this).fadeTo(1000, 0.7);
36:         });
37:       });
38:
39:       $('#img3').click(function() {
40:         $(this).fadeToggle(1000, function() {
41:           $(this).fadeToggle(500);
42:         });
43:       });
```

sliding 카테고리를 학습합니다. slideDown()과 slideUp()은 위아래로 걷고 내리는 커튼(curtain)처럼 동작하는 효과입니다. 이때 화면에서 영역의 크기나 범위를 계산할 때 기준이 되는 기준점 또는 기준선이 있습니다. 영역의 왼쪽 상단 지점이 기준점이고 위쪽 선이 기준선입니다. 기준선은 움직이지 않고 반대편인 아래쪽 선으로부터 움직여 화면에서 보이거나 보이지 않거나 하는 효과를 냅니다. 사용 방법은 show(), hide()와 같습니다.

슬라이드 효과에서 특이한 점으로, 〈img〉와 같은 인라인 요소보다는 블록 요소에 적용하는 것이 좋습니다. 〈img〉에 슬라이드 효과를 적용하기 위해서는 width, height 속성을 추가해 주어야 합니다. 〈img id="img2"〉에는 width, height 속성을 추가하였음을 확인해 주세요.

●●● 예제 파일 11.jQuery-effects-sliding.html

```
 ⋮       ⋮
11:    <div class="container">
12:      <div class="row my-3">
13:        <div class="col">
14:          <img id="img1" src="https://dummyimage.com/600x400/000/
    fff" class="img-fluid" alt="첫번째 이미지">
15:        </div>
16:        <div class="col">
17:          <img id="img2" src="https://dummyimage.com/600x400/666/
    fff" class="img-fluid" alt="두번째 이미지" width="400" height="300">
18:        </div>
19:        <div class="col">
20:          <img id="img3" src="https://dummyimage.com/600x400/ccc/
    fff" class="img-fluid" alt="세번째 이미지">
21:        </div>
22:      </div>
23:    </div>
```

width, height 속성이 없는 <img id="img1">은 hide()처럼 동작합니다. width, height 속성을 추가한 <img id="img2">는 slideUp()과 slideDown()이 제대로 동작합니다. 마지막의 <img id="img3">은 이것을 둘러싼 <div class="col">에 대하여 슬라이드 효과를 적용한 예제입니다. 이때 사용한 선택자 $('.col:eq(2)')는 문서에서 col 클래스가 3개가 있어, 세 번째 class="col"을 선택하기 위한 선택자입니다. slideUp(1000).slideDown(1000)처럼 메서드를 체이닝으로 연결하여 간결하게 표시할 수도 있습니다.

●●● 예제 파일 11.jQuery-effects-sliding.html

```
 ⋮        ⋮
27:     $('#img1').click(function() {
28:       $(this).slideUp();
29:     });
30:
31:     $('#img2').click(function() {
32:       $(this).slideUp(1000, function() {
33:         $(this).slideDown(500);
34:       });
35:     });
36:
37:     $('.col:eq(2)').click(event => {
38:       $(event.currentTarget).slideUp(1000).slideDown(1000);
39:     });
```

3. CSS

CSS 카테고리는 요소에 적용된 스타일을 조회하거나 CSS의 설정 및 클래스를 다루는 메서드입니다. 여러 메서드 중에서 css(), addClass(), removeClass(), hasClass()에 대하여 예제로 쓰임새를 알아봅니다.

css()는 CSS의 선택한 요소에 적용된 스타일을 조회하거나 CSS의 설정을 다룹니다. 또한 CSS의 여러 개의 속성을 묶음 형식으로 다룰 수도 있습니다. 예제에서는 간단한 형식을 위해 id 속성을 추가하여 <li>를 구별하도록 했습니다.

●●● 예제 파일 11.jQuery-css.html

```
⋮       ⋮
11:     <div class="container">
12:       <div class="row justify-content-center">
13:         <div class="col-10">
14:           <ul class="list-group">
15:             <li id="one" class="list-group-item">An item</li>
16:             <li id="two" class="list-group-item">A second item</li>
17:             <li id="three" class="list-group-item">A third item</li>
18:             <li id="four" class="list-group-item">A fourth item</li>
19:             <li id="five" class="list-group-item">And a fifth one</li>
20:           </ul>
21:         </div>
22:       </div>
23:     </div>
```

css()의 매개변수는 속성만 전달하여 선택한 요소에 적용된 스타일을 조회할 수 있으며, 속성과 속성값을 전달하여 해당 속성을 설정할 수 있습니다. 또한 중괄호({})를 이용하여 '속성:속성값'을 여러 쌍으로 간단하게 설정할 수 있습니다.

●●● 예제 파일 11.jQuery-css.html

```
⋮          ⋮
27:       // $(선택자).css(속성, 속성값);
28:       // $(선택자).css(속성:속성값, 속성:속성값, ...);
```

$('#one')은 설정된 스타일을 조회하는 방법입니다. css()에 속성명만 전달하여 속성값을 알아낼 수 있습니다. $('#two')는 배경색을 lightcoral로 설정하는 방법입니다.
$('#three')는 배경색과 글자색을 함께 설정하는 방법으로 중괄호({})를 이용하고 있음을 확인해 주세요. 중괄호에 속성과 속성값을 할당하는 방법은 연관배열의 형식과 동일합니다. key-value(또는 name-value) 형태에서 속성명이 위치하는 자리는 문자열이 와야 하는 자리로 따옴표를 사용하지 않더라도 됩니다.
그러나 'background-color'는 CSS에서 사용하는 속성의 표기 방법으로 자바스크립트에서는 따옴표 없이 사용하면 오류가 나기 때문에 따옴표를 사용했음을 확인해 주세요. 'background-color'의 중간에 있는 하이픈(-)은 자바스크립트에서 사칙연산 중 빼기(minus) 기호로 사용되기 때문입니다. 그래서 $('#four')에서 backgroundColor에서는 자바스크립트식 표기 방법으로 변경하여 따옴표 없이 사용하였습니다. $('#five')는 중괄호로 표현되는 속성과 속성값에 대하여 표현의 가독성을 높이기 위해 key-value(name-value) 형태로 내려쓰기를 했습니다.

●●● 예제 파일 11.jQuery-css.html

```
 ⋮        ⋮
30:      $('#one').click(function() {
31:        console.log($(this).css('background-color'));
32:      });
33:
34:      $('#two').click(function() {
35:        $(this).css('background-color', 'lightcoral');
36:      });
37:
38:      $('#three').click(function() {
39:        $(this).css({'background-color': 'lightcoral', color: '#fff'});
40:      });
41:
42:      $('#four').click(function() {
43:        $(this).css({backgroundColor: 'lightgreen', color: 'navy'});
44:      });
45:
46:      $('#five').click(function() {
47:        $(this).css({
48:          backgroundColor: 'lightgreen',
49:          fontWeight: 'bold',
50:          color: 'red'
51:        });
52:      });
```

hasClass()는 매개변수로 전달된 클래스 이름이 선택된 요소가 가졌는지를 확인하여 true/false로 반환값을 전달합니다. 그래서 보통 if 선택문에서 사용됩니다. addClass()와 removeClass()는 매개변수로 전달된 클래스를 추가하거나 제거하는 기능을 수행합니다.

리스트 그룹에서 active 클래스는 선택된 반전 UI를 제공합니다. 따라서 여기서는 active 클래스를 추가하거나 삭제하는 것으로 〈li〉를 선택한 것을 표현할 수 있습니다.

●●● 예제 파일 11.jQuery-css2.html

```
 ⋮         ⋮
11:    <div class="container">
12:      <div class="row justify-content-center">
13:        <div class="col-10">
14:          <ul class="list-group">
15:            <li id="one" class="list-group-item">An item</li>
16:            <li id="two" class="list-group-item">A second item</li>
17:            <li id="three" class="list-group-item">A third item</li>
18:            <li id="four" class="list-group-item">A fourth item</li>
19:            <li id="five" class="list-group-item">And a fifth one</li>
20:          </ul>
21:        </div>
22:      </div>
23:    </div>
```

hasClass('active')로 active 클래스가 선택된 〈li〉에 포함되어 있는지 판단하여, 없다면 addClass('active')로 active 클래스를 추가하고, 있다면 removeClass('active')로 active 클래스를 제거합니다.

●●● 예제 파일 11.jQuery-css2.html

```
 ⋮         ⋮
27:      $('li.list-group-item').click(function() {
28:        if ($(this).hasClass('active')) {
29:          $(this).removeClass('active');
30:        } else {
31:          $(this).addClass('active');
32:        }
33:      });
```

위의 코드는 다음으로 대체할 수 있는데, toggleClass()로 addClass()와 removeClass()를 함께 사용하는 효과를 낼 수 있습니다. 예제에서는 주석으로 처리되어 있는데, 이 코드의 결과를 확인하려면 위의 29~33행 코드 블록을 주석으로 처리하고 이곳 35~37행 부분의 주석을 제거하여 결과를 확인하세요.

●●● 예제 파일 11.jQuery-css2.html

```
 ⋮        ⋮
35:      $('li.list-group-item').click(function() {
36:        $(this).toggleClass('active');
37:      });
```

화면의 결과는 다음과 같은데, 메뉴로 사용하려면 중복된 선택 없이 오직 선택한 〈li〉만 반전되고 나머지는 active 클래스를 제거해야 할 것 같군요. 그것은 다음 예제에서 다루겠습니다.

선택한 〈li〉만 addClass()를 적용하고, 나머지 〈li〉에는 removeClass()를 적용한다면, 메뉴 형식처럼 하나만 선택하는 UI를 만들 수 있습니다. 이때 나머지를 선택하는 메서드인 siblings()를 사용하면 이 처리가 가능합니다.
sibling은 형제, 자매라는 뜻으로 $(this).siblings()는 선택한 $(this)를 제외한 다른 〈li〉를 선택합니다. 주석으로 처리된 두 줄의 코드를 하나로 연결하는 체이닝을 사용하여 만들어 완료합니다.

●●● 예제 파일 11.jQuery-css3.html

```
 ⋮        ⋮
27:      $('li.list-group-item').click(function() {
28:        // $(this).addClass('active');
29:        // $(this).siblings().removeClass('active');
30:
31:        $(this).addClass('active').siblings().removeClass('active');
32:      });
```

4. 선택자

자바스크립트는 이벤트 드리븐 방식으로 수행되기에 이벤트 트리거를 발생시키는 요소를 특정해야 하며, 그래서 선택자(Selectors)의 사용이 중요합니다. jQuery 선택자는 CSS 선택자 형식과 jQuery에서만 사용되는 형식으로 구성되어 있습니다. w3schools.com에서 선택자를 잘 정리하고 있으니 확인하세요.[8)]

jQuery에서 추가된 선택자는 의사 클래스(pseudo class)로 다음과 같으며, 이것을 예제로 구성합니다.

다음에서 대체 메서드가 표시된 경우는 해당하는 jQuery 선택자를 사용하지 않을 것을 권고(deprecated)하고 있습니다. 대신 대체 메서드로 사용하도록 합니다(물론 사용하더라도 오류는 나지 않으나 성능 면에서 문제가 될 수 있어 대체 메서드 사용을 추천합니다).

표 11-3 | jQuery 선택자의 종류

jQuery 선택자	대체 메서드	설명
:first	.first()	선택 조건이 맞는 첫 번째 요소
:last	.last()	선택 조건이 맞는 마지막 요소
:even	.even()	선택 조건이 맞는 짝수 번째의 모든 요소
:odd	.odd()	선택 조건이 맞는 홀수 번째의 모든 요소
:gt()	.slice()	선택 조건이 맞는 요소 중 매개변수(인덱스)보다 큰 모든 요소
:lt()	.slice()	선택 조건이 맞는 요소 중 매개변수(인덱스)보다 작은 모든 요소
:eq()	.eq()	선택 조건이 맞는 요소 중 매개변수(인덱스)에 해당하는 요소
:contains()	–	매개변수로 전달되는 문자열을 포함하는 모든 요소
:parent	–	텍스트 노드를 포함하여 하나 이상의 자식 노드를 갖는 모든 요소
:animated	–	애니메이션 효과를 적용 중인 모든 요소
:has()	–	매개변수로 전달되는 선택자 조건을 갖는 모든 요소

매칭되는 요소에서 특정 위치의 요소를 선택하는 선택자에 대한 예제를 살펴봅니다. 첫 번째와 마지막 번째, 짝수 번째와 홀수 번째에 대한 선택으로, 특히 홀수와 짝수 번

8) CSS 선택자 : https://www.w3schools.com/cssref/css_selectors.asp
jQuery 선택자 : https://www.w3schools.com/jquery/jquery_ref_selectors.asp

째에 대한 요소의 선택은 요소의 순서는 0부터 시작하는 인덱스라는 것을 기억하고 살펴봐야 합니다.

●●● 예제 파일 11.jQuery-selectors.html

```
 ⋮        ⋮
11:     <div class="container">
12:       <div class="row justify-content-center">
13:         <div class="col-10">
14:           <div class="btn-group my-3" role="group">
15:             <button type="button" class="btn btn-primary">:first</button>
16:             <button type="button" class="btn btn-success">:last</button>
17:             <button type="button" class="btn btn-warning">:even</button>
18:             <button type="button" class="btn btn-danger">:odd</button>
19:           </div>
20:           <ul class="list-group">
21:             <li class="list-group-item">An item</li>
22:             <li class="list-group-item">A second item</li>
23:             <li class="list-group-item">A third item</li>
24:             <li class="list-group-item">A fourth item</li>
25:             <li class="list-group-item">And a fifth one</li>
26:           </ul>
27:         </div>
28:       </div>
29:     </div>
```

의사 클래스(pseudo class) 선택자로 소개된 :first, :last, :even, :odd 형식은 API 문서에서 사용하지 말 것을 권고하고 대신 first(), last(), even(), odd() 메서드로 사용할 것을 당부하고 있습니다. 물론 사용한다고 해서 오류는 나지 않지만, 성능 등에서 메서드 형식이 나은 방법입니다. 예제에선 2가지 형태로 모두 표현했고, 〈button〉을 클릭할 때마다 〈li〉에서 active 클래스를 제거하여 선택을 초기화하고, 해당 선택자를 실행하도록 구성했습니다.

●●● 예제 파일 11.jQuery-selectors.html

```
 ⋮        ⋮
33:       $('.btn-primary').click(function() {
34:         $('li.list-group-item').removeClass('active');
35:
36:         // $('li.list-group-item:first').addClass('active');
```

```
37:         $('li.list-group-item').first().addClass('active');
38:       });
39:
40:       $('.btn-success').click(function() {
41:         $('li.list-group-item').removeClass('active');
42:
43:         // $('li.list-group-item:last').addClass('active');
44:         $('li.list-group-item').last().addClass('active');
45:       });
46:
47:       $('.btn-warning').click(function() {
48:         $('li.list-group-item').removeClass('active');
49:
50:         // $('li.list-group-item:even').addClass('active');
51:         $('li.list-group-item').even().addClass('active');
52:       });
53:
54:       $('.btn-danger').click(function() {
55:         $('li.list-group-item').removeClass('active');
56:
57:         // $('li.list-group-item:odd').addClass('active');
58:         $('li.list-group-item').odd().addClass('active');
59:       });
```

화면 상단의 버튼 그룹을 클릭하여 조건에 맞는 선택자를 연습합니다. 특히 even(짝수)과 odd(홀수)의 선택은 0부터 시작하는 인덱스 순서에서 짝수와 홀수의 구분을 확인하세요.

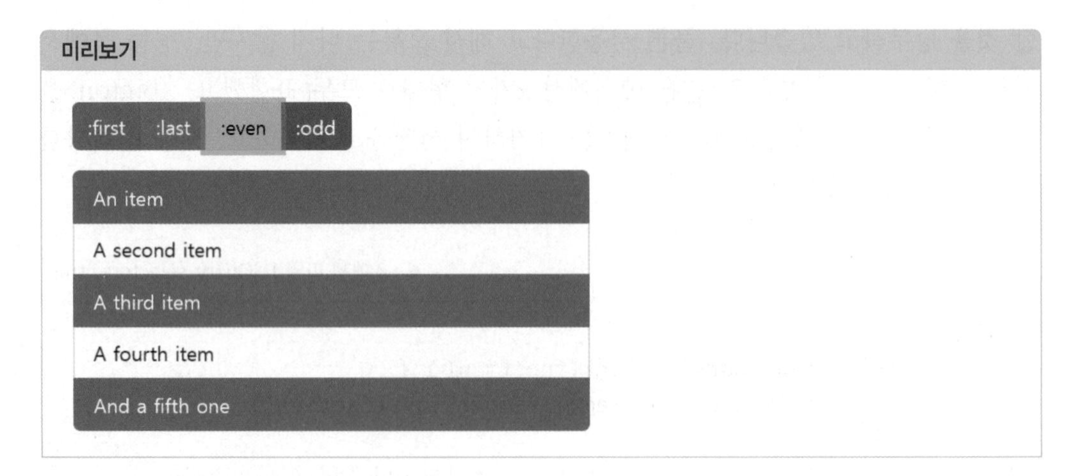

다음은 :gt(), :lt(2), eq(), :contains()에 대한 연습입니다. :gt()는 매개변수로 전달된 인덱스보다 큰 값을 갖는 요소를 선택하는 것으로 'greater than'의 의미입니다. :lt()는 매개변수로 전달된 인덱스보다 작은 값을 갖는 요소를 선택하는 것으로 'less than'의 의미입니다. :eq()는 매개변수로 전달된 인덱스 위치의 요소를 선택하는 것으로 'equal'의 의미입니다. :contains()는 매개변수로 전달되는 문자열을 포함하는 모든 요소를 선택하는 의사 선택자입니다.

●●● 예제 파일 11.jQuery-selectors2.html

```
 ⋮       ⋮
11:    <div class="container">
12:      <div class="row justify-content-center">
13:        <div class="col-10">
14:          <div class="btn-group my-3" role="group">
15:            <button type="button" class="btn btn-primary">:gt(2)</button>
16:            <button type="button" class="btn btn-success">:lt(2)</button>
17:           <button type="button" class="btn btn-warning">:eq(2)</button>
18:            <button type="button" class="btn btn-
    danger">:contains('An item')</button>
19:          </div>
20:          <ul class="list-group">
21:            <li class="list-group-item">An item</li>
22:            <li class="list-group-item">A second item</li>
23:            <li class="list-group-item">A third item</li>
24:            <li class="list-group-item">A fourth item</li>
25:            <li class="list-group-item">And a fifth one</li>
26:          </ul>
27:        </div>
28:      </div>
29:    </div>
```

:gt()와 :lt()는 slice()로 바꿔쓸 것을 API 문서에서 권고하고 있는데, slice()는 바닐라 자바스크립트의 배열의 메서드인 slice()와 이름도 같지만, 쓰임도 흡사합니다. slice()는 매개변수로 전달되는 인덱스 범위의 요소를 반환하며, 이때 start부터 end 미만의 범위가 선택됩니다.

```
$(선택자).slice(start [, end]);
```

:gt(n)은 slice(n+1)의 형식으로 사용합니다. :gt(n)은 n을 초과하는 인덱스의 요소를 선택하는 것으로, slice(start)의 start 매개변수는 그 값부터 포함되기에 쓰임에 차이가 있어 'n+1'로 표현해야 합니다. :lt(n)의 결과 역시 n을 포함하지 않기에 slice(0, n)으로 사용합니다. slice(start, end)에서 start는 포함되고 end는 포함되지 않습니다.

●●● 예제 파일 11.jQuery-selectors2.html

```
 ⋮        ⋮
33:     $('.btn-primary').click(function() {
34:       $('li.list-group-item').removeClass('active');
35:
36:       // $('li.list-group-item:gt(2)').addClass('active');
37:       $('li.list-group-item').slice(3).addClass('active');
38:     });
39:
40:     $('.btn-success').click(function() {
41:       $('li.list-group-item').removeClass('active');
42:
43:       // $('li.list-group-item:lt(2)').addClass('active');
44:       $('li.list-group-item').slice(0, 2).addClass('active');
45:     });
46:
47:     $('.btn-warning').click(function() {
48:       $('li.list-group-item').removeClass('active');
49:
50:       // $('li.list-group-item:eq(2)').addClass('active');
51:       $('li.list-group-item').eq(2).addClass('active');
52:     });
53:
54:     $('.btn-danger').click(function() {
55:       $('li.list-group-item').removeClass('active');
56:
57:       $('li.list-group-item:contains("An item")').
    addClass('active');
58:     });
```

미리보기

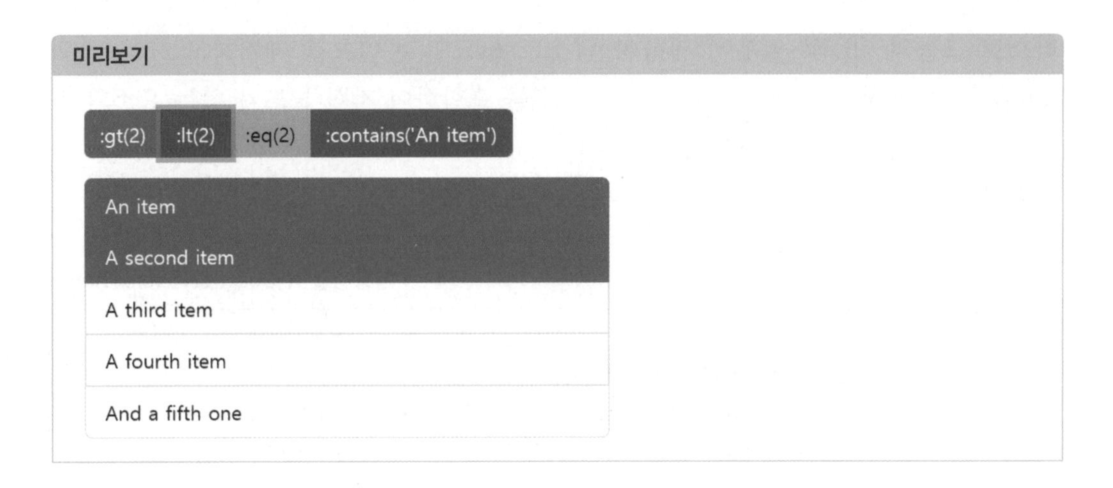

:parent는 텍스트 노드를 포함해서 하나 이상의 자식 노드를 갖는 모든 요소를 대상으로 합니다. :empty와 반대의 경우입니다. 반면에 :has()는 매개변수로 전달된 선택자를 자식 노드로 갖는 모든 요소를 선택합니다. :animated는 현재 애니메이션 효과가 적용되는 모든 요소를 선택합니다.

●●● 예제 파일 11.jQuery-selectors3.html

```
 ⋮        ⋮
11:    <div class="container">
12:      <div class="row justify-content-center">
13:        <div class="col-10">
14:          <div class="btn-group my-3" role="group">
15:            <button type="button" class="btn btn-primary">:parent</button>
16:            <button type="button" class="btn btn-success">:empty</button>
17:            <button type="button" class="btn btn-warning">:has('em')</button>
18:            <button type="button" class="btn btn-danger">:animated</button>
19:          </div>
20:          <ul class="list-group">
21:            <li class="list-group-item">1번째</li>
22:            <li class="list-group-item"></li>
23:            <li class="list-group-item">3번째</li>
24:            <li class="list-group-item"></li>
25:            <li class="list-group-item"><em>5번째</em></li>
26:          </ul>
27:        </div>
28:      </div>
29:    </div>
```

리스트 그룹의 〈li〉의 일부에 대하여 텍스트 노드인 콘텐츠를 제거하고 :parent와 :empty를 비교하도록 했습니다. 텍스트 노드를 포함하여 자식 노드가 있는 요소와 자식 노드가 없는 노드를 구별할 수 있습니다.
또한 자식 노드로 〈em〉을 갖는 요소를 :has("em")으로 찾을 수 있습니다.

●●● 예제 파일 11.jQuery-selectors3.html

```
 ⋮          ⋮
33:      $('.btn-primary').click(function() {
34:        $('li.list-group-item').removeClass('active');
35:        $('li.list-group-item:parent').addClass('active');
36:      });
37:
38:      $('.btn-success').click(function() {
39:        $('li.list-group-item').removeClass('active');
40:        $('li.list-group-item:empty').addClass('active');
41:      });
42:
43:      $('.btn-warning').click(function() {
44:        $('li.list-group-item').removeClass('active');
45:        $('li.list-group-item:has("em")').addClass('active');
46:      });
```

:animated 선택자의 예제를 위해 리스트 그룹의 〈li〉중 세 번째(eq(2))를 slideUp()과 slideDown()을 계속 수행하도록 함수를 구성했습니다. slideDown(animated)와 같이 자기 자신의 함수를 호출하는 방식을 재귀 함수라 합니다. 매개변수로 전달된 함수 이름에 괄호가 없다는 데 주의하세요. 매개변수로 시간(duration)을 기본값으로 할 경우 시간(duration) 값 없이 사용할 수 있으며, 이때 콜백 함수만 표시될 수도 있습니다. 콜백 함수만 매개변수로 전달될 경우 괄호 없이 사용합니다. 괄호가 없더라도 함수 형식을 표현해야 하는 자리이기 때문에 변수가 아닌 함수로 인식됩니다.

```
 ⋮          ⋮
48:         function animated() {
49:           $('li.list-group-item').eq(2).slideUp().slideDown(animated);
50:         }
51:         animated();
52:
53:         $('.btn-danger').click(function() {
54:           $('li.list-group-item').removeClass('active');
55:           $('li.list-group-item:animated').addClass('active');
56:         });
```

미리보기

:parent :empty :has('em') :animated

1번째

3번째

5번째

5. 속성

속성(Attributes)은 HTML 요소의 DOM 속성을 조회하고 설정하는 방법을 제공하는 카테고리입니다. 클래스(class)는 속성의 특별한 경우로 별도로 CSS 카테고리에서 다뤘습니다. 클래스 외의 일반적인 속성을 다루는 방법을 살펴보기로 합니다. 대표적인 메서드인 attr()은 바닐라 자바스크립트의 메서드인 getAttribute()와 setAttribute()를 결합한 설정된 속성의 값을 조회하고, 임의의 속성을 설정하는 기능을 수행합니다. 메서드의 이름이 get으로 시작하면 설정된 값을 조회하는 역할을 하는 메서드로 게터(getter)라 부릅니다. 또한 set으로 시작하면 값을 설정하는 역할로 세터(setter)라고 합니다. 게터와 세터로 해당하는 메서드의 역할을 알 수 있습니다. 변수명이나 함수명(또는 메서드명)은 그것의 역할과 기능을 파악할 수 있는 단어의 조합으로 구성하는 것이 좋습니다.

현재 애니메이션 효과가 적용되는 모든 요소를 선택합니다. attr(), prop(), val() 메서드의 활용을 위한 예제를 구성합니다.

prop()는 속성(property)의 조회 및 설정을 다루는데 〈input type="radio"〉와 〈input type="checkbox"〉에 주로 적용합니다. val()은 〈input〉에 입력하거나 선택한 값을 조회하거나 설정하는 메서드입니다.

〈img〉에서 사용된 alt와 title 속성은 비슷한 면이 있기는 하지만 전혀 다른 의도의 속성입니다. alt는 대체어(alternative)로 src 속성값인 이미지 경로에 대한 오류로 화면에 표출되지 않을 경우, 대신 표출되는 메시지로 사용자에게 오류 시 정보를 전달하는 방법입니다. title은 보통 툴팁(tooltip)이라고 부르며 마우스를 요소 위에 올렸을 때 해당 요소에 대한 정보를 전달하기 위한 메시지입니다. 메시지를 전달한다는 역할은 같지만, 표출되는 상황이 다르기에 구분해서 사용할 필요가 있습니다.

●●● 예제 파일 11.jQuery-attributes.html

```
 ⋮         ⋮
13:        <div class="col-4">
14:          <figure class="figure">
15:            <img src="https://dummyimage.com/500x400/000/fff"
     class="figure-img img-fluid rounded" alt="이미지 대체 텍스트"
     title="툴팁 텍스트">
16:            <figcaption class="figure-caption">A caption for the
     above image.</figcaption>
17:          </figure>
18:        </div>
19:        <div class="col-8">
20:          <div class="btn-group my-3" role="group">
21:            <button type="button" class="btn btn-primary">prop()</button>
22:            <button type="button" class="btn btn-success">val()</button>
23:          </div>
24:          <fieldset class="row mb-3">
25:            <legend class="col-form-label col-sm-3 pt-0">블록
     라디오</legend>
26:            <div class="col-sm-9">
27:              <div class="form-check">
28:                <label><input class="form-check-input" type="radio"
     name="rb" value="1">라디오#1</label>
29:              </div>
30:              <div class="form-check">
```

```
31:                <label><input class="form-check-input" type="radio"
    name="rb" value="2">라디오#2</label>
32:              </div>
33:              <div class="form-check">
34:                <label><input class="form-check-input" type="radio"
    name="rb" value="3">라디오#3</label>
35:              </div>
36:            </div>
37:          </fieldset>
38:          <div class="row mb-3">
39:            <label for="search" class="col-sm-3 col-form-label">
    검색</label>
40:            <div class="col-sm-9">
41:              <input type="search" class="form-control" id="search"
42: name="search" placeholder="검색어 입력">
            </div>
43:          </div>
44:        </div>
```

〈img〉를 클릭하면 attr()로 특정 속성값을 조회하고 또한 지정된 값으로 속성값을 설정합니다. 매개변수로 속성명만 전달하여 바닐라 자바스크립트의 getAttribute() 역할을 수행하고, 매개변수로 속성명과 속성값을 모두 전달하여 해당 속성에 대하여 설정하는 setAttribute() 역할을 수행합니다.
[prop()] 버튼을 클릭하여 라디오 버튼을 선택할 수 있도록 했습니다. 버튼을 클릭할 때마다 변수 idx 값을 증가시키고, 나머지 연산자(%)로 라디오 버튼을 순회하면서 선택할 수 있도록 했습니다. 이때 59행에서 eq(idx % len)으로 순회하는 방법을 확인해 주세요. prop('checked', true)는 클릭한 라디오 버튼을 선택하는 메서드입니다.
의사 클래스인 :checked는 현재 선택된 라디오 버튼이나 체크박스를 가리키며, val()으로 설정된 값을 조회하고 또한 〈input type="search"〉의 값으로 할당해 줍니다.
[val()] 버튼을 클릭하여 현재 선택된 라디오 버튼 중 선택된 요소의 parent().text()로 부모 노드의 텍스트에 접근하였다는 것을 확인하세요. jQuery DOM 예제에서 노드 간의 이동과 조작 등을 자세히 다루겠습니다.

●●● 예제 파일 11.jQuery-attributes.html

```
⋮       ⋮
50:     $('.figure-img').click(function() {
51:       console.log($(this).attr('src'), $(this).attr('title'));
52:       $(this).attr('src', 'https://dummyimage.com/500x400/ccc/fff');
53:     });
54:
55:     let idx = 0;
56:     const len = $('input[name="rb"]').length;
57:
58:     $('.btn-primary').click(function() {
59:       $('input[name="rb"]').eq(idx % len).prop('checked', true);
60:
61:       const radioValue = $('input[name="rb"]:checked').val();
62:       $('input[name="search"]').val(radioValue);
63:
64:       idx++;
65:     });
66:
67:     $('.btn-success').click(function() {
68:       const rbValue = $('input[name="rb"]:checked').parent().text();
69:       $('input[name="search"]').val(rbValue);
70:     });
```

이미지를 클릭하고, 버튼 클릭을 통해 속성의 조회 및 조작의 과정과 결과를 확인해 주세요. 혹시 설명이 부족한 부분에 대해서는 jQuery API 문서를 참고해서 익히도록 하세요.

콘솔 화면

```
https://dummyimage.com/500x400/000/fff
툴팁 텍스트
```

6. DOM 조작

DOM 조작(Manipulation)은 HTML 요소의 DOM을 여러 가지 방법으로 다루는 방법을 소개하는 카테고리입니다. 앞서 예제로 다뤘던 속성(Attributes) 카테고리의 메서드와 CSS 카테고리의 메서드 역시 DOM에 속하는 부분입니다. 하지만 자주 사용하는 부분이기에 별도의 카테고리로 분류해서 API 문서를 제공하고 있습니다.

소개하는 메서드가 많아 그 일부를 요약해서 소개하면 다음과 같습니다.

표 11-4 | DOM 메서드 종류

분류	DOM 메서드	설명
삽입	.append()	선택된 요소의 마지막 자식 노드로 매개변수를 삽입합니다.
	.prepend()	선택된 요소의 첫 번째 자식 노드로 매개변수를 삽입합니다.
	.before()	선택된 요소의 앞쪽에 형제 노드로 매개변수를 삽입합니다.
	.after()	선택된 요소의 뒤쪽에 형제 노드로 매개변수를 삽입합니다.
삭제	.remove()	선택된 요소를 DOM에서 삭제합니다.
변경(교체)	.replaceWith()	선택된 요소를 매개변수로 전달되는 콘텐츠로 교체합니다.
	.replaceAll()	매개변수에 해당하는 모든 요소를 선택된 콘텐츠로 교체합니다.
	.wrap()	선택된 요소 각각에 대하여 매개변수로 감싸서 표현합니다.
	.wrapAll()	선택된 요소를 매개변수로 감싸서 표현합니다.

삽입과 관련된 append(), prepend(), before(), after() 메서드에 대한 예제를 구성합니다. 이들은 선택된 요소의 내부 또는 주변에 콘텐츠를 삽입하는 메서드입니다.
리스트 그룹을 만들고 새로운 〈li〉를 구성하고 삽입하여 메서드 쓰임에 대한 이해를 돕도록 합니다.

```
⋮       ⋮
11:   <div class="container">
12:     <div class="row justify-content-center">
13:       <div class="col-10">
14:         <div class="btn-group my-3" role="group">
15:           <button type="button" class="btn btn-primary">.
    append()</button>
16:           <button type="button" class="btn btn-success">.
    prepend()</button>
17:           <button type="button" class="btn btn-warning">.
    before()</button>
18:           <button type="button" class="btn btn-danger">.after()</
    button>
19:           <button type="button" class="btn btn-secondary">
    화면초기화</button>
20:         </div>
21:         <ul class="list-group">
22:           <li class="list-group-item">An item</li>
23:           <li class="list-group-item">A second item</li>
24:           <li class="list-group-item">A third item</li>
25:           <li class="list-group-item">A fourth item</li>
26:           <li class="list-group-item">And a fifth one</li>
27:         </ul>
28:       </div>
29:     </div>
30:   </div>
```

append()와 prepend()는 〈ul〉을 타깃으로 하여 그 내부에 자식 노드로서 추가하는 메서드입니다. append()는 자식 노드의 마지막으로, prepend()는 자식 노드의 첫 번째로 매개변수로 전달되는 요소 형식의 텍스트를 삽입합니다. 기존에 다뤄 봤던 비슷한 메서드로 html()과 text()가 있었습니다.
before()와 after()는 특정 〈li〉를 기준으로 새로운 〈li〉를 구성하여 앞과 뒤에 위치하는 메서드입니다. 형제자매 노드입니다. 이전에 봤었던 siblings()가 기억나나요?
before()와 after()의 경우에는 메서드의 정확한 수행을 위해 [화면초기화] 버튼을 클릭한 후 메서드 수행 버튼을 클릭하도록 합니다.

●●● 예제 파일 11.jQuery-manipulation.html

```
 ⋮          ⋮
34:     $('.btn-primary').click(function() {
35:       const append = '<li class="list-group-item list-group-item-
    primary">append()</li>';
36:       $('ul.list-group').append(append);
37:     });
38:
39:     $('.btn-success').click(function() {
40:       const prepend = '<li class="list-group-item list-group-
    item-success">prepend()</li>';
41:       $('ul.list-group').prepend(prepend);
42:     });
43:
44:     $('.btn-warning').click(function() {
45:       const before = '<li class="list-group-item list-group-item-
    warning">before()</li>';
46:       $('li.list-group-item').eq(2).before(before);
47:     });
48:
49:     $('.btn-danger').click(function() {
50:       const after = '<li class="list-group-item list-group-item-
    danger">after()</li>';
51:       $('li.list-group-item').eq(2).after(after);
52:     });
53:
54:     $('.btn-secondary').click(function() {
55:       location.reload(true);
56:     });
```

새로운 〈li〉는 배경 색깔을 추가하여 다른 것과 바로 비교될 수 있게 하였습니다. 코드에서 배경 색깔 등을 위해 적용한 클래스를 확인해 보세요.

다음은 삭제와 관련된 remove() 메서드의 활용 예제를 구성합니다. 이전에 비슷한 역할을 했던 removeClass()를 다뤘던 적이 있었음을 떠올려 주세요. 선택한 요소를 remove() 메서드로 삭제합니다.

●●● 예제 파일 11.jQuery-manipulation2.html

```
 ⋮        ⋮
11:     <div class="container">
12:       <div class="row justify-content-center">
13:         <div class="col-10">
14:           <ul class="list-group">
15:             <li class="list-group-item">An item</li>
16:             <li class="list-group-item">A second item</li>
17:             <li class="list-group-item">A third item</li>
18:             <li class="list-group-item">A fourth item</li>
19:             <li class="list-group-item">And a fifth one</li>
20:           </ul>
21:         </div>
22:       </div>
23:     </div>
```

<li>를 클릭하면 해당 <li>를 remove()로 삭제하도록 합니다.

화면으로도 결과를 확인할 수 있지만, F12키를 누르거나 [개발자 도구]로 이동하여 [Elements] 탭에서 동적인 코드 구성의 변화를 확인할 수 있습니다. DOM 조작으로 변경된 DOM 구조는 [페이지 소스 보기]로 확인할 수 없습니다.

●●● 예제 파일 11.jQuery-manipulation2.html

```
 ⋮      ⋮
27:   $('li.list-group-item').click(function() {
28:     $(this).remove();
29:   });
```

콘솔 화면

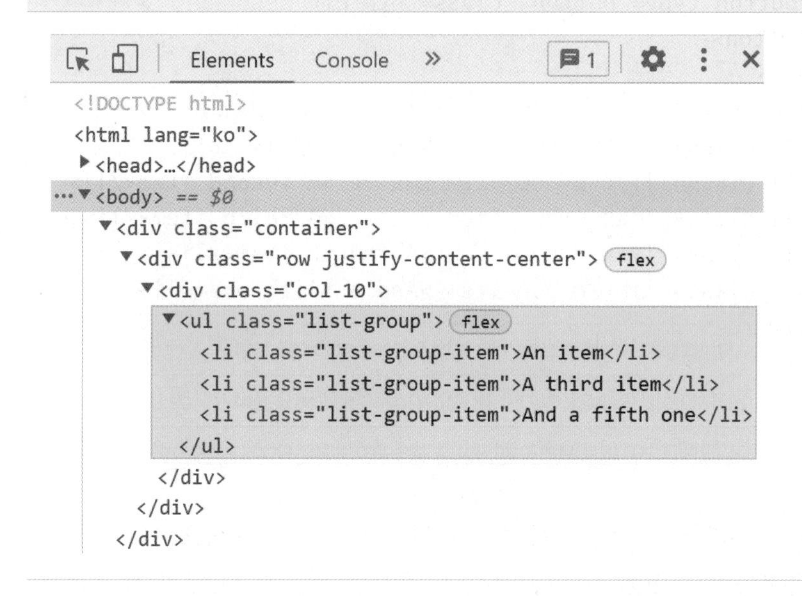

변경 또는 교체와 관련된 replaceWith(), replaceAll(), wrap(), wrapAll() 메서드의 활용 예제를 구성합니다. 리스트 그룹에서 선택한 <li>를 변경(교체)하거나, 다른 요소로 <li>를 래핑(wrap)하는 메서드를 적용해 봅니다.

```
 ⋮        ⋮
11:     <div class="container">
12:       <div class="row justify-content-center">
13:         <div class="col-10">
14:           <div class="btn-group my-3" role="group">
15:             <button type="button" class="btn btn-primary">.
    replaceWith()</button>
16:             <button type="button" class="btn btn-success">.
    replaceAll()</button>
17:             <button type="button" class="btn btn-warning">.wrap()</
    button>
18:             <button type="button" class="btn btn-danger">.
    wrapAll()</button>
19:             <button type="button" class="btn btn-secondary">
    화면초기화</button>
20:           </div>
21:           <ul class="list-group">
22:             <li class="list-group-item">An item</li>
23:             <li class="list-group-item active">A second item</li>
24:             <li class="list-group-item active">A third item</li>
25:             <li class="list-group-item">A fourth item</li>
26:             <li class="list-group-item">And a fifth one</li>
27:           </ul>
28:         </div>
29:       </div>
30:     </div>
```

replaceWith()와 replaceAll()은 주어와 목적어의 위치가 바뀌는 형식으로 결과가 동일합니다. 주어와 목적어라는 표현을 일반적으로 바꾸면 주어는 교체의 대상이 되는 타깃(target)으로 목적어는 교체의 결과가 되는 소스(source)입니다. wrap()과 wrapAll()에서 wrap()은 선택된 요소마다 각각 래핑되고, wrapAll()은 선택된 요소를 한 묶음으로 래핑된다는 점에서 차이가 있습니다.

46행의 $('li.list-group-item').slice(3)은 인덱스 3부터 끝까지를 타깃으로 합니다. 또한 51행의 $('li.active, li.list-group-item-success')는 다중 선택자로 여기서는 2가지 모두를 타깃으로 합니다.

●●● 예제 파일 11.jQuery-manipulation3.html

```
 ⋮          ⋮
34:     $('.btn-primary').click(function() {
35:       const replace = '<li class="list-group-item list-group-
    item-primary">replaceWith()</li>';
36:       $('li.list-group-item').eq(0).replaceWith(replace);
37:     });
38:
39:     $('.btn-success').click(function() {
40:       const replace = '<li class="list-group-item list-group-
    item-success">replaceAll()</li>';
41:       $(replace).replaceAll('li.active');
42:     });
43:
44:     $('.btn-warning').click(function() {
45:       const wrap = '<li class="list-group-item list-group-item-
    warning"></li>';
46:       $('li.list-group-item').slice(3).wrap(wrap);
47:     });
48:
49:     $('.btn-danger').click(function() {
50:       const wrap = '<li class="list-group-item list-group-item-
    danger"></li>';
51:       $('li.active, li.list-group-item-success').wrapAll(wrap);
52:     });
53:
54:     $('.btn-secondary').click(function() {
55:       location.reload(true);
56:     });
```

화면 상단의 버튼으로 각 메서드의 쓰임을 확인하고, [화면초기화] 버튼을 클릭해 화면을 초기화할 수 있습니다. F12키를 누르거나 [개발자 도구]로 이동하여 [Elements] 탭에서 동적인 코드 구성의 변화를 확인해 보세요. 코드로 결과를 확인해 보는 것이 이해가 빠른 경우가 많으니, 꼭 살펴보세요.

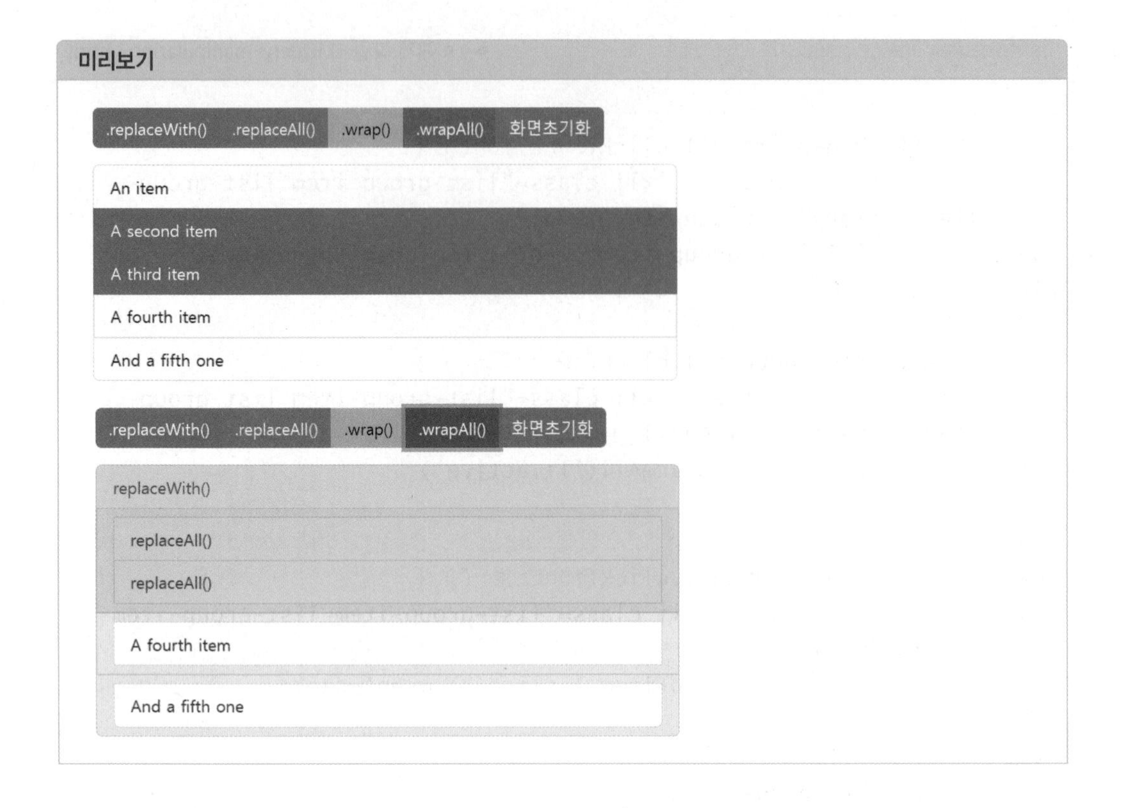

콘솔 화면

```
▼<ul class="list-group"> flex
   <li class="list-group-item list-group-item-primary">replaceWith()</li>
  ▼<li class="list-group-item list-group-item-danger">
     <li class="list-group-item list-group-item-success">replaceAll()</li>
     <li class="list-group-item list-group-item-success">replaceAll()</li>
   </li>
  ▼<li class="list-group-item list-group-item-warning">
     <li class="list-group-item">A fourth item</li>
   </li>
   <li class="list-group-item">And a fifth one</li>
 </ul>
```

DOM을 검색할 수 있도록 도와주는 횡단(Traversing) 카테고리가 있습니다. 게임기의 조이스틱처럼 앞으로 뒤로 그리고 양 옆으로 이동하면서 요소를 찾아볼 수 있습니다. 앞서 했던 first(), last(), eq() 등도 이 카테고리의 메서드입니다. 몇 가지를 추려 살펴봅니다.

표 11-5 | 횡단 메서드의 종류

횡단 메서드	설명
.find()	선택된 요소로부터 자손(하위) 노드(descendants)를 검색합니다.
.filter()	선택된 요소로부터 형제자매 노드(siblings)를 어떤 조건으로 축약합니다.
.children()	선택된 요소의 자손 노드를 반환합니다.
.parent()	선택된 요소의 부모 노드를 반환합니다.
.parents()	선택된 요소의 상위 노드를 반환합니다.
.siblings()	선택된 요소의 형제자매 노드를 반환합니다.
.prev()	선택된 요소의 형제자매 노드 중 바로 앞선 노드를 반환합니다.
.next()	선택된 요소의 형제자매 노드 중 바로 뒤를 따르는 노드를 반환합니다.
.is()	선택된 요소에서 조건에 대한 불리언 값을 반환합니다.
.end()	체이닝(chaining) 환경에서 이전 상태로 되돌려 줍니다.
.each()	선택된 요소에 대하여 반복문 형식을 제공합니다.
.map()	선택된 요소에 대하여 반복문 형식으로 콜백 함수를 제공합니다.

검색 알고리즘에는 너비우선검색(breadth first search)과 깊이우선검색(depth first search)이 있습니다. 그래프(graph) 또는 트리(tree) 구조에서 각 노드를 방문하는 방법입니다. 횡단(Traversing) 카테고리에서 제공하는 메서드에서도 이것을 기준으로 검색이 이루어집니다. 예컨대 find()는 깊이우선검색을, filter()는 너비우선검색을 하는 대표 메서드라고 할 수 있습니다. DOM 구조는 보통 DOM 트리로서 〈html〉을 루트(정점)로 하는 트리구조입니다.

DOM 트리에서 횡단 카테고리에서 제공하는 메서드를 이용하여 원하는 요소를 찾아보도록 합니다.

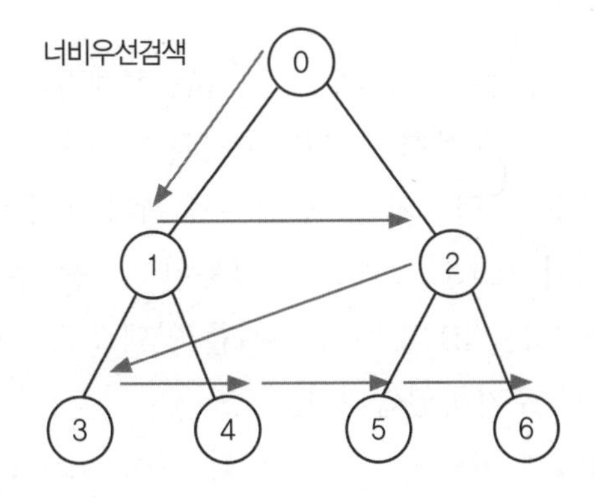

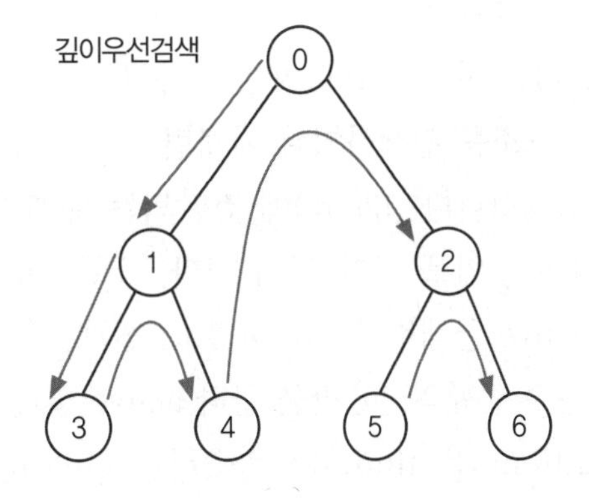

검색과 관련된 find(), filter(), children() 메서드의 활용 예제를 구성합니다.
다음과 같이 코드를 구성하고 버튼을 클릭하여 이들 메서드가 수행하는 내용과 사용법을 익혀보도록 합니다.

●●● 예제 파일 11.jQuery-traversing.html

```
 ⋮       ⋮
11:    <div class="container">
12:      <div class="row justify-content-center">
13:        <div class="col-10">
14:          <div class="btn-group my-3" role="group">
15:            <button type="button" class="btn btn-primary">.find()</button>
16:            <button type="button" class="btn btn-success">.filter(s)</button>
17:            <button type="button" class="btn btn-warning">.filter(f)</button>
18:            <button type="button" class="btn btn-danger">.children()</button>
19:            <button type="button" class="btn btn-secondary">화면초기화</button>
20:          </div>
21:          <ul class="list-group">
22:            <li class="list-group-item active">An item</li>
23:            <li class="list-group-item">A second item</li>
24:            <li class="list-group-item">A third item</li>
25:            <li class="list-group-item">A fourth item</li>
26:            <li class="list-group-item active">And a fifth one</li>
27:          </ul>
28:        </div>
29:      </div>
30:    </div>
```

find()는 선택한 요소로부터 아래쪽 종단 방향으로 매개변수로 전달된 선택자와 일치되는 요소를 검색합니다. 예제에서는 <ul>로부터 <li>를 찾아 3번째 <li>에 active 클래스를 추가합니다.
filter()는 선택한 요소의 형제자매 노드(siblings)를 매개변수로 전달된 선택자와 일치되는 요소를 검색하거나 매개변수로 콜백 함수를 사용하여 특정 조건과 일치하는 요소를 검색합니다. filter()에 전달되는 매개변수로 선택자와 콜백 함수를 각각 예제로 구성하여 쓰임을 살펴보았습니다. 모든 <li>에서 active 클래스가 적용된 <li>를 추려내어 active 클래스를 제거하였고, 콜백 함수에서는 <li>의 배치 순서를 인덱스로 검색하여 홀수 번째의 <li>만을 골라 active 클래스를 추가하였습니다.
children()은 find()와 비슷하나 children()은 선택한 요소로부터 자식 노드(child

node)만을 검색의 대상으로 하고, find()는 자식 노드뿐 아니라 아래 방향의 자손 노드(descendant node) 모두를 검색 대상으로 합니다.

●●● 예제 파일 11.jQuery-traversing.html

```
 ⋮        ⋮
34:       $('.btn-primary').click(function() {
35:         $('ul.list-group').find('li').eq(2).addClass('active');
36:       });
37:
38:       $('.btn-success').click(function() {
39:         $('li').filter('.active').removeClass('active');
40:       });
41:
42:       $('.btn-warning').click(function() {
43:         $('li').filter(function(index) {
44:           return index % 2 === 1;
45:         }).addClass('active');
46:       });
47:
48:       $('.btn-danger').click(function() {
49:         $('ul.list-group').children('.active').removeClass('active');
50:       });
51:
52:       $('.btn-secondary').click(function() {
53:         location.reload(true);
54:       });
```

검색과 관련된 parent(), parents(), siblings(), is() 메서드를 알아봅니다. 부트스트랩의 카드 컴포넌트(Card Component)를 구성하고 내부의 버튼으로부터 각 요소와의 관계를 살펴봅니다.

●●● 예제 파일 11.jQuery-traversing2.html

```
 ⋮      ⋮
11:     <div class="container">
12:       <div class="row my-3">
13:         <div class="col-5">
14:           <div class="card">
15:             <img src="https://dummyimage.com/600x400/000/fff"
    class="card-img-top" alt="...">
```

```
16:            <div class="card-body">
17:              <h5 class="card-title">Card title</h5>
18:              <p class="card-text">Card UI 설명</p>
19:              <a href="#" class="btn btn-primary">.parent()</a>
20:              <a href="#" class="btn btn-success">.parents()</a>
21:            </div>
22:          </div>
23:        </div>
24:        <div class="col-5">
25:          <div class="card">
26:            <img src="https://dummyimage.com/600x400/999/fff"
    class="card-img-top" alt="...">
27:            <div class="card-body">
28:              <h5 class="card-title">Card title</h5>
29:              <p class="card-text">Card UI 설명</p>
30:              <a href="#" class="btn btn-warning">.siblings()</a>
31:              <a href="#" class="btn btn-danger">.is()</a>
32:            </div>
33:          </div>
34:        </div>
35:      </div>
36:    </div>
```

parent()는 현재 노드의 부모 노드를 가리킵니다. $(this).parent()는 현 위치 [.parent()] 버튼의 부모 노드인 〈div class="card-body"〉입니다. $(this).parent().prev()는 〈div class="card-body"〉의 형제자매 노드 중에서 바로 앞에 위치한 〈img〉를 가리킵니다. prev()는 나를 기준으로 바로 위 형이나 언니를 지칭한다고 생각하면 됩니다. 비슷한 것으로 next() 메서드는 바로 밑의 동생을 가리킵니다.

parents()는 이름에서 보이듯 복수 표현으로 부모를 포함하여 조상(ancestors)을 검색 대상으로 합니다.

$(this).parents('.card')는 클릭한 버튼의 조상 요소에서 card 클래스를 갖는 요소를 찾습니다.

$(this).parents('.card').find('h5')는 앞에서 찾은 card 클래스로부터 아래 방향으로 〈h5〉를 찾게 됩니다.

siblings()는 형제자매 노드를 대상으로 조건에 맞는 노드를 검색합니다. $(this).siblings('.card-text')는 클릭한 버튼의 형제자매 노드에서 card-text 클래스를 찾습니다.

is()는 조건을 판단하여 불리언(true/false)으로 결과를 반환합니다. $(this).is(':contains("is")')은 클릭한 버튼의 텍스트 노드에 'is'라는 문자열을 포함하는지 확인하며, 여기서는 true 값이 되어 조건문이 실행됩니다.

$(this).prev().prev().prev()은 형제자매 노드에서 한 단계씩 위로 올라가는 것으로 4명의 형제 중 막내인 나로부터 가장 큰 형까지 가는 방법이라 생각하면 되겠습니다. 물론 다른 효율적인 방법이 있지만, 이렇게도 찾을 수 있다는 것을 보여 드리고자 했습니다.

클릭 이벤트에서 event.preventDefault() 또는 return false가 추가된 이유는 카드 UI의 버튼 요소가 〈a〉로 되어 있어 href 속성값으로의 이동을 막기 위함입니다. 물론 href="#"로 되어 있어 결과적으로 화면의 이동은 없지만, 참고로 이 경우 URL에 #표시가 추가됩니다. event.preventDefault() 등을 주석 처리하고 테스트해 보세요.

●●● 예제 파일 11.jQuery-traversing2.html

```
 ⋮        ⋮
40:     $('.btn-primary').click(function(event) {
41:       $(this).parent().prev().attr('src', 'https://dummyimage.
    com/600x400/369/fff');
42:       event.preventDefault();
43:     });
44:
45:     $('.btn-success').click(function() {
46:       $(this).parents('.card').find('h5').css('color', 'magenta');
47:       return false;
48:     });
49:
50:     $('.btn-warning').click(function() {
51:       $(this).siblings('.card-text').addClass('bg-warning');
52:       return false;
53:     });
54:
55:     $('.btn-danger').click(function() {
56:       if ($(this).is(':contains("is")')) {
57:         $(this).prev().prev().prev().addClass('bg-danger');
58:       }
59:       return false;
60:     });
```

화면의 각 버튼을 클릭하여 나온 결과와 자바스크립트 코드를 비교하며 기능과 표현법을 익혀 보세요.

원하는 요소를 찾아내는 방법은 한 가지만 있는 것이 아닙니다. 효율적인 구조를 만들고 그 구조에서 원하는 요소를 찾아 조작할 수 있으려면 HTML과 자바스크립트 모두가 중요합니다.

미리보기

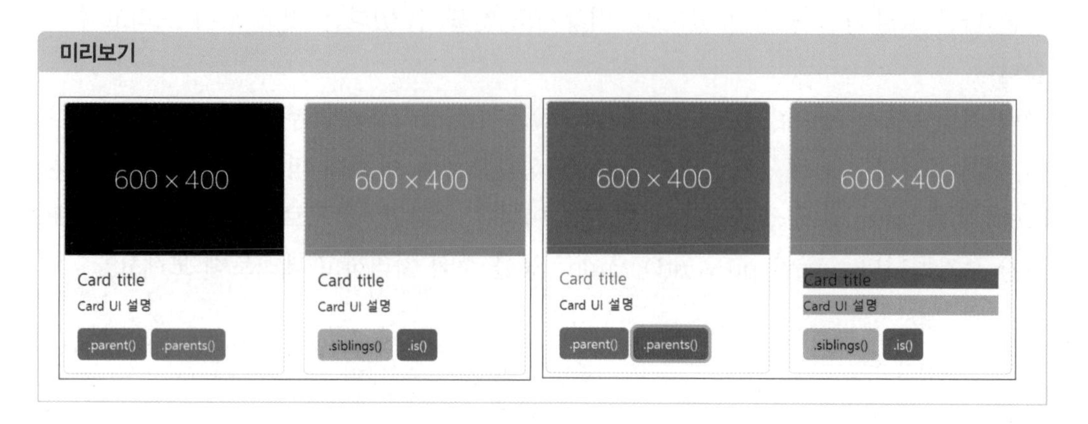

마지막으로 end(), each(), map() 메서드를 알아봅니다. end()는 체이닝 환경에서 직전 상태로 되돌리는 것으로, 장기나 바둑 같은 수 싸움을 하는 게임에서 한 수 물러나는 것으로 이해해도 좋겠네요. 코드에서 확인해 봅니다. each()와 map()은 배열 형식의 선택 요소를 반복문 형태로 각각에 접근하여 조작하거나 특정 조건에 해당하는 요소를 추려내는 역할을 합니다. each()의 경우는 $.each() 형태의 jQuery 전역 함수가 있어, 두 방법을 비교하는 예제를 작성합니다.

●●● 예제 파일 11.jQuery-traversing3.html

```
 ⋮      ⋮
11:    <div class="container">
12:      <div class="row justify-content-center">
13:        <div class="col-10">
14:          <div class="btn-group my-3" role="group">
15:            <button type="button" class="btn btn-primary">.each()</button>
16:            <button type="button" class="btn btn-success">$.each()</button>
17:            <button type="button" class="btn btn-warning">.map()</button>
18:          </div>
19:          <ul class="list-group">
20:            <li class="list-group-item">An item</li>
21:            <li class="list-group-item">A second item</li>
```

```
22:            <li class="list-group-item">A third item</li>
23:            <li class="list-group-item">A fourth item</li>
24:            <li class="list-group-item">And a fifth one</li>
25:          </ul>
26:        </div>
27:      </div>
28:    </div>
```

end()는 체이닝에서 이전 상태로 돌아가는 기능을 제공하는 것으로 코드에서 주석으로 처리된 부분과 비교해서 살펴보세요. 33행의 $(this).addClass('active').siblings().removeClass('active')는 클릭한 〈li〉에 active 클래스를 추가하고 나머지 〈li〉에 대하여 active 클래스를 제거하여 클릭한 〈li〉만 선택되도록 표현하는 코드입니다. 이를 end()의 연습을 위해 표현하면, $(this).siblings().removeClass('active').end().addClass('active')가 됩니다. 클릭한 〈li〉를 제외한 나머지 〈li〉에 대하여 active 클래스를 제거하고, end()로 선택된 요소를 이전으로 되돌리게 합니다. end()로 현재 선택된 요소 또는 대상이 $(this).siblings()에서 $(this)로 바뀌게 해 줍니다. 따라서 addClass('active')의 적용 요소는 클릭한 $(this)가 됩니다. 주석 처리를 번갈아 하면서 수행되는 결과를 확인하세요.

$(선택자).each(함수)와 $.each(배열, 콜백)[9]은 같이 살펴보겠습니다. 반복문을 제공한다는 것은 같지만, $(선택자).each(함수)는 선택한 요소에 대해서만 반복문을 제공하고, $.each(배열, 콜백)은 배열 형식의 요소와 일반적인 배열에 대해서도 반복문을 제공합니다. 즉, 적용되는 대상의 범위에서 차이가 있습니다.

$.each(배열, 콜백)는 API 문서에서 jQuery.each()로 표현하고 있는데, 이때 jQuery는 $로 바꿔 표현할 수 있습니다. 만일 $이 아닌 다른 심볼로 바꿔 사용하려면 jQuery.noConflict()[10]를 참고하여 변경할 수 있습니다.

$(선택자).each(함수)와 $.each(배열, 콜백)은 함수와 콜백으로 표현했는데, 함수는 배열 형식을 한꺼번에 반복문을 처리하는 것으로, 콜백은 배열 원소를 순회할 때마다 수행되는 코드라는 점에서 차이가 있습니다. 특히 콜백 형식에서는 return으로 새로운 배열 형식을 만들 수 있습니다.

each(), map()의 매개변수는 함수(function)로 인덱스와 반복문에서 순회하는 값(요

---

9) jQuery.each() : https://api.jquery.com/jQuery.each/

10) jQuery.noConflict() : https://api.jquery.com/jQuery.noConflict/

소나 배열의 원소)이 전달되어 이것을 실마리로 조작하게 됩니다.

●●● 예제 파일 11.jQuery-traversing3.html

```
 ⋮        ⋮
32:     $('li.list-group-item').click(function() {
33:       // $(this).addClass('active').siblings().removeClass('active');
34:       $(this).siblings().removeClass('active').end().
    addClass('active');
35:     });
36:
37:     $('.btn-primary').click(function() {
38:       // $(선택자).each(함수);
39:       $('li.list-group-item').each(function(index, element) {
40:         console.log(index, element);
41:         $(this).text(index + ' 번째');
42:       });
43:     });
44:
45:     $('.btn-success').click(function() {
46:       // $.each(배열, 콜백);
47:       const myArray = ['*', '**', '***', '****', '*****'];
48:       $.each(myArray, function(index, value) {
49:         $('li.list-group-item').eq(index).text(value);
50:       });
51:     });
52:
53:     $('.btn-warning').click(function() {
54:       // $(선택자).map(콜백);
55:       let lists = $('li.list-group-item').map(function(index, element) {
56:         if (index % 2 === 1) {
57:           console.log(index, element);
58:           return $(element).text();
59:         }
60:       });
61:       console.log(lists);
62:     });
```

초기 화면으로부터 <li>나 버튼을 클릭해서 실행되는 결과를 코드와 같이 살펴보세요. 또한 콘솔 창으로 출력되는 결과도 참고해서 메서드의 역할과 사용 방법을 익히세요.

콘솔 화면

```
0   <li class="list-group-item">0 번째</li>
1   <li class="list-group-item">1 번째</li>
2   <li class="list-group-item">2 번째</li>
3   <li class="list-group-item">3 번째</li>
4   <li class="list-group-item">4 번째</li>

1   <li class="list-group-item">A second item</li>
3   <li class="list-group-item">A fourth item</li>

▼S.fn.init(2) ['A second item', 'A fourth item', prevObject: S.fn.init(5)]
   0: "A second item"
   1: "A fourth item"
   length: 2
  ▶prevObject: S.fn.init(5) [li.list-group-item, li.list-group-item, li.list-grou
  ▶[[Prototype]]: Object(0)
```

7. Ajax

10장에서 소개했던 바닐라 자바스크립트 형식의 Ajax를 jQuery 형식으로 예제를 구성하여 알아보겠습니다. jQuery의 Ajax 카테고리[11]에서 여러 상황에 대한 메서드를 제공하고 있으나 자주 사용하는 형식에 대하여 구성하겠습니다. jQuery의 Ajax 사용법을 XMLHttpRequest 객체와 Fetch API와 간단히 비교하는 것으로부터 출발합니다.

$.ajax()는 jQuery Ajax 카테고리의 기본형으로 서버로의 요청에 필요한 정보를 전달합니다. done()은 요청에 대하여 서버로부터 응답이 발생하면 그것을 처리하는 부분입니다. 이것을 체이닝하여 Ajax를 수행하게 됩니다.

●●● 예제 파일 : 11.jQuery-ajax.html

```
 ⋮        ⋮
14:      // $.ajax(요청 시 할 일).done(응답 후 할 일);
15:      $.ajax({}).done(function(data) {} );
16:      /////////////////////////////////
17:      $.ajax({
18:        url: 'url',
19:        method: 'GET|POST',
20:        data: {
21:          // 서버로 요청하는 변수 쌍
22:        },
23:        dataType: 'xml|json|html'
24:      }).done(function(data) {
25:        // 서버의 응답 시 처리 과정
26:      });
27:
28:      //////////////////////////////
29:      const xhr = new XMLHttpRequest();
30:      xhr.open('GET', 'url');
31:      xhr.send();
32:      xhr.onload = function() {
33:        // 서버의 응답 시 처리 과정
34:      }
35:      //////////////////////////////
36:      fetch('url')
37:        .then(response => response.text())
38:        .then(result => {
39:          // 서버의 응답 시 처리 과정 (처리 성공)
40:        })
41:        .catch(error => {
```

11) jQuery Ajax : https://api.jquery.com/category/ajax/

```
42:          // 서버의 응답 시 처리 과정 (처리 오류)
43:        });
```

버튼을 클릭하고 Ajax를 수행하여 rss.xml을 요청하고, 비동기로 응답된 RSS의 각 요소에 접근하여 필요한 데이터를 추출하여 새로운 UI를 구성하여 화면의 부분 업데이트를 수행하도록 합니다.

method와 data 속성은 기본값이거나 없는 경우 생략할 수 있습니다. 반드시 필요한 속성은 url입니다. 응답된 데이터로부터 여러 개의 〈item〉을 배열 형식으로 받아, $.each()로 배열의 원소를 순회하면서 〈title〉과 〈link〉의 텍스트 노드를 추출하여 UI를 구성합니다. 앞쪽에서 설명했던 find(), $.each(), text(), html()을 사용했음을 살펴주세요. 어때요? 아주 쉽지요?

●●● 예제 파일 11.jQuery-ajax-rss.html
●●● 예제 파일 11.rss.xml

```
 ⋮          ⋮
26:    $('.btn-primary').click(function () {
27:      $.ajax({
28:        url: '11.rss.xml',
29:        method: 'GET', // 기본값으로 생략 가능
30:        data:{}, // 전달하려는 변수가 없으면 생략 가능
31:        dataType: 'xml'
32:      }).done(function (data) {
33:        const items = $(data).find('item');
34:        let listGroup = [];
35:        $.each(items, function (index, element) {
36:          let title = $(element).find('title').text();
37:          let link = $(element).find('link').text();
38:
39:          listGroup.push(`<a href="${link}" class="list-group-item
     list-group-item-action" target="_blank">${title}</a>`);
40:        });
41:
42:        let newUI = `<div class="list-group">${listGroup.join('')}</div>`;
43:        $('#pocket').html(newUI);
44:      });
45:    });
```

다음 코드는 예제 10.ajax-rss.html에서 했던 코드입니다. jQuery의 Ajax 다루는 방식과 비교해 보세요.

●●● 예제 파일 10.ajax-rss.html

```
⋮        ⋮
23:     document.querySelector('.btn-primary').onclick = function() {
24:       const xhr = new XMLHttpRequest();
25:       xhr.open('GET', '10.rss.xml');
26:       xhr.send();
27:
28:       xhr.onload = function() {
29:         if (this.status == 200) {
30:           const doc = this.responseXML;
31:           const items = doc.querySelectorAll('item');
32:
33:           let listGroup = [];
34:           for (let item of items) {
35:             let title = item.querySelector('title').
    childNodes[0].nodeValue;
36:             let link = item.querySelector('link').childNodes[0].
    nodeValue;
37:
38:             listGroup.push(`<a href="${link}" class="list-group-
    item list-group-item-action" target="_blank">${title}</a>`);
39:           }
40:
41:           let newUI = `<div class="list-group">${listGroup.
    join('')}</div>`;
42:           document.querySelector('#pocket').innerHTML = newUI;
43:         }
44:       };
45:     }
```

$.ajax()의 단축형으로 $.get()과 $.post()가 있습니다. HTTP 요청의 GET 방식과 POST 방식에 대응하는 메서드인데, 이때 전달하는 방법을 명시적으로 함과 동시에 속성의 표현을 간단하게 할 수 있는 장점이 있습니다. 여기서는 $.get()을 살펴봅니다.

●●● 예제 파일 11.jQuery-ajax-rss2.html

```
 :          :
26:      $('.btn-primary').click(function() {
27:        $.get('11.rss.xml').done(function(data) {
28:          const items = $(data).find('item');
29:          let listGroup = [];
30:          $.each(items, function(index, element) {
31:            let title = $(element).find('title').text();
32:            let link = $(element).find('link').text();
33:
34:            listGroup.push(`<a href="${link}" class="list-group-
    item list-group-item-action" target="_blank">${title}</a>`);
35:          });
36:
37:          let newUI = `<div class="list-group">${listGroup.
    join('')}</div>`;
38:          $('#pocket').html(newUI);
39:        });
40:      });
```

다음은 JSON 연습입니다. XML에 비해 JSON은 자바스크립트 객체로 변환하기 쉽고 코드도 짧아 간결하고 가독성이 높은 코드가 장점입니다. $.each()에서 JSON을 처리할 때 자바스크립트의 변수에 접근하듯이 점(dot) 구문으로 사용할 수 있음을 확인하세요.

●●● 예제 파일 11.jQuery-ajax-json.html

```
 :          :
24:      $('.btn-primary').click(function() {
25:        $.ajax({
26:          url: '11.json.json',
27:          dataType: 'json'
28:        }).done(function(data) {
29:          const items = data.certificate;
30:          let listGroup = [];
31:          $.each(items, function(k, v) {
32:            let title = v.title;
33:            let issuer = v.issuer;
34:            listGroup.push(`<li class="list-group-item">${title}
    (${issuer})</li>`);
35:          });
```

```
36:
37:           $('#pocket').html(`<ul class="list-group">${listGroup.
     join('')}</ul>`);
38:         });
39:       });
```

$.ajax()의 단축형으로 다룰 데이터 형식이 JSON일 경우 $.getJSON()이 있습니다. 기본형에 비해 짧게 코드가 구성됩니다. 앞의 예제처럼 v.title과 v.issuer를 변수에 할당하지 않고, 바로 템플릿 리터럴에 삽입하여 처리하였습니다.

●●● 예제 파일 11.jQuery-ajax-json2.html

```
⋮          ⋮
26:       $('.btn-primary').click(function() {
27:         $.getJSON('11.json.json').done(function(data) {
28:           const items = data.certificate;
29:           let listGroup = [];
30:           $.each(items, function(k, v) {
31:             listGroup.push(`<li class="list-group-item">${v.title}
     (${v.issuer})</li>`);
32:           });
33:
34:           $('#pocket').html(`<ul class="list-group">${listGroup.
     join('')}</ul>`);
35:         });
36:       });
```

11-3 jQuery 플러그인

전 세계 많은 개발자가 jQuery를 기반으로 효과, 애니메이션, 애플리케이션 등을 완성도 있게 만들어 무료로 사용할 수 있도록 배포하는 프로그램이 있습니다. 이런 프로그램을 jQuery 플러그인(plug-in)이라 하는데, 홈페이지 등 애플리케이션을 만들 때 시간과 비용을 줄여 주며, 유명한 플러그인은 전 세계 개발자들의 피드백과 참여로 우수한 품질로 계속 진화하기도 합니다. 또한 코드를 살펴보며 학습의 계기가 되기도 합니다.
다음의 3가지 플러그인을 소개하고, 사용법을 함께 알아보겠습니다.

---

① 이징(Easing)
② 라이트박스(Lightbox)
③ 헤드라인 뉴스(Acmeticker)

---

1. 이징

이징(Easing)은 완화하다, 덜어주다 등 속도의 변화를 의미합니다. 이징 플러그인은 HTML 요소에 효과나 애니메이션에 적용되는 여러 함수를 제공합니다. 이징 플러그인을 제공하는 웹페이지[12]로 이동합니다.

jQuery Easing Plugin

Version 1.4+

use jQuery.easing 1.4+ For jQuery 3.0+

Available at GitHub

Documentation for 1.4.x is still @todo

jQuery 3.0 이상의 버전을 기반으로 만든 이징 플러그인을 받기 위해서는 주황색 버튼을 클릭하여 깃허브(GitHub)로 이동합니다. 깃허브는 프로그램의 버전 관리와 협업

---

12) 이징(Easing) : https://gsgd.co.uk/sandbox/jquery/easing/

으로 개발할 수 있는 개발환경을 제공하는 웹 서비스입니다. 일부 조건에 대해서는 무료로 사용할 수 있습니다. 깃허브에서 이징 플러그인을 다운로드하고 사용하는 방법까지 같이 해 봅니다.

화면의 오른쪽의 Releases 링크를 클릭하여 최신 버전의 플러그인을 다운로드합니다. 정식 버전의 릴리즈가 없으면, 초록색 [Code] 버튼을 클릭하고 팝업된 화면에서 [Download ZIP]을 클릭해 다운로드할 수 있습니다.

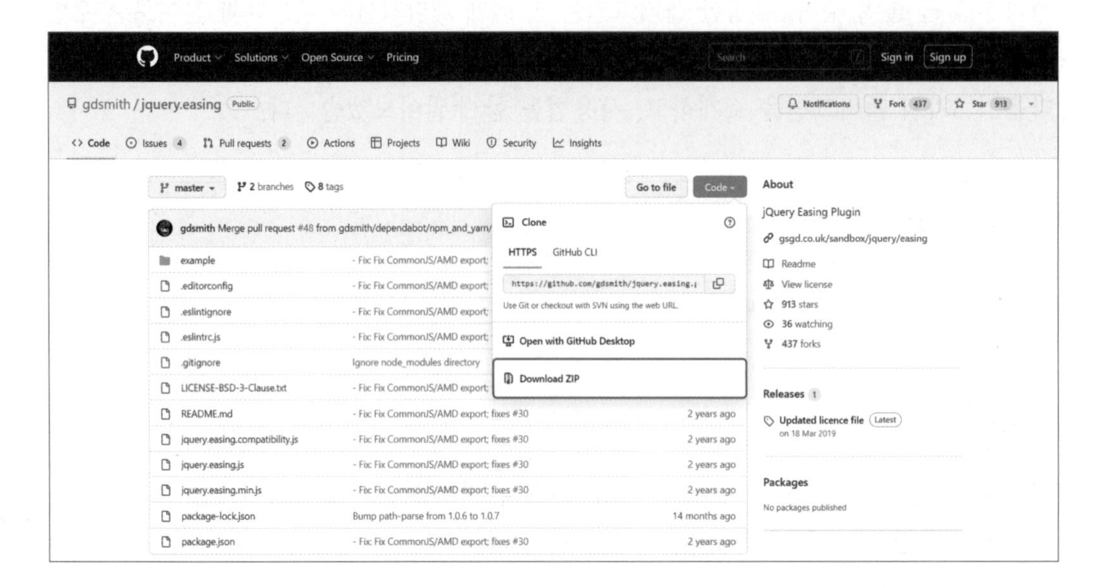

내려받을 위치는 assets 폴더로 하고 바로 압축을 풀어 줍니다. jQuery 플러그인과 같은 애플리케이션 단위는 js와 css를 나눠서 관리하기보다 애플리케이션 단위로 관리하는 것이 편리합니다. 특히 플러그인이 자주 업데이트될 때 그렇습니다.

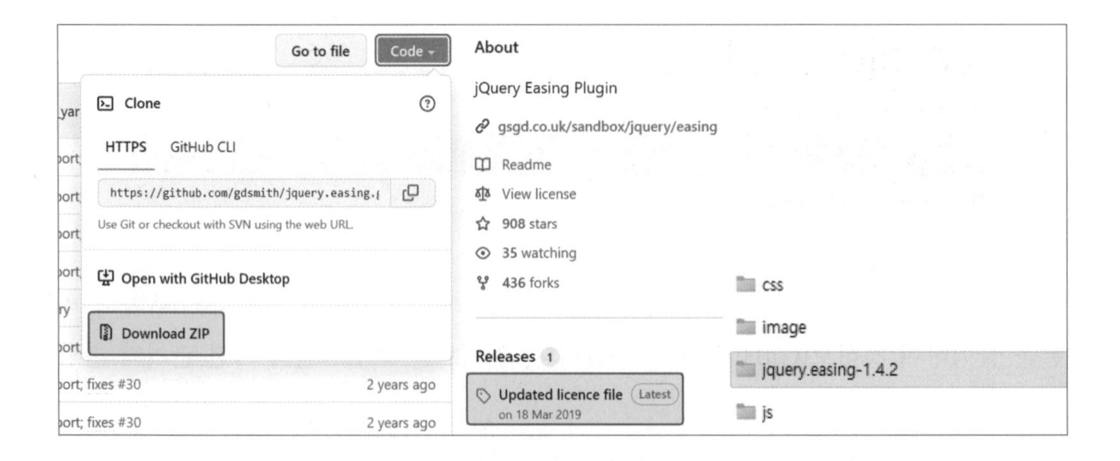

지금부터는 이징 플러그인 사용 사례를 구성해봅니다. animate()[13] 메서드에서 이징 효과를 사용할 수 있습니다. 옵션으로 지정된 세 번째 매개변수에서 이징 효과를 추가할 수 있습니다.

```
.animate( properties [, duration ][, easing ][, complete ] )
```

이징 플러그인은 jQuery 파일 다음에 jquery.easing.min.js를 〈script〉로 추가합니다. 카드(Card) 컴포넌트를 3개를 구성하고 각 카드에 서로 다른 이징 함수를 정의합니다. 이징 함수는 내려받은 파일에서 jquery.easing.js를 코드 편집기로 열어 보면 여러 유형의 함수 이름과 그들의 수행 공식이 정의되어 있고, 우리는 함수 이름을 매개변수로 전달해 주면 됩니다. 그 유형이 어떤 것인지 미리 알고 있으면 도움이 되겠죠?

●●● 예제 파일 assets/jquery.easing-1.4.2/jquery.easing.js

```
 :    :
52:  $.extend( $.easing,
53:  {
54:          def: 'easeOutQuad',
55:          swing: function(x) {
56:              return $.easing[$.easing.def](x);
57:          },
58:          easeInQuad: function(x) {
59:              return x * x;
60:          },
61:          easeOutQuad: function(x) {
62:              return 1 - ( 1 - x ) * ( 1 - x );
63:          },
64:          easeInOutQuad: function(x) {
65:              return x < 0.5?
66:                2 * x * x :
67:                1 - pow( -2 * x + 2, 2) / 2;
68:          },
 :    :
```

13) 애니메이션 효과 : https://api.jquery.com/animate/

다음은 이징(easing) 함수를 시각적으로 표현한 웹 문서[14]입니다. 각 그림 위로 마우스를 가져가면 그래프가 의미하는 이징 효과를 시각적으로 보여 줍니다. 어떤 이징 함수를 사용할 것인지를 선택하도록 도와줍니다.

height: 'toggle'은 높이를 0 또는 100%로 만들겠다는 의미입니다. 서서히 사라지거나 나타나도록 합니다.

14) 이징(Easing) 함수 : https://easings.net/ko

●●● 예제 파일 11.jQuery-easing.html

```
 :        :
49:    <script src="https://ajax.googleapis.com/ajax/libs/
     jquery/3.7.1/jquery.min.js"></script>
50:    <script src="/assets/jquery.easing-1.4.2/jquery.easing.min.js"></
     script>
51:    <script>
52:      $('.card').eq(0).click(function() {
53:        $(this).animate({
54:          opacity: 0.3,
55:          height: 'toggle'
56:        }, 3000, 'easeInOutElastic', function() {
57:          $(this).animate({
58:            opacity: 1,
59:            height: 'toggle'
60:          }, 3000, 'easeInOutElastic');
61:        });
62:      });
63:
64:      $('.card').eq(1).click(function() {
65:        $(this).animate({
66:          opacity: 0.3,
67:          height: 'toggle'
68:        }, 3000, 'easeInBounce', function() {
69:          $(this).animate({
70:            opacity: 1,
71:            height: 'toggle'
72:          }, 3000, 'easeInBounce');
73:        });
74:      });
75:
76:      $('.card').eq(2).click(function() {
77:        $(this).animate({
78:          opacity: 0.3,
79:          height: 'toggle'
80:        }, 3000, 'easeOutCirc', function() {
81:          $(this).animate({
82:            opacity: 1,
83:            height: 'toggle'
84:          }, 3000, 'easeOutCirc');
85:        });
86:      });
87:   </script>
```

2. 라이트박스

라이트박스(Lightbox)는 한때 유행했던 이미지를 보여 주는 방법으로 jQuery 확산에 기여한 플러그인입니다. 물론 지금도 여러 사이트에서 사용되고 있습니다.
라이트박스 홈페이지[15]에서 [GITHUB] 버튼을 클릭하여 플러그인을 다운로드합니다.

깃허브 화면 오른쪽의 Releases에서 최신 버전의 플러그인을 선택하여 바뀐 화면에서 zip 형식의 소스 코드를 클릭하여 assets 폴더로 다운로드합니다.

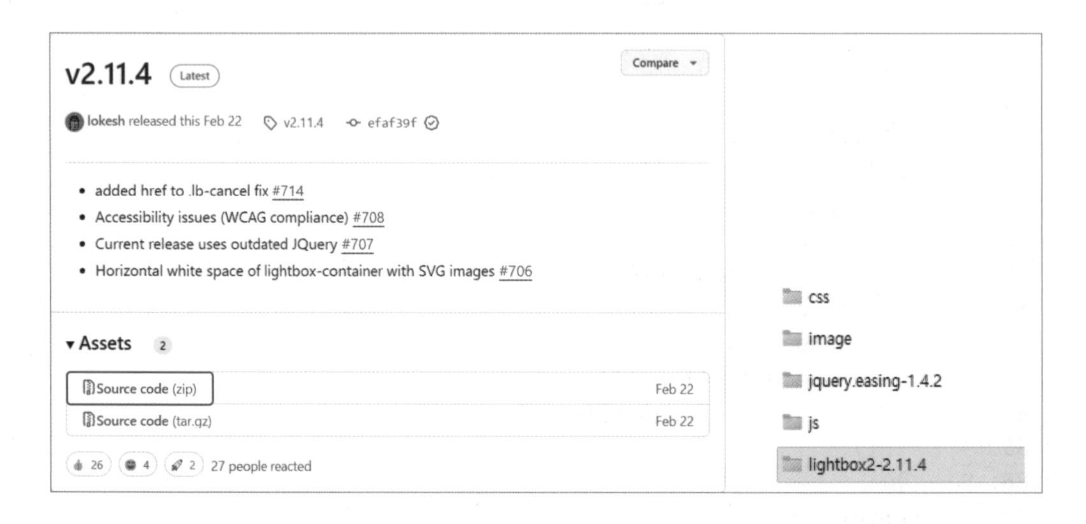

15) 라이트박스(Lightbox) : https://lokeshdhakar.com/projects/lightbox2/

라이트박스의 CSS와 jQuery 플러그인 코드를 배치합니다. lightbox.min.js는 jQuery 파일 뒤에 나와야 합니다. min(minified) 표시가 있는 것은 코드의 공백과 주석 등을 제거하여 파일 용량을 작게 만든 것입니다.

●●● 예제 파일 11.jQuery-lightbox.html

```
01:  <!DOCTYPE html>
02:  <html lang="ko">
03:  <head>
04:    <meta charset="UTF-8">
05:    <meta http-equiv="X-UA-Compatible" content="IE=edge">
06:    <meta name="viewport" content="width=device-width, initial-
     scale=1.0">
07:    <title>jQuery::lightbox</title>
08:    <link rel="stylesheet" href="https://cdn.jsdelivr.net/npm/
     bootstrap@5.3.2/dist/css/bootstrap.min.css">
09:    <link rel="stylesheet" href="/assets/lightbox2-2.11.4/dist/css/
     lightbox.min.css">
10:  </head>
11:  <body>
 ⋮     ⋮
28:    <script src="https://ajax.googleapis.com/ajax/libs/
     jquery/3.7.1/jquery.min.js"></script>
29:    <script src="/assets/lightbox2-2.11.4/dist/js/lightbox.min.
     js"></script>
30:  </body>
31:  </html>
```

화면에는 크기가 작은 이미지인 섬네일을 보여 주고, 이를 클릭하면 큰 이미지를 보여 주는 방식으로 개별 이미지를 보여 주는 방식과 그룹 이미지를 보여 주는 방식으로 나뉘집니다. 이미지를 보여 주는 설정을 변경하는 경우가 아니라면 자바스크립트의 추가 코드 없이 사용할 수 있습니다.

라이트박스의 핵심 아이디어는 data-lightbox와 data-title 속성에 있습니다. data-lightbox는 개별 이미지 또는 그룹 이미지를 구별할 식별자를 나타내는 것이고, data-title은 클릭하여 큰 이미지가 보여질 때 이미지를 설명하는 문구(caption)입니다.

data-lightbox, data-title과 같은 형식은 data-* 속성으로 HTML의 전역 속성입니다. HTML 요소에서 데이터를 저장하는 저장소 역할을 하는 속성입니다. data-*에서 *는 변수명이 되고, 속성값은 변수값이 된다고 생각하면 됩니다. 다음 장인 [Chapter

12. OpenAPI]에서 data-*를 이용한 예제를 다룰 때 활용하는 방법을 좀 더 보기로 하겠습니다.

●●● 예제 파일 11.jQuery-lightbox.html

```
 ⋮      ⋮
12:   <div class="container">
13:     <div class="row my-3">
14:       <div class="col">
15:         <a href="https://lokeshdhakar.com/projects/lightbox2/
    images/image-1.jpg" data-lightbox="example-1" data-title="이미지
    설명 #1"><img src="https://lokeshdhakar.com/projects/lightbox2/
    images/thumb-1.jpg" class="rounded"></a>
16:         <a href="https://lokeshdhakar.com/projects/lightbox2/
    images/image-2.jpg" data-lightbox="example-2" data-title="이미지
    설명 #2"><img src="https://lokeshdhakar.com/projects/lightbox2/
    images/thumb-2.jpg" class="rounded"></a>
17:       </div>
18:       <div class="w-100 my-3"></div>
19:       <div class="col">
20:         <a href="https://lokeshdhakar.com/projects/lightbox2/
    images/image-3.jpg" data-lightbox="example-set" data-title="첫
    번째 이미지입니다"><img src="https://lokeshdhakar.com/projects/
    lightbox2/images/thumb-3.jpg" class="rounded"></a>
21:         <a href="https://lokeshdhakar.com/projects/lightbox2/
    images/image-4.jpg" data-lightbox="example-set" data-title="두
    번째 이미지입니다."><img src="https://lokeshdhakar.com/projects/
    lightbox2/images/thumb-4.jpg" class="rounded"></a>
22:         <a href="https://lokeshdhakar.com/projects/lightbox2/
    images/image-5.jpg" data-lightbox="example-set" data-title="세
    번째 이미지입니다."><img src="https://lokeshdhakar.com/projects/
    lightbox2/images/thumb-5.jpg" class="rounded"></a>
23:         <a href="https://lokeshdhakar.com/projects/lightbox2/
    images/image-6.jpg" data-lightbox="example-set" data-title="네
    번째 이미지입니다."><img src="https://lokeshdhakar.com/projects/
    lightbox2/images/thumb-6.jpg" class="rounded"></a>
24:       </div>
25:     </div>
26:   </div>
```

위의 2개 이미지는 개별 이미지 라이트박스이고, 아래의 이미지는 그룹 이미지 라이트박스입니다. data-lightbox의 속성값을 확인해 주세요. 그룹 이미지 라이트박스는 클릭해서 나온 큰 이미지에서 키보드의 좌우 방향키를 사용하거나 이미지의 왼쪽 또는 오른쪽 끝에 마우스를 올려 나오는 화살표를 클릭하여 그룹 내 이미지를 옮겨갈 수 있습니다.
예제에서 사용한 이미지는 라이트박스 홈페이지의 예제 파일 이미지를 사용하였습니다.

3. 헤드라인 뉴스

헤드라인 뉴스(Acmeticker)란 '뉴스 티커(news ticker)'라고도 하며 뉴스 속보나 주식 가격 알림 등 화면 하단에 스크롤되는 형식을 말합니다. 꽤 흔하게 사용되는 UI로 jQuery 플러그인으로 잘 만들어진 헤드라인 뉴스를 소개합니다.
플러그인에서 제공하는 뉴스 티커 효과는 4가지로 줄지어 이동하는 가장 흔하게 사용되는 마퀴(marquee) 스타일, 뉴스 한 꼭지씩 보여 주는 수직 스타일(vertical style)과 수평 스타일(horizontal style) 그리고 한 글자씩 출력하는 효과를 나타내는 타이핑 스타일(typewriter style)입니다.

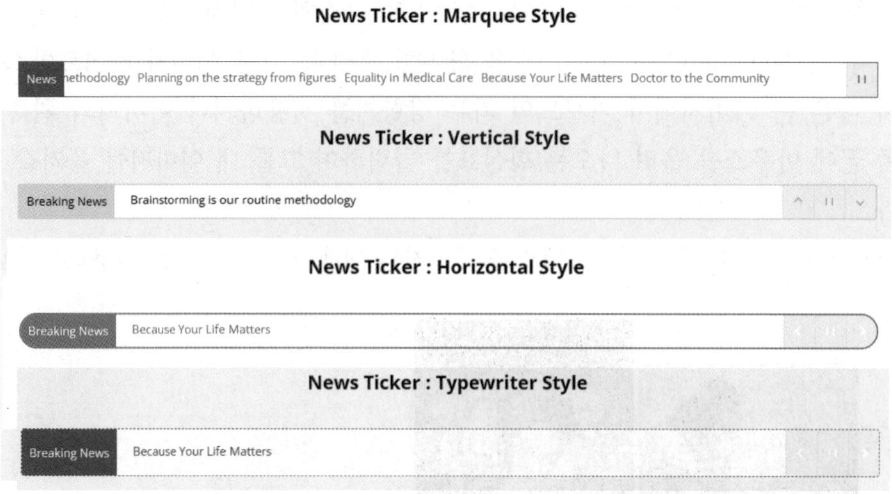

News Ticker : Marquee Style

News ethodology Planning on the strategy from figures Equality in Medical Care Because Your Life Matters Doctor to the Community

News Ticker : Vertical Style

Breaking News Brainstorming is our routine methodology

News Ticker : Horizontal Style

Breaking News Because Your Life Matters

News Ticker : Typewriter Style

Breaking News Because Your Life Matters

Acmeticker 깃허브 페이지[16]에서 소스코드를 다운로드하여 assets 폴더로 내려받습니다. Releases에 등록된 정식 버전이 없어 초록색의 [Code] 버튼을 누른 후 다시 [Download ZIP] 버튼을 클릭합니다.

헤드라인 뉴스의 CSS와 jQuery 플러그인 코드를 배치합니다. acmeticker.min.js는 jQuery 파일 뒤에 나와야 합니다. min(minified) 표시가 있는 것은 코드의 공백과 주석 등을 제거하여 파일 용량을 작게 만든 것입니다.

●●● 예제 파일 11.jQuery-newsTicker.html

```
01: <!DOCTYPE html>
02: <html lang="ko">
03: <head>
04:   <meta charset="UTF-8">
05:   <meta http-equiv="X-UA-Compatible" content="IE=edge">
06:   <meta name="viewport" content="width=device-width, initial-scale=1.0">
07:   <title>jQuery::NewsTicker</title>
08:   <link rel="stylesheet" href="https://cdn.jsdelivr.net/npm/
    bootstrap@5.3.2/dist/css/bootstrap.min.css">
09:   <link rel="stylesheet" href="/assets/acmeticker-master/assets/
    css/style.min.css">
10: </head>
11: <body>
```

16) Acmeticker : https://github.com/codersantosh/acmeticker

```
12:    <script src="https://ajax.googleapis.com/ajax/libs/
    jquery/3.7.1/jquery.min.js"></script>
13:    <script src="/assets/acmeticker-master/assets/js/acmeticker.
    min.js"></script>
14:  </body>
15:  </html>
```

헤드라인 뉴스의 구조로 헤드라인 뉴스 라벨과 헤드라인 뉴스의 내용 그리고 헤드라인 뉴스의 제어 버튼으로 구성되어 있습니다. 기차역, 고속버스 터미널 등에서 화면을 통해 일방적으로 보여 주는 형태라면 제어 버튼은 필요하지 않을 수도 있습니다.

●●● 예제 파일 11.jQuery-newsTicker2.html

```
 ⋮         ⋮
13:      <div class="acme-news-ticker">
14:        <div class="acme-news-ticker-label">Marquee</div>
15:        <div class="acme-news-ticker-box">
16:          <ul class="my-news-ticker">
17:            <li><a href="#">헤드라인 뉴스 #1</a></li>
18:            <li><a href="#">헤드라인 뉴스 #2</a></li>
19:            <li><a href="#">헤드라인 뉴스 #3</a></li>
20:            <li><a href="#">헤드라인 뉴스 #4</a></li>
21:            <li><a href="#">헤드라인 뉴스 #5</a></li>
22:            <li><a href="#">헤드라인 뉴스 #6</a></li>
23:            <li><a href="#">헤드라인 뉴스 #7</a></li>
24:         </ul>
25:        </div>
26:        <div class="acme-news-ticker-controls acme-news-ticker-
    horizontal-controls">
27:          <button class="acme-news-ticker-pause"></button>
28:        </div>
29:      </div>
```

이벤트는 $(선택자).AcmeTicker(속성) 형식으로 표현하며, 이때 선택자는 헤드라인 뉴스를 갖는 my-news-ticker 클래스가 됩니다. type, direction, speed, control을 상황에 맞게 정의하면 됩니다. 4가지 타입에 따라 제공하는 상황에 대해서는 각 예제를 통해서 보겠습니다.

$(document).ready(handler)[17]는 DOM을 조작할 수 있도록 문서가 준비되었을 때 handler를 실행하는 메서드로 <html>부터 </html>까지의 모든 HTML 요소가 완전히 로딩될 때까지 실행을 미뤄 오류가 발생하는 것을 막아 줍니다. 단, CSS나 자바스크립트 등 외부 리소스와 이미지 로드와는 상관없습니다.

tip $(document).ready() vs window.onload

- $(document).ready() : jQuery의 메서드로, DOM 요소가 로드될 때까지 실행을 지연합니다.
- window.onload : 바닐라 자바스크립트의 메서드로, DOM 요소와 이미지가 로드될 때까지 실행을 지연합니다.

●●● 예제 파일 11.jQuery-newsTicker2.html

```
⋮        ⋮
35:      $(document).ready(function() {
36:        $('.my-news-ticker').AcmeTicker({
37:          type: 'marquee',
38:          direction: 'right',
39:          speed: 0.05,
40:          controls: {
41:            toggle: $('.acme-news-ticker-pause'),
42:          }
43:        });
44:      });
```

●●● 예제 파일 11.jQuery-newsTicker3.html

```
⋮        ⋮
37:      $(document).ready(function() {
38:        $('.my-news-ticker').AcmeTicker({
39:          type: 'horizontal',
40:          direction: 'right',
41:          controls: {
42:            prev: $('.acme-news-ticker-prev'),
43:            toggle: $('.acme-news-ticker-pause'),
44:            next: $('.acme-news-ticker-next')
45:          }
46:        });
47:      });
```

17) .ready() : https://api.jquery.com/ready/

●●● 예제 파일 11.jQuery-newsTicker4.html

```
⋮        ⋮
37:      $(document).ready(function() {
38:        $('.my-news-ticker').AcmeTicker({
39:          type: 'vertical',
40:          direction: 'right',
41:          speed: 600,
42:          controls: {
43:            prev: $('.acme-news-ticker-prev'),
44:            next: $('.acme-news-ticker-next'),
45:            toggle: $('.acme-news-ticker-pause')
46:          }
47:        });
48:      });
```

●●● 예제 파일 11.jQuery-newsTicker5.html

```
⋮        ⋮
37:      $(document).ready(function() {
38:        $('.my-news-ticker').AcmeTicker({
39:          type: 'typewriter',
40:          direction: 'right',
41:          speed: 50,
42:          controls: {
43:            prev: $('.acme-news-ticker-prev'),
44:            toggle: $('.acme-news-ticker-pause'),
45:            next: $('.acme-news-ticker-next')
46:          }
47:        });
48:      });
```

Chapter

12

OpenAPI

학습목표

OpenAPI를 단순히 설명하면 공개된 API입니다. OpenAPI를 통해 새로운 아이디어가 만나 새로운 킬러 서비스가 창출되기도 하고, 다양한 피드백을 통해 API의 품질이 향상되는 네트워크 효과라는 선순환의 고리가 형성되기도 합니다. Daum 우편번호 서비스, 구글 차트, 카카오맵 API, 공공데이터포털(한국관광공사)에서 제공하는 국문 관광정보를 이용하는 방법과 이를 이용한 매시업 서비스를 함께 만들면서 활용 방법을 익히도록 합니다.

12-1 OpenAPI

OpenAPI(Open Application Programming Interface, 공개 API)는 개인이나 조직이 운영하는 웹 서비스를 누구나 사용할 수 있도록 외부로 공개한 '공개 사용설명서'입니다. 구글, 아마존 등 빅테크 기업이나 카카오, 네이버 등 국내 거대 정보기술(IT) 기업에서 개발자 사이트를 통해 자사의 서비스를 사용하는 방법을 제공하고 있습니다. 또한 공공데이터포털을 통해 공공기관이 생성 또는 취득하여 관리하는 공공데이터를 제공하고 있습니다. 공개된 API를 통해 새로운 아이디어가 만나 새로운 킬러 서비스가 창출되기도 하고, 그 과정 중에 발생하는 다양한 피드백을 통해 API의 품질이 향상되는 네트워크 효과라는 선순환의 고리가 형성되기도 합니다. 물론 기업의 측면에서는 충성도 높은 고객층이 두터워지는 장점도 있습니다.

tip 네트워크 효과(Network Effect)

특정 상품에 대한 어떤 사람의 수요가 다른 사람들의 수요에 의해 영향을 받는다는 효과로 참여자가 늘어날수록 효과는 기하급수적으로 증가하는 특징이 있습니다.

OpenAPI에서는 다음의 4가지에 대하여 같이 연습해 보도록 하겠습니다.

① Daum 우편번호 서비스[1]
② 구글 차트(Google Charts)[2]
③ 카카오맵 API[3]
④ 매시업 서비스(공공데이터포털)[4]

1) Daum 우편번호 서비스 : https://postcode.map.daum.net/guide
2) 구글 차트 : https://developers.google.com/chart
3) 카카오맵 API : https://apis.map.kakao.com/
4) 공공데이터포털 : https://www.data.go.kr/

12-2 Daum 우편번호 서비스

Daum 우편번호 서비스는 우편번호를 검색하고 주소를 입력할 수 있도록 도와주는 OpenAPI입니다. 등록 키를 발급받을 필요가 없는 등 사용하기 편리합니다. Daum 우편번호 서비스 홈페이지[5]로 이동하여 서비스 정보를 살펴봅니다.

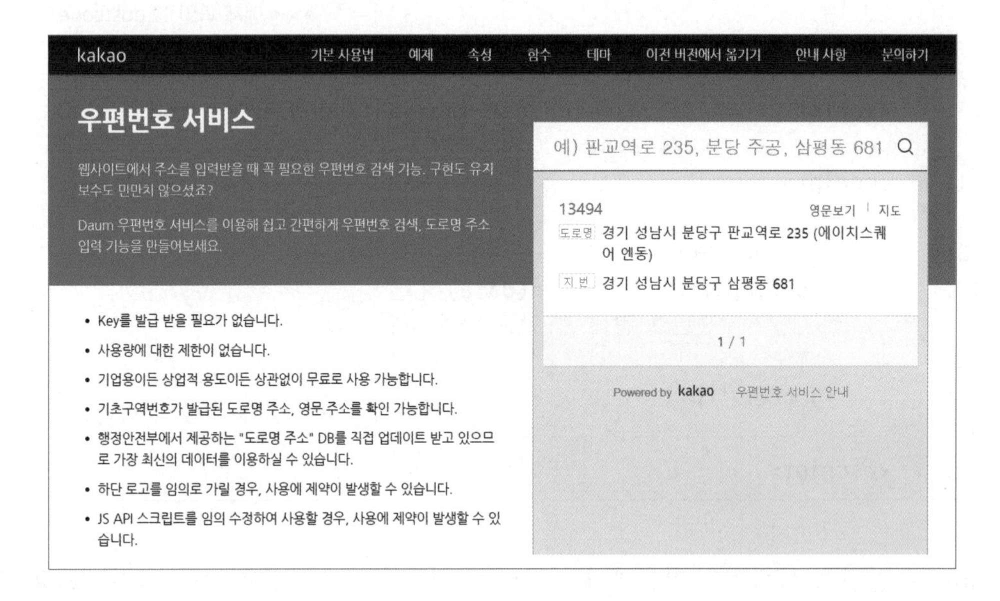

회원가입이나 물품 배송지를 입력하기 위한 우편번호 서비스는 개인이나 조직에서 운영하기 위해 우체국에서 제공하는 우편번호 고시 파일[6]을 내려받아 데이터베이스(DB)를 구축하고, 변경된 고시가 있을 때마다 이를 DB에 반영해야 하는 꽤 수고스러운 일입니다. 그러나 서비스 화면 하단의 카카오 로고를 가리지 않는 조건만으로 사용에 아무런 제약 없이 온라인에서 사용할 수 있다는 점은 아주 매력적입니다. 또한 여러 예제를 제공하여 기본 사용법도 쉽게 알려주고 있어 반갑습니다.

1. Daum 우편번호 서비스의 기본형 연습

다양한 방식의 예는 [Daum 우편번호 서비스]의 예제 메뉴에서 각 예제의 [예제 코드 보기]를 참고하고, 여기서는 아주 간단한 예제를 통해 사용법을 익혀 보겠습니다.

5) Daum 우편번호 서비스 : https://postcode.map.daum.net/guide
6) 우편번호 고시 파일 : https://www.epost.go.kr/search/zipcode/areacdAddressDown.jsp

Daum 우편번호 서비스에서 제공하는 postcode.v2.js를 〈script〉의 src의 값으로 설정하고, 다른 〈script〉에서 우편번호 서비스를 위한 생성자를 호출하여 우편번호를 검색한 이후 그 결과값에 대한 처리 코드를 작성하면 되는 간단한 구조입니다. src의 값에 '//'로 시작하는 의미는 http:// 또는 https:// 모두 가능할 때 간략하게 표현하는 방법입니다.

●●● 예제 파일 12.postcode.html

```
 :     :
33:    <script src="//t1.daumcdn.net/mapjsapi/bundle/postcode/prod/
     postcode.v2.js"></script>
34:    <script>
 :         :
36:        new daum.Postcode({
37:          oncomplete: function(data) {
 :             // 우편번호 검색 후 결과 처리 코드
40:          }
41:        }).open();
 :         :
61:    </script>
```

Daum 우편번호 서비스를 이용하여 사용자가 지정하는 우편번호, 도로명 주소 및 상세 주소를 입력하는 입력 폼(form)을 구성했습니다. [우편번호 찾기] 버튼을 클릭해 [Daum 우편번호 서비스] 화면을 호출하고 검색을 통해 우편번호와 도로명 주소를 입력할 수 있도록 했습니다. 상세 주소는 사용자가 추가로 입력하게끔 했습니다. 우편번호 입력 상자와 도로명 주소 입력 요소는 검색을 통해 자동으로 입력되는 과정이기에 사용자가 직접 입력할 수 없도록 읽기 전용(readonly) 속성을 추가했고, 입력 필수 요소라는 의미로 required 속성도 추가했습니다. 입력 후 [등록 완료] 버튼을 클릭해 입력한 값을 콘솔 창으로 출력하도록 하였습니다.

```
 ⋮       ⋮
11:    <div class="container">
12:      <div class="row justify-content-center my-3">
13:        <div class="col-8">
14:          <form method="post" action="join.jsp">
15:            <div class="input-group mb-3">
16:              <input type="text" class="form-control" name="post
     code" placeholder="버튼을 클릭하여 우편번호 입력" readonly required>
17:              <button class="btn btn-secondary" type="button"
     id="postcode">우편번호 찾기</button>
18:            </div>
19:            <div class="mb-3">
20:              <input type="text" class="form-control" name="addr1"
     placeholder="도로명 주소" readonly required>
21:            </div>
22:            <div class="mb-3">
23:              <input type="text" class="form-control" name="addr2"
     placeholder="상세 주소">
24:            </div>
25:            <div class="d-grid gap-2 col-4 mx-auto">
26:              <button type="submit" class="btn btn-primary">등록
     완료</button>
27:            </div>
28:          </form>
29:        </div>
30:      </div>
31:    </div>
```

첫 번째 예제는 바닐라 자바스크립트로만 구성하였으며, HTML 요소의 선택을 위해 qs(selector) 함수를 구성하여 document.querySelector(selector)를 반환하도록 했고, 코드를 간결하게 만들어 가독성을 고려하였습니다.

〈button id="postcode"〉인 [우편번호 찾기]를 클릭하면, Daum 우편번호 서비스가 제공하는 코드를 통해 이용자가 선택한 검색 결과의 우편번호(data.zonecode)와 도로명 주소(data.roadAddress)를 받아 입력 요소에 할당하도록 했습니다.

〈button type="submit"〉인 [등록 완료] 버튼을 클릭할 경우, onsubmit 이벤트를 발생시켜 서버로 전달될 입력된 값을 콘솔 창에서 확인하는 과정을 구현하였습니다. 다만 preventDefault()를 이용하여 서버로 전송되는 것은 막았습니다. 실전에서 사용한다면 이 부분은 상황에 맞도록 수정이 필요합니다.

Array.from()은 배열 메서드를 소개할 때 간단하게 넘어갔는데, 이번에 사용한 새로운 쓰임이 있어 설명합니다. Array.from()은 유사 배열 객체(배열 형식)나 반복 가능한 객체의 값으로 새로운 배열 객체를 만듭니다. 유사 배열 객체는 length 속성과 인덱싱된 요소를 갖는 객체입니다. 매개변수에서 배열 형식은 새로운 배열을 만들기 위한 대상이고, 매핑 함수는 배열의 모든 요소에 대해 호출하는 함수(map)입니다. 배열 메서드의 map()을 떠올리면 됩니다. this 값은 매핑 함수 실행 시에 this로 사용할 값으로 잘 사용되진 않습니다. 매핑 함수와 this 값은 옵션입니다. 예제에서는 매핑 함수를 사용하여 FormData() 객체의 폼 변수를 문자열로 변경하도록 했습니다.

```
Array.from(배열 형식[, 매핑 함수[, this 값]])
```

FormData(form) 객체를 초기화하여 변수와 사용자에 의해 입력된 변수값의 쌍을 배열로 구성하고 join('=')으로 값을 합쳐 문자열로 바꾸도록 하였습니다. 중간에 참조되는 과정을 콘솔 창으로 출력하여 값의 형태와 과정을 이해할 수 있도록 하였습니다. 이렇게 문자열로 변경된 세 쌍의 〈form〉 변수를 Array.from()를 이용하여 배열로 만들고, 이를 다시 join('&')으로 문자열로 재구성하여 서버로 전송되는 형식인 쿼리 문자열(query string)로 최종 구성하여 콘솔 창에 출력하는 것으로서 완성하였습니다.

●●● 예제 파일 12.postcode.html

```
⋮        ⋮
35:      qs('#postcode').onclick = function() {
36:        new daum.Postcode({
37:          oncomplete: function(data) {
38:            qs('input[name="postcode"]').value = data.zonecode;
39:            qs('input[name="addr1"]').value = data.roadAddress;
40:          }
41:        }).open();
42:      });
43:
44:      qs('form').addEventListener('submit', function(event) {
45:        event.preventDefault();
46:
47:        const formData = Array.from(
48:          new FormData(event.target),
49:          function(query) {
50:            console.log(query, query.join('='));
```

```
51:           return query.join('=');
52:         }
53:       ).join('&');
54:
55:       console.log(formData);
56:     });
57:
58:     function qs(selector) {
59:       return document.querySelector(selector);
60:     }
```

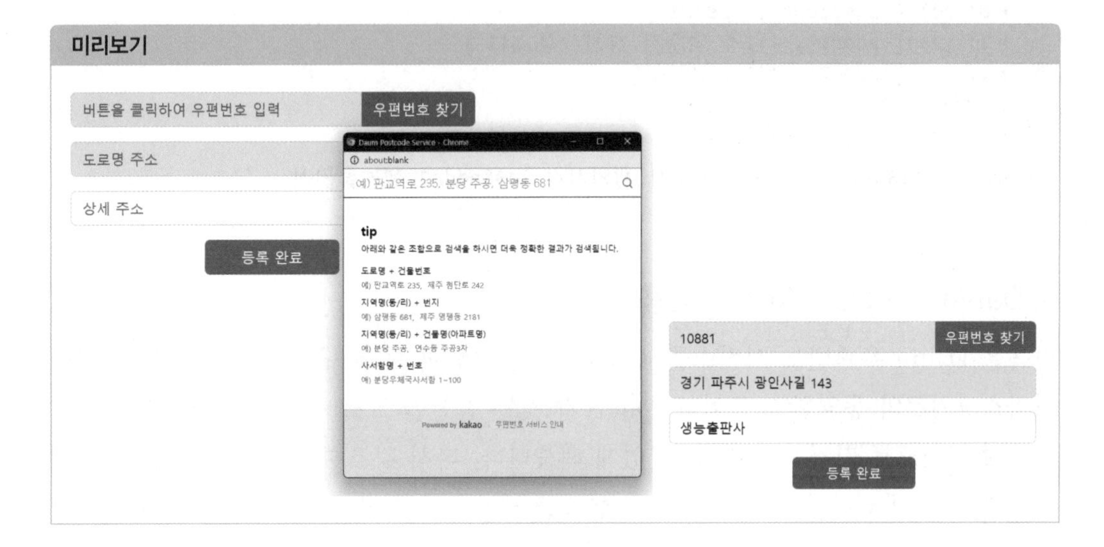

FormData(form) 객체의 값은 키–값(key–value) 형식의 폼 변수를 배열 형태로 갖습니다. 코드에서 표현된 event.target은 〈form〉 요소를 가리킵니다. 배열 형태의 폼 변수와 그것을 문자열로 변경했을 때의 콘솔 창의 출력이며, 마지막은 각 문자열을 요소를 갖는 배열을 다시 문자열로 변경한 후의 결과입니다.

콘솔 화면

```
▶ (2) ['postcode', '10881'] 'postcode=10881'
▶ (2) ['addr1', '경기 파주시 광인사길 143'] 'addr1=경기 파주시 광인사길 143'
▶ (2) ['addr2', '생능출판사'] 'addr2=생능출판사'
postcode=10881&addr1=경기 파주시 광인사길 143&addr2=생능출판사
```

만약 매핑 함수 없이 사용했다면, 다음과 같은 출력이 나옵니다. 쿼리 문자열 또는 쿼리 스트링(query string)이라고 하는 형식으로 만들기 위해 매핑 함수를 사용하였습니다. 아래 결과의 배열은 배열의 원소가 배열인 2차원 배열(이중 배열)입니다.

```
const formData = Array.from(new FormData(event.target));
```

콘솔 화면

```
▼(3) [Array(2), Array(2), Array(2)]
  ▶0: (2) ['postcode', '10881']
  ▶1: (2) ['addr1', '경기 파주시 광인사길 143']
  ▶2: (2) ['addr2', '생능출판사']
   length: 3
  ▶[[Prototype]]: Array(0)
postcode,10881&addr1,경기 파주시 광인사길 143&addr2,생능출판사
```

2. Daum 우편번호 서비스의 응용

다음은 Daum 우편번호 서비스를 jQuery로 만들어 본 예제 구성입니다. 앞의 바닐라 자바스크립트와 동일한 내용이나 jQuery가 갖는 참신한 코드 구성과 메서드가 코드를 아주 효과적으로 간결하게 만들 수 있게 해줍니다. 다시 강조하지만, jQuery는 새로운 언어가 전혀 아닙니다. 그저 자바스크립트를 새로운 형식으로 다루는 한 가지 방법입니다.

jQuery에는 〈form〉 요소를 쿼리 문자열로 만들어주는 serialize()[7]가 있어서 코드가 무척이나 간결해졌습니다. serialize()는 URL 인코딩 처리된 쿼리 문자열을 만들어 줍니다. 그래서 출력창에서 알아볼 수 있도록 문자를 표현하려면 디코딩해야 하는데, decodeURIComponent()가 인코딩 전 단계로 되돌려 줍니다.

---

7) serialize() : https://api.jquery.com/serialize/

```
⋮       ⋮
33:    <script src="https://ajax.googleapis.com/ajax/libs/
     jquery/3.7.1/jquery.min.js"></script>
34:    <script src="//t1.daumcdn.net/mapjsapi/bundle/postcode/prod/
     postcode.v2.js"></script>
35:    <script>
36:      $('#postcode').click(function() {
37:        new daum.Postcode({
38:          oncomplete: function(data) {
39:            $('input[name="postcode"]').val(data.zonecode);
40:            $('input[name="addr1"]').val(data.roadAddress);
41:          }
42:        }).open();
43:      });
44:
45:      $('form').submit(function(event) {
46:        event.preventDefault();
47:        const formData = $(this).serialize();
48:        console.log(decodeURIComponent(formData));
49:      });
50:    </script>
```

tip URL 인코딩

브라우저의 주소창에 입력한 URL에서 URL 구문 규칙을 준수하지 않은 특수한 문자(한글, 공백, 쉼표 등)를 대상으로 브라우저가 이러한 문자를 전송하기 전에 다른 형식으로 변환하는 것을 말합니다. 인코딩된 문자에 '%' 표현이 많아 '퍼센트 인코딩'이라고도 합니다.

URL 인코딩 도구(https://meyerweb.com/eric/tools/dencoder/)에서 직접 변환해 보세요. 예를 들어, '홍길동'이라는 글자를 인코딩해 보면 '%ED%99%8D%EA%B8%B8%EB%8F%99'라고 표시됩니다.

12-3 구글 차트

빅데이터(BigData)가 주목받고 데이터의 중요성이 높아지면서 데이터 결과를 표현하는 시각화(visualization) 도구들이 주목받고 있습니다. 웹브라우저에서 차트를 만들어 주는 애플리케이션은 이전에도 있었지만, 최근 더 화려해지고, 인터랙티브한 그래픽을 제공하는 OpenAPI가 많아졌습니다. 또한 HTML5의 Web API 기능이 충실해지면서 소프트웨어를 설치하지 않고 브라우저만의 기능만으로도 멋진 차트를 만들 수 있게 되었습니다.
그중에 쉽게 활용해 볼 수 있는 도구로 구글 차트(Google Charts)[8]를 살펴보겠습니다. 차트 갤러리(chart gallery)[9]에서는 사용할 수 있는 여러 가지 형태의 차트를 소개하고 있습니다. 최종 결과물이 보여질 모습을 먼저 결정하고 준비된 데이터와 구글 차트 API를 잘 연결하여 완성하도록 합니다.

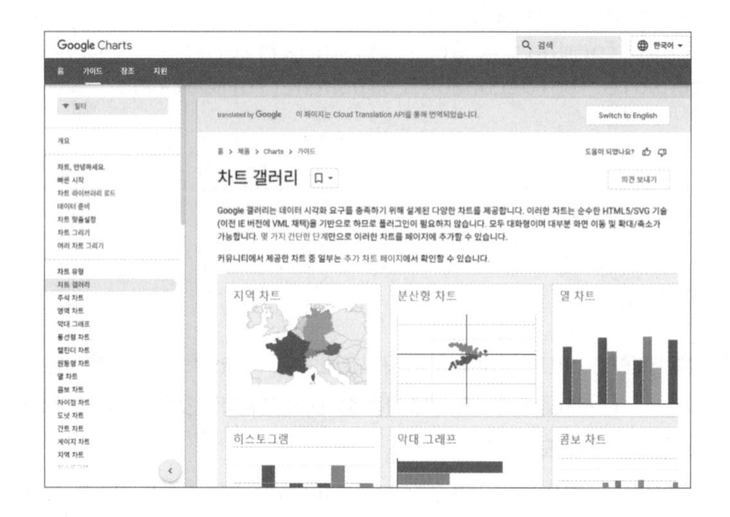

1. 파이 차트

파이 차트(Pie Chart)를 기준으로 활용 사례를 만들어 보겠습니다. 파이 차트 아이콘을 선택하고 [view source] 버튼을 클릭하여 구글 차트 API에서 제공하는 예제로 이동합니다. 구글 차트 API에서 제공하는 예제 코드를 복사하고 코드 편집기에 붙여 넣어 제공하는 그대로를 브라우저에 표시해 봅니다.

---

8) https://developers.google.com/chart/
9) https://developers.google.com/chart/interactive/docs/gallery

●●● 예제 파일 12.gCharts.html

```
 :      :
11:    <div class="container">
12:      <div id="piechart"></div>
13:    </div>
14:
15:    <script src="https://www.gstatic.com/charts/loader.js"></script>
16:    <script>
17:      google.charts.load('current', { 'packages': ['corechart'] });
18:      google.charts.setOnLoadCallback(drawChart);
19:
20:      function drawChart() {
21:        var data = google.visualization.arrayToDataTable([
22:          ['Task', 'Hours per Day'],
23:          ['Work', 11],
24:          ['Eat', 2],
25:          ['Commute', 2],
26:          ['Watch TV', 2],
27:          ['Sleep', 7]
28:        ]);
29:
30:        var options = {
31:          title: 'My Daily Activities'
32:        };
33:
34:        var chart = new google.visualization.PieChart(document.
    getElementById('piechart'));
35:
36:        chart.draw(data, options);
37:      }
38:    </script>
```

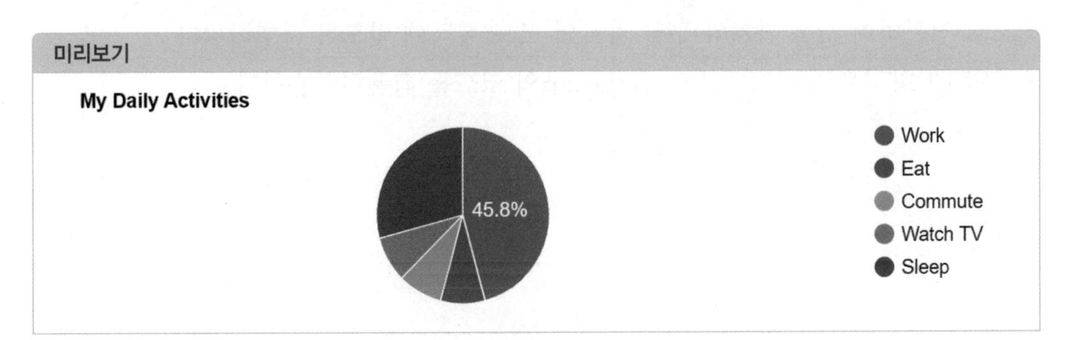

구글 차트 API가 제공하는 예제를 순서에 따른 절차는 다음과 같습니다.[10)]

---

① 외부 자바스크립트 파일(loader.js)을 <script>에 삽입합니다.
② [corechart] 패키지를 로드하고, 로드가 완료되면 drawChart()를 호출합니다.
③ 배열로 만들어진 데이터셋을 DataTable 형식으로 변환하고 data 변수에 할당합니다(2차원 배열).
④ options로 차트 제목을 설정합니다.
⑤ 차트가 그려질 영역을 확보하고, data와 options를 이용하여 차트를 웹브라우저에 표현합니다.

---

2. 파이 차트의 응용 1

입력창을 이용하여 파이 차트를 만들기 위한 데이터를 사용자로부터 입력받아 파이 차트를 구현하는 코드를 만들어 봅니다.

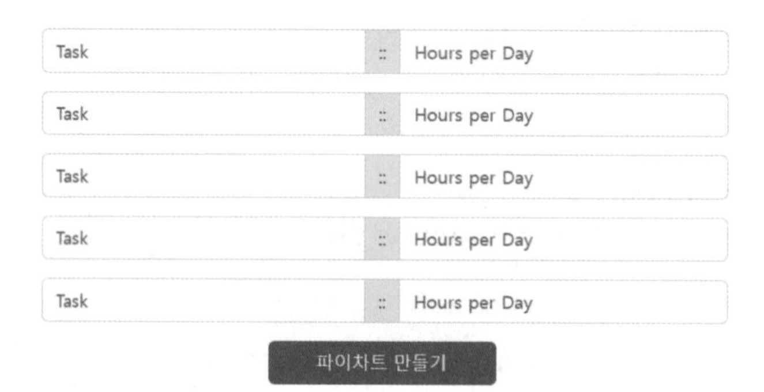

〈input type="text"〉 입력창의 name 속성을 보면 task와 hours를 반복하여 사용하였습니다. 일과(task)와 시간(hours)을 다섯 쌍으로 입력하는 형식입니다. 마지막 부분의 〈button type="submit"〉을 클릭하여 사용자가 입력한 다섯 쌍의 입력값을 배열 형식으로 접근하여 값을 가져와 구글 차트의 코드 형식에 맞도록 구현합니다.
사용한 UI 형식은 부트스트랩 input group의 코드를 활용하였습니다.

---

10) https://developers.google.com/chart/interactive/docs/drawing_charts

```
 ⋮                  ⋮
20:             <div class="input-group mb-3">
21:               <input type="text" class="form-control" name="task"
    placeholder="Task">
22:               <span class="input-group-text">::</span>
23:               <input type="text" class="form-control" name="hours"
    placeholder="Hours per Day">
24:             </div>
25:             <div class="input-group mb-3">
26:               <input type="text" class="form-control" name="task"
    placeholder="Task">
27:               <span class="input-group-text">::</span>
28:               <input type="text" class="form-control" name="hours"
    placeholder="Hours per Day">
29:             </div>
30:             <div class="input-group mb-3">
31:               <input type="text" class="form-control" name="task"
    placeholder="Task">
32:               <span class="input-group-text">::</span>
33:               <input type="text" class="form-control" name="hours"
    placeholder="Hours per Day">
34:             </div>
35:             <div class="input-group mb-3">
36:               <input type="text" class="form-control" name="task"
    placeholder="Task">
37:               <span class="input-group-text">::</span>
38:               <input type="text" class="form-control" name="hours"
    placeholder="Hours per Day">
39:             </div>
40:             <div class="input-group mb-3">
41:               <input type="text" class="form-control" name="task"
    placeholder="Task">
42:               <span class="input-group-text">::</span>
43:               <input type="text" class="form-control" name="hours"
    placeholder="Hours per Day">
44:             </div>
45:             <div class="d-grid gap-2 col-4 mx-auto">
46:               <button type="submit" class="btn btn-primary">파이차트
    만들기</button>
47:             </div>
```

google.charts.setOnLoadCallback(drawChart)를 제거하고 drawChart()를 [파이차트 만들기] 버튼을 클릭할 때 호출하도록 하였습니다. 앞의 Daum 우편번호 서비스 예제에서 활용했던 Array.from(배열 형식, 매핑 함수)를 사용하여 new FormData(form)으로부터 만들어진 〈form〉의 입력값 정보(변수명, 변수값)를 매핑 함수로 처리하여 구글 차트 API의 데이터 형식에 맞추도록 하였습니다. new FormData(form)으로부터 만들어진 〈form〉의 입력값 정보는 각 〈input〉의 ['task', '수면'], ['hours', '7']와 같은 형식으로 되어 있습니다. 이때 차트에서 필요한 형식은 ['수면', 7]입니다. 이렇게 만들기 위해 매핑 함수에서 첫 번째 값이 'task'라면 임시 변수인 tempData에 두 번째 값인 '수면'을 할당하고, 다음 순회에서 같은 패턴으로 데이터를 뽑아 ['수면', 7]로 만듭니다. 하지만 매핑 함수(map)는 배열의 요소 전체에 대하여 'task'가 없는 요소에 대해서만 반환값(return)을 갖게 되어 'task'가 있는 요소는 undefined가 결과 배열(formData)에 남는 문제가 생겼습니다. 콘솔 창의 출력(formData)에서 확인하세요.
그래서 filter()를 사용하여 undefined 요소를 없애 원하는 형식으로 만들어야 합니다. filter()는 조건에 따라 참인 경우의 요소만을 추려낼 수 있습니다. 콘솔 창의 출력에서 확인하세요(formData2). 다소 복잡해졌지만 map()과 filter()의 차이를 생각하면 이해가 될 것입니다. 이렇게 만들어진 입력값은 2차원 배열이 됩니다.

●●● 예제 파일 12.gCharts2.html

```
 ⋮       ⋮
56:     google.charts.load('current', { 'packages': ['corechart'] });
57:
58:     document.querySelector('form').onsubmit = function(event) {
59:       event.preventDefault();
60:
61:       let tempData = '';
62:
63:       const formData = Array.from(
64:         new FormData(event.target),
65:         function(inputs) {
66:           // console.log(inputs);
67:           if (inputs[0] == 'task') {
68:             tempData = inputs[1];
69:             console.log(`tempData = ${tempData}`);
70:           } else {
71:             return [tempData, parseInt(inputs[1])];
```

```
72:             }
73:           }
74:          );
75:
76:        const formData2 = formData.filter(function(item) {
77:          return item !== undefined;
78:        });
79:
80:        console.log(formData, formData2);
81:
82:        drawChart(formData2);
83:      };
```

콘솔 화면

```
▶(2) ['task', '수면']
▶(2) ['hours', '7']
▶(2) ['task', '학교']
▶(2) ['hours', '7']
▶(2) ['task', '학원']
▶(2) ['hours', '3']
▶(2) ['task', '운동 외']
▶(2) ['hours', '4']
▶(2) ['task', '식사']
▶(2) ['hours', '3']

▼Array(6)
  ▶0: (2) ['Task', 'Hours per Day']
  ▶1: (2) ['수면', 7]
  ▶2: (2) ['학교', 7]
  ▶3: (2) ['학원', 3]
  ▶4: (2) ['운동 외', 4]
  ▶5: (2) ['식사', 3]
   length: 6
  ▶[[Prototype]]: Array(0)

▼Array(10)
   0: undefined
  ▶1: (2) ['수면', 7]
   2: undefined
  ▶3: (2) ['학교', 7]
   4: undefined
  ▶5: (2) ['학원', 3]
   6: undefined
  ▶7: (2) ['운동 외', 4]
   8: undefined
  ▶9: (2) ['식사', 3]
   length: 10
  ▶[[Prototype]]: Array(0)

tempData = 수면
tempData = 학교
tempData = 학원
tempData = 운동 외
tempData = 식사
```

drawChart(dataSrc)의 매개변수로 전달된 2차원 배열은 unshift()로 배열의 첫 번째 위치에 제목 요소를 삽입합니다. unshift()는 배열의 첫 번째 위치에 새로운 요소를 추가할 수 있습니다. 참고로 shift()는 배열의 첫 번째 위치의 요소를 제거합니다.

이하는 앞의 구글 차트 기본 예제와 내용이 같습니다.

```
 :        :
85:      function drawChart(dataSrc) {
86:        dataSrc.unshift(['Task', 'Hours per Day']);
87:
88:        var data = google.visualization.arrayToDataTable(dataSrc);
89:
90:        var options = {
91:          title: 'My Daily Activities'
92:        };
93:
94:        var chart = new google.visualization.PieChart(document.
    getElementById('piechart'));
95:
96:        chart.draw(data, options);
97:      }
```

직접 입력하면서 개선 사항이나 재미난 아이디어가 있다면 과감하게 예제 코드를 수정하고 추가 코드를 작성해 보세요.

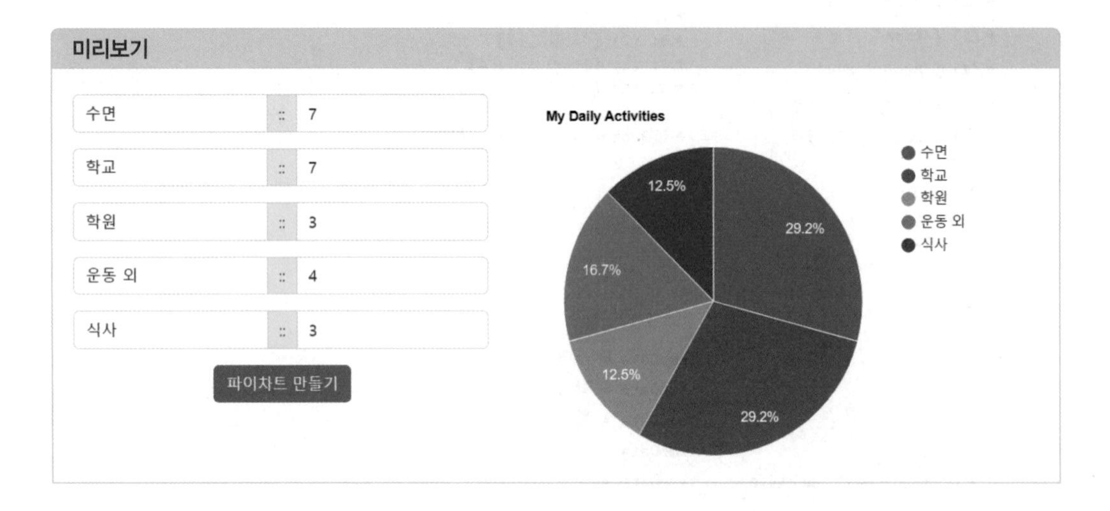

3. 파이 차트의 응용 2

입력창과 기본형 파이 차트를 같이 나오도록 구성합니다. 입력창 옆에 기본형 파이 차트를 보여 준다면 입력하기 전에 차트를 예상할 수 있게 되어 사용자의 입력을 수월하게 가이드할 수 있습니다.

앞의 예제에서는 if (inputs[0] == 'task')로 처리했던 부분의 형식을 변경하여 if (inputs.includes('task'))로 했는데, includes()는 매개변수로 전달된 요소가 배열에 있는지를 불리언으로 반환해 주는 메서드입니다.

●●● 예제 파일 12.gCharts3.html

```
 ⋮        ⋮
51:     google.charts.load('current', { 'packages': ['corechart'] });
52:     google.charts.setOnLoadCallback(drawChart);
53:
54:     const initData = [
55:       ['Work', 11],
56:       ['Eat', 2],
57:       ['Commute', 2],
58:       ['Watch TV', 2],
59:       ['Sleep', 7]
60:     ];
61:
62:     document.querySelector('form').onsubmit = function(event) {
63:       event.preventDefault();
64:       let tempData = '';
65:
66:       const formData = Array.from(
67:         new FormData(event.target),
68:         inputs => {
69:           if (inputs.includes('task')) {
70:             tempData = inputs[1];
71:             console.log(`tempData = ${tempData}`);
72:           } else {
73:             return [tempData, parseInt(inputs[1])];
74:           }
75:         }
76:       );
77:       const formData2 = formData.filter(item => item !== undefined);
78:       console.log(formData, formData2);
79:       drawChart(formData2);
80:     );
```

drawChart()는 기본 차트를 그릴 때와 입력값으로 차트를 그릴 때 모두 사용하기 때문에 매개변수가 있기도 하고 없기도 합니다. 따라서 2가지 상황을 대비해야 합니다. if (typeof dataSrc === 'undefined') 형식으로 매개변수의 값의 존재 유무를 확인하고 있는데, 특이한 점으로, typeof로 사용되는 경우에는 'undefined'를 문자열로 표기해야 합니다. 참고로 앞의 예제 중에서는 return item !== undefined로 표현하여 문자열이 아닌 자바스크립트 키워드로 사용했다는 것을 기억해 주세요. 동일한 목적을 위해 다르게 표현했다고 이해하면 됩니다.
DataTable() 객체의 addColumn()과 addRows() 메서드를 사용하여 컬럼명과 데이터셋을 분리하여 처리할 수 있다는 것을 예제로 표현했습니다. 구글 차트 API에서 소개하는 예제에서 찾을 수 있습니다.

●●● 예제 파일 12.gCharts3.html

```
 ⋮          ⋮
82:      function drawChart(dataSrc) {
83:        if (typeof dataSrc === 'undefined') dataSrc = initData;
84:
85:        const data = new google.visualization.DataTable();
86:        data.addColumn('string', 'Task');
87:        data.addColumn('number', 'Hours per Day');
88:        data.addRows(dataSrc);
89:
90:        const options = {
91:           title: '나의 일과',
92:           width: '100%',
93:           height: 400
94:        };
95:
96:        var chart = new google.visualization.PieChart(document.
    getElementById('piechart'));
97:
98:        chart.draw(data, options);
99:      }
```

미리보기

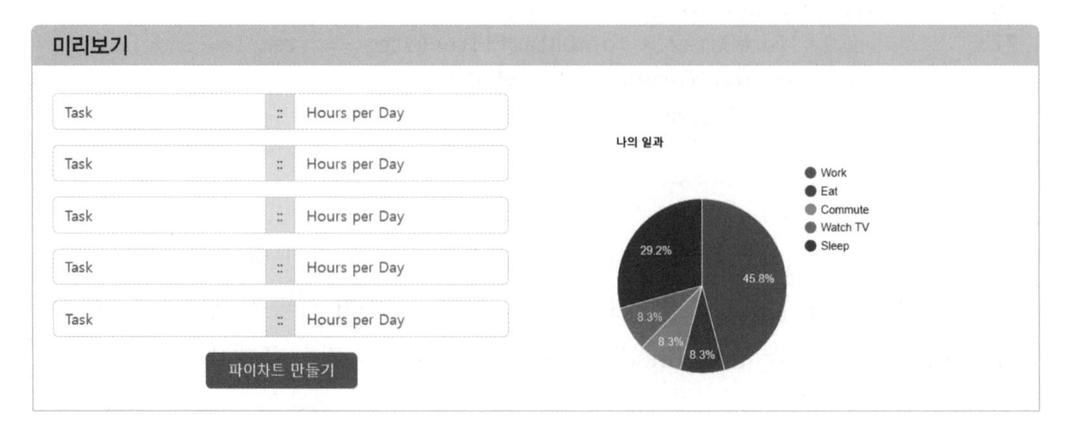

12-4 카카오맵 API

자동차 내비게이션, 지도 앱 등 인터넷 지도는 이미 일상에서 사용되고 있습니다. 지도를 활용한 애플리케이션을 직접 구축할 수 있도록 OpenAPI로 제공하는 사이트로 카카오맵, 네이버 지도, 구글 지도가 있습니다. 여기서는 카카오맵 API의 사용법과 활용 방법에 대하여 알아보도록 합니다. 지도 API는 위치 정보를 제공하는 여러 콘텐츠와 함께 사용되어 효과를 훨씬 크게 만들 수 있습니다. 매시업 서비스에서 그 내용을 확장해 가도록 하겠습니다.

카카오맵 API는 문서와 활용 예제의 구성이 아주 잘되어 있습니다. 사용하는 방법만 알려드리면 API 문서와 활용 예제로 쉽게 학습할 수 있습니다. 실무에서 자주 사용되는 예제를 다뤄 보겠습니다.

---

① 카카오맵 Web API 가이드 : https://apis.map.kakao.com/web/guide/
② 카카오맵 API 문서 : https://apis.map.kakao.com/web/documentation/
③ 카카오맵 예제 : https://apis.map.kakao.com/web/sample/

---

1. 카카오맵 Javascript API 사용을 위한 키 발급

카카오맵 Javascript API를 사용하려면 카카오 개발자 사이트[11]에서 개발자로 등록하는 절차를 통해 키(key)를 발급받아야 합니다. 다음의 절차로 진행합니다.

---

① 카카오 개발자 사이트 로그인
② 애플리케이션 추가하기
③ 웹 플랫폼 등록
④ JavaScript 키 사용

---

① 카카오 개발자 사이트 로그인

카카오 개발자 사이트로 이동하여 계정을 만들고 로그인합니다.

11) 카카오 개발자 사이트 : https://developers.kakao.com

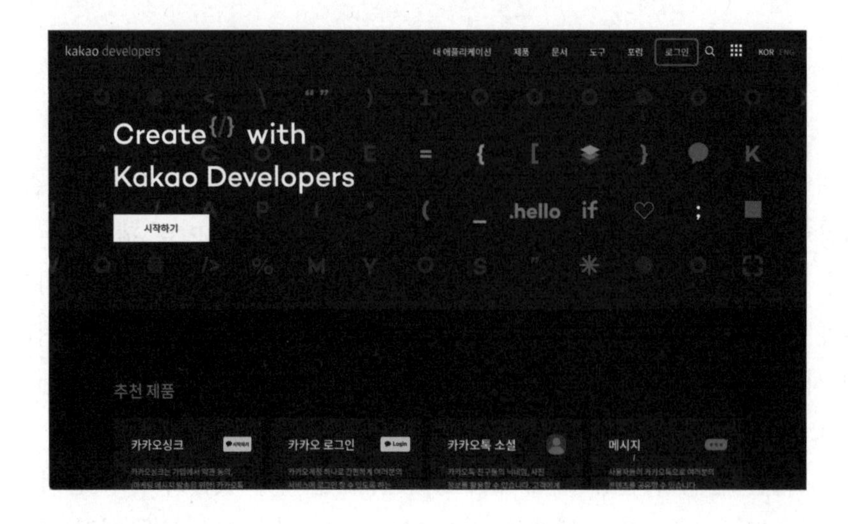

② 애플리케이션 추가하기

화면 상단의 [내 애플리케이션] 메뉴를 선택하고, 다시 [애플리케이션 추가하기] 버튼을 클릭합니다.

앱 이름과 사업자명은 필수로 입력해야 합니다. 사업자가 아닌 경우에는 앱 이름과 같은 내용을 사업자명에도 넣으면 됩니다. 우리는 앱 이름으로 'MyMAP'라고 입력하겠습니다.

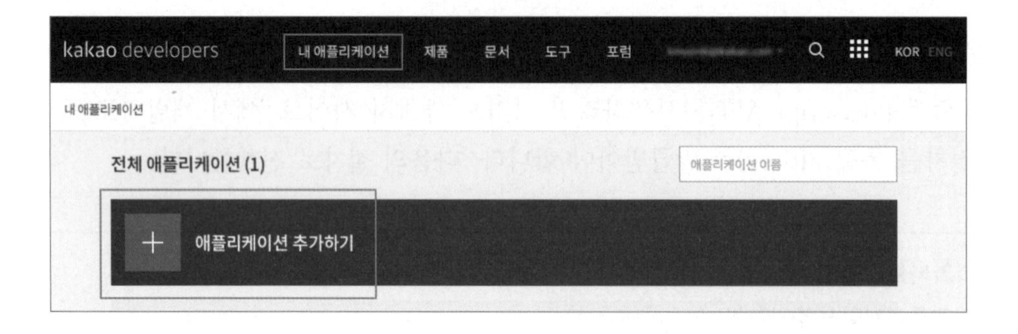

③ 웹 플랫폼 등록

만들어진 [MyMAP]을 클릭하여 [앱 설정]으로 이동합니다. [요약 정보] 화면에서 [플랫폼 설정하기]를 선택하고 [Web 플랫폼 등록]을 클릭하여 사이트 도메인 정보를 입력합니다. 로컬 서버를 설치한 경우는 http://localhost 등으로 입력하고, VSCode의 확장 기능인 라이브 서버(Live Server)의 경우는 http://127.0.0.1:5504처럼 포트를 포함한 도메인 정보를 입력합니다.

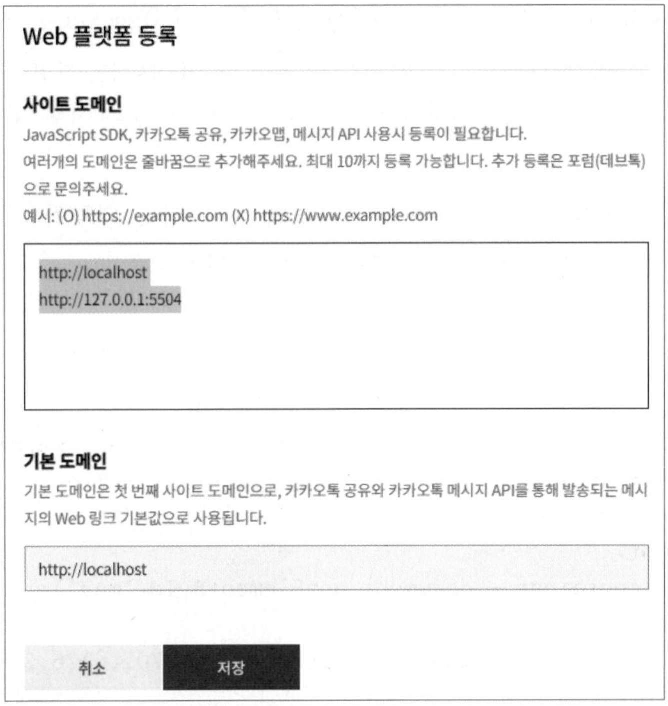

Web 플랫폼 등록

사이트 도메인

JavaScript SDK, 카카오톡 공유, 카카오맵, 메시지 API 사용시 등록이 필요합니다.
여러개의 도메인은 줄바꿈으로 추가해주세요. 최대 10까지 등록 가능합니다. 추가 등록은 포럼(데브톡)으로 문의주세요.
예시: (O) https://example.com (X) https://www.example.com

http://localhost
http://127.0.0.1:5504

기본 도메인

기본 도메인은 첫 번째 사이트 도메인으로, 카카오톡 공유와 카카오톡 메시지 API를 통해 발송되는 메시지의 Web 링크 기본값으로 사용됩니다.

http://localhost

취소 저장

④ JavaScript 키 사용

[요약 정보]의 [앱 키]에서 [JavaScript 키]를 복사하여 뒤에서 카카오맵 Javascript API을 사용할 때 이용합니다.

앱 키

네이티브 앱 키	497293788741e45d
REST API 키	d75acb0fcaa045c1
JavaScript 키	a0afb0ab27d4f8edf
Admin 키	1c84c1018ea6aacb

2. 첫 번째 카카오맵

카카오맵 API 가이드 문서[12]의 중간에 소개된 [시작하기] 항목에서 제공하는 코드를 참고하여 나의 첫 번째 지도 화면을 완성합니다.

12) 카카오맵 API 가이드 문서 : https://apis.map.kakao.com/web/guide/

카카오맵을 표시할 〈div id="map"〉을 구성하고, 복사한 [JavaScript 키]를 〈script〉의 appkey 값으로 붙여 넣습니다. 이하 코드는 지도를 표시하는 전형적인 코드입니다. 카카오맵 예제 사용 시 [JavaScript 키] 부분은 반드시 독자 본인의 키로 바꿔서 작성해야 합니다.

지도를 표시할 container와 지도 중심(center)의 위도/경도 위치와 지도의 축소한 정도인 축척(level)을 options로 하는 지도를 표현합니다.

●●● 예제 파일 12.kmap.html

```
:        :
08:    <div id="map" style="width:500px;height:400px;"></div>
09:    <script src="//dapi.kakao.com/v2/maps/sdk.js?appkey=[JavaScript
     키]"></script>
10:    <script>
11:      var container = document.getElementById('map');
12:      var options = {
13:        center: new kakao.maps.LatLng(33.450701, 126.570667),
14:        level: 3
15:      };
16:
17:      var map = new kakao.maps.Map(container, options);
18:    </script>
```

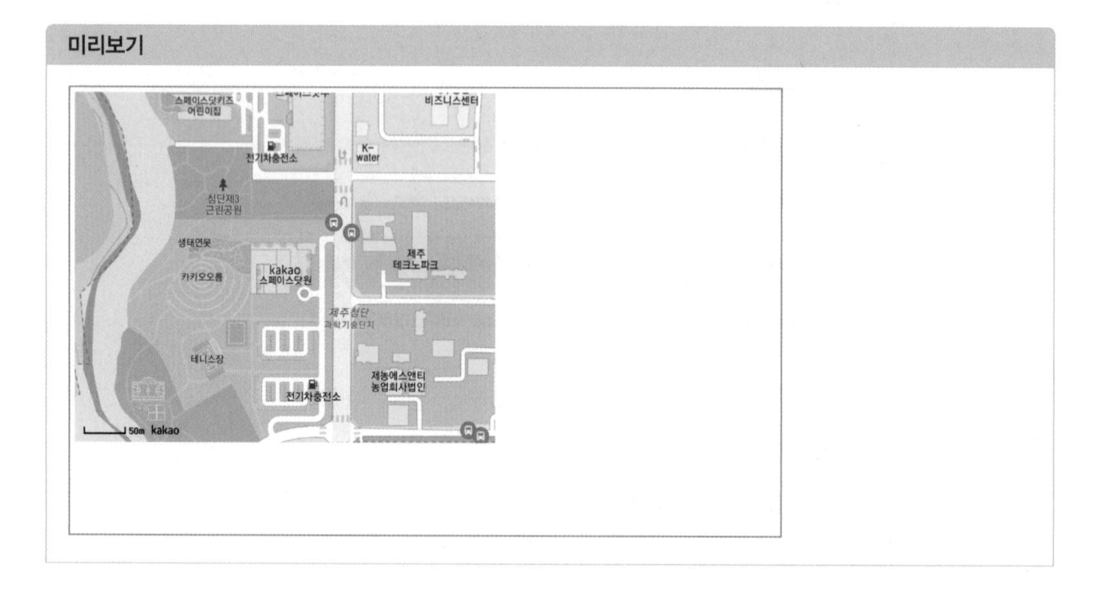

tip 위도와 경도

① 경도(longitude) : 영국 런던에 위치한 그리니치 천문대를 기준(0도)으로 동서로 얼마나 떨어져 있는지를 나타내는 위치(-180도~180도)입니다.

② 위도(latitude) : 적도를 기준(0도)으로 남북으로 얼마나 떨어져 있는지를 나타내는 위치(-90도~90도)입니다.

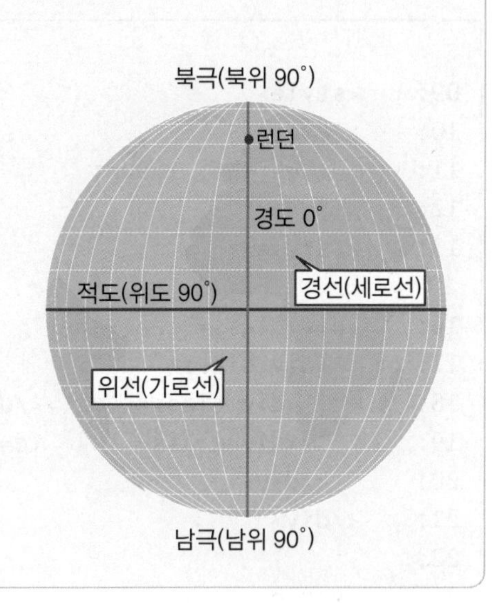

3. 지도 템플릿

앞으로 예제에서 사용하는 지도 템플릿을 구성합니다. 앞서 만든 카카오맵 API의 가이드에서 제시한 코드를 다듬어 구성합니다.

화면의 가로를 반반으로 나눠 오른쪽 영역의 화면 높이 100% 영역으로 지도를 표출하고, 왼쪽으로는 콘텐츠 또는 제어 영역으로 활용하기 위한 지도 템플릿을 구성했습니다. 지도의 높이를 화면의 100%로 만들기 위해 #map {height: 100vh;}로 CSS를 설정합니다. 100vh의 vh(viewport height)는 화면 영역을 의미하는 것으로 단위는 퍼센트(%)입니다. 따라서 보이는 전체 높이를 지도가 표시될 영역으로 하라는 의미입니다. 그러나 너비는 명시하지 않았는데, 〈div〉가 블록 요소이기 때문에 너비값(width)으로 100%를 이미 가져가기 때문입니다.

●●● 예제 파일 12.kmap-template.html

```
 ⋮       ⋮
09:    <style>
10:      #map {
11:        height: 100vh;
12:      }
13:    </style>
 ⋮       ⋮
16:    <div class="container">
17:      <div class="row">
18:        <div class="col"></div>
19:        <div class="col" id="map"></div>
20:      </div>
21:    </div>
22:
23:    <script src="//dapi.kakao.com/v2/maps/sdk.js?appkey=[JavaScript
     키]"></script>
24:    <script>
25:      var container = document.getElementById('map');
26:      var options = {
27:        center: new kakao.maps.LatLng(33.450701, 126.570667),
28:        level: 3
29:      };
30:
31:      var map = new kakao.maps.Map(container, options);
32:    </script>
```

미리보기

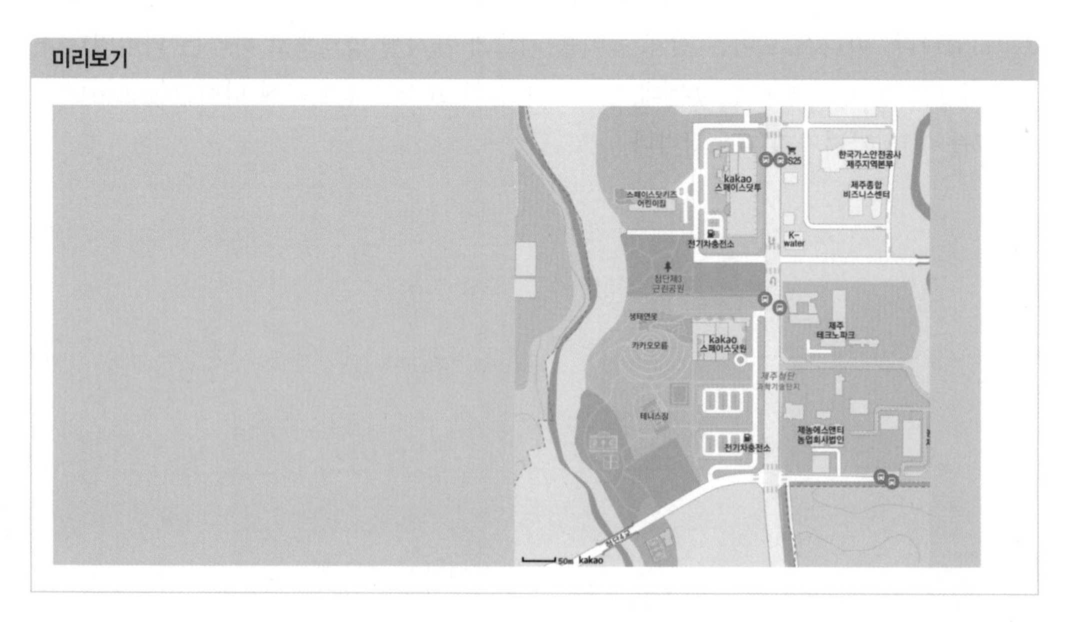

4. 지도에 컨트롤 올리기

카카오맵 예제의 [지도에 컨트롤 올리기][13]를 먼저 구현해 봅니다.

카카오맵 예제 페이지에서 ①은 자바스크립트 코드만을 보여 줍니다. ②는 HTML로 구성된 전체 페이지를 보여 줍니다. ③은 예제의 실행을 바로 확인할 수 있도록 합니다. 처음엔 제공하는 코드로 학습하지만, 나중에는 스스로 응용할 수 있어야 합니다.

카카오맵 API 문서의 [MapTypeControl]과 [ZoomControl]을 찾아 사용한 코드를 살펴보세요. 간단한 사용법의 정의라서 특별하게 설명할 부분은 없습니다. MapType은 지도의 타입으로 일반 지도, 스카이뷰(하이브리드 지도)가 있으며, 지도의 타입을 전환하는 컨트롤을 제공하고, Zoom은 지도의 확대와 축소 컨트롤을 제공합니다. 예제에서는 이들 컨트롤을 정의하여 지도에 추가하는 데 있어 지도상의 특정 위치를 설정할 수 있습니다.

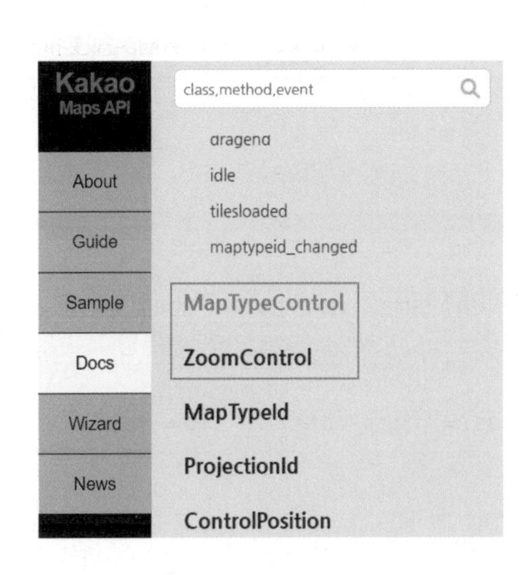

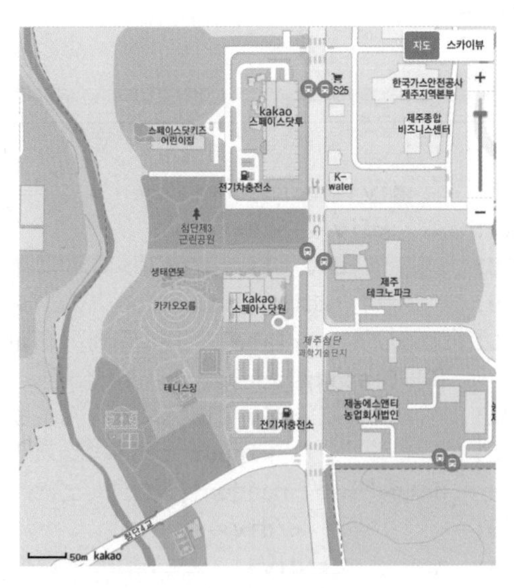

13) 지도에 컨트롤 올리기 예제 : https://apis.map.kakao.com/web/sample/addMapControl/

예제 파일 12.kmap-control.html

```
⋮        ⋮
22:      var container = document.getElementById('map');
23:      var options = {
24:        center: new kakao.maps.LatLng(33.450701, 126.570667),
25:        level: 3
26:      };
27:
28:      var map = new kakao.maps.Map(container, options);
29:
30:      var mapTypeControl = new kakao.maps.MapTypeControl();
31:      map.addControl(mapTypeControl, kakao.maps.ControlPosition.
    TOPRIGHT);
32:
33:      var zoomControl = new kakao.maps.ZoomControl();
34:      map.addControl(zoomControl, kakao.maps.ControlPosition.RIGHT);
```

5. 클릭 이벤트 등록하기

지도 영역 임의의 위치를 클릭할 때 해당 위치의 위도와 경도 정보를 확인하는 예제를 구성합니다. 카카오맵 예제의 [클릭 이벤트 등록하기]를 참고하세요. 지도를 클릭할 때 위도와 경도의 좌표를 표시할 〈input type="text"〉 영역을 부트스트랩 UI로 구성합니다.

●●● 예제 파일 12.kmap-click.html

```
⋮        ⋮
16:    <div class="container">
17:      <div class="row">
18:        <div class="col">
19:          <div class="row my-3">
20:            <label for="lat" class="col-sm-2 col-form-label">
    위도(lat)</label>
21:            <div class="col-sm-10">
22:              <input type="text" class="form-control" id="lat"
    name="lat" readonly>
23:            </div>
24:          </div>
25:          <div class="row">
26:            <label for="lng" class="col-sm-2 col-form-label">
    경도(lng)</label>
```

```
27:             <div class="col-sm-10">
28:               <input type="text" class="form-control" id="lng"
    name="lng" readonly>
29:             </div>
30:           </div>
31:         </div>
32:         <div class="col" id="map"></div>
33:       </div>
34:     </div>
```

addListener(지도, 트리거, 처리기)는 지도의 이벤트 리스너 형식입니다. 클릭 이벤트의 경우는 매개변수로 event를 전달받을 수 있으며, event에는 클릭한 위치 정보[14)]를 담고 있습니다. event를 콘솔 창으로 출력하여 event의 정보를 살펴보도록 합니다. event에 담긴 위치 정보는 LatLng로 이것은 [WGS84] 좌표 정보를 가지고 있는 객체입니다. WGS84는 '세계 지구 좌표 시스템'으로 위도와 경도로 표현하는 좌표체계입니다.
이 객체의 메서드인 getLat()와 getLng()를 이용하여 위도와 경도를 각각 추출할 수 있습니다.

●●● 예제 파일 12.kmap-click.html

```
 ⋮         ⋮
38:       const container = document.getElementById('map');
39:       const options = {
40:         center: new kakao.maps.LatLng(33.450701, 126.570667),
41:         level: 3
42:       };
43:
44:       const map = new kakao.maps.Map(container, options);
45:
46:       kakao.maps.event.addListener(map, 'click', function(event) {
47:         console.log(event);
48:         let latlng = event.latLng;
49:
50:         document.querySelector('input[name="lat"]').value = latlng.
    getLat();
51:         document.querySelector('input[name="lng"]').value = latlng.
    getLng();
52:       });
```

14) LatLng(위경도) : https://apis.map.kakao.com/web/documentation/#LatLng

콘솔 화면

```
▼Nd ℹ
  ▶latLng: qa {La: 126.9769629278068, Ma: 37.575887896759504}
  ▶point: F {x: 328, y: 328}
  ▶[[Prototype]]: Object
```

지도 위에 아무 곳이나 클릭하면, 왼쪽의 입력창에 위도와 경도 좌표가 표시됩니다. 드래그와 마우스 휠로 지도의 위치와 축척을 변경하면서 위도와 경도 정보를 확인해 보세요.

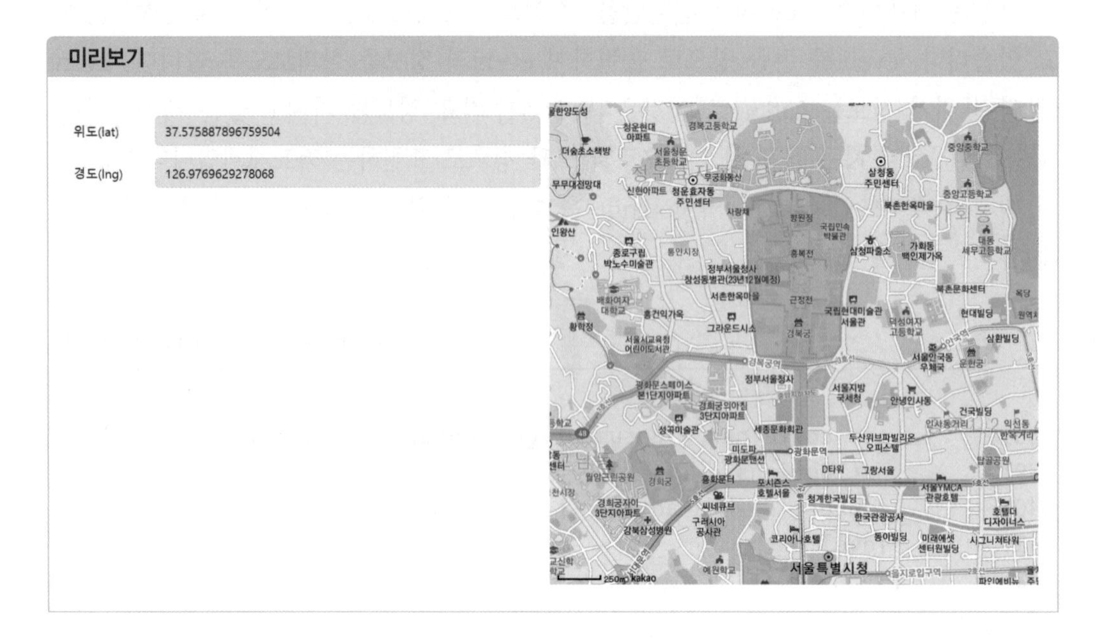

6. 클릭한 위치에 마커 표시하기

지도 영역 임의의 위치를 클릭할 때 해당 위치에 마커(marker)[15]를 표시하는 예제를 구성합니다. 카카오맵 예제의 [마커 생성하기]와 [클릭한 위치에 마커 표시하기]를 참고하세요.

마커(marker)는 지도 위의 위치를 표시하는 이미지로 흔히 다음 2가지 방식 중의 하나의 형태로 마커를 초기화하여 사용합니다. 마커에 사용되는 이미지는 내장된 기본형과

15) 마커 : https://apis.map.kakao.com/web/documentation/#Marker

임의의 이미지를 사용하는 방식이 있습니다. 위치(position)는 LatLng 객체를 이용하여 직접 표현하거나, 지도의 중심 위치를 표현하는 메서드(map.getCenter()) 등으로 표현할 수 있습니다. LatLng 객체를 이용하여 정적인 좌표값을 이용하는 방법은 관리상 좋은 방법이 아닙니다. 마커가 표시되는 대상 지도는 마커의 setMap() 메서드를 이용하여 표현할 수 있습니다.

핵심 코드

```
let marker = new kakao.maps.Marker({
  map: map,
  position: new kakao.maps.LatLng(위도좌표, 경도좌표)
});

let marker = new kakao.maps.Marker({
  position: map.getCenter()
});
marker.setMap(map);
```

marker를 전역 변수로 선언하고, 클릭 이벤트 처리기에서 marker의 setPosition() 메서드에 LatLng 객체를 전달하여 클릭한 위치에 마커가 표시되도록 코드를 구성합니다. 하나의 마커에 대하여 지도 위 임의의 위치를 클릭할 때마다 마커의 위치를 변경하게 됩니다.

예제 파일 12.kmap-marker.html

```
 :         :
22:       const container = document.getElementById('map');
23:       const options = {
24:         center: new kakao.maps.LatLng(33.450701, 126.570667),
25:         level: 3
26:       };
27:
28:       const map = new kakao.maps.Map(container, options);
29:
30:       let marker = new kakao.maps.Marker({
31:         map: map,
32:         position: map.getCenter()
33:       });
34:
```

```
35:      kakao.maps.event.addListener(map, 'click', function(event) {
36:        marker.setPosition(event.latLng);
37:      });
```

이벤트 리스너 처리기에서 마커를 구성하도록 하여 클릭할 때마다 해당 위치마다 마커를 새롭게 생성하여 결국 여러 개의 마커를 만들어 내는 예제를 구성합니다.
이벤트 리스너의 콜백 함수에서 만들어 내는 마커를 참조하여 사용하는 코드가 없기에 마커를 변수에 할당하지 않고 생성자 형태로만 표현할 수 있습니다.

●●● 예제 파일 12.kmap-marker2.html

```
 ⋮        ⋮
22:      const container = document.getElementById('map');
23:      const options = {
24:        center: new kakao.maps.LatLng(33.450701, 126.570667),
25:        level: 3
26:      };
27:
28:      const map = new kakao.maps.Map(container, options);
29:
30:      // 지도 위 임의의 위치를 클릭해 보세요.
31:      kakao.maps.event.addListener(map, 'click', function(event) {
32:        new kakao.maps.Marker({
33:          map: map,
34:          position: event.latLng
35:        });
36:      });
```

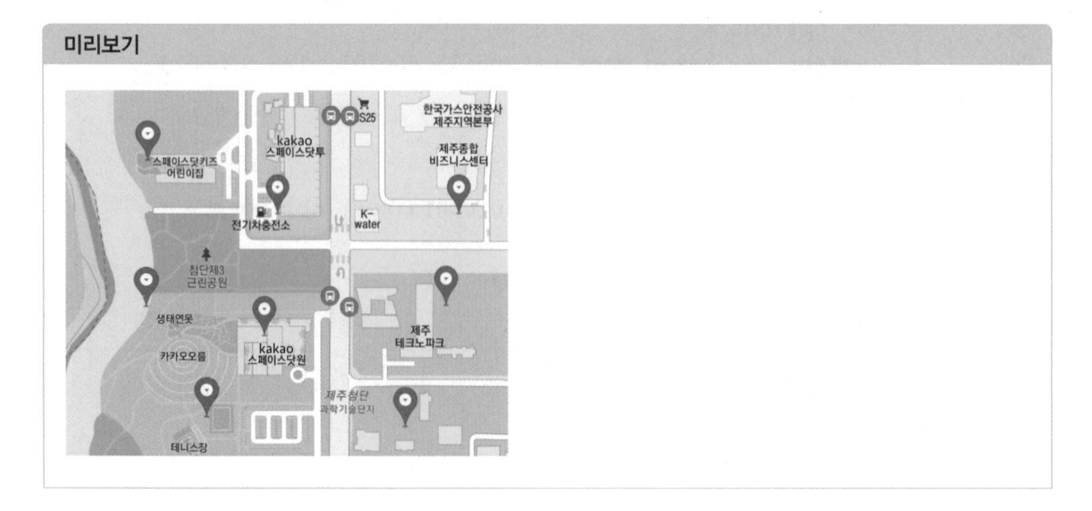

7. 마커에 인포윈도우 표시하기

인포윈도우(infowindow)[16]는 텍스트 등 콘텐츠를 표출하는 UI를 제공하는 것으로, 보통 마커와 함께 사용하여 마커의 정보를 표시하는 용도로 사용됩니다. 인포윈도우를 사용하는 방법과 마커에 인포윈도우를 연결하여 정보를 표출하는 예제를 구성합니다. 카카오맵 예제의 [인포윈도우 생성하기], [마커에 인포윈도우 표시하기]를 참고하세요.
마커와 코드 패턴이 비슷하여 이해하기 수월하며, content와 removable 속성이 다른 요소입니다.
content는 인포윈도우에 표시되는 정보로 텍스트만 표현하거나 HTML 요소와 함께 사용하여 UI를 구성할 수도 있습니다. bg-primary나 text-white CSS 클래스는 부트스트랩에서 제공하는 클래스입니다.

●●● 예제 파일 12.kmap-infowindow.html

```
 :          :
22:      const container = document.getElementById('map');
23:      const options = {
24:        center: new kakao.maps.LatLng(33.450701, 126.570667),
25:        level: 3
26:      };
27:
28:      const map = new kakao.maps.Map(container, options);
29:
30:      let infowindow = new kakao.maps.InfoWindow({
31:        map: map,
32:        position: map.getCenter(),
33:        content: '<div class="bg-primary text-white"
    style="padding:5px;width:150px">인포윈도우</div>',
34:        removable: true
35:      });
```

16) 인포윈도우 : https://apis.map.kakao.com/web/documentation/#InfoWindow

미리보기

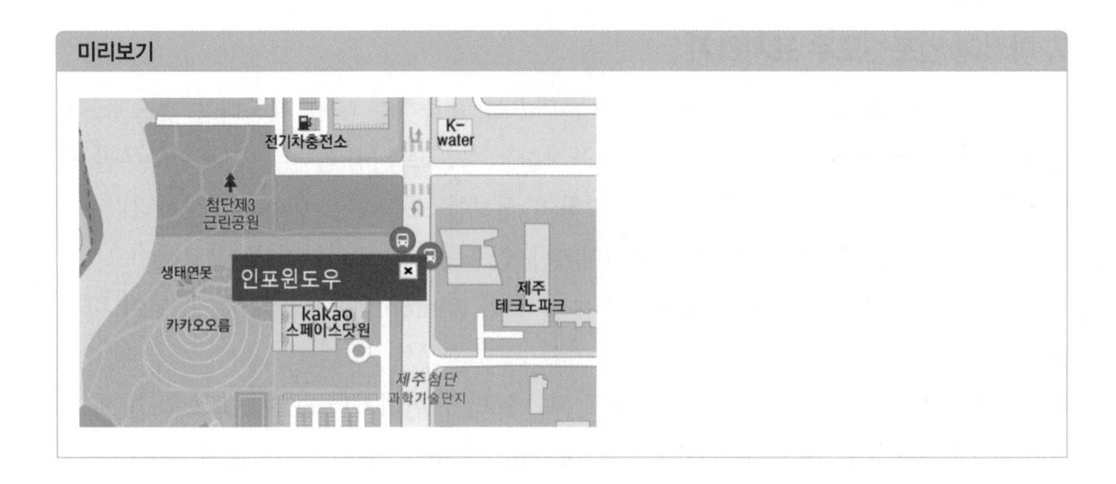

마커에 대한 정보를 표출하는 용도로 사용하기 위해 마커와 인포윈도우를 연결하는 방법을 예제로 구성합니다. 인포윈도우 객체가 제공하는 open(map, markr) 메서드를 사용하여 인포윈도우가 표현될 지도 객체와 마커 객체를 전달하여 해당 마커에서 열린 효과를 내도록 합니다.

● ● ● 예제 파일 12.kmap-infowindow2.html

```
 ⋮          ⋮
22:       const container = document.getElementById('map');
23:       const options = {
24:         center: new kakao.maps.LatLng(33.450701, 126.570667),
25:         level: 3
26:       };
27:
28:       const map = new kakao.maps.Map(container, options);
29:
30:       var marker = new kakao.maps.Marker({
31:         position: map.getCenter()
32:       });
33:       marker.setMap(map);
34:
35:       let infowindow = new kakao.maps.InfoWindow({
36:         content: '<div style="padding:5px;width:150px">인포윈도우</
    div>'
37:       });
38:
39:       infowindow.open(map, marker);
```

미리보기

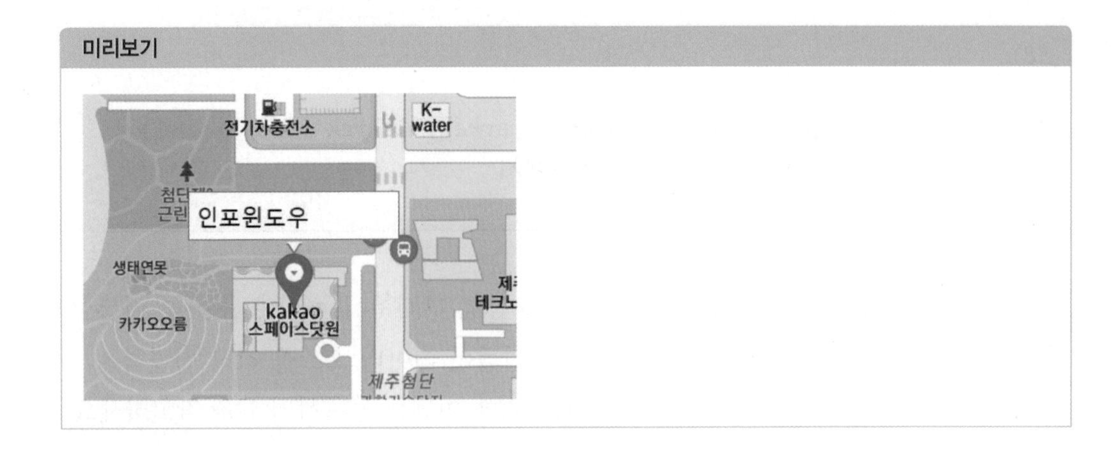

8. 마커에 클릭 이벤트 등록하기

마커를 클릭하면 마커와 연결된 인포윈도우를 표시하는 예제를 구성합니다. 카카오맵 예제의 [마커에 클릭 이벤트 등록하기]를 참고하세요.
앞에서 사용하였던 이벤트 리스너에서 클릭의 대상을 지도(map)가 아닌 마커(marker)로 변경하여 사용하는 클릭 이벤트를 구현합니다. 이벤트 리스너의 콜백 함수에 infowindow.open(map, marker)를 실행하여 마커를 클릭할 때 인포윈도우가 표시되도록 합니다.

●●● 예제 파일 12.kmap-marker-click.html

```
 :          :
22:       const container = document.getElementById('map');
23:       const options = {
24:         center: new kakao.maps.LatLng(33.450701, 126.570667),
25:         level: 3
26:       };
27:
28:       const map = new kakao.maps.Map(container, options);
29:
30:       var marker = new kakao.maps.Marker({
31:         position: map.getCenter()
32:       });
33:       marker.setMap(map);
34:
35:       let infowindow = new kakao.maps.InfoWindow({
36:         content: '<div style="padding:5px;width:150px">인포윈도우</div>',
37:         removable: true
```

```
38:       });
39:
40:       kakao.maps.event.addListener(marker, 'click', function() {
41:         infowindow.open(map, marker);
42:       });
```

인포윈도우를 구성할 콘텐츠와 위치 정보를 배열로 구성하여 데이터 소스로 만들고, 반복문을 이용하여 개별 마커와 인포윈도우를 만들어 데이터 소스를 각각 연결하는 예제를 구성합니다. 카카오맵 예제의 [여러 개 마커에 이벤트 등록하기 1]을 참고하세요.

●●● 예제 파일 12.kmap-marker-click2.html

```
 ⋮        ⋮
22:       const container = document.getElementById('map');
23:       const options = {
24:         center: new kakao.maps.LatLng(33.450701, 126.570667),
25:         level: 3
26:       };
27:
28:       const map = new kakao.maps.Map(container, options);
29:
30:       let positions = [
31:         {
32:           content: '카카오',
33:           latlng: new kakao.maps.LatLng(33.450705, 126.570677)
34:         },
35:         {
36:           content: '생태연못',
37:           latlng: new kakao.maps.LatLng(33.450936, 126.569477)
38:         },
39:         {
40:           content: '텃밭',
41:           latlng: new kakao.maps.LatLng(33.450879, 126.569940)
42:         },
43:         {
44:           content: '근린공원',
45:           latlng: new kakao.maps.LatLng(33.451393, 126.570738)
46:         }
47:       ];
```

블록 스코프(scope)를 지원하는 const 또는 let 키워드를 이용하면 반복문 처리가 편리합니다. 예전의 var 키워드를 사용한다면 범위 문제로 인해 복잡한 코드를 만들어야 했었습니다.

●●● 예제 파일 12.kmap-marker-click2.html

```
 ⋮          ⋮
49:      for (let position of positions) {
50:        let marker = new kakao.maps.Marker({
51:          map: map,
52:          position: position.latlng
53:        });
54:
55:        let infowindow = new kakao.maps.InfoWindow({
56:          content: position.content
57:        });
58:
59:        kakao.maps.event.addListener(marker, 'mouseover', function() {
60:          infowindow.open(map, marker);
61:        });
62:
63:        kakao.maps.event.addListener(marker, 'mouseout', function() {
64:          infowindow.close();
65:        });
66:      }
```

9. 폴리라인 표시하기

지도에서 경로를 표시하는 폴리라인(polyline)[17] 예제를 구성합니다. 카카오맵 예제의 [원, 선, 사각형, 다각형 표시하기]를 참고하세요.
여러 개의 좌표를 배열로 구성하고 그 좌표를 선으로 연결하여 경로를 표시합니다. 선의 두께, 색상, 투명도와 스타일 등을 속성으로 설정할 수 있습니다.

17) 폴리라인(polyline) : https://apis.map.kakao.com/web/documentation/#Polyline

●●● 예제 파일 12.kmap-polyline.html

```
 ⋮          ⋮
22:       const container = document.getElementById('map');
23:       const options = {
24:         center: new kakao.maps.LatLng(33.450701, 126.570667),
25:         level: 3
26:       };
27:
28:       const map = new kakao.maps.Map(container, options);
29:
30:       let linePath = [
31:         new kakao.maps.LatLng(33.452344169439975, 126.56878163224233),
32:         new kakao.maps.LatLng(33.452739313807456, 126.5709308145358),
33:         new kakao.maps.LatLng(33.45178067090639, 126.5726886938753)
34:       ];
35:
36:       let polyline = new kakao.maps.Polyline({
37:         path: linePath,
38:         strokeWeight: 5,
39:         strokeColor: '#FF0000',
40:         strokeOpacity: 0.7,
41:         strokeStyle: 'solid'
42:       });
43:
44:       polyline.setMap(map);
```

미리보기

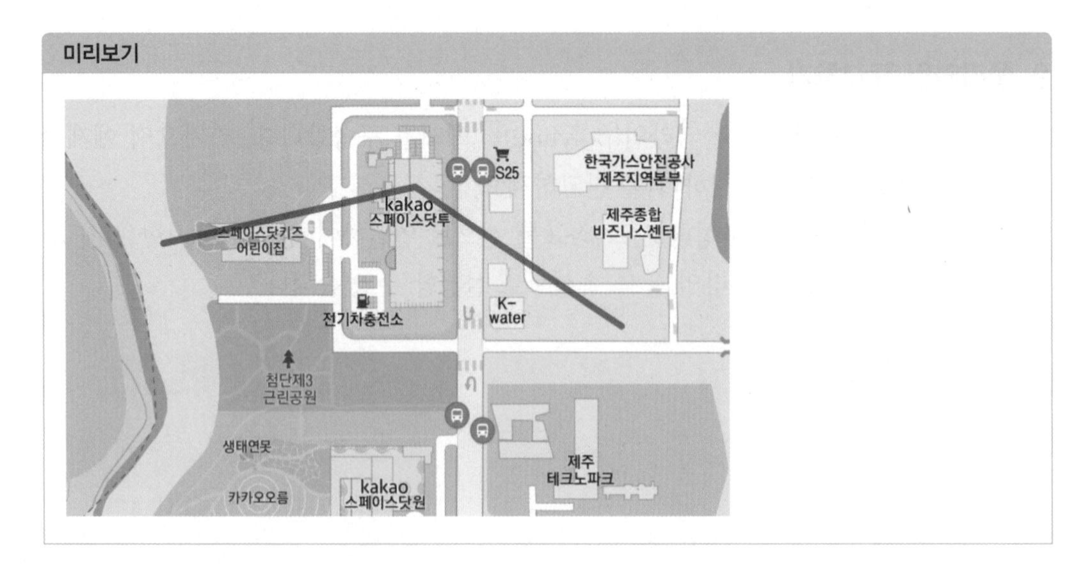

지도에서 임의의 위치를 클릭할 때마다 해당 위치의 좌표 정보를 배열의 원소로 추가하고, 추가된 배열의 좌표 정보를 폴리라인의 경로로 연결하는 방법을 예제로 구성합니다. 폴리라인 객체의 setPath() 메서드를 이용하여 경로를 계속 추가하는 방식으로 폴리라인을 구성합니다.

●●● 예제 파일 12.kmap-polyline2.html

```
 ⋮         ⋮
22:       const container = document.getElementById('map');
23:       const options = {
24:         center: new kakao.maps.LatLng(33.450701, 126.570667),
25:         level: 3
26:       };
27:
28:       const map = new kakao.maps.Map(container, options);
29:
30:       let linePath = [];
31:
32:       let polyline = new kakao.maps.Polyline({
33:         map: map,
34:         path: linePath,
35:         strokeWeight: 5,
36:         strokeColor: '#FF0000',
37:         strokeOpacity: 0.7,
38:         strokeStyle: 'solid'
39:       });
40:
41:       kakao.maps.event.addListener(map, 'click', function(event) {
42:         linePath.push(event.latLng);
43:
44:         polyline.setPath(linePath);
45:       });
```

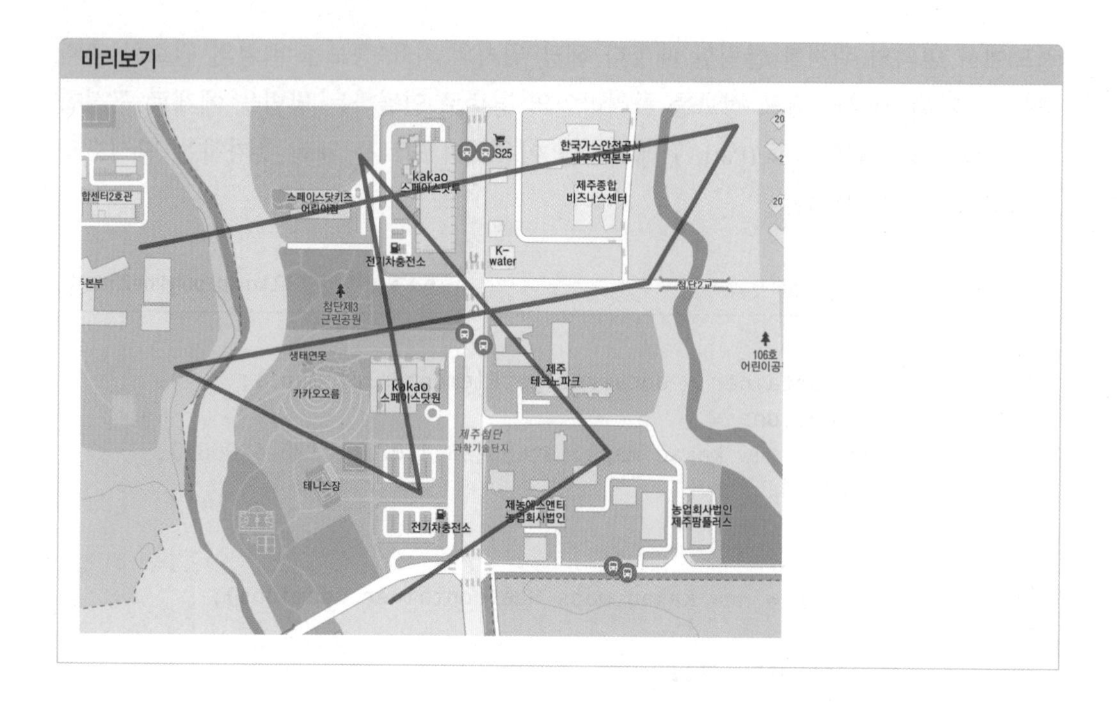

10. 키워드로 장소 검색하기

장소의 명칭을 검색하고 그 결과를 지도 위에 마커와 인포윈도우로 표시하는 예제를 구성합니다. 장소 검색과 주소-좌표 변환 기능을 제공하는 지도 라이브러리를 사용합니다. 카카오맵 예제의 [키워드로 장소 검색하기], [키워드로 장소 검색하고 목록으로 표출하기]를 참고하세요.

장소 검색 기능의 지도 라이브러리[18]를 사용하기 위해서는 appkey 외에 libraries를 아래와 같이 설정해야 합니다. 값을 구별하는 식별자로 &를 사용하고 있음을 확인하세요.

```
<script src="//dapi.kakao.com/v2/maps/sdk.js?appkey=[JavaScript
키]&libraries=services"></script>
```

검색어를 입력할 공간과 지도를 표시할 공간을 나눠 화면을 분할합니다. 〈input type="search"〉에 검색어를 입력한 후 Enter↵키를 누르면 입력한 검색어에 대한 검색이 진행되고 그 결과를 지도에 표시합니다.

18) 장소 검색 서비스 : https://apis.map.kakao.com/web/documentation/#services_Places

●●● 예제 파일 12.kmap-search.html

```
⋮        ⋮
16:    <div class="container-fluid">
17:      <div class="row">
18:        <div class="col-4 my-3">
19:          <input type="search" class="form-control" name="keyword"
     placeholder="검색어 입력 후 엔터 (예. 제주도 맛집)">
20:        </div>
21:        <div class="col-8" id="map"></div>
22:      </div>
23:    </div>
```

지도 라이브러리로부터 장소 검색 기능을 사용하기 위해서 new kakao.maps.services.Places()를 선언합니다. 그리고 검색 결과를 표시할 인포윈도우를 전역 변수로 선언하여 하나의 인포윈도우 객체에서 여러 검색 결과를 번갈아 담아 표시하도록 합니다.

●●● 예제 파일 12.kmap-search.html

```
⋮          ⋮
27:      const container = document.getElementById('map');
28:      const options = {
29:        center: new kakao.maps.LatLng(33.450701, 126.570667),
30:        level: 3
31:      };
32:
33:      const map = new kakao.maps.Map(container, options);
34:
35:      const ps = new kakao.maps.services.Places();
36:      const infowindow = new kakao.maps.InfoWindow({ zIndex: 1 });
```

〈input type="search"〉에 검색어를 입력하고 Enter↵키를 누르면, 장소 검색 라이브러리가 제공하는 keywordSearch()를 실행하도록 합니다. 입력한 검색어(this.value)를 매개변수로 전달하면, 검색 결과(items)를 받아 이를 반복문에서 개별 처리합니다. 콘솔 창으로 검색 결과값을 확인하여 위치에 대한 좌표 정보와 장소명 등을 추출하여 마커와 인포윈도우의 콘텐츠로 구성합니다.

●●● 예제 파일 12.kmap-search.html

```
 ⋮      ⋮
38:   document.querySelector('input[name="keyword"]').onsearch =
    function() {
39:     ps.keywordSearch(this.value, function(items, status,
    pagination) {
40:       if (status === kakao.maps.services.Status.OK) {
41:         const bounds = new kakao.maps.LatLngBounds();
42:
43:         for (let item of items) {
44:           console.log(item);
45:
46:           let marker = new kakao.maps.Marker({
47:             map: map,
48:             position: new kakao.maps.LatLng(item.y, item.x)
49:           });
50:
51:           kakao.maps.event.addListener(marker, 'click',
    function() {
52:             infowindow.setContent(item.place_name);
53:             infowindow.open(map, marker);
54:           });
55:
56:           bounds.extend(marker.getPosition());
57:         }
58:
59:         map.setBounds(bounds);
60:       }
61:     });
62:   }
```

LatLngBounds[19]는 지도상의 사각 영역 정보를 표현하는 객체로 지도 범위를 재설정하는 용도로 사용됩니다. 보통 모든 검색 결과를 지도에 표시하기 위해 지도의 축척과 범위를 조절합니다.

다음은 LatLngBounds 객체를 활용하는 절차입니다.

19) LatLngBounds : https://apis.map.kakao.com/web/documentation/#LatLngBounds

① 현재의 사각 영역 정보를 표현하는 객체를 생성합니다.
② 반복문에서 검색 결과의 좌표가 사각 영역 내부에 포함되도록 사각 영역을 확장합니다.
③ 반복문이 종료되면 그때까지 변동된 사각 영역을 최종 범위로 재설정합니다.

핵심 코드

```
const bounds = new kakao.maps.LatLngBounds();

for (let item of items) {
  bounds.extend(new kakao.maps.Latlng(item.y, item.x));
}

map.setBounds(bounds);
```

미리보기

콘솔 화면

```
12.kmap-search.html:44
▶ {address_name: '제주특별자치도 제주시 이호일동 651-3', category_group_code: 'FD6', category_group_name: '음식점', category_name: '음식점 > 한식 > 국수', distance: '', …}
12.kmap-search.html:44
▶ {address_name: '제주특별자치도 서귀포시 색달동 2132-2', category_group_code: 'FD6', category_group_name: '음식점', category_name: '음식점 > 일식 > 돈까스,우동', distance: '', …}
12.kmap-search.html:44
▶ {address_name: '제주특별자치도 제주시 노형동 941-2', category_group_code: 'FD6', category_group_name: '음식점', category_name: '음식점 > 한식 > 육류,고기 > 삼겹살', distance: '', …}
```

검색이 이뤄지고 다른 키워드로 다시 검색한다면 지도에 이전 검색 결과가 남아 있어, 검색 시에 이전 검색 결과를 삭제하는 과정이 필요합니다. 이번 예제는 검색 결과를 관리할 배열을 선언하여, 배열에 검색 결과를 추가하고 삭제하는 관리 기능을 할 수 있도록 코드를 구성합니다.

다음은 핵심 코드의 흐름을 나타낸 것입니다.

① 검색 결과 중 좌표 정보를 갖는 마커를 저장할 배열 변수를 전역 변수(markers)로 선언합니다.
② 검색 수행 단계에서 removeMarker()로 배열 변수를 초기화합니다.
③ 검색 결과 중 markers.push()로 반복문에서 생성된 마커 정보를 배열 변수에 추가합니다.

핵심 코드

```
let markers = [];
const ps = new kakao.maps.services.Places();

document.querySelector('input[name="keyword"]').onsearch = function() {
  removeMarker();

  ps.keywordSearch(this.value, function(items, status, pagination) {
    for (let item of items) {
      markers.push(marker);
    }
  });
```

```
}

function removeMarker() {
  markers.forEach(function(marker) {
    marker.setMap(null);
  });
  markers = [];
}
```

검색 결과를 관리할 배열 변수(markers)를 전역 변수로 선언합니다.

핵심 코드

```
const container = document.getElementById('map');
const options = {
  center: new kakao.maps.LatLng(33.450701, 126.570667),
  level: 3
};

const map = new kakao.maps.Map(container, options);

let markers = [];
const ps = new kakao.maps.services.Places();
const infowindow = new kakao.maps.InfoWindow({ zIndex: 1 });
```

검색 수행 시 이전 검색 결과가 저장된 markers 배열의 원소를 삭제하여 배열을 초기화합니다. 마커의 setMap() 매서드에 매개변수로 null을 전달하면 마커 정보가 삭제됩니다.

검색 결과에 대한 반복문 작업에서 생성된 마커를 markers 배열에 원소로서 추가합니다.

●●● 예제 파일 12.kmap-search2.html

```
⋮        ⋮
39:     document.querySelector('input[name="keyword"]').onsearch =
    function() {
40:       removeMarker();
41:
42:       ps.keywordSearch(this.value, function(items, status,
    pagination) {
43:         if (status === kakao.maps.services.Status.OK) {
44:           const bounds = new kakao.maps.LatLngBounds();
45:
46:           for(let item of items) {
47:             let marker = new kakao.maps.Marker({
48:               map: map,
49:               position: new kakao.maps.LatLng(item.y, item.x)
50:             });
51:
52:             markers.push(marker);
53:
54:             kakao.maps.event.addListener(marker, 'click', function() {
55:               infowindow.setContent(`<div class="bg-primary text-
    white text-center" style="min-width:150px">${item.place_name}</div>`);
56:               infowindow.open(map, marker);
57:             });
58:
59:             bounds.extend(marker.getPosition());
60:           }
61:
62:           map.setBounds(bounds);
63:         }
64:       });
65:   };
66:
67:   function removeMarker() {
68:     markers.forEach(function(marker) {
69:       marker.setMap(null);
70:     });
71:     markers = [];
72:   }
```

11. 좌표로 주소를 얻어내기

지도 중심의 좌표를 입력으로 하여 주소를 결과로 얻어내는 예제를 구성합니다. 지도 중심의 좌표가 변경될 때마다 주소 또한 업데이트됩니다. 장소 검색과 주소-좌표 변환 기능을 제공하는 지도 라이브러리를 사용합니다. 카카오맵 예제의 [좌표로 주소를 얻어내기]를 참고하세요.

지도 위에 주소를 표시할 영역(〈div id="address"〉)을 만듭니다. CSS 속성 position을 absolute로 하고 z-index를 충분히 큰 값으로 만드는 것이 핵심입니다.

●●● 예제 파일 12.kmap-address.html

```
 ⋮        ⋮
12:      #map {
13:        height: 100vh;
14:      }
15:      #address {
16:        color: white;
17:        text-indent: 1rem;
18:        width: 100%;
19:        height: 1.8rem;
20:        line-height: 1.8rem;
21:        background-color: rgba(0, 0, 0, .7);
22:        position: absolute;
23:        z-index: 999;
24:      }
 ⋮      ⋮
28:    <div id="map">
29:      <div id="address">지도 중심의 주소</div>
30:    </div>
```

지오코더(Geocoder)[20]는 주소-좌표 간 변환 서비스를 수행하는 객체입니다. 지도 라이브러리 중 서비스를 추가로 설정하고 카카오맵을 로드합니다.

이벤트 리스너에서 트리거로 'idle'을 적용한 것이 특이점인데, idle은 지도의 중심 좌표나 확대 수준이 변경되면 발생하는 트리거로 애니메이션 도중에는 발생하지 않는 점이 중요합니다. 지도의 변경 과정에서 이벤트가 발생한다면 결과적으로 불필요한 이벤트가 되기 때문입니다. 유효하지 않은 이벤트 발생은 오버헤드가 되어 부하를 유발하

20) 지오코더 : https://apis.map.kakao.com/web/documentation/#services_Geocoder

는 문제가 될 수 있습니다.

현재 지도 중심의 좌표에 대한 주소를 불러오는 searchAddrFromCoords()가 두 번 사용된 이유는 지도가 처음 화면에 보여질 때와 지도의 중심 좌표나 확대 수준이 변경되는 이벤트(idle)가 발생할 때로 나눠지기 때문입니다.

geocoder.coord2RegionCode()는 전달되는 좌표 값에 대한 행정동, 법정동 정보를 반환하는 메서드로 예제에서는 행정동(H)의 정보를 받아와 화면에 표시하였습니다.

●●● 예제 파일 12.kmap-address.html

```
 :          :
42:      const geocoder = new kakao.maps.services.Geocoder();
43:
44:      searchAddrFromCoords(map.getCenter());
45:
46:      kakao.maps.event.addListener(map, 'idle', function() {
47:        searchAddrFromCoords(map.getCenter());
48:      });
49:
50:      function searchAddrFromCoords(coords) {
51:        let lng = coords.getLng();
52:        let lat = coords.getLat();
53:
54:        geocoder.coord2RegionCode(lng, lat, function(result, status) {
55:          if (status === kakao.maps.services.Status.OK) {
56:            const address = document.getElementById('address');
57:
58:            result.forEach(function(v) {
59:              if (v.region_type === 'H') { // 행정동
60:                address.innerHTML = v.address_name;
61:              }
62:            });
63:          }
64:        });
65:      }
```

마우스로 지도를 드래그하거나 마우스 휠로 지도의 확대 수준(축척)을 변경하면서 지도 중심의 주소가 잘 반영되는지 확인해 보세요.

미리보기

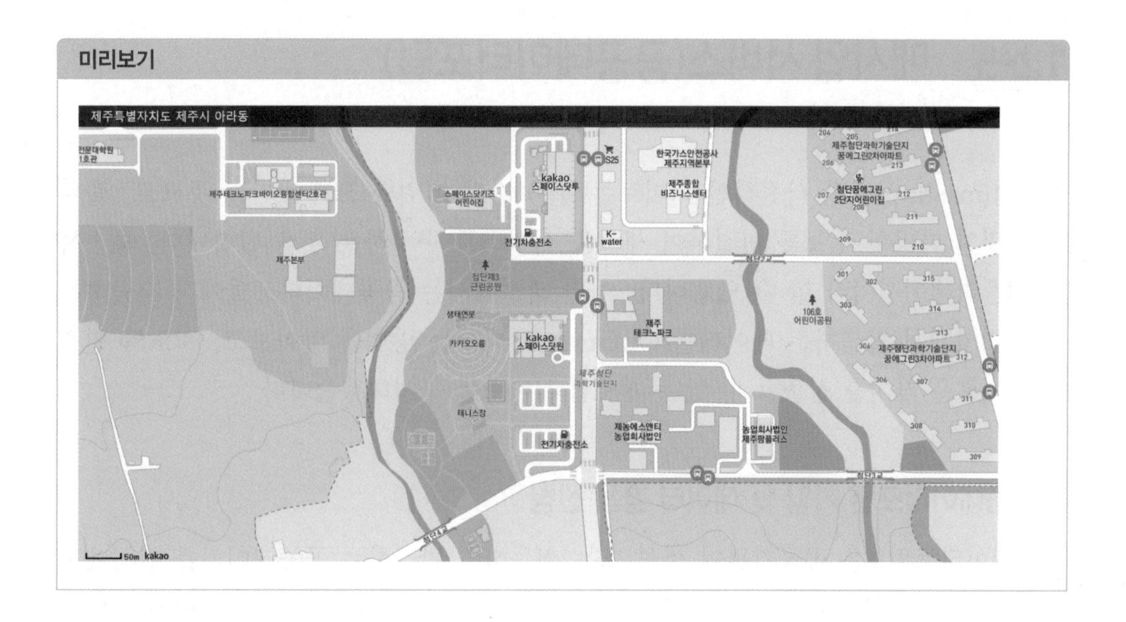
제주특별자치도 제주시 아라동
kakao
스페이스닷투
한국가스안전공사
제주지역본부
제주종합
비즈니스센터
전기차충전소
K-water
kakao
스페이스닷원
제주
테크노파크
제농에스앤티
농업회사법인
전기차충전소
106호
어린이공원
50m kakao

12-5 매시업 서비스(공공데이터포털)

매시업(mashup)이란 사전적인 의미로는 '(찐) 감자 따위를 으깨다'라는 뜻으로, 출처가 여럿인 다양한 정보를 연결하여 새로운 서비스를 구성하는 것을 말합니다. 융·복합 애플리케이션이라 할 수 있습니다. 이번 과정에서는 공공데이터포털에서 제공하는 공공 영역에서 발생하는 데이터를 OpenAPI로 다루는 방법을 알아보고, 지도와 연결하여 새로운 가치를 창출할 수 있는 매시업 서비스를 구성하겠습니다.

1. 공공데이터포털 가입 및 데이터 활용 신청

공공데이터포털[21]은 공공기관이 생성 또는 취득하여 관리하는 공공데이터를 한곳에서 제공하는 통합 창구로 회원가입 후 이용을 원하는 데이터를 신청하여 인증키(서비스키)를 발급받아 활용할 수 있습니다.

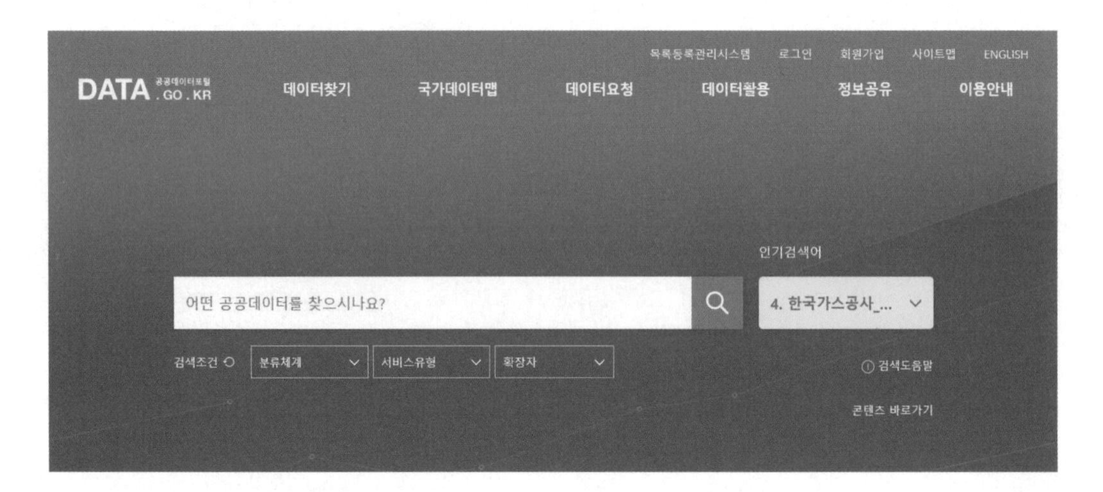

지금부터 다뤄 볼 공공데이터는 한국관광공사에서 제공하는 [국문 관광정보 서비스]로 검색을 통해서 찾아보세요. 결과에서 [오픈 API] 탭을 선택하여 그림과 같은 결과를 찾아서 [활용신청] 버튼을 클릭합니다.

'활용목적'을 '웹사이트 개발'로 선택하고 '관광정보를 활용한 웹서비스 개발'과 같이 목적을 간략하게 입력해 주세요. 마지막으로 라이선스 표시에서 [동의]에 체크하고 [활용신청] 버튼을 클릭하면 신청이 완료됩니다.

21) 공공데이터 포털 : https://www.data.go.kr

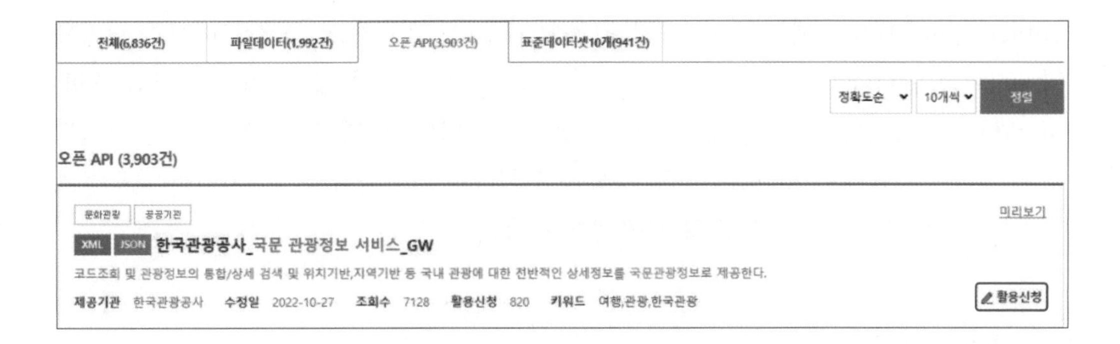

[마이페이지]에서 신청한 [오픈API 목록]을 클릭하면 다음과 같은 인증키 정보가 생성되어 있습니다. 앞으로 인증키를 데이터를 요청할 때 사용할 것입니다.

일반 인증키 (Encoding)	[illegible]
일반 인증키 (Decoding)	[illegible]

2. 국문 관광정보 서비스

국문 관광정보 서비스[22]는 한국관광공사가 관광과 관련된 콘텐츠를 XML 또는 JSON 형식으로 제공하는 OpenAPI로 [TourAPI][23]라는 이름을 갖고 있습니다.

22) 국문 관광정보 서비스 : https://api.visitkorea.or.kr/#/useKoreaGuide
23) TourAPI : https://api.visitkorea.or.kr

TourAPI 홈페이지의 메뉴 중 [이용안내]의 [OpenAPI 활용방법]을 참고해서 데이터를 활용하도록 합니다. 예제에서는 문서가 제공하는 카테고리 중에서 [키워드 검색 조회]와 [위치기반 관광정보 조회]에 대하여 다뤄 보겠습니다. [키워드 검색 조회]는 키워드로 검색하여 관광 타입별 또는 전체 목록을 조회하는 기능입니다. [위치기반 관광정보 조회]는 내 주변 좌표를 기반으로 관광정보 목록을 조회하는 기능입니다.

---

① 키워드 검색 조회
② 위치기반 관광정보 조회

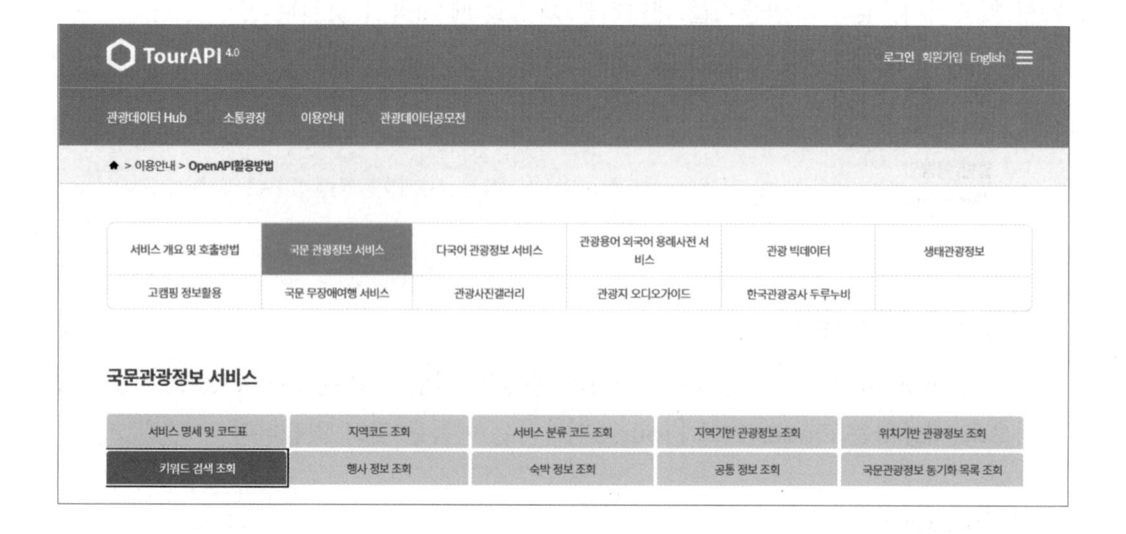

3. 키워드 검색 조회

키워드를 입력값으로 받아 관광정보를 조회하는 기능을 연습합니다. 또한 코드의 간단한 표현을 위해 jQuery 형식으로 예제 코드를 구성합니다. 3번에 걸쳐서 키워드 검색 조회와 카카오맵의 매시업 과정을 통해 단계적으로 코드를 확장하는 것으로 진행합니다. 버튼을 클릭하여 Ajax를 이용하여 TourAPI로부터 관광정보를 조회합니다.

●●● 예제 파일 12.tourAPI-keyword.html

```
 ⋮         ⋮
11:    <div class="container-fluid">
12:      <div class="row">
13:        <div class="col-4">
14:          <div class="d-grid gap-2">
15:            <button class="btn btn-primary" type="button">키워드
       검색</button>
16:          </div>
17:        </div>
18:        <div class="col-8"></div>
19:      </div>
20:    </div>
```

jQuery의 Ajax 형식을 내용 없이 표현하면 다음과 같습니다. 요청하는 url, 요청 조건을 위한 data, 요청 방법의 method, 응답 결과의 데이터 형식인 dataType을 $.ajax() 형태로 전달하고, done()에서 서버로부터의 응답을 처리합니다.

●●● 예제 파일 : 12.tourAPI-keyword.html

```
 ⋮          ⋮
24:      $('.btn-primary').click(function() {
25:        $.ajax({
26:          url: '',
27:          data: {},
28:          method: 'GET',
29:          dataType: 'xml'
30:        }).done(function(data) {
31:          console.log(data);
32:        });
33:      });
```

TourAPI [키워드 검색 조회] 문서의 아래쪽에 요청/응답 예제가 있습니다. 요청 URL 샘플과 응답 XML 샘플을 참고하여 jQuery의 Ajax 형식에 내용을 채워 넣습니다.

요청/응답 예제

예제 URL
※ 키워드 통합검색 : 키워드가 "강원"인 관광정보를 검색하여 리스트로 조회 키워드인코딩예 : String keyword = URLEncoder.encode("강원", "UTF-8")); http://apis.data.go.kr/B551011/KorService/searchKeyword?serviceKey=인증키(URL Encode)&MobileApp=AppTest&MobileOS=ETC&pageNo=1&numOfRows=10&listYN=Y&&srt=A&contTypeId=12&keyword=%EA%B0%95%EC%9B%90

요청 URL에서 물음표(?)를 찾아 이를 기준으로 앞쪽(왼쪽)은 URL, 뒤쪽(오른쪽)은 이 URL에 전달되는 쿼리 문자열로 data 속성의 재료가 됩니다. data는 연관배열(object) 형식으로 코드를 참고하여 구성하세요. 이때 ServiceKey는 인코딩되지 않은 인증키(decoding)를 입력해야 합니다. 아직 서버로 전달되기 이전 단계이기 때문에 그렇습니다. 공공데이터포털 마이데이터의 서비스 정보에서 [일반 인증키(Decoding)] 항목을 사용하면 됩니다.

OpenAPI를 운영하는 서버 쪽에서 API를 구성하면서 필수 항목과 선택 항목을 설정할 수 있는데 확인하여 필수 항목은 반드시 data 속성에 표기해야 합니다. 완료 후 웹브라우저에서 [키워드 검색] 버튼을 클릭하고 콘솔 창에서 응답 결과를 확인하세요.

●●● 예제 파일 12.tourAPI-keyword.html

```
⋮        ⋮
35:     $('.btn-primary').click(function() {
36:       $.ajax({
37:         url: 'http://api.visitkorea.or.kr/openapi/service/rest/
    KorService/searchKeyword',
38:         data: {
39:           ServiceKey: '일반인증키(Decoding)',
40:           keyword: '강원',
41:           MobileOS: 'ETC',
42:           MobileApp: 'AppTesting'
43:         },
44:         method: 'GET',
45:         dataType: 'xml'
46:       }).done(function(data) {
47:         console.log(data);
48:       });
49:     });
```

콘솔 화면

```
▼#document
   <response>
   ▶<header>…</header>
   ▼<body>
     ▼<items>
       ▶<item>…</item>
       ▼<item>
          <addr1>강원도 춘천시 서면 박사로 1210</addr1>
          <addr2>(서면) 부근</addr2>
          <areacode>32</areacode>
          <booktour>0</booktour>
          <cat1>A02</cat1>
          <cat2>A0205</cat2>
          <cat3>A02050200</cat3>
          <contentid>128778</contentid>
          <contenttypeid>12</contenttypeid>
          <createdtime>20060209000000</createdtime>
```

버튼을 제거하고 <input type="search">를 넣어 입력값의 결과를 가져와 UI로 만들어 화면에 표시하는 예제로 확장합니다. 키워드 입력을 위하여 <input type="search">와 검색 결과를 UI로 만들어 삽입할 영역으로 <div id="pocket">을 추가하여 구성합니다.

●●● 예제 파일 12.tourAPI-keyword2.html

```
 ⋮       ⋮
11:    <div class="container-fluid">
12:      <div class="row">
13:        <div class="col-4">
14:          <input type="search" class="form-control my-3"
     name="query" placeholder="키워드 입력 후 엔터 (예. 강원)">
15:          <div id="pocket"></div>
16:        </div>
17:        <div class="col-8"></div>
18:      </div>
19:    </div>
```

검색어를 입력하고 Enter↵키를 누르면 키워드 관광정보를 조회하는 fetchTourList()를 호출하며, 이때 매개변수로 검색어를 전달합니다.

●●● 예제 파일 12.tourAPI-keyword2.html

```
 :          :
23:       $('input[name="query"]').keydown(function(event) {
24:         if (event.keyCode == 13) {
25:           fetchTourList($(this).val());
26:         }
27:       });
```

전달된 검색어를 Ajax 형태로 서버로 전달할 keyword 속성값에 할당합니다. Ajax 요청에 대한 응답으로 반환된 XML에는 여러 개의 〈item〉 목록으로 구성되어 있으며, 이를 배열로 묶어 반복문으로 각 목록의 title과 위도 좌표 mapy와 경도 좌표 mapx 값을 추출하여 UI를 구성합니다.

data-lat와 data-lng 속성은 data-*의 구체화로 * 자리에 임의의 문자열을 넣을 수 있으며 변수명 역할을 합니다. 위도(latitude)는 X-Y 좌표체계로 보면 Y축에 해당하여 mapy로 표기하는 경우가 많습니다. 동일하게 경도(longitude) 역시 X-Y 좌표체계에서 X축에 해당하기에 mapx로 표기했다는 점도 기억해 두세요.

●●● 예제 파일 12.tourAPI-keyword2.html

```
 :          :
29:       function fetchTourList(keyword) {
30:         $.ajax({
31:           url: 'http://api.visitkorea.or.kr/openapi/service/rest/
    KorService/searchKeyword',
32:           data: {
33:             ServiceKey: '일반인증키(Decoding)',
34:             keyword: keyword,
35:             MobileOS: 'ETC',
36:             MobileApp: 'AppTesting'
37:           },
38:           method: 'GET',
39:           dataType: 'xml'
40:         }).done(function(data) {
41:           console.log(data);
42:           let items = $(data).find('item');
43:           let rs = [];
44:           $.each(items, function(k, v) {
45:             let title = $(this).find('title').text();
46:             let lat = $(this).find('mapy').text();
```

```
47:             let lng = $(this).find('mapx').text();
48:
49:             rs.push(`<li class="list-group-item"
50:               data-lat="${lat}" data-lng="${lng}">${title}</li>`);
51:           });
52:
53:           $('#pocket').html(`<ul class="list-group">${rs.
    join('')}</ul>`);
54:         });
55:     }
```

Ajax의 결과로서 만들어진 동적 요소에 대한 이벤트는 $(document).on(트리거, 선택자, 핸들러) 형식으로 설정합니다.[24] 동적으로 만들어진 리스트 그룹의 목록을 클릭하면 active 클래스를 추가하는 방식으로 선택에 대한 반전되도록 구성하였습니다.

●●● 예제 파일 12.tourAPI-keyword2.html

```
:          :
57:     $(document).on('click', '.list-group-item', function() {
58:       $(this).addClass('active').siblings().removeClass('active');
59:     });
```

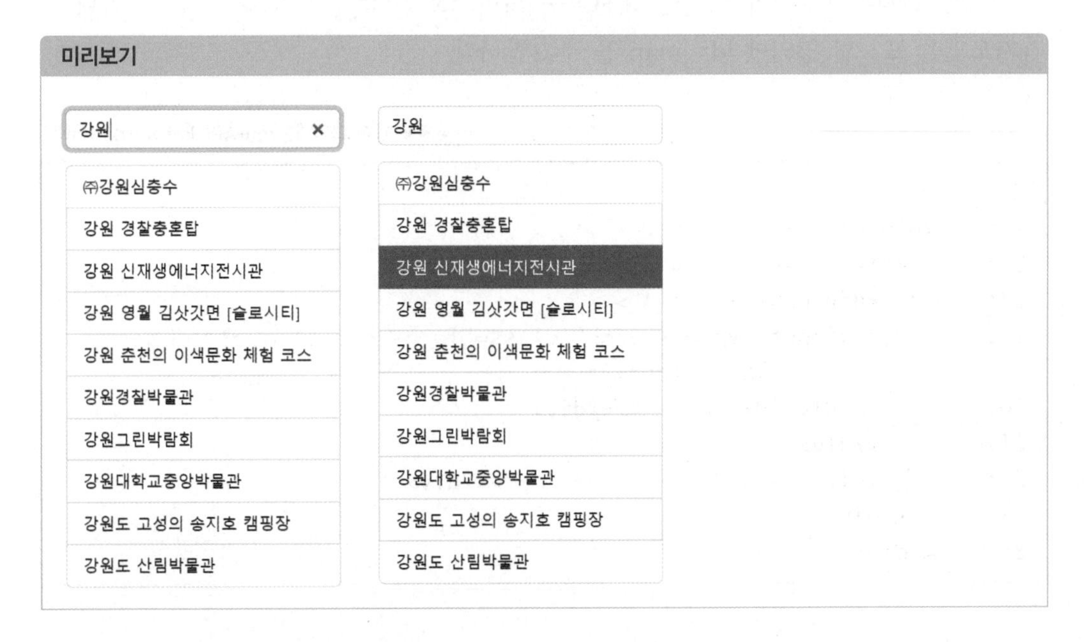

24) .on() : https://api.jquery.com/on/

브라우저 화면에서 마우스 오른쪽 버튼을 선택하여 [검사] 메뉴를 클릭합니다. 동적으로 변화된 HTML 요소를 확인할 수 있으며, 개발자 도구의 [요소(Elements)]로 연결됩니다. 브라우저 화면에서 [페이지 소스 보기] 메뉴로는 동적으로 변화된 HTML 요소를 살펴볼 수 없습니다. 새롭게 구성된 UI가 문제없이 잘 만들어졌는지 확인하세요. 대개 웹 작업이 그렇듯 입력과 결과는 이미 알고 있는 상황에서 그 과정을 효율적으로 구성해야 하는 일이라는 점도 기억해 두면 좋겠습니다.

콘솔 화면

```
▼<div id="pocket">
  ▼<ul class="list-group"> flex
     <li class="list-group-item" data-lat="38.3343742648"
     data-lng="128.5216381039">㈜강원심층수</li>
     <li class="list-group-item" data-lat="37.9165380832"
     data-lng="127.7126856416">강원 경찰충혼탑</li>
     <li class="list-group-item" data-lat="37.6855597537"
     data-lng="128.7582728990">강원 신재생에너지전시관</li>
     <li class="list-group-item" data-lat="37.1256818109"
     data-lng="128.5701372137">강원 영월 김삿갓면 [슬로시티]
     </li>
```

TourAPI가 제공하는 키워드 검색 조회로부터 획득한 관광정보에서 위도/경도 좌표를 카카오맵 API와 연결하여 위치를 표시하는 서비스로 확장하여 예제를 마무리합니다. 카카오맵을 표시할 영역에 id="map"을 추가합니다.

●●● 예제 파일 12.tourAPI-keyword3.html

```
 ⋮      ⋮
16:    <div class="container-fluid">
17:      <div class="row">
18:        <div class="col-4">
19:          <input type="search" class="form-control my-3"
     name="query" placeholder="키워드 입력 후 엔터 (예. 강원)">
20:          <div id="pocket"></div>
21:        </div>
22:        <div class="col-8" id="map"></div>
23:      </div>
24:    </div>
```

카카오맵을 연결하는 템플릿을 만들고 마커와 인포윈도우도 전역 변수로 각각 구성합니다.

●●● 예제 파일 12.tourAPI-keyword3.html

```
 :      :
26:     <script src="https://ajax.googleapis.com/ajax/libs/
     jquery/3.7.1/jquery.min.js"></script>
27:     <script src="//dapi.kakao.com/v2/maps/sdk.js?appkey=[JavaScript
     키]"></script>
28:     <script>
29:       const container = document.getElementById('map');
30:       const options = {
31:         center: new kakao.maps.LatLng(33.450701, 126.570667),
32:         level: 3
33:       };
34:
35:       const map = new kakao.maps.Map(container, options);
36:
37:       const marker = new kakao.maps.Marker({ map: map });
38:       const infowindow = new kakao.maps.InfoWindow({ zIndex: 1 });
```

키워드 검색 조회의 결과로 만들어진 리스트 그룹의 〈li〉를 클릭할 때 지도의 위치가 변경되는 이벤트가 수행되도록 구성합니다. 각 〈li〉에는 data-lat, data-lng 속성으로 위도/경도 좌표 정보가 저장되어 있으며, $(this).data(변수명) 형식으로 저장된 값을 조회할 수 있습니다. 조회된 위도/경도를 LatLng 객체로 만들어 지도의 중심점을 변경하고(setCenter()), 마커의 위치를 설정하며(setPosition()) 그리고 〈li〉의 콘텐츠를 가져와 인포윈도우의 콘텐츠로 표시(setContent())합니다.

●●● 예제 파일 12.tourAPI-keyword3.html

```
 :        :
75:       $(document).on('click', '.list-group-item', function() {
76:         $(this).addClass('active').siblings().removeClass('active');
77:
78:         let lat = $(this).data('lat');
79:         let lng = $(this).data('lng');
80:         let latlng = new kakao.maps.LatLng(lat, lng);
81:         map.setCenter(latlng);
82:
83:         marker.setPosition(latlng);
84:         infowindow.setContent($(this).text());
85:         infowindow.open(map, marker);
86:       });
```

결과 화면은 간단하지만, TourAPI의 데이터와 카카오맵 API의 지도를 결합한 매시업 서비스입니다. 여기에 더 필요한 것이 있다면 말랑말랑한 아이디어와 그것을 구현하는 몇 조각의 코드일 것입니다.

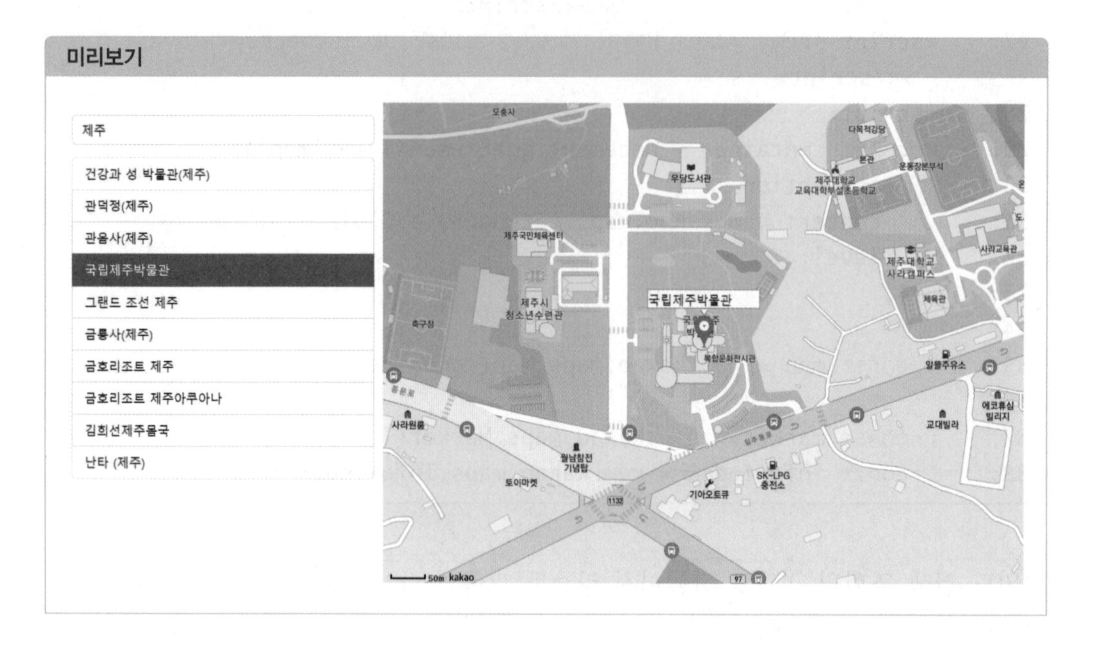

4. 위치기반 관광정보 조회

키워드 검색 조회와 프로세스가 다릅니다. 키워드 검색 조회는 검색의 결과로 만들어진 UI로부터 이벤트가 발생되어 지도를 컨트롤했지만, 이번 위치기반 관광정보 조회는 지도로부터 전달된 위치 정보가 관광정보의 입력값으로 활용된다는 점에서 순서가 다릅니다.

2번에 걸쳐서 위치기반 관광정보 조회와 카카오맵의 매시업 과정을 단계적으로 코드를 확장하는 것으로 진행하겠습니다. 지도 영역과 TourAPI로부터 응답받은 결과를 UI로 만들어 삽입할 영역을 각각 구성합니다.

●●● 예제 파일 12.tourAPI-position.html

```
 ⋮        ⋮
16:     <div class="container-fluid">
17:       <div class="row">
18:         <div class="col-4" id="pocket">
19:         </div>
20:         <div class="col-8" id="map"></div>
21:       </div>
22:     </div>
```

카카오맵을 연결하는 템플릿을 만들고 idle을 이벤트 트리거로 하는 이벤트 리스너를 구성합니다. idle은 지도의 중심 좌표나 확대 수준이 변경되면 발생하는 트리거로 애니메이션 도중에는 발생하지 않는 점이 중요합니다. 이벤트가 발생하면 현재의 지도 중심 좌표를 추출하여 위도(lat)와 경도(lng)를 fetchTourList()에 매개변수로 전달합니다.

●●● 예제 파일 12.tourAPI-position.html

```
 ⋮          ⋮
27:       const container = document.getElementById('map');
28:       const options = {
29:         center: new kakao.maps.LatLng(33.450701, 126.570667),
30:         level: 3
31:       };
32:
33:       const map = new kakao.maps.Map(container, options);
34:
35:       kakao.maps.event.addListener(map, 'idle', function() {
36:         let latlng = map.getCenter();
37:         fetchTourList(latlng.getLat(), latlng.getLng());
38:       });
```

TourAPI [위치기반 관광정보 조회] 문서의 아래쪽에 요청/응답 예제가 있습니다. 요청 URL 샘플과 응답 XML 샘플을 참고하여 jQuery의 Ajax 형식에 내용을 채워 넣습니다.

요청/응답 예제

REST (URL)
※내주변좌표(서울한국관광공사주변)에서 1000m 이내에있는모든타입의 관광정보 조회 http://apis.data.go.kr/B551011/KorService/locationBasedList?serviceKey=인증키(URL Encode)&numOfRows=10&pageNo=1&MobileOS=ETC&MobileApp=AppTest&srt=A&xCoord=126.981611&yCoord=37.568477&radius=1000&listYN=Y

이번에는 $.get(url, {data}).done(function(data) {}) 형식으로 구성하였습니다. 위도(mapY)와 경도(mapX) 그리고 좌표로부터 관광정보를 검색할 반경의 범위를 미터(m) 단위로 전달해야 하는 것이 핵심입니다.
응답 데이터가 잘 반환되는지 콘솔 창으로 확인한 후 다음 과정을 진행합니다.

●●● 예제 파일 12.tourAPI-position.html

```
 :        :
40:     function fetchTourList(lat, lng) {
41:       console.log(lat, lng);
42:
43:       $.get('http://api.visitkorea.or.kr/openapi/service/rest/KorService/
          locationBasedList', {
44:         ServiceKey: '일반인증키(Decoding)',
45:         radius: 1000,
46:         mapX: lng,
47:         mapY: lat,
48:         MobileOS: 'ETC',
49:         MobileApp: 'AppTesting'
50:       }).done(function(data) {
51:         console.log(data);
52:       });
53:     }
```

미리보기

```
▼#document
   <response>
    ▶<header>…</header>
    ▼<body>
      ▼<items>
        ▶<item>…</item>
        ▶<item>…</item>
        ▼<item>
           <addr1>제주특별자치도 제주시 동광로 51</addr1>
           <addr2>(이도일동)</addr2>
           <areacode>39</areacode>
           <cat1>A02</cat1>
           <cat2>A0207</cat2>
           <cat3>A02070200</cat3>
```

위치기반 검색에 시각적으로 표현하기 위해 지도 위에 검색 반경과 동일한 원을 그려 추가합니다. 그리고 검색 결과로 응답되는 여러 관광정보를 표시하기 위해 마커를 지역 변수로 정의하고 마커의 관리를 위해 배열 변수(markers)를 선언합니다.

●●● 예제 파일 12.tourAPI-position2.html

```
 ⋮        ⋮
27:       const container = document.getElementById('map');
28:       const options = {
29:         center: new kakao.maps.LatLng(37.566833, 126.978641),
30:         level: 6
31:       };
32:
33:       const map = new kakao.maps.Map(container, options);
34:
35:       const circle = new kakao.maps.Circle({
36:         map: map,
37:         center: map.getCenter(),
38:         radius: 1000,
39:         fillOpacity: 0.2
40:       });
41:
42:       kakao.maps.event.addListener(map, 'idle', function() {
43:         let latlng = map.getCenter();
44:
45:         circle.setPosition(latlng);
46:         fetchTourList(latlng.getLat(), latlng.getLng());
47:       });
48:
49:       let markers = [];
50:       const infowindow = new kakao.maps.InfoWindow({ zIndex: 1 });
```

Ajax 요청에 대하여 응답이 오면 이전 결과의 마커 정보를 담은 배열 변수를 초기화하고, 새로운 데이터를 반복문을 통해 처리합니다. 지역 변수로 생성된 마커를 정의하고, 마커를 식별하기 위해 배열에 저장하고 저장된 인덱스 값을 data-idx="인덱스" 형태로 각 <li>에 저장합니다. 이 부분이 핵심 아이디어입니다.

```
 ⋮         ⋮
52:      function fetchTourList(lat, lng) {
53:        $.get('http://api.visitkorea.or.kr/openapi/service/rest/
    KorService/locationBasedList', {
54:          ServiceKey: '일반인증키(Decoding)',
55:          radius: 1000,
56:          mapX: lng,
57:          mapY: lat,
58:          MobileOS: 'ETC',
59:          MobileApp: 'AppTesting'
60:        }).done(function(data) {
61:          removeMarker();
62:
63:          let items = $(data).find('item');
64:          let rs = [];
65:          $.each(items, function(k, v) {
66:            let title = $(this).find('title').text();
67:            let lat = $(this).find('mapy').text();
68:            let lng = $(this).find('mapx').text();
69:
70:            let marker = new kakao.maps.Marker({
71:              map: map,
72:              position: new kakao.maps.LatLng(lat, lng)
73:            });
74:
75:            markers.push(marker);
76:            let idx = markers.indexOf(marker);
77:
78:            rs.push(`<li class="list-group-item" data-
    idx="${idx}">${title}</li>`);
79:          });
80:
81:          $('#pocket').html(`<ul class="list-group">${rs.join('')}</ul>`);
82:        });
83:      }
```

〈li class="list-group-item"〉에 동적 이벤트를 구성하고, 목록의 선택과 함께 마커의 인덱스 값을 조회하여 지도 위에 표시된 여러 마커로부터 식별하도록 합니다. 그래서 해당 마커 위에 인포윈도우가 표시되도록 합니다. removeMarker()를 호출하여 마커 정보가 담긴 배열 변수로부터 마커 정보를 제거하여 초기화하며 동시에 새로운 UI로 채워진 영역을 비워 초기화합니다.

●●● 예제 파일 12.tourAPI-position2.html

```
 :          :
85:         $(document).on('click', '.list-group-item', function() {
86:           $(this).addClass('active').siblings().removeClass('active');
87:
88:           let idx = $(this).data('idx');
89:
90:           infowindow.setContent($(this).text());
91:           infowindow.open(map, markers[idx]);
92:         });
93:
94:         function removeMarker() {
95:           markers.forEach(function(marker) {
96:             marker.setMap(null);
97:           });
98:           markers = [];
99:           $('#pocket').empty();
100:        }
```

네트워크 상황에 따라 요청과 응답까지의 시간이 다소 걸릴 수도 있음을 감안하여 테스트해 보고, 재미있는 아이디어가 있다면 코드를 과감하게 변경하고 멋진 아이디어를 구현해 보세요.

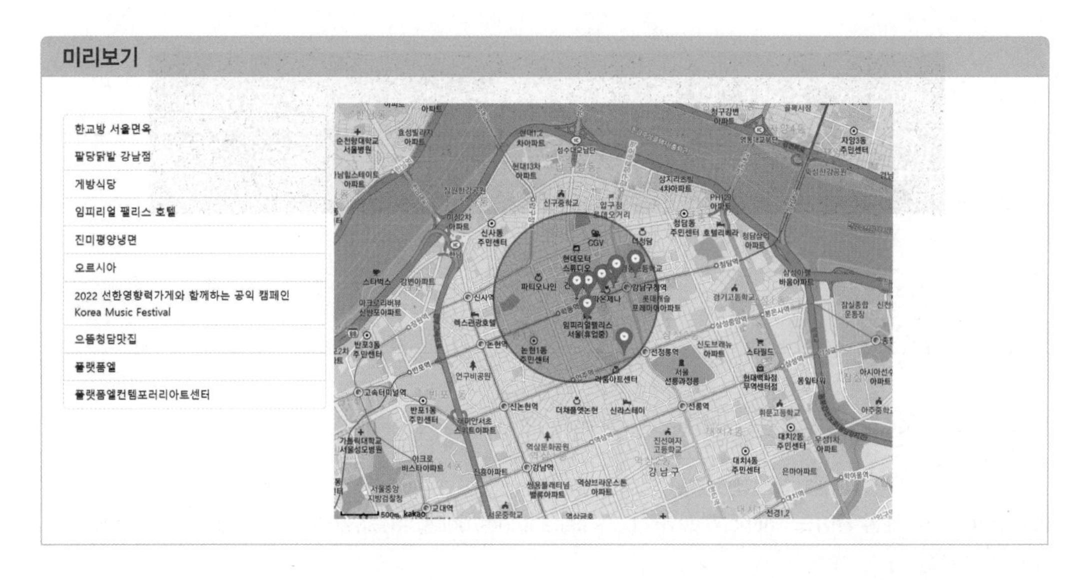

5. Daum 검색 API(동영상 검색)

카카오 개발자 사이트의 [문서]에서 [Daum 검색]을 찾아 개발 가이드로 이동합니다. Daum 검색 API는 포털 사이트 Daum에서 웹 문서, 동영상, 이미지 등을 검색하는 기능을 제공합니다. 그리고 검색의 결과를 JSON 형식으로 제공해 주기에 JSON을 실전 용도로 연습하기 좋습니다.

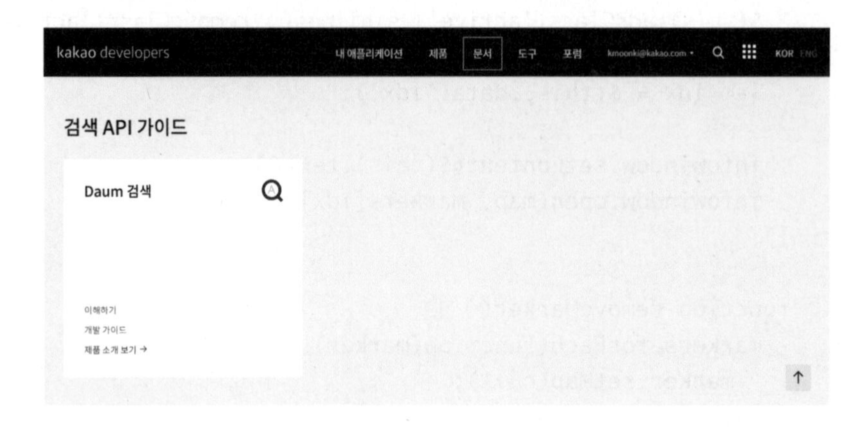

여기서 만들 예제는 동영상 검색입니다. 동영상 검색을 위한 키워드를 입력하면 JSON으로 카카오 TV, 유튜브 등 동영상 클립 정보를 검색 결과로 반환합니다.

Daum 검색 개발 가이드[25]를 참고하여 동영상 검색 애플리케이션을 만들어 봅니다. 인증(authorization)을 위해서 카카오 개발자 사이트에서 생성한 내 애플리케이션(MyMAP)의 앱 키 중 [REST API 키]를 사용합니다. 참고로 카카오맵 API에서는 [JavaScript 키]를 사용했었습니다.

```
curl -v -X GET "https://dapi.kakao.com/v2/search/vclip" \
--data-urlencode "query=AOA" \
-H "Authorization: KakaoAK ${REST_API_KEY}"
```

25) Daum 검색 개발 가이드 : https://developers.kakao.com/docs/latest/ko/daum-search/dev-guide

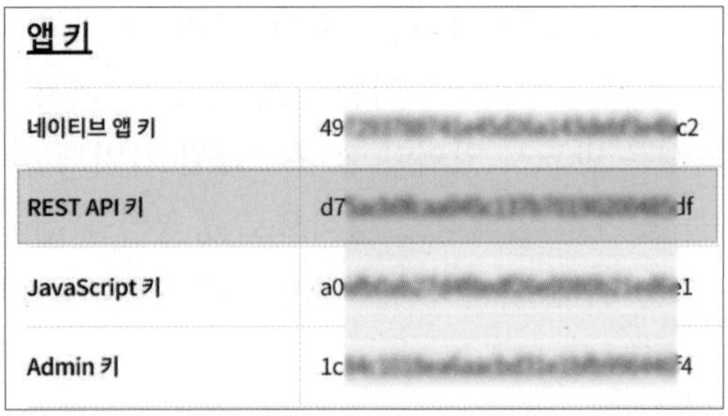

앱 키

네이티브 앱 키	49[illegible]c2
REST API 키	d7[illegible]df
JavaScript 키	a0[illegible]1
Admin 키	1c[illegible]f4

화면을 2개의 컬럼으로 나누고 왼쪽에는 <input type="search">를 통해 동영상 검색을 위한 검색어를 입력할 수 있도록 하고, 오른쪽에는 동영상 검색 결과로서 동영상 클립을 배치하도록 합니다.

●●● 예제 파일 12.daumSearch.html

```
 ⋮       ⋮
11:    <div class="container-fluid">
12:      <div class="row my-3">
13:        <div class="col-4 my-3">
14:          <input type="search" class="form-control" name="query"
     placeholder="동영상 검색 (예. 에이핑크)">
15:        </div>
16:        <div class="col-8"></div>
17:      </div>
18:    </div>
```

검색어를 입력하고 Enter↵키를 누르면 callVideoClip() 함수를 호출하며, 이때 검색어를 매개변수로 전달합니다.

●●● 예제 파일 12.daumSearch.html

```
 ⋮     ⋮
22:      $('input[name="query"]').keydown(function(event) {
23:        if (event.keyCode == 13) {
24:          callVideoClip($(this).val());
25:        }
26:      });
```

callVideoClip()은 Ajax로 검색어를 Daum 검색 API에 보내고, 그 결과를 JSON으로 받아 UI를 만들어 화면에 표시하여 마무리합니다. $.ajax()에서 전달되는 data 속성으로 query와 header 속성은 반드시 있어야 합니다(개발 가이드 참고).
JSON에서 url과 title를 찾아서 임베디드 형식으로 동영상을 삽입하는 UI를 구성합니다. 이때 형식의 일관성을 위해 출처가 유튜브인 것만 골라 동영상 ID를 추출하여 형식을 만듭니다.
url.indexOf('youtube.com')는 url이 youtube.com 문자열을 포함하는지를 확인하는 메서드로 매칭되지 않으면 -1을 반환합니다. url.split('=')는 url에서 '='을 식별자로 분할하여 배열로 반환하는 메서드로 동영상 ID를 추출하기 위해 사용하였습니다.

●●● 예제 파일 12.daumSearch.html

```
 ⋮        ⋮
28:     function callVideoClip(query) {
29:       $.ajax({
30:         url: 'https://dapi.kakao.com/v2/search/vclip',
31:         data: {
32:           query: query
33:         },
34:         headers: 'Authorization': 'KakaoAK [REST API 키]',
35:         dataType: 'json'
36:       }).done(function(data) {
37:         console.log(data);
38:         let clips = [];
39:
40:         $.each(data.documents, function(k, v) {
41:           let url = v.url;
42:           if (url.indexOf('youtube.com') > -1) {
43:             let yid = url.split('=');
44:
45:             clips.push(`
46:               <div class="col-4 mb-3">
47:                 <div class="ratio ratio-16x9">
48:                   <iframe src="https://www.youtube.com/
    embed/${yid[1]}" title="${v.title}" allowfullscreen></iframe>
49:                 </div>
50:               </div>`);
51:             }
52:           });
53:
```

```
54:        $('.col-8').html(`<div class="row">${clips.join('')}</div>`);
55:      });
56:    }
```

콘솔 화면

```
▼documents: Array(10)
  ▶0: {author: 'Apink (에이핑크)', datetime: '2022-02-14T18:00:21.000+09:00', |
  ▼1:
      author: "1theK (원더케이)"
      datetime: "2022-02-14T18:00:16.000+09:00"
      play_time: 218
      thumbnail: "https://search4.kakaocdn.net/argon/138x78_80_pr/KvBrmfGzi0b"
      title: "[MV] Apink(에이핑크) _ Dilemma"
      url: "http://www.youtube.com/watch?v=h_YvRwYGpI4"
    ▶[[Prototype]]: Object
  ▶2: {author: 'Plan A', datetime: '2017-07-22T12:40:22.000+09:00', play_time:
```

동영상 검색어를 입력하여 임베디드 타입의 유튜브 동영상 클립이 잘 표출되는지 확인해 보세요. 그리고 다른 아이디어가 있다면 예제를 수정하거나 코드를 추가하여 구현해 보세요.

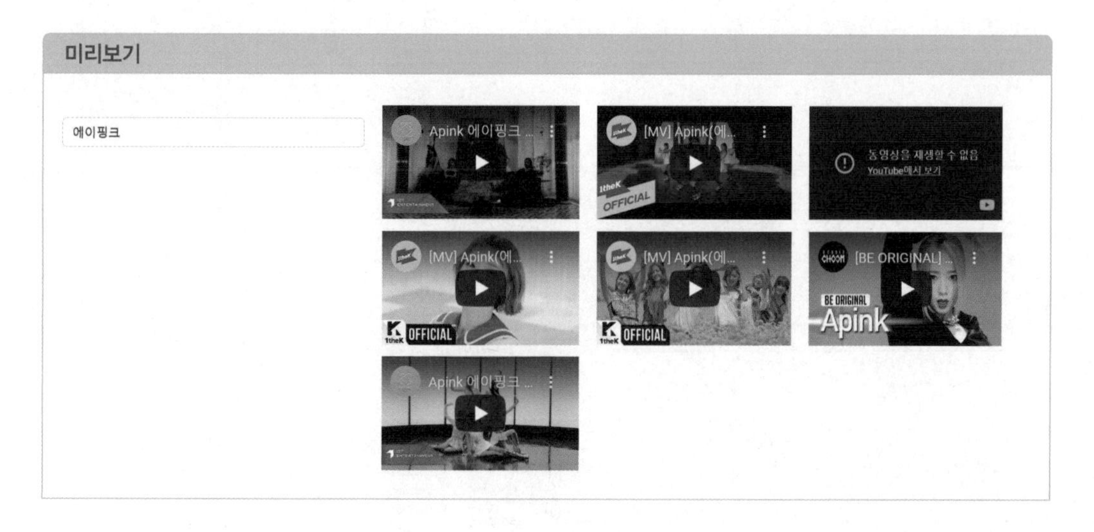

Chapter

13

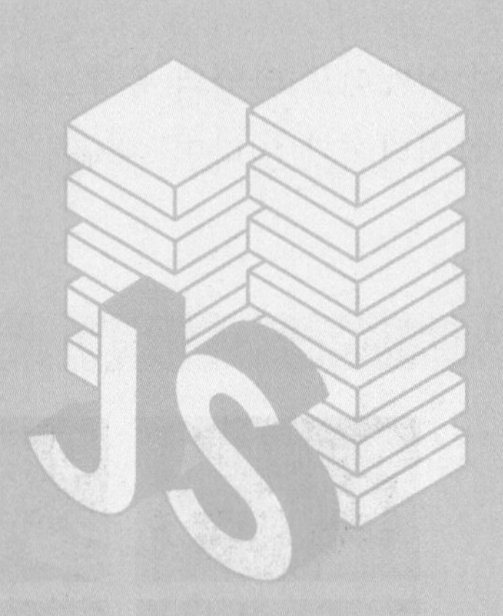

리액트

학습목표

자바스크립트 혁명의 결과로 만들어진 리액트(React)는 SPA(Single-Page Application) 프로젝트에서 재사용 가능한 UI 컴포넌트 중심의 자바스크립트 라이브러리입니다. 확장된 환경을 이해하고 리액트를 웹 애플리케이션에서 사용할 수 있도록 쉽고 빠른 길을 소개합니다. 전문적인 도서들이 많이 출간되어 있는 만큼 많은 내용을 담지 않겠지만, 기본적인 윤곽을 잡을 수 있을 것입니다.

13-1 자바스크립트 혁명

자바스크립트는 오랫동안 브라우저에 갇혀 있었습니다. 브라우저에서 그저 HTML과 CSS에 힘을 실어주기 위한 조력자로서 그리고 프로그래밍 언어의 흉내를 곧잘 내는 똘똘한 장난감 정도로 인식되었습니다. 그러나 ES5, ES6로 스스로를 갈고닦아 체급을 올렸고 Ajax, OpenAPI 등 실력 발휘를 할 기회가 많아졌으며, 다양한 라이브러리와 프레임워크로서 정교하고 흥미로운 웹 애플리케이션을 만드는 현장에서 주연급으로 인정받게 되었습니다. 브라우저가 웹 플랫폼으로서 그 중요성을 더해가면서 자바스크립트도 자리가 더 탄탄해졌습니다.
evolution(진화)과 revolution(혁명)은 철자로 보면 R이 있고 없고의 차이입니다. 이 둘의 공통점은 변화이고 차이는 시간에 따른 변화의 정도입니다. 혁명은 아주 갑작스럽고 어쩌면 극적이죠. 그런데 자바스크립트에 혁명이라고 할 만한 사건이 일어났습니다. 자바스크립트가 브라우저로부터 탈출할 수 있는 상황이 만들어졌는데, Node.js 때문입니다.
Node.js는 크롬 브라우저의 V8이라 불리는 자바스크립트의 구문 해석기(Javascript engine)를 기반으로 만들어진 자바스크립트의 실행 환경(runtime environment)입니다. Node.js가 설치된 환경이라면 브라우저 없이도 자바스크립트를 실행할 수 있게 된 겁니다. 기존에 자바스크립트는 프론트엔드(front-end) 개발을 위한 프로그램으로 브라우저에서 동작하는 환경으로 제한되어 백엔드(back-end) 개발환경과 구분되었습니다. 백엔드는 브라우저의 요청(request)에 대해 서버 응답(reponse)이 만들어질 때까지의 서버 쪽 환경을 말합니다. 이제는 자바스크립트만 익히더라도 프론트엔드 개발과 백엔드 개발을 모두 할 수 있는 쓸모가 많은 소위 전국구 프로그래밍 언어로 확장된 것입니다.

차크라

스파이더몽키

V8

브라우저별 자바스크립트 엔진

실행 환경이란 수영을 위한 수영장처럼, 쇼핑을 위한 마트처럼 프로그램을 실행할 수 있는 환경입니다. 프로그램 실행을 위해서는 연산, 메모리, 네트워크 등 컴퓨터 자원에 접근하여 사용하고 제어할 수 있어야 하는데 이를 지원하는 환경입니다.

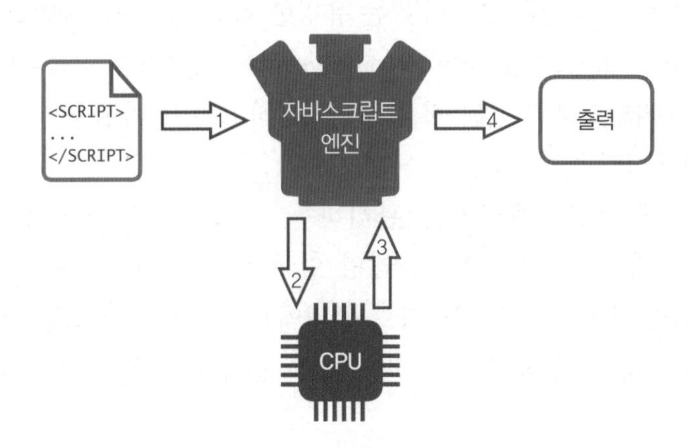

자바스크립트의 혁신적인 실행 환경이 생겼으니, 이를 이용한 여러 가지 활용법이 생겨나는 것은 당연하겠죠? 인기도를 살펴보면 리액트(React), 앵귤러(Angular), 뷰(Vue) 등이 대표적입니다. 특히 리액트가 주목을 받고 있습니다.[1] 이제 리액트를 실습해 보겠습니다.

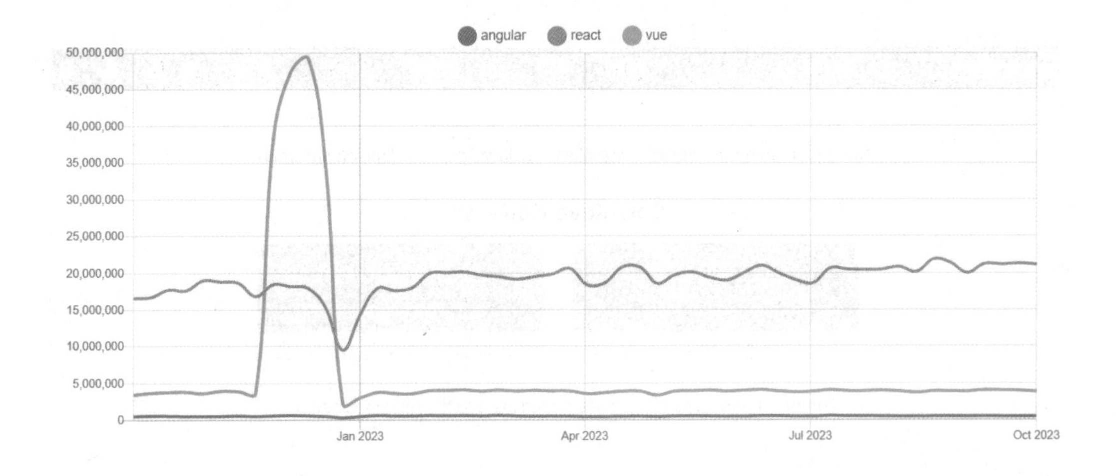

1) https://npmtrends.com/angular-vs-react-vs-vue

13-2 개발환경

앞에서 '수레바퀴를 다시 만들지 말라'라는 유명한 격언이 있다고 했었죠? 최신 자바스크립트에는 모듈(module) 또는 패키지(pakage)라는 저장소가 있습니다. 잘 만들어진 코드나 기능을 온라인으로 연결된 저장소에 저장하고 이를 재활용하여 사용하는 구조입니다. 아주 효율적인 방법이죠.
자바스크립트 모듈 또는 패키지를 관리하는 시스템으로 npm(node package manager)이라는 자바스크립트 프로그래밍 언어를 위한 패키지 관리자가 있습니다. npm은 Node.js의 기본 패키지 관리자로서 리액트에서 필요한 모듈이나 패키지를 사용하기 위해서는 npm이 필요하고 그 전에 Node.js의 설치가 필요합니다.

1. Node.js 설치

Node.js[2]는 크롬 브라우저의 자바스크립트 엔진인 V8을 기반으로 만들어진 자바스크립트 실행 환경입니다. 안정 버전(LTS)을 다운로드하고 설치합니다. 설치 과정은 별다른 조치 없이 일반적인 방식으로 진행합니다. npm은 Node.js의 기본 패키지 관리자이기 때문에 설치하면 바로 사용할 수 있습니다.

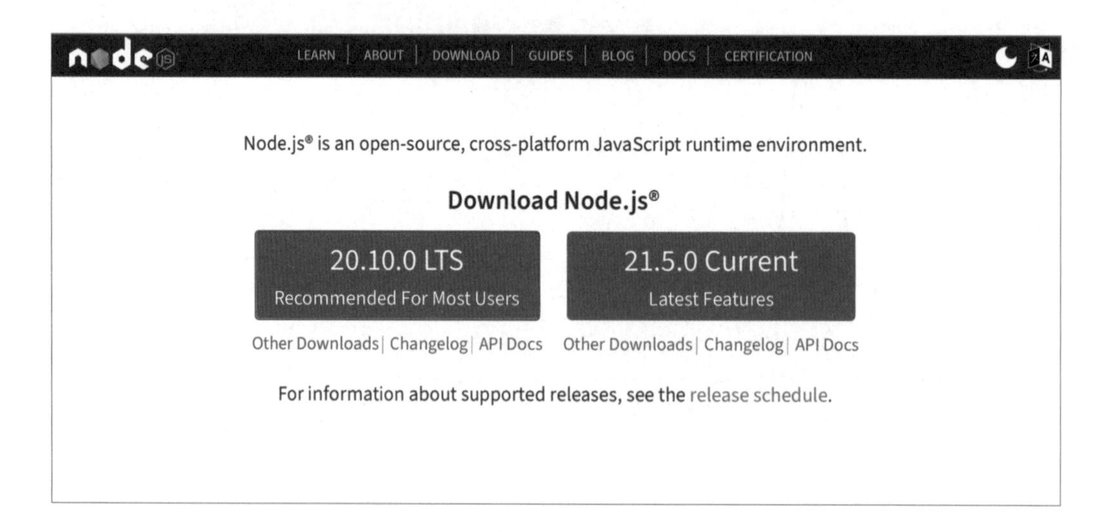

2) Node.js : https://nodejs.org

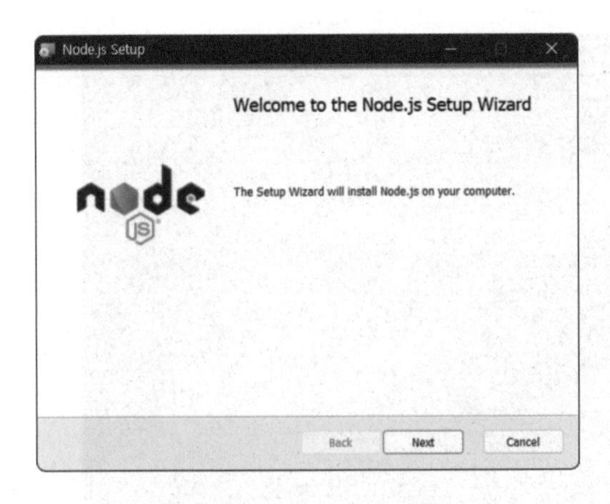

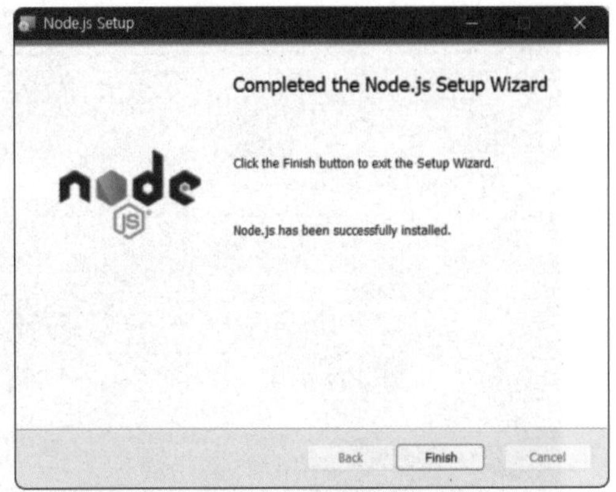

Node.js를 설치하고 명령 프롬프트를 열어 설치가 잘되었는지 확인해 봅니다. 'node --version' 또는 'node -v'를 입력하고 Enter↵키를 누르면 설치된 Node.js의 버전 정보가 출력됩니다

```
> node --version
v20.10.0
```

2. 코드 편집기 환경

리액트 프로젝트를 만들기 위해서는 이미 설치해서 사용하고 있는 VSCode를 계속 사용할 수 있습니다.

그러나 매번 예제를 구성할 때마다 관련 패키지를 내려받아야 하기에 로컬 컴퓨터에서만 개발 환경으로 활용하자면 중복 파일로 인해 디스크 용량에 부담이 될 수 있습니다.

온라인 코드 편집기는 이런 부담을 줄여 줄 수 있는 좋은 대안으로 코드샌드박스(CodeSandbox)[3], 코드펜(CodePen)[4], 리플릿(REPlit)[5] 등이 있습니다. 2가지 형태의 방법으로 각각 예제를 구성하겠습니다.

---

3) CodeSandbox : https://codesandbox.io
4) CodePen : https://codepen.io
5) REPlit : https://replit.com

```
import { useState, useEffect } from 'react';

function App() {
  const [error, setError] = useState(null);
  const [isLoaded, setIsLoaded] = useState(false);
  const [items, setItems] = useState([]);

  useEffect(() => {
    fetch('https://api.github.com/users')
      .then(res => res.json())
      .then(
        (result) => {
          setIsLoaded(true);
          setItems(result);
          console.log(result);
        },

        (error) => {
          setIsLoaded(true);
          setError(error);
        }
```

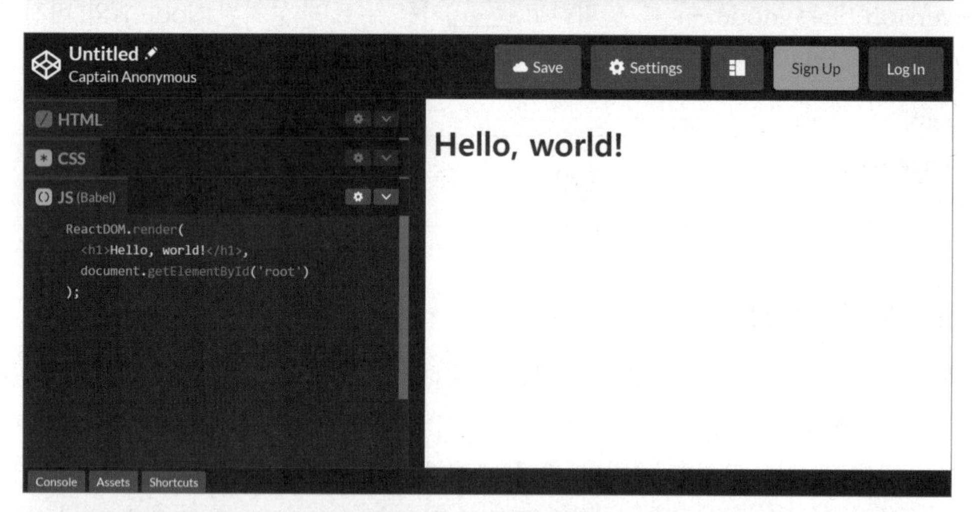

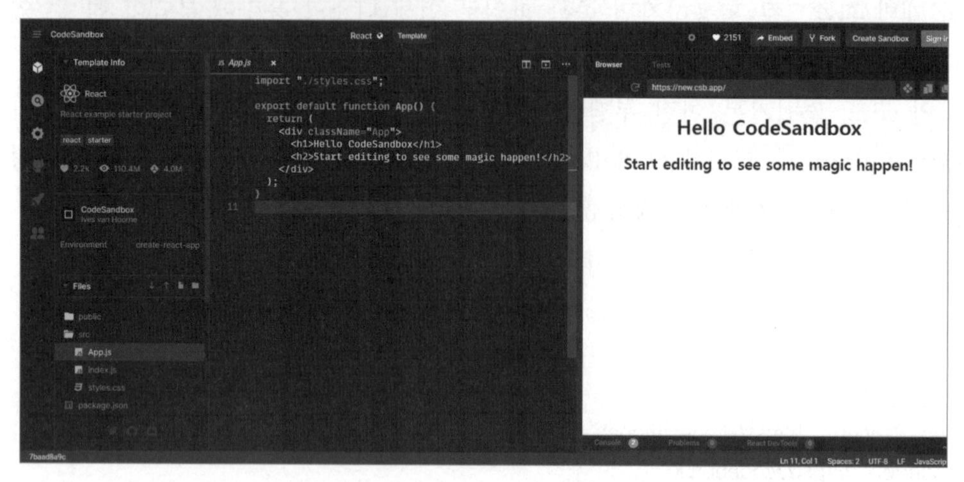

13-3 헬로! 리액트

리액트[6]는 자바스크립트의 최신 버전인 ES6 사용을 권장하며 다음과 같은 특징이 있습니다.

---

① 리액트는 사용자 인터페이스(UI)를 만들기 위한 자바스크립트 라이브러리입니다.
② 리액트는 SPA(Single-Page Application) 프로젝트에 활용됩니다.
③ 리액트는 재사용 가능한 UI 컴포넌트를 생성하여 효율적인 프로그래밍이 가능합니다.
④ 리액트는 가상 DOM(virtual DOM)을 이용하여 변경해야 할 사항만 브라우저 DOM에 반영합니다.

사용자 인터페이스는 화면입니다. 사용자 요청에 따른 결과로 브라우저에 나타나는(렌더링) 화면으로 사용자는 화면을 통해서 입력과 클릭 등의 인터랙션(interaction)을 지속적으로 수행합니다. 리액트는 상황에 따른 화면의 갱신을 효율적으로 제어할 수 있는 기능을 제공합니다. 웹의 기본 프로세스가 요청에 따른 응답으로 되어 있고 변화된 응답 화면을 위해서는 지속적인 요청이 있어야 하는데, 상황에 따라선 아무런 변화가 없는 응답에 대한 빈번한 요청은 오버헤드를 초래합니다. 오버헤드란 없으면 좋을 노력이나 불필요한 비용으로, 특히 Ajax 환경에서는 오버헤드가 생길 가능성이 큽니다. 리액트는 이런 오버헤드를 관리하여 효율적인 애플리케이션 환경을 제공할 수 있습니다.

---

6) 리액트(React) : https://ko.reactjs.org

SPA(Single-Page Application)는 서버로부터 페이지 단위로 화면을 갱신하지 않고 현재의 페이지를 동적으로 재작성하는데, 보통 Ajax를 이용하여 필요한 영역만 부분 갱신하는 방식으로 웹사이트를 구성합니다.
마치 일종의 상자를 재활용하는 방식입니다. 내용물만 일부 교체하여 새로운 구성을 만드는 방식이랄까요? 그러나 페이지 단위의 갱신이 아니기 때문에 URL이 바뀌지 않는다는 문제가 있습니다. 이를 해결하는 방법으로 해시뱅(#!)이나 HTML5의 히스토리 API를 사용하여 화면을 식별하며, 이러한 기술은 SPA의 핵심이기도 합니다.

리액트는 재사용이 가능한 UI 컴포넌트를 기반으로 만들어지며, 스스로 상태를 관리하는 캡슐화된 컴포넌트를 구성하여 유기적으로 연결할 수 있습니다. 결국 리액트는 UI 컴포넌트를 만들고 연결하는 도구입니다. 리액트는 상태가 변경되는 이벤트가 발생하면 브라우저의 DOM을 직접 조작하기 전에 가상 DOM(virtual DOM)을 메모리에 생성하여 먼저 수행한 후 변경해야 할 사항만 브라우저의 DOM에 반영하는 효율적인 방법을 사용합니다. 운동 선수들이 즐겨 하는 일종의 이미지 트레이닝이라 할 수 있습니다. 머릿속으로 특정 상황에서 취할 반응을 반복해서 훈련하면, 실전에서 그런 상황이 발생할 때 반사적으로 대처할 수 있게 하려는 훈련입니다. 이벤트의 처리 과정은 메모리 속의 가상 DOM에서 이뤄지고, 처리의 최종 결과만 실제 브라우저 DOM에 반영하는 것입니다.

1. 리액트 시작하기

리액트는 리액트 생태계라는 개발환경에서 자바스크립트 툴 체인(tool-chain)과 구현 방법을 이용하여 최종 HTML 문서를 만들어 내게 됩니다. 간단한 예제의 경우는 리액트가 만든 최종 HTML 문서로 살펴볼 수 있습니다. 참고로 버전에 따라 적용하는 문법을 달리 사용해야 하는 경우가 있으니 사용하는 리액트 버전을 확인합니다. 책에서는 최신 버전인 18을 기준으로 설명합니다.

---

① 리액트 홈(Home) : https://reactjs.org (한글 홈페이지 : https://ko.reactjs.org/)
② 리액트 문서(Docs) : https://reactjs.org/docs/getting-started.html
③ 리액트 자습서(Tutorial) : https://reactjs.org/tutorial/tutorial.html (틱택토(tic-tac-toe) 게임)
④ 리액트 예제(Examples) : https://reactjs.org/community/examples.html

---

SPA를 위한 콘텐츠 영역을 〈div id="app"〉으로 만들고, 여기에 리액트로 만든 UI 컴포넌트를 배치하는 방식입니다. 리액트 루트(createRoot())를 만들고, 가상 DOM(ReactDOM)과 연결하는 영역에 createElement() 메서드를 이용하여 UI를 만들어 렌더링(render())하는 간단한 예제입니다.

createElement(type, [props], [...children])은 type 인자로 div, span 등의 태그 문자열, [props] 인자로 속성을 그리고 [...children] 인자로 자식 노드 등 하위 노드를 전달합니다. 참고로 UI를 전문적으로 다루는 JSX 문법에서는 createElement()를 사용할 일은 없습니다.

"use strict";는 자바스크립트 코드가 '엄격한 모드'에서 실행되어야 함을 정의하며, ES5에서 추가된 지시문입니다. 이전 버전의 자바스크립트에서는 무시되는 리터럴 표현식이기 때문에 오류가 나지 않지만, 이후 버전에서는 문법을 엄격하게 점검하기 때문에 잠재적인 오류를 막아주는 역할을 합니다.

●●● 예제 파일 13.helloReact.html

```
 :      :
10:   <h1>Hello 리액트</h1>
11:
12:   <div id="root"></div>
13:
14:   <script src="https://unpkg.com/react@18/umd/react.development.
    js" crossorigin></script>
15:   <script src="https://unpkg.com/react-dom@18/umd/react-dom.
    development.js" crossorigin></script>
16:   <script>
17:     "use strict";
18:
19:     const container = document.getElementById('root');
20:     const root = ReactDOM.createRoot(container);
21:     root.render(React.createElement('h2', null, 'Hello World!#1'));
22:   </script>
```

리액트에서 사용되는 UI 컴포넌트의 종류는 함수형과 클래스형이 있습니다. 첫 번째 예제처럼 UI가 단순하고 간단하면 UI 컴포넌트 없이 인라인 형태로 사용할 수 있겠지만, 기능이 추가되고 UI가 복잡해지면 UI 컴포넌트 형태로 분리하여 관리하는 것이 좋습니다.

●●● 예제 파일 13.helloReact2.html

```
 ⋮          ⋮
17:        "use strict";
18:
19:        function Hello() {
20:          return React.createElement('h2', null, 'Hello World!#2');
21:        }
22:
23:        const container = document.getElementById('root');
24:        const root = ReactDOM.createRoot(container);
25:        root.render(React.createElement(Hello));
```

리액트의 함수형 컴포넌트

●●● 예제 파일 13.helloReact3.html

```
 ⋮          ⋮
17:        "use strict";
18:
19:        class Hello extends React.Component {
20:          render() {
21:            return React.createElement('h2', null, 'Hello World!#3');
22:          }
23:        }
24:
25:        const container = document.getElementById('root');
26:        const root = ReactDOM.createRoot(container);
27:        root.render(React.createElement(Hello));
```

리액트의 클래스형 컴포넌트

간단한 리액트로 만들어진 결과 화면과 동적으로 반영된 HTML 요소의 결과 코드입니다.

Hello 리액트

Hello World!#3

```
  <h1>Hello 리액트</h1>
▼<div id="app">
    <h2>Hello World!#3</h2>
  </div>
```

2. JSX와 바벨

JSX(JavaScript XML)는 자바스크립트를 확장한 문법입니다. UI가 어떻게 생겨야 하는지 설명하기 위해 사용하는 형식으로 템플릿(template) 언어처럼 보이지만, 자바스크립트의 모든 기능이 포함되어 있으며, 특히 문법은 XML를 닮았고, 리액트에 HTML 요소를 조작하기 쉽게 만들어 줍니다. 앞서 설명했던 함수형 컴포넌트와 클래스형 컴포넌트에 JSX를 적용하겠습니다.

JSX는 리액트에서 사용하는 문법 형태로 브라우저에서 바로 사용할 수 없습니다. 바벨(Babel)[7]이라는 자바스크립트 컴파일러를 이용하여 해결할 수 있는데, 최신 버전의 자바스크립트 코드를 모든 브라우저가 해석할 수 있는 자바스크립트 코드로 변환해 주는 기능을 제공합니다. 최신 버전의 자바스크립트를 지원하지 않는 브라우저도 있으므로, 중간에서 변환하는 역할을 바벨이 해 주게 됩니다.

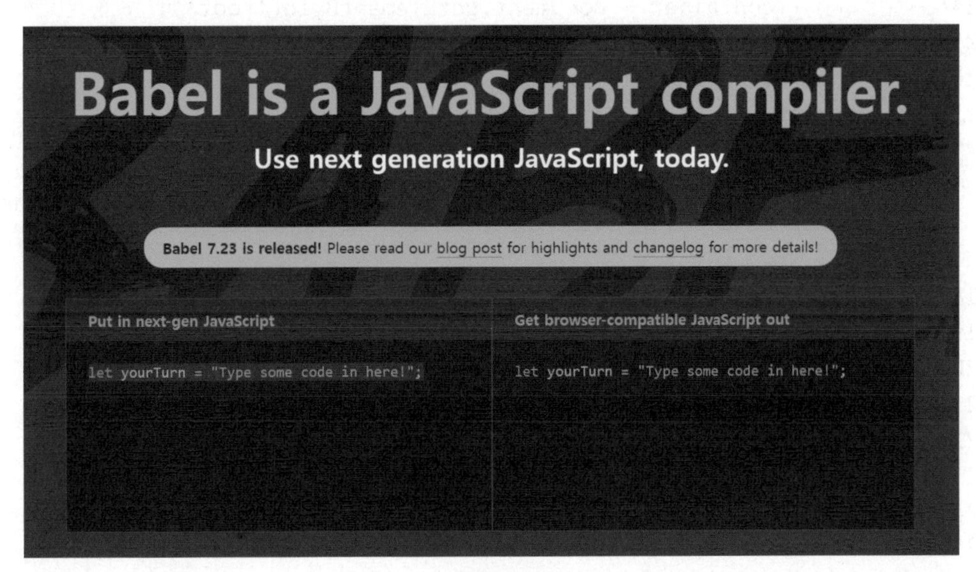

바벨 홈페이지

바벨의 자바스크립트 파일(babel.min.js)을 〈script〉에 추가하고, 변환 대상인 ES6 이상의 자바스크립트 구문을 〈script type="text/babel"〉 내부에 입력하면 됩니다. 예제는 React.createElement()의 부분을 단지 JSX 문법으로 변경했습니다. 물론 결과는 이전 예제와 동일합니다. 마지막 줄의 root.render()는 컴포넌트 이름이 태그 형식으로 표현되었다는 점이 특이사항입니다. XML 문법처럼 만들어져 있습니다.

7) 바벨(Babel) : https://babeljs.io/

●●● 예제 파일 13.JSX-babel.html

```
:      :
14:    <script src="https://unpkg.com/react@18/umd/react.development.
     js" crossorigin></script>
15:    <script src="https://unpkg.com/react-dom@18/umd/react-dom.
     development.js" crossorigin></script>
16:    <script src="https://unpkg.com/@babel/standalone/babel.min.js"
     crossorigin></script>
17:    <script type="text/babel">
18:      "use strict";
19:
20:      function Hello() {
21:        return <h2>Hello World!#2</h2>;
22:      }
23:
24:      const container = document.getElementById('root');
25:      const root = ReactDOM.createRoot(container);
26:      root.render(<Hello />);
27:    </script>
```

●●● 예제 파일 13.JSX-babel2.html

```
:      :
18:      "use strict";
19:
20:      class Hello extends React.Component {
21:        render() {
22:          return <h2>Hello World!#3</h2>;
23:        }
24:      }
25:
26:      const container = document.getElementById('root');
27:      const root = ReactDOM.createRoot(container);
28:      root.render(<Hello />);
```

3. JSX에서 변수 활용

JSX에서 변수와 표현식을 사용해 봅니다. 변수를 지역 또는 전역 변수로 선언하고 JSX에서 중괄호({})로 표현하는 표현식으로 변수를 출력할 수 있습니다. CSS를 표현하기 위한 클래스는 class가 아닌 className으로 속성명을 나타내야 합니다. JSX는 HTML

보다 자바스크립트에 가깝기 때문에, ReactDOM은 HTML 속성명 대신 캐멀케이스(camelCase) 표기법을 사용합니다.

●●● 예제 파일 13.JSX-babel3.html

```
 ⋮        ⋮
24:      "use strict";
25:
26:      const user = {
27:        lastName: '홍',
28:        firstName: '길동'
29:      };
30:
31:      function Hello() {
32:        const name = '지매';
33:        return <h2 className="title">Hello {user.lastName}{name}!#2</h2>;
34:      }
35:
36:      const container = document.getElementById('root');
37:      const root = ReactDOM.createRoot(container);
38:      root.render(<Hello />);
```

●●● 예제 파일 13.JSX-babel4.html

```
 ⋮        ⋮
24:      "use strict";
25:
26:      const user = {
27:        lastName: '홍',
28:        firstName: '길동'
29:      };
30:
31:      class Hello extends React.Component {
32:        render() {
33:          const name = 'React';
34:          return <h2 className="title">Hello {user.lastName}{name}!#3</h2>;
35:        }
36:      }
37:
38:      const container = document.getElementById('root');
39:      const root = ReactDOM.createRoot(container);
40:      root.render(<Hello />);
```

미리보기

Hello 리액트

Hello 홍React!#3

콘솔 화면

```
▼<div id="root">
  ▼<h2 class="title">
      "Hello "
      "홍"
      "React"
      "!#3"
    </h2>
  </div>
```

JSX에 CSS를 style 속성으로 정의하는 방법을 알아봅니다. CSS 속성은 자바스크립트 객체 형식으로 표현해야 합니다. 변수를 표현하기 위한 중괄호({}) 내부에 자바스크립트 객체 형식인 중괄호가 중첩된 모양으로 어색해 보일 수 있으나, 각기 다른 의미를 갖는 형식입니다. 두 예제를 한꺼번에 비교하면서 살펴본다면, 중첩된 중괄호의 의미가 이해될 겁니다.

●●● 예제 파일 13.JSX-CSS.html

```
 ⋮          ⋮
18:       function Hello() {
19:         return <h2 style={{ color: 'magenta', backgroundColor:
    'lightgray'}}>Hello World!</h2>;
20:       }
21:
22:       const container = document.getElementById('root');
23:       const root = ReactDOM.createRoot(container);
24:       root.render(<Hello />);
```

```
 ⋮        ⋮
18:      function Hello() {
19:        const myStyle = {
20:          color: 'white',
21:          backgroundColor: 'DodgerBlue',
22:          padding: '10px',
23:          borderRadius: '20px'
24:        };
25:        return <h2 style={myStyle}>Hello World!</h2>;
26:      }
27:
28:      const container = document.getElementById('root');
29:      const root = ReactDOM.createRoot(container);
30:      root.render(<Hello />);
```

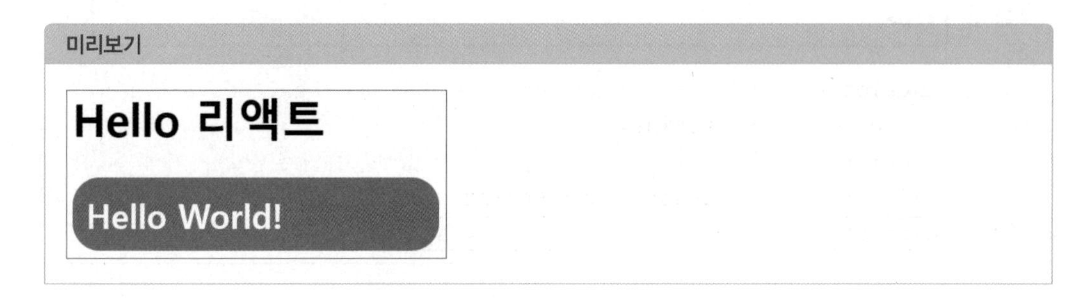

4. 리액트 스타터 예제

리액트 홈페이지에서 제공하는 예제[8]를 같이 만들어 보겠습니다. 바로 이 예제를 바로 만들기 전에 코드의 설명이 필요한 것 같아 미리 쉬운 예제를 먼저 만들어 봤습니다. 이제는 제공하는 코드가 낯설진 않을 겁니다.

〈div class="like_button_container" data-commentid="1"〉〈/div〉 형태의 HTML 요소와 자바스크립트 파일을 외부의 별도 파일로 구성한 것을 확인해 주세요.

8) 리액트 스타터 예제 : https://ko.reactjs.org/docs/add-react-to-a-website.html

●●● 예제 파일 13.reactStarter.html

```
⋮       ⋮
10:     <h2>Add React in One Minute</h2>
11:     <p>This page demonstrates using React with no build tooling.</p>
12:     <p>React is loaded as a script tag.</p>
13:
14:     <p>This is the first comment.
15:     <div class="like_button_container" data-commentid="1"></div>
16:     </p>
17:
18:     <p>This is the second comment.
19:     <div class="like_button_container" data-commentid="2"></div>
20:     </p>
21:
22:     <p>This is the third comment.
23:     <div class="like_button_container" data-commentid="3"></div>
24:     </p>
25:
26:     <script src="https://unpkg.com/react@18/umd/react.development.
    js" crossorigin></script>
27:     <script src="https://unpkg.com/react-dom@18/umd/react-dom.
    development.js" crossorigin></script>
28:     <script src="15.reactStarter.js"></script>
```

클래스 형식의 컴포넌트로 구성되어 있습니다. 저런 구조는 아직 살펴보지 않았지만, 클래스 컴포넌트와 render()로 구성된 것은 앞의 예제와 형식이 같습니다. 데이터와 상태를 다룰 props와 state에 대해서는 뒤에서 다룰 예정이므로 일단은 리액트 코드를 살펴보는 정도로 진행하겠습니다.

onClick으로 표시된 것 보니 클릭 이벤트가 있는 것 같고, 클릭하면 'state를 바꾸는 모양이구나'라고 상황만 알면 됩니다.

●●● 예제 파일 13.reactStarter.js

```
01: "use strict";
02:
03: const e = React.createElement;
04:
05: class LikeButton extends React.Component {
06:   constructor(props) {
07:     super(props);
```

```
08:       this.state = { liked: false };
09:     }
10:
11:     render() {
12:       if (this.state.liked) {
13:         return "You liked comment number " + this.props.commentID;
14:       }
15:       return e(
16:         "button",
17:         { onClick: () => this.setState({ liked: true }) },
18:         "Like"
19:       );
20:     }
21:   }
22:
23:   document.querySelectorAll(".like_button_container").
      forEach((domContainer) => {
24:     const commentID = parseInt(domContainer.dataset.commentid, 10);
25:     const root = ReactDOM.createRoot(domContainer);
26:     root.render(e(LikeButton, { commentID: commentID }));
27:   });
```

브라우저에서 실행하면 [Like] 버튼 3개가 있습니다. 이를 클릭하면 노란색 영역의 문자열로 변경되며, 숫자가 하나씩 증가합니다. 〈div class="like_button_container" data-commentid="1"〉〈/div〉 형식으로 된 요소를 버튼으로 변경하고 버튼을 클릭하면 data-commentid에 저장된 데이터를 조회하여 문자열을 만들고 이를 바꾸는 형식입니다. 여기에는 앞으로 설명할 props와 state 개념과 이벤트에 대한 내용이 포함되어 있으며, 앞으로 차례차례 살펴볼 예정입니다.

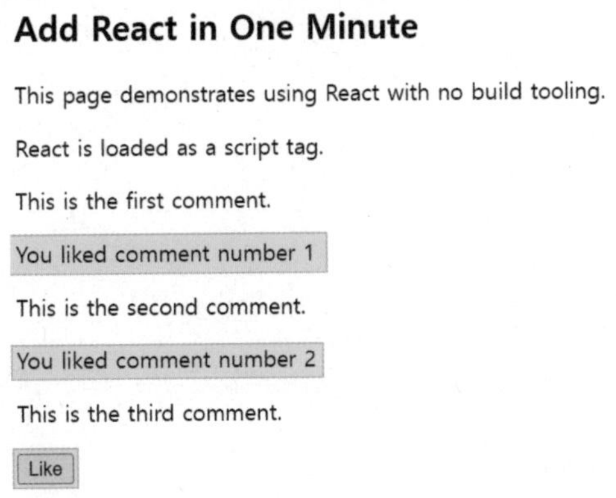

Add React in One Minute

This page demonstrates using React with no build tooling.

React is loaded as a script tag.

This is the first comment.

You liked comment number 1

This is the second comment.

You liked comment number 2

This is the third comment.

Like

5. Create React App

Create React App[9]은 리액트 프로젝트의 개발환경을 설정하고, 최신 자바스크립트를 사용하게 해 주며, 좋은 개발 경험과 프로덕션 앱 최적화를 해 줍니다. create-react-app을 실행하기 위해서는 물론 Node.js가 설치되어 있어야 합니다. 명령 프롬프트, 파워셸(PowerShell)이나 VSCode의 터미널에서 실행할 수 있습니다.

```
# 새로운 리액트 프로젝트의 생성
> npx create-react-app my-app
> cd my-app
> npm start

# 리액트 프로젝트 삭제
> rm my-app -r -force
```

npm start 명령어를 실행하면 http://localhost:3000/이라는 주소로 리액트 프로젝트의 기본 화면을 볼 수 있습니다.

9) https://create-react-app.dev/

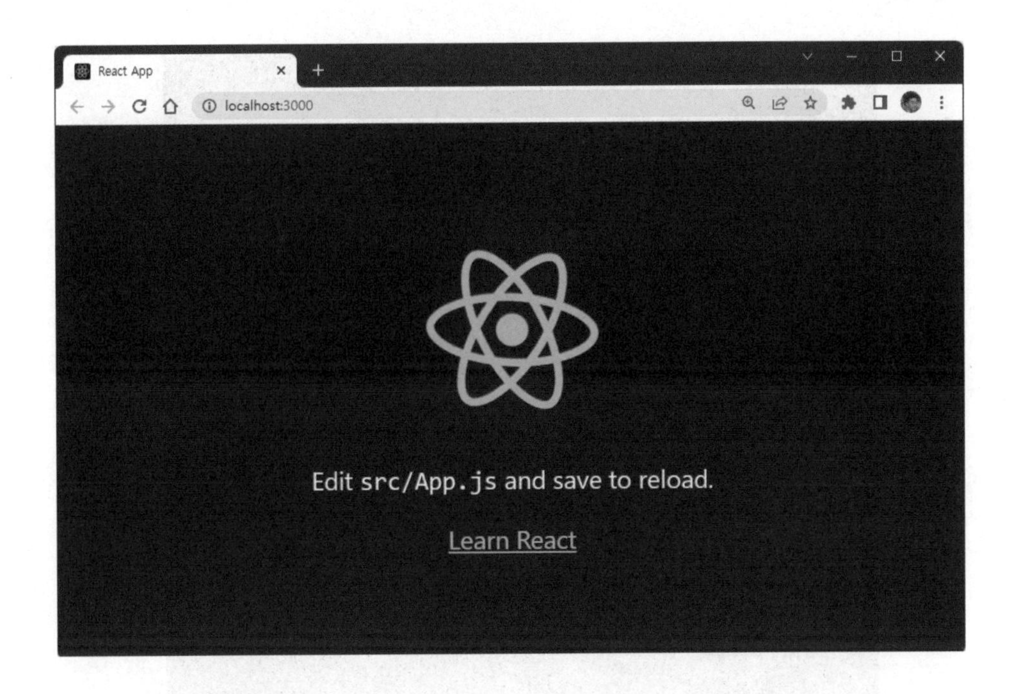

src/App.js 파일을 수정하고 저장하면 브라우저의 새로고침 없이 바로 화면이 갱신되는 것은 리액트 프로젝트의 특징입니다. 그러나 이렇게 로컬 디스크에 만들어진 리액트 프로젝트 파일은 상당히 커서 부담됩니다. 앞으로는 로컬에 프로젝트를 생성하기보다 replit.com 등 온라인 코드 편집기를 사용하여 구성하겠습니다.

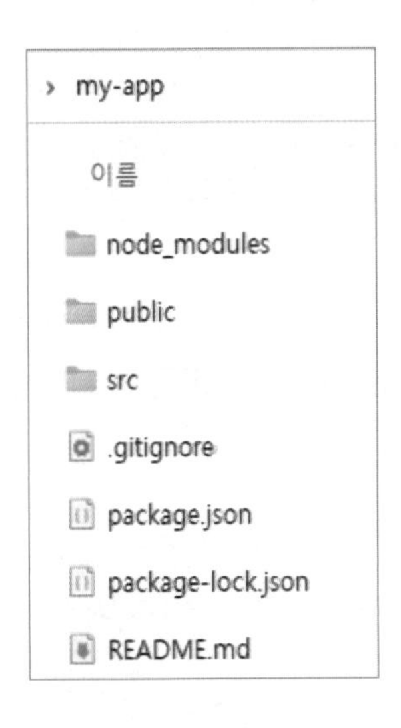

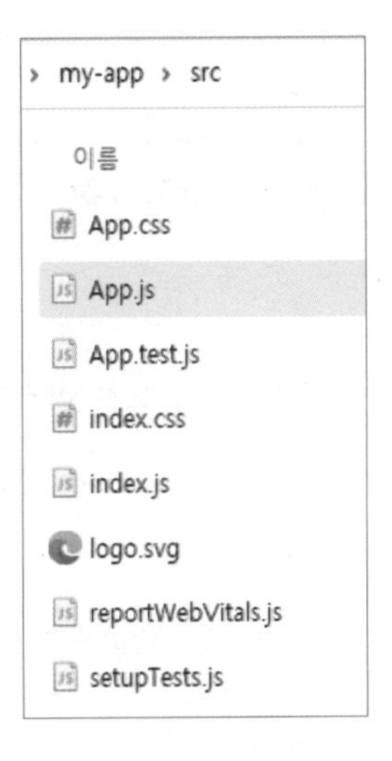

```
import logo from './logo.svg';
import './App.css';

function App() {
  return (
    <div className="App">
      <header className="App-header">
        <img src={logo} className="App-logo" alt="logo" />
        <p>
          Edit <code>src/App.js</code> and save to reload.
        </p>
        <a
          className="App-link"
          href="https://reactjs.org"
          target="_blank"
          rel="noopener noreferrer"
        >
          Learn React
        </a>
      </header>
    </div>
  );
}

export default App;
```

app.js 파일의 코드

tip npm vs. npx

- npm(node package manager) : Node.js의 패키지 관리자입니다.
- npx(node package execute) : npm@5.2.0에서 추가된 npm 패키지 실행 도구입니다.

tip npx create-react-app my-app 실행 시 경고에 대한 처리

다음과 같은 경고 메시지가 나온 경우의 해결 방법입니다.[10)]

npm WARN config global --global, --local are deprecated. Use —location=global instead.

10) 윈도우에서 npm 업그레이드하기 : https://www.npmjs.com/package/npm-windows-upgrade

- 원인 : 윈도우 환경에서 npm의 업그레이드 문제
- 해결 : 아래의 내용으로 단계적으로 수행

① 관리자 권한으로 파워셸 실행

② Set-ExecutionPolicy Unrestricted -Scope CurrentUser -Force 입력 후 [Enter↵]키 누름

③ npm install --global --production npm-windows-upgrade 입력 후 [Enter↵]키 누름

④ npm-windows-upgrade 입력 후 [Enter↵]키 누름 → 최신 버전 선택

⑤ npm --version 입력 후 [Enter↵]키로 npm 버전 확인

```
Administrator: PowerShell 7 (x64)
PS C:₩Users₩kmoon> Set-ExecutionPolicy Unrestricted -Scope CurrentUser -Force
PS C:₩Users₩kmoon> npm install --global --production npm-windows-upgrade
npm WARN config global `--global`, `--local` are deprecated. Use `--location=global` instead.
npm WARN config global `--global`, `--local` are deprecated. Use `--location=global` instead.
npm WARN config production Use `--omit=dev` instead.

added 50 packages, and audited 51 packages in 8s

found 0 vulnerabilities
PS C:₩Users₩kmoon> npm-windows-upgrade
npm-windows-upgrade v6.0.1
? Which version do you want to install? 8.13.2
Checked system for npm installation:
According to PowerShell: C:₩Program Files₩nodejs
According to npm:        C:₩Users₩kmoon₩AppData₩Roaming₩npm
Decided that npm is installed in C:₩Program Files₩nodejs
Upgrading npm... ₩

Upgrade finished. Your new npm version is 8.13.2. Have a nice day!
PS C:₩Users₩kmoon> npm --version
8.13.2
PS C:₩Users₩kmoon>
```

6. 자습서 예제 다운로드

리액트 홈페이지의 자습서(tutorial)에서 예제로 설명하는 틱택토(tic-tac-toe) 게임을 내려받아 로컬 컴퓨터에서 실행하는 방법에 대하여 설명합니다. 물론 예제는 온라인 코드 편집기(codepen.io)에서 제공되기 때문에 내려받지 않아도 되지만, codepen.io의 간단한 사용법과 로컬 환경에서 학습과 연습이 필요할 수 있기에 간단하게 이를 요약합니다. 코드에 대한 설명은 생략합니다.

① 자습서 페이지[11]에 접속한다.
② 틱택토 게임[12]을 실행한다.
③ Codepen.io에 로그인한다(계정 필요).
④ Export.zip을 내려받는다.
⑤ 로컬에서 실행한다.

Codepen.io 회원가입

[Sign Up] 버튼을 클릭해 회원가입 페이지로 이동합니다. 트위터, 깃허브, 페이스북의 소셜 로그인이나 직접 본인의 이메일로 가입할 수 있습니다.

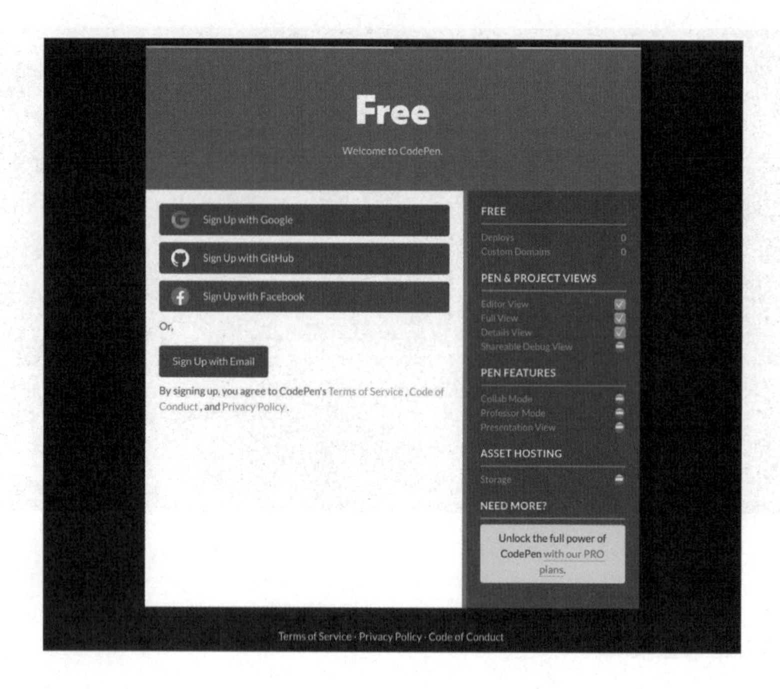

Export.zip 내려받기

자습서의 최종 결과(final result)를 클릭하면 온라인 편집기인 codepen.io에서 최종 코드를 볼 수 있으며 또한 실행해 볼 수 있습니다. 틱택토 게임 예제 화면 하단 메뉴의 [Export] 버튼을 클릭하고, [Export.zip]을 클릭하면 로컬 컴퓨터에 예제 파일을 다운로드할 수 있습니다. 이때 codepen.io에 로그인이 되어 있어야 합니다.

11) 자습서 페이지 : https://ko.reactjs.org/tutorial/tutorial.html
12) 틱택토 게임 : https://codepen.io/gaearon/pen/gWWZgR?editors=0010

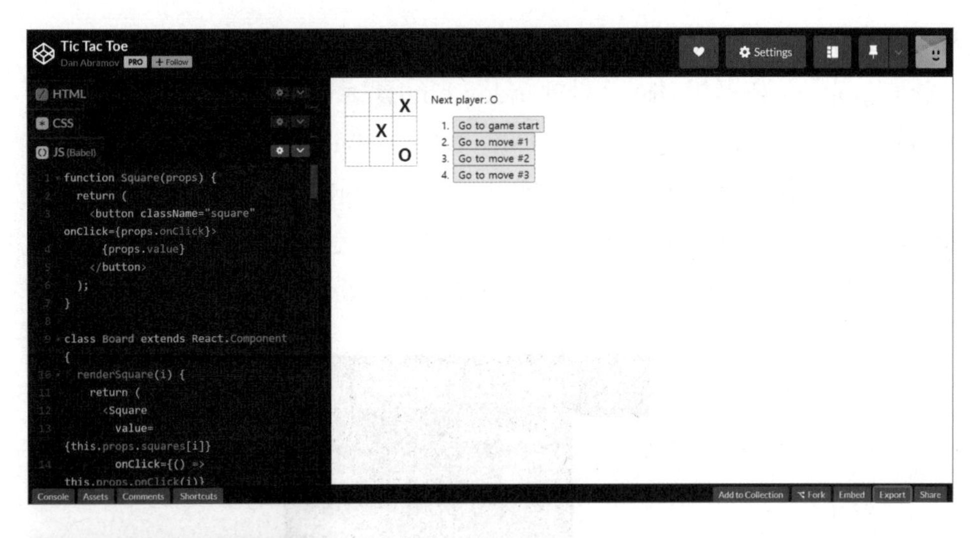

[Fork] 버튼을 클릭하면, codepen.io의 본인 계정으로 예제가 복제되어 [Your Work]에서도 확인할 수 있습니다.[13]

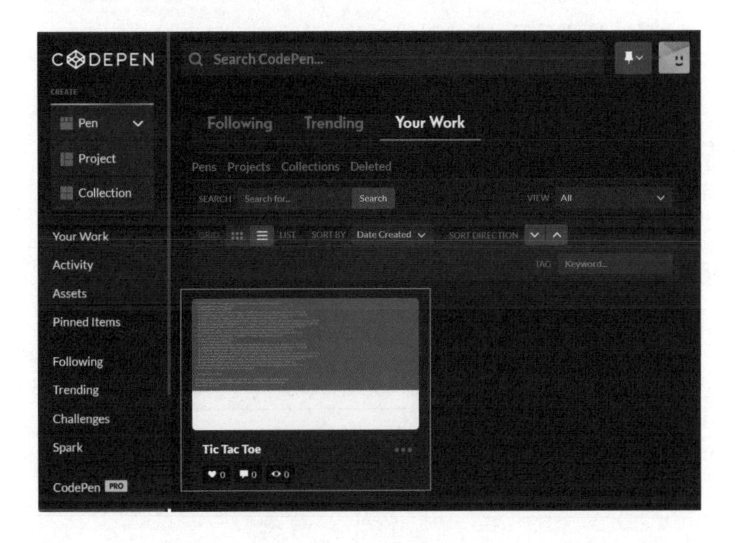

13) https://codepen.io/your-work/

로컬에서 실행하기

다운로드한 Export.zip을 풀어 dist 폴더의 index.html를 브라우저에서 실행하면 됩니다. src 폴더는 codepen.io의 편집창의 HTML, CSS, JS(Babel) 코드 내용만 있는 소스이고, dist 폴더는 실행을 위한 온전한 형태의 웹 문서입니다.

codepen.io에서 편집기 외부의 전체 화면으로 보려면 상단 메뉴의 [Change View] 버튼을 클릭한 후 다시 [Debug mode]를 선택하면 볼 수 있습니다.

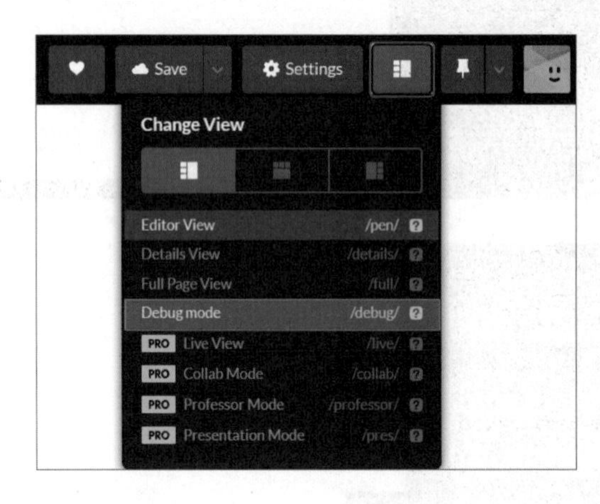

7. 커뮤니티 예제 실행하기

커뮤니티(Community)의 예제(Examples)에는 리액트 커뮤니티에서 생성된 여러 예제에서 잘 구성된 몇 가지를 소개하고 있습니다. 예제를 내려받아 실행하는 방법을 소개합니다. 다음은 커뮤니티의 예제를 실행하는 단계입니다.

---

① 커뮤니티 페이지[14]에 접속한다.
② 깃허브 페이지에서 [Code] 버튼을 클릭하고 [Download ZIP] 버튼을 클릭해 예제를 내려받는다.
③ npm-check-updates 명령어로 package.json을 업데이트한다.
④ 리액트 프로젝트를 빌드한다.
⑤ 로컬에서 실행한다.

---

14) 리액트 커뮤니티 페이지 예제 : https://reactjs.org/community/examples.html

Small Examples

- **Calculator** Implementation of the iOS calculator built in React
- **Emoji Search** React app for searching emoji
- **Snap Shot** A photo gallery with search
- **BMI Calculator** A React Hooks app for calculating BMI
- **Image Compressor** An offline image compressor built with React and browser-image-compression
- **Counter App** A small shopping cart example
- **Tutorial Solutions** Solutions to challenges mentioned at the end of React tutorial

package.json은 리액트 프로젝트의 의존성 또는 종속성 관리를 위한 명세로 프로젝트의 이름, 버전, 라이선스 등 프로젝트의 정보와 프로젝트와 관련된 여러 패키지와의 의존성 등을 JSON 형태로 기록한 파일입니다.

커뮤니티 예제를 로컬 환경에서 실행하기 위해서 package.json의 의존성이 훼손되지 않는 선에서 최신 버전으로 업데이트를 수행합니다. 파워셸이나 명령 프롬프트를 열어 [npm-check-updates] 패키지를 전역 모드로 설치하고, 업데이트할 대상과 업데이트가 가능한 버전을 확인(ncu -u)한 다음 업데이트를 수행합니다(npm install). 업데이트의 결과로 node_modules 폴더가 생성되고 프로젝트의 관련 모듈이 다운로드됩니다.

package.json의 업데이트 후 리액트 프로젝트를 빌드합니다. 의존성이 있는 관련 모듈을 이용하여 빌드 폴더에 최적화된 실행 가능한 프로젝트 결과 파일이 만들어집니다. 이후 [build] 폴더의 index.html을 브라우저에서 열어 리액트 프로젝트를 확인합니다. 여기서 사용한 예제는 [Calculator]입니다.

```
# package.json 업데이트
> npm install -g npm-check-updates
> ncu -u
> npm install
```

```
# 리액트 프로젝트 빌드
> npm run build
```

리액트 프로젝트 빌드 시 react-scripts를 실행할 수 없다는 오류 메시지가 나올 경우, react-scripts 라이브러리를 설치하도록 합니다.

```
# react-scripts 라이브러리 설치(전역)
> npm install -g react-scripts
```

public
src
.gitignore
LICENSE
Logotype primary.png
package.json
package-lock.json
README.md
yarn.lock

8. 코드샌드박스에서 리액트 프로젝트 만들기

온라인 코드 편집기인 코드샌드박스(codesandbox)에서 리액트 프로젝트 환경을 만드는 방법을 소개합니다.

---

① 코드샌드박스 홈페이지[15]에서 회원가입 후 로그인을 합니다.
② [+Create]를 클릭하고 [React]를 선택합니다.
③ 리액트 프로그래밍의 템플릿 화면에서 코드를 작성합니다.
④ 작업 중 오류나 프로그램의 결과를 코드샌드박스 내의 브라우저로 계속 살펴볼 수 있습니다.

프로젝트 생성

로그인 후 오른쪽 메뉴의 [+Create]를 클릭하여 프로젝트(샌드박스)를 생성합니다. 프로젝트의 템플릿(template)으로 [React]를 찾아 선택하여 시작합니다.

15) 코드샌드박스 : https://codesandbox.io/

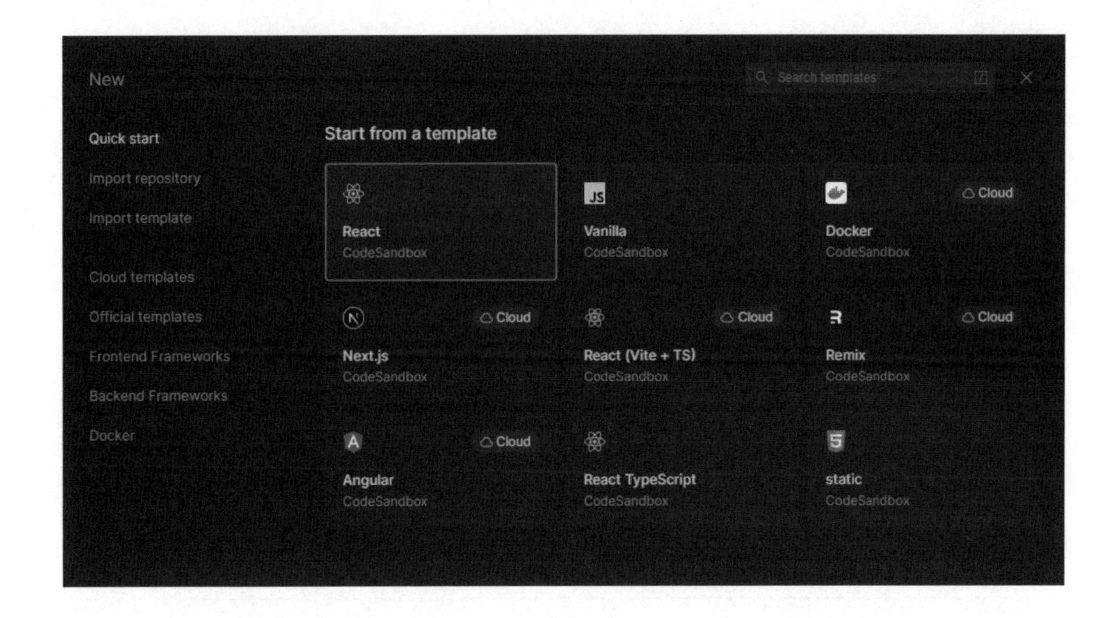

리액트 템플릿에는 리액트 프로젝트의 기본 구조와 파일이 생성되어 있으며, 이를 수정하거나 추가하여 프로젝트를 구성할 수 있습니다.
또한, 프로그래밍 과정의 오류나 결과를 오른편의 브라우저에서 계속 확인할 수 있어 아주 편리합니다.

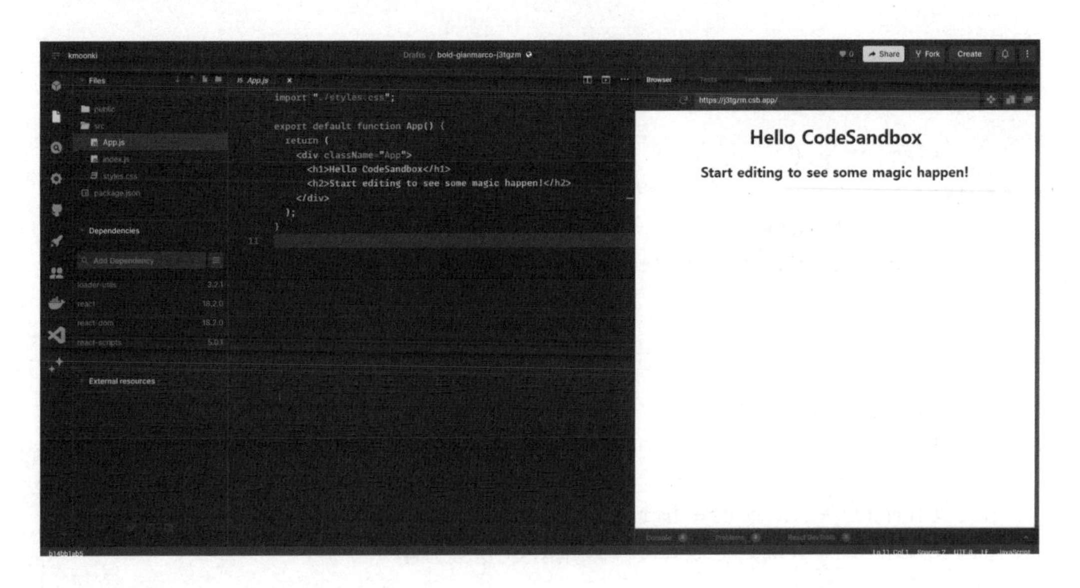

13-4 엘리먼트 렌더링

리액트는 여러 가지 방법으로 웹페이지의 HTML 요소를 렌더링하는 것이 주요 역할입니다.
ReactDOM(정확히는 react-dom 패키지)은 리액트 앱의 최고 상위 레벨에서 DOM과 관련한 여러 메서드를 제공합니다. createRoot(container)는 매개변수로 전달된 컨테이너(HTML 요소)에 리액트 루트를 만들고, render() 메서드로 DOM에 리액트 엘리먼트를 렌더링합니다.

```
const root = ReactDOM.createRoot(container);
root.render(element);
```

엘리먼트는 리액트 프로젝트의 가장 작은 단위로 화면에 표시할 내용을 기술합니다. 자바스크립트 구문에 HTML 태그가 쓰여진 듯한 모양을 갖는 JSX(JavaScript XML)은 자바스크립트를 확장한 문법으로 리액트 엘리먼트를 생성하는 도구입니다. 여러 줄로 표현되는 HTML 태그는 괄호로 감싸 범위를 한정합니다.

```
const element = <h1>Hello, world!</h1>;

const element = (
  <div>
    <h1>Hello!</h1>
    <h2>Good to see you here.</h2>
  </div>
);

const name = '홍길동';
const element = <h1>Hello, name</h1>

const element = <a href="https://reactjs.org">링크</a>;
const element = <img src=user.avatarUrl></img>;

const element = <img src=user.avatarUrl />;
```

JSX의 문법적 특징은 다음과 같습니다.

---

① 표현식 : 중괄호를 사용하여 변수값을 표현하고 함수를 실행할 수 있습니다.
② 속성 정의 : 속성(attribute)에 따옴표를 이용하여 문자열 리터럴을 정의할 수 있습니다.
③ XML 문법 : 콘텐츠가 없는 태그일 경우 />를 이용하여 닫습니다.
④ 자식 요소 : 자식 요소를 갖는 태그를 구성할 수 있습니다.

---

1. 엘리먼트 렌더링

함수 실행 결과의 반환값을 표현식으로 출력하는 리액트 엘리먼트를 리액트 루트인 <div id="root"> 영역에 렌더링을 한 번 수행합니다.

●●● 예제 파일 13.element-rendering.html

```
 ⋮      ⋮
15:    <script type="text/babel">
 ⋮       ⋮
35:      const root = ReactDOM.createRoot(document.getElementById('root'));
36:
37:      function formatName(user) {
38:        return user.firstName + ' ' + user.lastName;
39:      }
40:
41:      const user = {
42:        firstName: '길동',
43:        lastName: '홍'
44:      };
45:
46:      const element = (
47:          <h1>
48:            Hello, {formatName(user)}!
49:          </h1>
50:      );
51:
52:      root.render(element);
53:    </script>
```

2. 반복적인 엘리먼트 렌더링

자바스크립트 Date 객체로 현재 시각을 출력하는 리액트 엘리먼트와 render()를 하나로 묶어 타이밍 메서드인 setInterval()로 1초마다 호출하여 〈div id="root"〉 영역에 1초마다 렌더링합니다. 1초마다 변하는 시각으로 애니메이션 효과를 줄 수 있습니다. 그러나 〈div〉 영역 모두를 1초마다 렌더링하기 때문에 변하지 않는 요소도 다시 렌더링되는 문제점이 있습니다.

●●● 예제 파일 13.element-rendering2.html

```
 ⋮       ⋮
15:    <script type="text/babel">
16:      const root = ReactDOM.createRoot(document.getElementById('root'));
17:
18:      function tick() {
19:        const element = (
20:          <div>
21:            <h1>Hello, world!</h1>
22:            <h2>지금 시각은 {new Date().toLocaleTimeString()}.</h2>
23:          </div>
24:        );
25:        root.render(element);
26:      }
27:
28:      setInterval(tick, 1000);
29:    </script>
```

13-5 컴포넌트와 Props

컴포넌트는 UI를 독립적이고 재사용 가능한 개별적인 UI 조각으로, 함수 컴포넌트와 클래스 컴포넌트로 구분됩니다. 컴포넌트는 HTML 엘리먼트(리액트 엘리먼트)를 반환하는 함수를 닮았습니다. props는 속성(property)을 의미하는 읽기 전용 데이터로, 컴포넌트에 전달되는 매개변수로 활용됩니다.

> **tip 함수 컴포넌트 vs 클래스 컴포넌트**
>
> 리액트 16.8부터 '훅(hook)'이라는 기능이 함수 컴포넌트에 추가되어 기능상 함수 컴포넌트와 클래스 컴포넌트의 차이가 거의 없습니다. 선택의 문제이긴 하지만, 오래전부터 계속 사용해온 형태인 함수형이 다루기에 다소 편리하다고 할 수 있습니다.

1. 컴포넌트 렌더링

지금까지는 〈h1〉, 〈div〉 등 HTML 태그만을 사용해 리액트 엘리먼트를 표현했는데, 컴포넌트(사용자 정의 컴포넌트) 이름을 이용하여 리액트 엘리먼트로 나타낼 수 있습니다.

함수 컴포넌트를 구성하고 함수명을 Welcome으로 했습니다. HTML 태그, 일반 함수와 구별하기 위해 첫 글자를 대문자로 표현하고 있음에 주의하세요. Welcome은 리액트 엘리먼트와 연결하기 위한 실마리로 작용하며, 예제에서 21행의 const element = 〈Welcome name="홍길동" /〉;을 확인해 주세요. HTML 태그가 아니라 컴포넌트의 이름을 리액트 엘리먼트로 표현하고 있습니다.

리액트 엘리먼트에는 속성명으로 name과 그에 대한 값 '홍길동'이 매핑되어 있습니다. 이는 컴포넌트의 매개변수로 전달되며, 객체 타입의 props로 모든 속성을 전달받고 있습니다. 결과적으로 렌더링되는 것은 〈h1〉Hello, 홍길동〈/h1〉이 됩니다.

●●● 예제 파일 13.component-props.html

```
 :       :
15:    <script type="text/babel">
16:      function Welcome(props) {
17:        return <h1>Hello, {props.name}</h1>;
18:      }
19:
20:      const root = ReactDOM.createRoot(document.getElementById('root'));
21:      const element = <Welcome name="홍길동" />;
22:      root.render(element);
23:    </script>
```

미리보기

Hello, 홍길동

2. 컴포넌트 합성

컴포넌트는 자신의 출력에 다른 컴포넌트를 참조할 수 있습니다. root.render()에서 〈App /〉을 리액트 엘리먼트로 사용하고 있지만, App 컴포넌트는 Welcome 컴포넌트를 참조하여 구성하고 있습니다. 우리가 필통이라고 하면, 연필을 담을 공간이 있는 필통과 필통 안의 여러 자루의 연필을 합쳐 구성되듯 컴포넌트 간의 관계도 비슷합니다. 이를테면 역할, 기능, 모양별로 나눠진 컴포넌트를 단계적으로 합성하여 하나의 큰 컴포넌트를 구성하는 개념입니다.

●●● 예제 파일 13.component-props2.html

```
 ⋮       ⋮
15:    <script type="text/babel">
16:      function Welcome(props) {
17:        return <h1>Hello, {props.name}</h1>;
18:      }
19:
20:      function App() {
21:        return(
22:          <div>
23:            <Welcome name="홍길동" />
24:            <Welcome name="일지매" />
25:            <Welcome name="임꺽정" />
26:          </div>
27:        );
28:      }
29:
30:      const root = ReactDOM.createRoot(document.getElementById('root'));
31:      const element = <App />;
32:      root.render(element);
33:    </script>
```

미리보기

Hello, 홍길동

Hello, 일지매

Hello, 임꺽정

3. 컴포넌트 추출

다음과 같이 사용자 정보를 출력하기 위한 컴포넌트를 구성했다고 가정해 봅니다. 이 컴포넌트는 구성요소들이 모두 중첩 구조로 이루어져 있어서 변경하기 어려울 수 있으며, 각 구성요소를 개별적으로 재사용하기 힘듭니다. 따라서 이 복잡하고 커다란 컴포넌트를 의미 있는 작은 컴포넌트로 분할하여 재구조화를 통해 관리하기 편리하고 재사용하기 쉽게 만들어 봅니다.

●●● 예제 파일 13.component-props3.html

```
⋮          ⋮
20:        function Comment(props) {
21:          return (
22:            <div className="Comment">
23:              <div className="UserInfo">
24:                <img className="Avatar" src={props.author.avatarUrl}
    alt={props.author.name} />
25:                <div className="UserInfo-name">{props.author.name}</div>
26:              </div>
27:              <div className="Comment-text">{props.text}</div>
28:              <div className="Comment-date">{formatDate(props.date)}</div>
29:            </div>
30:          );
31:        }
```

위의 코드를 속성별 노드별로 나눠서 가독성을 높여 표현하면 다음과 같습니다. 그러나 옵션일 뿐 각자 눈에 잘 들어오고 편리한 방법으로 코드를 표현하면 됩니다.

●●● 예제 파일 13.component-props3.html

```
⋮          ⋮
20:        function Comment(props) {
21:          return (
22:            <div className="Comment">
23:              <div className="UserInfo">
24:                <img className="Avatar"
25:                  src={props.author.avatarUrl}
26:                  alt={props.author.name} />
27:                <div className="UserInfo-name">
28:                  {props.author.name}
29:                </div>
30:              </div>
31:              <div className="Comment-text">
32:                {props.text}
33:              </div>
34:              <div className="Comment-date">
35:                {formatDate(props.date)}
36:              </div>
37:            </div>
38:          );
39:        }
```

이미지 영역을 추출하겠습니다. Avatar라는 이름의 컴포넌트로 분할하고 〈Avatar〉라는 리액트 엘리먼트로 관계를 할당합니다. 전달할 props도 적당한 이름으로 연결하며, 컴포넌트 자체의 관점에서 props 이름을 짓기를 권합니다.

●●● 예제 파일 13.component-props4.html

```
 ⋮        ⋮
20:      function Avatar(props) {
21:        return (
22:          <img className="Avatar"
23:            src={props.user.avatarUrl}
24:            alt={props.user.name} />
25:        );
26:      }
27:
28:      function Comment(props) {
29:        return (
30:          <div className="Comment">
31:            <div className="UserInfo">
32:              <Avatar user={props.author} />
33:              <div className="UserInfo-name">{props.author.name}</div>
34:            </div>
35:            <div className="Comment-text">{props.text}</div>
36:            <div className="Comment-date">{formatDate(props.date)}</div>
37:          </div>
38:        );
39:      }
```

다음은 Avatar를 포함하여 사용자 정보를 나타내는 영역을 컴포넌트로 추출하여 UserInfo라고 하겠습니다.

'Comment → UserInfo → Avatar'로 연결되는 컴포넌트 추출을 통해 관리하기 편리하고 재사용하기 용이하게 컴포넌트가 구성되었습니다. 다음은 컴포넌트 추출이 완료된 후의 전체 코드입니다.

●●● 예제 파일 13.component-props5.html

```
 ⋮          ⋮
17:     function formatDate(date) {
18:       return date.toLocaleDateString();
19:     }
20:
21:     function Avatar(props) {
22:       return (
23:         <img className="Avatar"
24:           src={props.user.avatarUrl}
25:           alt={props.user.name} />
26:       );
27:     }
28:
29:     function UserInfo(props) {
30:       return (
31:         <div className="UserInfo">
32:           <Avatar user={props.user} />
33:           <div className="UserInfo-name">{props.user.name}</div>
34:         </div>
35:       );
36:     }
37:
38:     function Comment(props) {
39:       return (
40:         <div className="Comment">
41:           <UserInfo user={props.author} />
42:           <div className="Comment-text">{props.text}</div>
43:           <div className="Comment-date">{formatDate(props.date)}</div>
44:         </div>
45:       );
46:     }
47:
48:     const comment = {
49:       date: new Date(),
50:       text: 'I hope you enjoy learning React!',
51:       author: {
52:         name: 'Hello Kitty',
53:         avatarUrl: 'http://placekitten.com/g/64/64'
54:       }
55:     };
56:
```

```
57:      const root = ReactDOM.createRoot(document.getElementById('root'));
58:      root.render(
59:        <Comment
60:          date={comment.date}
61:          text={comment.text}
62:          author={comment.author} />
63:      );
```

미리보기

Hello Kitty
I hope you enjoy learning React!
2022. 7. 12.

4. 온라인 코드 편집기에서 컴포넌트 추출 구성하기

코드샌드박스(codesandbox.io)에서 컴포넌트 추출 예제를 구성해서 온라인으로 실행하겠습니다. React 템플릿을 선택하고 프로젝트 이름을 '13.component-props'로 만들었습니다.

예제에서 사용된 컴포넌트는 총 3개로 Comment, UserInfo, Avatar입니다. 이 컴포넌트는 각각 별도 파일로 구성하는데 Comment.js와 같은 형식으로 새로운 파일을 구성합니다. 사용할 자바스크립트 파일의 확장자는 js 또는 jsx 모두 가능합니다. [New File] 버튼을 클릭하여 새로운 파일을 만들고, 3개의 파일을 추가했습니다. styles.css의 코드는 여기서는 불필요하여 내용을 삭제했습니다.

App.js, Comment.js, UserInfo.js, Avatar.js는 자바스크립트 모듈로 코드를 별도 파일 형식으로 분할하도록 합니다. 자바스크립트 모듈은 export와 import 구문으로 독립적인 모듈을 만들고 또한 모듈을 사용할 수 있도록 합니다. 파일명과 컴포넌트의 이름은 동일하게 맞춰주면 됩니다. comment 객체는 다음 코드에서처럼 이를 사용하는 App.js에 있어도 되고, index.html의 〈script〉를 추가하여 이곳에서 표현해도 됩니다.

●●● 예제 파일 13.component-props/src/App.js

```
01: import React from 'react';
02: import Comment from './Comment';
03:
04: const comment = {
05:   date: new Date(),
06:   text: "I hope you enjoy learning React!",
07:   author: {
08:     name: "Hello Kitty",
09:     avatarUrl: "http://placekitten.com/g/64/64"
10:   }
11: };
12:
13: function App() {
14:   return (
15:     <Comment
16:       date={comment.date}
17:       text={comment.text}
18:       author={comment.author} />
19:   );
20: }
21:
22: export default App;
```

다음은 Comment.js 모듈의 내용입니다. formatDate() 함수 역시 index.html에 〈script〉를 추가하여 표현해도 됩니다. Comment.js, UserInfo.js, Avatar.js 모듈의 구성 방법은 App.js와 동일합니다.

●●● 예제 파일 13.component-props/src/Comment.js

```
01:  import React from 'react';
02:  import UserInfo from './UserInfo';
03:
04:  function formatDate(date) {
05:    return date.toLocaleDateString();
06:  }
07:
08:  function Comment(props) {
09:    return (
10:      <div className="Comment">
11:        <UserInfo user={props.author} />
12:        <div className="Comment-text">{props.text}</div>
13:        <div className="Comment-date">{formatDate(props.date)}</div>
14:      </div>
15:    );
16:  }
17:
18:  export default Comment;
```

●●● 예제 파일 13.component-props/src/UserInfo.js

```
01:  import React from 'react';
02:  import Avatar from './Avatar';
03:
04:  function UserInfo(props) {
05:    return (
06:      <div className="UserInfo">
07:        <Avatar user={props.user} />
08:        <div className="UserInfo-name">{props.user.name}</div>
09:      </div>
10:    );
11:  }
12:
13:  export default UserInfo;
```

●●● 예제 파일 13.component-props/src/Avatar.js

```
01:  import React from 'react';
02:
03:  function Avatar(props) {
04:    return (
05:      <img className="Avatar"
06:           src={props.user.avatarUrl}
07:           alt={props.user.name} />
08:    );
09:  }
10:
11:  export default Avatar;
```

만일 프로젝트를 자신의 컴퓨터에 다운로드를 하려면 메뉴의 [Export to ZIP] 버튼을 클릭하여 내려받을 수 있습니다.

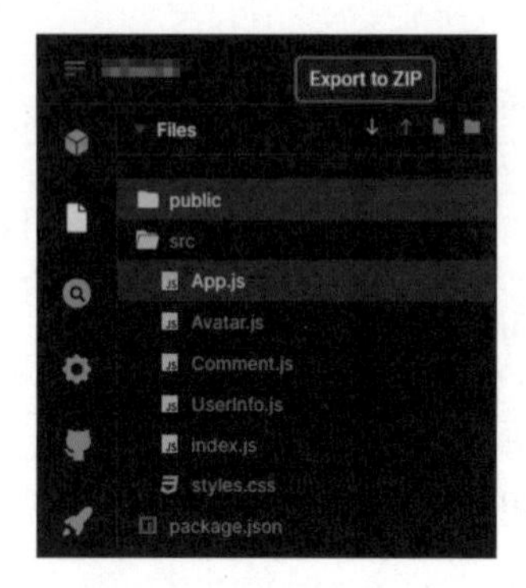

내려받은 리액트 프로젝트를 로컬 서버에서 실행하려면 다음과 같이 package.json을 업데이트하고 리액트 프로젝트를 빌드하여 서버에서 실행하도록 합니다. npm-check-updates 패키지의 설치는 이미 앞서 실행했으므로 여기서는 생략했습니다. 리액트 프로젝트 빌드 시 react-scripts를 실행할 수 없다는 오류 메시지가 나올 경우, react-scripts 라이브러리를 설치하도록 합니다(npm install -g react-scripts).

```
# package.json 업데이트 (옵션)
> ncu -u
> npm install

# 리액트 프로젝트 빌드 및 실행
> npm start
```

13-6 State와 생명주기

지금까지 UI를 업데이트하기 위해서는 render() 메서드를 호출하여 리액트 엘리먼트를 출력하는 방법만을 배웠습니다. 여기서는 앞에서 사용한 예제 파일인 13.element-rendering2.html을 기본으로 해서 state와 리액트의 생명주기(lifecycle)에 대하여 설명하고 이를 적용하겠습니다.

props는 읽기 전용 데이터로 컴포넌트에 전달되는 매개변수로 상위 컴포넌트에서 하위 컴포넌트로 데이터가 전달되는 흐름을 가지며 반면에 state는 컴포넌트 내부에서 사용하는 변경 가능한 데이터로 객체지향 프로그램의 멤버 변수 역할을 합니다. 자바 프로그램과 같은 클래스 기반 언어에서는 클래스 내부에 멤버 변수(member variable)와 메서드로 구성되며, 멤버 변수는 클래스 외부에서는 보이지 않는 캡슐화 구조를 가지고 메서드를 이용하여 제어됩니다.

state는 자바스크립트의 클래스 컴포넌트에서 사용되는 멤버 변수입니다. 함수 컴포넌트에서는 훅(hook)이 있습니다. 리액트 16.8에 새로 추가된 기능으로 함수 컴포넌트에서 state 등을 사용할 수 있도록 해줍니다.

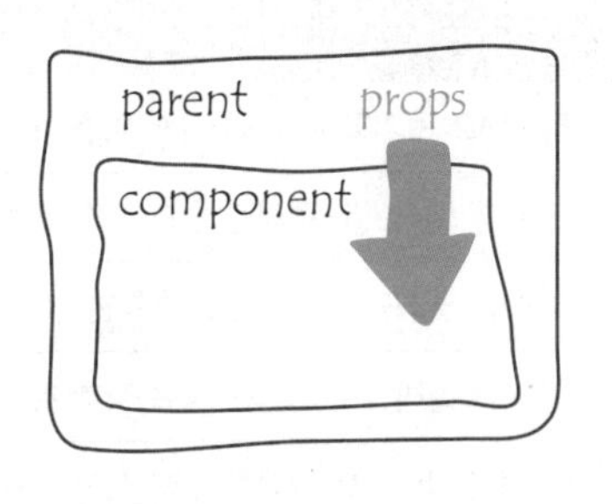

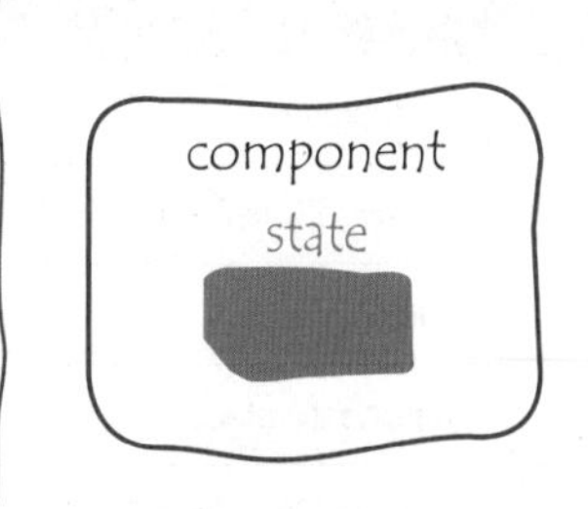

표 13-1 | props와 state의 차이

props	state
매개 변수	멤버 변수
읽기 전용	값 변경 가능
외부로 드러나 있음	외부로 드러나지 않음(캡슐화)

컴포넌트는 생성부터 소멸까지의 생명주기를 갖습니다. 사람의 경우 '탄생 → 삶 → 죽음'처럼 리액트 컴포넌트에는 마운트(Mounting), 업데이트(Update), 마운트 해제(Unmounting)의 3가지 단계가 있습니다. 마운트는 HTML DOM에 엘리먼트를 추가하는 단계로 4가지 세부 단계를 갖습니다. 업데이트는 컴포넌트가 업데이트되는 단계로 5가지 세부 단계가 있습니다. 마운트 해제는 컴포넌트가 DOM에서 제거되는 단계로 하나의 세부 단계로 구성됩니다.

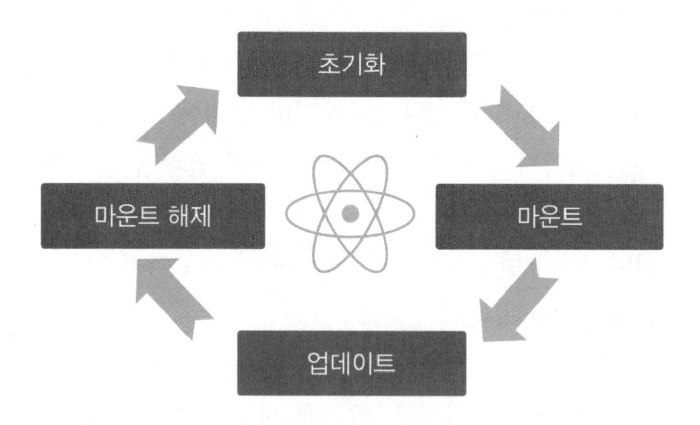

표 13-2 | 컴포넌트의 생명주기별 세부 단계

컴포넌트 생명주기	세부 단계	설명
마운트	constructor()	컴포넌트 초기화 시 가장 먼저 호출합니다.
	getDerivedStateFromProps()	DOM에 엘리먼트 렌더링 수행 직전 호출합니다.
	render()	DOM에 엘리먼트 렌더링을 수행합니다.
	componentDidMount()	DOM에 엘리먼트 렌더링 종료 직후 호출합니다.
업데이트	getDerivedStateFromProps()	DOM에 업데이트 렌더링 수행 직전 호출합니다.
	shouldComponentUpdate()	업데이트 렌더링 수행 여부를 불리언으로 설정합니다.
	render()	DOM에 업데이트 렌더링을 수행합니다.
	getSnapshotBeforeUpdate()	DOM에 업데이트 렌더링 결과가 반영 전 호출합니다.
	componentDidUpdate()	DOM에 업데이트 렌더링 종료 직후 호출합니다.
마운트 해제	componentWillUnmount()	컴포넌트가 DOM에서 제거될 때 호출합니다.

1. 함수 컴포넌트로 만들기

예제 파일 13.element-rendering2.html에서 리액트 엘리먼트 형식으로 표현된 것을 함수 컴포넌트로 변경하여 재작성합니다. props로 Date 객체를 전달하여 지금 시각을 출력하도록 했습니다. 여전히 매번 컴포넌트 전체를 1초마다 렌더링합니다. 현재 시각만 반영하겠습니다.

● ● ● 예제 파일 13.state-lifecycle.html

```
 :      :
15:   <script type="text/babel">
16:     const root = ReactDOM.createRoot(document.getElementById('root'));
17:
18:     function Clock(props) {
19:       return (
20:         <div>
21:           <h1>Hello, world!</h1>
22:           <h2>지금 시각은 {props.date.toLocaleTimeString().}</h2>
23:         </div>
24:       );
25:     }
26:
27:     function tick() {
28:       root.render(<Clock date={new Date()} />);
29:     }
30:
31:     setInterval(tick, 1000);
32:   </script>
```

2. 클래스 컴포넌트로 만들기

현재 시각의 변화만 반영하기 위해 state를 사용하도록 합니다. 또한 state를 사용하기 위해서는 클래스 컴포넌트로 재구성해야 합니다. 클래스 컴포넌트에서 props를 사용하려면 클래스 객체를 의미하는 this 키워드를 붙여 this.props.date로 만들어야 합니다.

● ● ● 예제 파일 13.state-lifecycle2.html

```
 ⋮        ⋮
15:     <script type="text/babel">
16:       const root = ReactDOM.createRoot(document.getElementById('root'));
17:
18:       class Clock extends React.Component {
19:         render() {
20:           return (
21:             <div>
22:               <h1>Hello, world!</h1>
23:               <h2>It is {this.props.date.toLocaleTimeString()}.</h2>
24:             </div>
25:           );
26:         }
27:       }
28:
29:       function tick() {
30:         root.render(<Clock date={new Date()} />);
31:       }
32:
33:       setInterval(tick, 1000);
34:     </script>
```

3. state 적용하기

클래스에 state를 추가하기 위해서는 state의 초기값을 지정하는 생성자인 constructor()를 추가하여 예제와 같은 코드로 구성합니다.

state의 초기값을 Date 객체로 할당하고, render() 메서드 안에 있는 this.props.date를 this.state.date로 변경하여 Date 객체의 정보를 props에서 state로 변경합니다. 마지막으로 root.render()의 〈Clock〉에서 date prop을 삭제합니다. props에서 state로 바뀌었을 뿐 여전히 컴포넌트 전체를 렌더링하며, 예제에서 setInterval()을 없앴기 때문에 현재 시각이 1초마다 업데이트되지 않습니다. 마운트될 때 수행한 시각의 state 초기값만 표시됩니다. 타이머 코드는 다음 예제에서 추가하겠습니다.

```
 ⋮        ⋮
15:    <script type="text/babel">
16:      class Clock extends React.Component {
17:        constructor(props) {
18:          super(props);
19:          this.state = { date: new Date() };
20:        }
21:
22:        render() {
23:          return (
24:            <div>
25:              <h1>Hello, world!</h1>
26:              <h2>It is {this.state.date.toLocaleTimeString()}.</h2>
27:            </div>
28:          );
29:        }
30:      }
31:
32:      const root = ReactDOM.createRoot(document.
   getElementById('root'));
33:      root.render(<Clock />);
34:    </script>
```

4. 생명주기 적용하기

컴포넌트의 생명주기 메서드를 추가합니다. 마운트 단계에서 DOM에 엘리먼트의 렌더링이 종료된 직후 호출되는 componentDidMount()와 마운트 해제 단계에서 컴포넌트가 DOM에서 제거될 때 호출되는 componentWillUnmount()를 추가합니다.
componentDidMount()에 타이머를 설정합니다. tick() 메서드를 1초마다 주기적으로 호출하도록 하는데, tick() 메서드는 Clock 컴포넌트의 메서드로서 setState() 메서드를 호출하여 state의 값이 계속 변경되도록 합니다.
componentWillUnmount()는 마운트 해제 단계에서 타이머 기능을 해제하도록 합니다. setInterval()의 반환값을 clearInterval()의 매개변수로 전달하여 타이머를 해제합니다. 이제 시계가 매초 째깍거립니다.
컴포넌트의 엘리먼트 모두를 매초 렌더링하지 않고 state의 현재 시각값만 변경하여 반영하여 오버헤드를 줄일 수 있게 됐습니다.

●●● 예제 파일 13.state-lifecycle4.html

```
 ⋮        ⋮
15:     <script type="text/babel">
16:       class Clock extends React.Component {
17:         constructor(props) {
18:           super(props);
19:           this.state = { date: new Date() };
20:         }
21:
22:         componentDidMount() {
23:           this.timerID = setInterval(() => this.tick(), 1000);
24:         }
25:
26:         componentWillUnmount() {
27:           clearInterval(this.timerID);
28:         }
29:
30:         tick() {
31:           this.setState({ date: new Date() });
32:         }
33:
34:         render() {
35:           return (
36:             <div>
37:               <h1>Hello, world!</h1>
38:               <h2>It is {this.state.date.toLocaleTimeString()}.</h2>
39:             </div>
40:           );
41:         }
42:       }
43:
44:       const root = ReactDOM.createRoot(document.getElementById('root'));
45:       root.render(<Clock />);
46:     </script>
```

5. 완성된 코드

현재 시각을 표현하는 엘리먼트를 별도의 컴포넌트로 구성하고 state 값을 props로 연결하여 최종 완성된 코드를 구성했습니다. 컴포넌트는 자신의 state를 자식 컴포넌트에 props로 전달할 수 있습니다.

●●● 예제 파일 13.state-lifecycle5.html

```
 ⋮       ⋮
15:    <script type="text/babel">
16:      function FormattedDate(props) {
17:        return <h2>It is {props.date.toLocaleTimeString()}.</h2>;
18:      }
19:
20:      class Clock extends React.Component {
21:        constructor(props) {
22:          super(props);
23:          this.state = { date: new Date() };
24:        }
25:
26:        componentDidMount() {
27:          this.timerID = setInterval(() => this.tick(), 1000);
28:        }
29:
30:        componentWillUnmount() {
31:          clearInterval(this.timerID);
32:        }
33:
34:        tick() {
35:          this.setState({ date: new Date() });
36:        }
37:
38:        render() {
39:          return (
40:            <div>
41:              <h1>Hello, world!</h1>
42:              <FormattedDate date={this.state.date} />
43:            </div>
44:          );
45:        }
46:      }
47:
48:      const root = ReactDOM.createRoot(document.getElementById('root'));
49:      root.render(<Clock />);
50:    </script>
```

6. 온라인 코드 편집기에서 구성하기

코드샌드박스에서 'State와 생명주기' 예제를 구성해서 온라인으로 실행하겠습니다. React 템플릿을 선택하고 프로젝트 이름을 '13.state-lifecycle'로 정합니다.

예제에서 사용된 컴포넌트는 총 2개로 클래스 컴포넌트 Clock과 함수 컴포넌트 FormattedDate입니다. 이 컴포넌트는 Clock.js와 FormattedDate.js의 이름으로 새로운 파일을 구성합니다. [New File] 버튼을 클릭하여 새로운 파일을 만들고, 2개의 파일을 추가했습니다. styles.css의 코드는 여기서는 불필요하여 내용을 삭제했습니다.

App.js, Clock.js, FormattedDate.js는 자바스크립트 모듈로 코드를 별도 파일 형식으로 분할합니다. 자바스크립트 모듈은 export와 import 구문으로 독립적인 모듈을 만들고 또한 모듈을 사용할 수 있도록 합니다. 파일명과 컴포넌트의 이름은 동일하게 맞춰주면 됩니다.

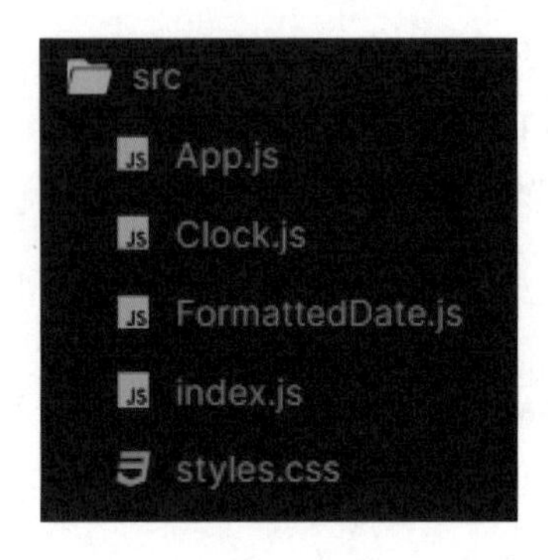

●●● 예제 파일 13.state-lifecycle/src/App.js

```
01:  import React from 'react';
02:  import Clock from './Clock';
03:
04:  function App() {
05:    return <Clock />;
06:  }
07:
08:  export default App;
```

●●● 예제 파일 13.state-lifecycle/src/Clock.js

```
01: import React from 'react';
02: import FormattedDate from './FormattedDate';
03:
04: class Clock extends React.Component {
05:   constructor(props) {
06:     super(props);
07:     this.state = { date: new Date() };
08:   }
09:
10:   componentDidMount() {
11:     this.timerID = setInterval(() => this.tick(), 1000);
12:   }
13:
14:   componentWillUnmount() {
15:     clearInterval(this.timerID);
16:   }
17:
18:   tick() {
19:     this.setState({ date: new Date() });
20:   }
21:
22:   render() {
23:     return(
24:       <div>
25:         <h1>Hello, world!</h1>
26:         <FormattedDate date={this.state.date} />
27:       </div>
28:     );
29:   }
30: }
31:
32: export default Clock;
```

```
01:  import React from 'react';
02:
03:  function FormattedDate(props) {
04:    return <h2>It is {props.date.toLocaleTimeString()}.</h2>;
05:  }
06:
07:  export default FormattedDate;
```

만일 프로젝트를 자신의 컴퓨터에 다운로드를 하려면 메뉴의 [Export to ZIP] 버튼을 클릭하여 내려받을 수 있습니다. 내려받은 리액트 프로젝트를 로컬 서버에서 실행하려면 다음과 같이 package.json을 업데이트하고 리액트 프로젝트를 빌드하여 서버에서 실행하도록 합니다. npm-check-updates 패키지의 설치는 이미 앞서 실행했으므로 여기서는 생략했습니다.
리액트 프로젝트 빌드 시 react-scripts를 실행할 수 없다는 오류 메시지가 나올 경우, react-scripts 라이브러리를 설치하도록 합니다(npm install -g react-scripts).

```
# package.json 업데이트 (옵션)
> ncu -u
> npm install

# 리액트 프로젝트 빌드 및 실행
> npm start
```

13-7 이벤트 처리하기

리액트 엘리먼트에서 이벤트를 처리하는 방식은 바닐라 자바스크립트와 조금 차이가 있습니다. 이벤트 트리거와 이벤트 처리기의 표현 방식에서 다릅니다.

① 이벤트 트리거는 소문자 대신 캐멀케이스(camelCase)를 사용합니다(예: onclick → onClick).
② JSX를 사용하여 중괄호({})로 표현합니다(예: 함수명).

```
<button onClick="activateLasers()">
  Activate Lasers
</button>
<button onClick={activateLasers}>
  Activate Lasers
</button>
```

1. 이벤트 구성하기

리액트 엘리먼트에 적용하는 이벤트는 이벤트 트리거와 이벤트 처리기의 형식이 기존 자바스크립트와 다름을 주의하세요. 이벤트 트리거는 onClick, onMouseOver 등과 같이 캐멀케이스로 표현하며, 이벤트 트리거에 연결되는 이벤트 처리기의 표현 방식은 컴포넌트 메서드를 중괄호({})로 감싸주어야 합니다. 또한 중괄호 안에 표현되는 이벤트 처리기는 함수 괄호 없이 사용됨을 기억해 주세요.

●●● 예제 파일 13.event.html

```
 :        :
15:     <script type="text/babel">
16:       function Button() {
17:         const fire = () => {
18:           alert('버튼을 클릭했습니다!');
19:         }
20:
21:         return <button onClick={fire}>버튼 클릭!</button>;
22:       }
23:
```

```
24:      const root = ReactDOM.createRoot(document.getElementById('root'));
25:      root.render(<Button />);
26:    </script>
```

2. 이벤트에 매개변수 전달하기

이벤트에 매개변수를 전달하는 방법은 바닐라 자바스크립트와 동일합니다. 다만, 예제에서는 화살표 함수로 표현했고, 리액트는 이러한 자바스크립트의 최신 문법을 적용하는 것이 일반적입니다.

●●● 예제 파일 13.event2.html

```
 ⋮       ⋮
15:    <script type="text/babel">
16:      function Button() {
17:        const fire = (msg) => {
18:          alert(msg);
19:        }
20:
21:        return <button onClick={() => fire('딸깍!')}>버튼 클릭!</button>;
22:      }
23:
24:      const root = ReactDOM.createRoot(document.getElementById('root'));
25:      root.render(<Button />);
26:    </script>
```

3. 폼 이벤트 구성하기

앞의 예제에선 이벤트 처리기를 화살표 함수를 이용한 표현식으로 사용했는데, 이번 예제는 함수 컴포넌트 내부에 함수를 중첩하여 표현하는 방식을 사용하였습니다. 모양은 낯설지만 올바른 문법에 따른 방법이니 형식을 눈으로 잘 익혀 두세요.

〈button type="submit"〉 클릭 시 onSubmit 이벤트 트리거가 발생하며, handleSubmit() 함수가 이벤트 처리기로 실행됩니다. 이때 매개변수로 event가 전달되어, event.preventDefault()에 의해 폼 변수가 서버로 전송되는 것을 막아 줍니다. 리액트에서 HTML 요소의 기본 동작을 해제하기 위해서는 return false;가 아닌 event.preventDefault()를 명시적으로 호출해야 합니다.

●●● 예제 파일 13.event3.html

```
 ⋮       ⋮
15:    <script type="text/babel">
16:      function Form() {
17:        function handleSubmit(event) {
18:          event.preventDefault();
19:          console.log('폼 전송 버튼을 클릭했습니다.');
20:        }
21:
22:        return (
23:          <form onSubmit={handleSubmit}>
24:           <button type="submit">폼 전송</button>
25:          </form>
26:        );
27:      }
28:
29:      const root = ReactDOM.createRoot(document.getElementById('root'));
30:      root.render(<Form />);
31:    </script>
```

4. 클래스 컴포넌트에서 이벤트

클래스 컴포넌트인 Toggle을 작성합니다. 생성자 constructor()에서 state와 handleClick의 초기값을 설정합니다. this.handleClick과 같이 this 키워드를 콜백에서 사용하려면 this.handleClick.bind(this) 형태로 바인딩을 해 줘야 합니다. 여기서 콜백 형식이란 this.handleClick과 같이 뒤에 ()를 사용하지 않고 메서드를 참조하는 경우를 말합니다.

●●● 예제 파일 13.event4.html

```
 ⋮       ⋮
15:    <script type="text/babel">
16:      class Toggle extends React.Component {
17:        constructor(props) {
18:          super(props);
19:          this.state = { isToggleOn: true };
20:          this.handleClick = this.handleClick.bind(this);
21:        }
22:
```

```
23:         handleClick() {
24:           console.log('this', this);
25:           this.setState(prevState => ({
26:             isToggleOn: !prevState.isToggleOn
27:           }));
28:         }
29: 
30:         render() {
31:           return (
32:             <button onClick={this.handleClick}>
33:               {this.state.isToggleOn ? 'ON' : 'OFF'}
34:             </button>
35:           );
36:         }
37:       }
38: 
39:       const root = ReactDOM.createRoot(document.getElementById('root'));
40:       root.render(<Toggle />);
41:     </script>
```

생성자 constructor()에서 this.handleClick = this.handleClick.bind(this);를 적용했을 때와 적용하지 않았을 때를 나눠 콘솔 창으로 this 키워드를 출력해 보면, 메서드를 바인딩하지 않을 때 this는 undefined가 되어 문제를 일으킵니다.

콘솔 화면

```
this                          Inline Babel script:10
▶ Toggle {props: {…}, context: {…}, refs: {…},
  updater: {…}, state: {…}, …}

this undefined
```

this를 잃어버리는 문제에 대한 다른 해결 방법으로, {this.handleClick}과 같이 콜백 형식이 아니라 {() => this.handleClick()} 형태처럼 변경하면 됩니다.

```
<button onClick={this.handleClick}>

<button onClick={() => this.handleClick()}>
```

bind()로 this 유지하기

바닐라 자바스크립트에서 setTimeout()에 메서드를 전달할 때, 콜백 형식을 사용할 경우 this 정보가 사라지는 문제가 있으며, 이에 대한 해결 방법으로 2가지를 예제와 함께 정리합니다.

한 가지 방법은 일반 함수 또는 화살표 함수의 코드 블록에서 함수 형태로 표현하면 이 문제를 피할 수 있습니다. 다른 하나는 bind() 메서드를 이용하여 명시적으로 메서드를 bind()의 매개변수와 바인딩(고정)해 주는 방법이 있습니다. 다음은 예제 파일 중 〈script〉의 전체 코드입니다.

●●● 예제 파일 13.event-bind.html

```
 ⋮        ⋮
11:    <script>
12:      "use strict";
13:
14:      let user = {
15:        yourName: '홍길동',
16:        greeting: function() {
17:          console.log(`반갑습니다, ${this.yourName}님!`);
18:        }
19:      };
20:
21:      // 콜백 호출 문제
22:      // setTimeout(user.greeting, 1000); // 반갑습니다, undefined님!
23:
24:      // 해결방법 #1
25:      // setTimeout(function () { user.greeting() }, 1000); //
     반갑습니다, 홍길동님!
26:      // setTimeout(() => { user.greeting() }, 1000); // 반갑습니다,
     홍길동님!
27:
28:      // 해결방법 #2 (메서드 바인딩)
29:      let hello = user.greeting.bind(user);
30:      setTimeout(hello, 1000); // 반갑습니다, 홍길동님!
31:    </script>
```

5. 온라인 코드 편집기에서 구성하기

코드샌드박스(codesandbox.io)에서 '이벤트 처리하기' 예제를 구성해서 온라인으로

실행해 보겠습니다. React 템플릿을 선택하고 프로젝트 이름을 '13.event'로 만듭니다. 예제에서 사용된 컴포넌트는 클래스 컴포넌트로 App.js라는 이름으로 파일을 구성합니다. 그리고 예제와 달리 〈button〉 부분만 컴포넌트로 만들어 자식 컴포넌트에서 부모 컴포넌트로 이벤트를 전달하는 방식으로 구성하겠습니다. [New Directory] 버튼을 클릭하여 components 폴더를 만들고, [New File] 버튼을 클릭하여 그 아래에 Button.js 파일을 만듭니다. styles.css의 코드는 여기서는 불필요하여 내용을 삭제했습니다.

자바스크립트 모듈은 export와 import 구문으로 독립적인 모듈을 만들고 또한 모듈을 사용할 수 있도록 합니다. 파일명과 컴포넌트의 이름은 똑같이 맞춰주면 됩니다.

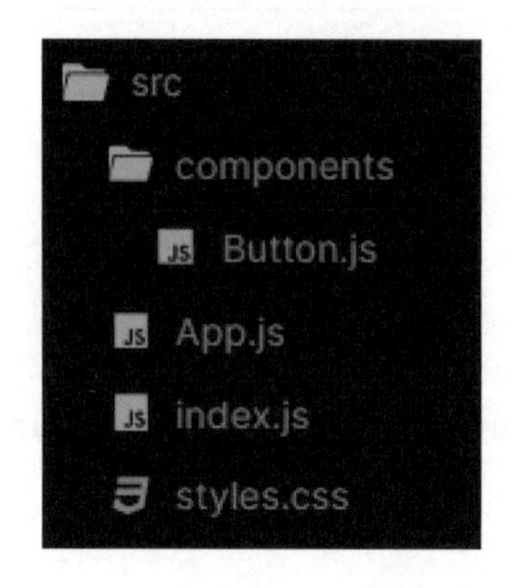

●●● 예제 파일 13.event/src/App.js

```
01:  import React from 'react';
02:  import Button from './components/Button';
03:
04:  class App extends React.Component {
05:    constructor(props) {
06:      super(props);
07:      this.state = { isToggleOn: true };
08:      this.handleClick = this.handleClick.bind(this);
09:    }
10:
11:    handleClick() {
12:      this.setState(prevState => ({
13:        isToggleOn: !prevState.isToggleOn
14:      }));
15:    }
16:
```

```
17:   render() {
18:     return(
19:       <Button
20:         onClick={this.handleClick}
21:         isToggleOn={this.state.isToggleOn}
22:       />
23:     );
24:   }
25: }
26:
27: export default App;
```

자식 컴포넌트에서 부모 컴포넌트로 클릭 이벤트(onClick)를 전달하기 위해서 자식 컴포넌트인 Button.js에서 props를 전달받아 props.onClick 형식으로 부모 컴포넌트인 App.js의 onClick 이벤트를 호출할 수 있습니다. state 값 또한 props로 받아 버튼의 콘텐츠 노드(text)로 표현해줄 수 있습니다.

●●● 예제 파일 13.event/src/components/Button.js

```
01: import React from 'react';
02:
03: function Button(props) {
04:   return (
05:     <button onClick={props.onClick}>{props.isToggleOn ? "ON" :
    "OFF"}</button>
06:   );
07: }
08:
09: export default Button;
```

만일 프로젝트를 자신의 컴퓨터에 다운로드를 하려면 메뉴의 [Export to ZIP] 버튼을 클릭하여 내려받을 수 있습니다. 내려받은 리액트 프로젝트를 로컬 서버에서 실행하려면 다음과 같이 package.json을 업데이트하고 리액트 프로젝트를 빌드하여 서버에서 실행하도록 합니다. npm-check-updates 패키지의 설치는 이미 앞서 실행했으므로 여기서는 생략했습니다.
리액트 프로젝트 빌드 시 react-scripts를 실행할 수 없다는 오류 메시지가 나올 경우,

react−scripts 라이브러리를 설치하도록 합니다(npm install −g react−scripts).

```
# package.json 업데이트 (옵션)
> ncu -u
> npm install

# 리액트 프로젝트 빌드 및 실행
> npm start
```

13-8 훅

리액트 16.8부터 리액트 요소로 새로 추가된 훅을 소개하겠습니다. 훅(hook)은 클래스 컴포넌트에서만 사용 가능했던 state와 생명주기 기능을 함수 컴포넌트에서도 사용할 수 있도록 해 줍니다. 더 나아가서 클래스 컴포넌트 없이 리액트의 여러 기능을 사용하는 방법을 제시합니다.

다음은 리액트에 내장된 훅(hook) API이며, useState(), useEffect(), useContext()를 기본 훅으로, 나머지를 추가 훅으로 나누고 있습니다.

표 13-3 | 리액트 훅의 종류

리액트 훅(hook)	설명
useState()	함수 컴포넌트에서 state를 생성하고 관리합니다.
useEffect()	함수 컴포넌트에서 부수 효과(side effect)를 수행합니다.
useContext()	state를 전역(global)으로 관리하는 방법을 제공합니다.
useRef()	.current 프로퍼티에 변경 가능한 값을 담고 있는 데이터 컨테이너입니다.
useReducer()	useState()의 대체 함수로 복잡하게 얽힌 여러 개의 state를 추적할 수 있습니다.
useCallback()	메모이제이션된 콜백(callbak)을 반환합니다(의존성이 변경된 경우만 다시 계산).
useMemo()	메모이제이션된 값(value)을 반환합니다(의존성이 변경된 경우만 다시 계산).
custom hook	재활용 가능한 함수를 생성합니다.

tip 메모이제이션(memoization)

컴퓨터 프로그램이 동일한 계산을 반복해야 할 때, 이전에 계산한 값을 메모리에 저장함으로써 동일한 계산의 반복 수행을 제거하여 프로그램의 실행 속도를 빠르게 하는 기술입니다.

1. 클래스 컴포넌트에서 state 사용하기

클래스 컴포넌트를 구성하고 state로 컴포넌트의 내부 데이터를 핸들링하는 예제를 구성합니다. 생성자 constructor()에서 state를 정의하고 count 속성을 0으로 초기화합니다. 버튼을 클릭하면 setState() 메서드를 호출하여 count 값을 1씩 증가하도록 하며, 증가된 값을 출력하도록 합니다.

```
 ⋮        ⋮
15:    <script type="text/babel">
16:      class ButtonCount extends React.Component {
17:        constructor(props) {
18:          super(props);
19:          this.state = { count: 0 };
20:        }
21:
22:        render() {
23:          return(
24:            <div>
25:              <p>버튼을 {this.state.count}번 클릭했습니다.</p>
26:              <button onClick={() => this.setState({ count: this.
    state.count + 1 })}>
27:                클릭하세요
28:              </button>
29:            </div>
30:          );
31:        }
32:      }
33:
34:      const root = ReactDOM.createRoot(document.getElementById('root'));
35:      root.render(<ButtonCount />);
36:    </script>
```

미리보기

버튼을 6번 클릭했습니다.

클릭하세요

2. 함수 컴포넌트에서 State 훅 사용하기

함수 컴포넌트를 만들고 여기에 state와 생명주기 함수를 사용할 수 있도록 하는 훅의 사용 방법을 예제로 구성합니다. state를 사용하도록 하는 훅은 useState()로 정의하며, import로 useState()를 가져와 연결하는 방법과 React.useState()로 경로를 사용하여 표현하는 방법이 있습니다. create-react-app으로 리액트 프로젝트를 생성하는 경우는 import 방법으로, <script type="text/babel">을 사용하는 경우는 React.

useState()로 작성합니다. 이때 매개변수는 state의 초기값이 됩니다. 따라서 다음에서 count 값은 0이 됩니다.
useState()의 실행 결과는 구조 분해 할당(destructuring assignment)으로 반환되는데, 구조 분해 할당은 배열이나 객체의 속성을 해체하여 그 값의 전부 혹은 일부를 개별 변수에 담을 수 있게 하는 표현식입니다. count는 state가 갖는 속성이고, setCount는 count 속성을 갱신할 수 있도록 하는 메서드입니다.

```
function ButtonCount() {
  const[count, setCount] = React.useState(0);
}
```

state 변수를 선언하고 state 값의 조회와 갱신은 다음과 같이 수행됩니다.

---

① state 변수 선언 : useState()로 state 변수를 선언하고 초기값을 설정합니다.
② state 값의 조회 : state 변수 선언 시 정의된 속성(count)을 조회합니다.
③ state 값의 갱신 : state 변수 선언 시 정의된 메서드(setCount())를 호출합니다.

●●● 예제 파일 13.hook-useState2.html

```
 ⋮        ⋮
15:    <script type="text/babel">
16:      function ButtonCount() {
17:        const [count, setCount] = React.useState(0);
18:
19:        return (
20:          <div>
21:            <p>버튼을 {count}번 클릭했습니다.</p>
22:            <button onClick={() => setCount(count + 1)}>
23:              클릭하세요
24:            </button>
25:          </div>
26:        );
27:      }
28:
29:      const root = ReactDOM.createRoot(document.getElementById('root'));
30:      root.render(<ButtonCount />);
31:    </script>
```

3. 온라인 코드 편집기에서 useState 구성하기

코드샌드박스(codesandbox.io)에서 '함수 컴포넌트에서 State 훅 사용하기' 예제를 구성해서 온라인으로 실행합니다. React 템플릿을 선택하고 프로젝트 이름을 '13.hook-useState'로 만듭니다.

예제에서 사용된 컴포넌트는 1개로 클래스 컴포넌트로 'ButtonCount.js'의 이름으로 새로운 파일을 구성합니다. [New File] 버튼을 클릭하여 새로운 파일을 만들고, 1개의 파일을 추가했습니다. styles.css의 코드는 여기서는 불필요하여 내용을 삭제했습니다. 자바스크립트 모듈은 export와 import 구문으로 독립적인 모듈을 만들고, 또한 모듈을 사용할 수 있도록 합니다. 파일명과 컴포넌트의 이름은 똑같이 맞춰 주면 됩니다.

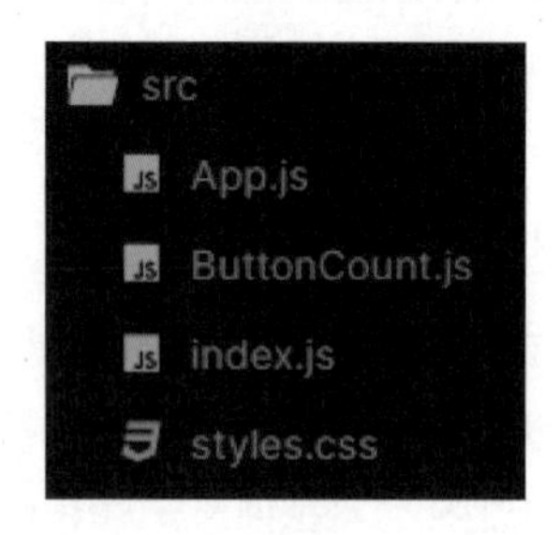

●●● 예제 파일 13.hook-usestate/src/App.js

```
01:  import React from 'react';
02:  import ButtonCount from './ButtonCount';
03:
04:  function App() {
05:    return <ButtonCount />;
06:  }
07:
08:  export default App;
```

●●● 예제 파일 13.hook-usestate/src/ButtonCount.js

```
01:  import React, { useState } from 'react';
02:
03:  function ButtonCount() {
04:    const [count, setCount] = useState(0);
05:
06:    return (
07:      <div>
08:        <p>버튼을 {count} 번 클릭했습니다.</p>
```

```
09:         <button onClick={() => setCount(count + 1)}>
10:           클릭하세요
11:         </button>
12:       </div>
13:     );
14:   }
15: 
16:   export default ButtonCount;
```

만일 프로젝트를 자신의 컴퓨터에 다운로드를 하려면 메뉴의 [Export to ZIP] 버튼을 클릭하여 내려받을 수 있습니다. 내려받은 리액트 프로젝트를 로컬 서버에서 실행하려면 다음과 같이 package.json을 업데이트하고 리액트 프로젝트를 빌드하여 서버에서 실행하도록 합니다. npm-check-updates 패키지의 설치는 이미 앞서 실행했으므로 여기서는 생략했습니다.
리액트 프로젝트 빌드 시 react-scripts를 실행할 수 없다는 오류 메시지가 나올 경우, react-scripts 라이브러리를 설치하도록 합니다(npm install -g react-scripts).

```
# package.json 업데이트 (옵션)
> ncu -u
> npm install

# 리액트 프로젝트 빌드 및 실행
> npm start
```

4. 클래스 컴포넌트에서 생명주기 함수 사용하기

클래스 컴포넌트를 구성하고 state로 컴포넌트의 내부 데이터를 핸들링하고, 생명주기 함수를 사용하는 예제를 구성합니다.
생성자 constructor()에서 state를 정의하고 count 속성을 0으로 초기화합니다. 버튼을 클릭하면 setState() 메서드를 호출하여 count 값을 1씩 증가하도록 하며, 증가된 값을 출력하도록 합니다. 또한 생명주기 함수인 componentDidMount()를 DOM에 엘리먼트 렌더링이 종료된 직후 호출하여 웹 문서의 제목(title)을 변경하도록 하며, 또한 버튼이 클릭되면 업데이트된 state.count를 DOM의 업데이트 렌더링이 종료된 직후에 componentDidUpdate()를 호출하여 웹 문서의 제목(title)을 계속 변경하도록 합니다.

●●● 예제 파일 13.hook-useEffect.html

```
 ⋮        ⋮
15:    <script type="text/babel">
16:      class ButtonCount extends React.Component {
17:        constructor(props) {
18:          super(props);
19:          this.state = { count: 0 };
20:        }
21:
22:        componentDidMount() {
23:          document.title = `버튼을 ${this.state.count}번 클릭했습니다.`;
24:        }
25:
26:        componentDidUpdate() {
27:          document.title = `버튼을 ${this.state.count}번 클릭했습니다.`;
28:        }
29:
30:        render() {
31:          return (
32:            <div>
33:              <p>버튼을 {this.state.count}번 클릭했습니다.</p>
34:              <button onClick={() => this.setState({ count: this.
    state.count + 1 })}>
35:                클릭하세요
36:              </button>
37:            </div>
38:          );
39:        }
40:      }
41:
42:      const root = ReactDOM.createRoot(document.getElementById('root'));
43:      root.render(<ButtonCount />);
44:    </script>
```

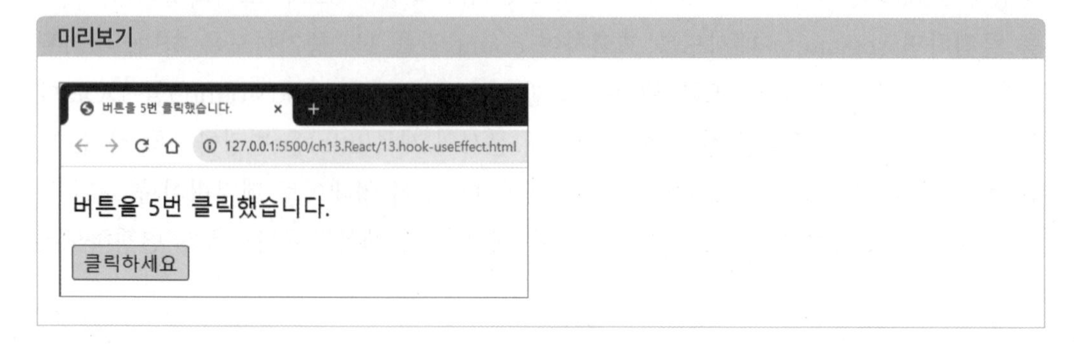

5. 함수 컴포넌트에서 Effect 훅 사용하기

Effect 훅은 함수 컴포넌트에서 사이드 이펙트를 수행할 수 있도록 합니다. 사이드 이펙트는 함수가 반환값(리턴값) 이외에 하는 모든 일로 데이터를 가져오거나, DOM에 대하여 직접 업데이트하거나 타이머 함수의 호출 등을 수행하는 것으로, 생명주기 함수에서 componentDidMount(), componentDidUpdate(), componentWillUnmount()가 합쳐진 기능이라고 할 수 있습니다. 즉, useEffect에 전달된 함수로 컴포넌트가 렌더링 이후에 어떤 일을 수행해야 하는지 결정할 수 있습니다. 함수 컴포넌트를 구성하고 React.useEffect()를 추가하고, 함수형 매개변수를 전달하여 컴포넌트가 렌더링 이후에 어떤 일을 수행해야 하는지 기술합니다. 물론 결과는 클래스 컴포넌트에서 생명주기 함수를 사용한 경우와 동일합니다.

●●● 예제 파일 13.hook-useEffect2.html

```
 ⋮       ⋮
15:    <script type="text/babel">
16:      function ButtonCount() {
17:        const [count, setCount] = React.useState(0);
18:
19:        React.useEffect(() => {
20:          document.title = `버튼을 ${count}번 클릭했습니다.`;
21:        });
22:
23:        return (
24:          <div>
25:            <p>버튼을 {count}번 클릭했습니다.</p>
26:            <button onClick={() => setCount(count + 1)}>
27:              클릭하세요
28:            </button>
29:          </div>
30:        );
31:      }
32:
33:      const root = ReactDOM.createRoot(document.getElementById('root'));
34:      root.render(<ButtonCount />);
35:    </script>
```

tip 순수 함수, 고차 함수, 일급 함수

- 순수 함수(pure function) : 인자(매개변수)에만 의존하는 부수 효과가 없는 함수입니다.
- 고차 함수(higher order function) : 함수를 인자로 받거나 결과로 반환하는 함수입니다.
- 일급 함수(first class function) : 변수처럼 다룰 수 있는 함수로, 변수에 함수를 할당하거나 함수를 인자로 전달하거나 함수를 반환할 수 있습니다.

6. 콘텍스트 훅 사용하기

콘텍스트 훅은 함수 컴포넌트에서 state를 전역(global)으로 관리하는 방법을 제공합니다. 앞서 살펴본 예제 13.component-props5.html에서는 컴포넌트 단계마다 일일이 props를 넘겨서, 전달받은 props로 UI를 구성하였습니다. 즉 데이터는 위에서 아래로(부모로부터 자식에게) props를 통해 전달되었습니다. 그러나 콘텍스트를 사용하면 트리 단계마다 명시적으로 props를 넘겨주지 않아도 많은 컴포넌트가 값을 공유할 수 있습니다. 그래서 state를 전역으로 관리하는 방법을 제공한다고 설명한 것입니다.
3개의 예제를 구성하여 props만으로 데이터를 전달하는 경우, 클래스 컴포넌트에서 콘텍스트를 사용하는 경우 마지막으로 함수 컴포넌트에서 콘텍스트 훅을 사용하는 경우를 살펴봅니다.
먼저 props로 컴포넌트 단계마다 일일이 전달하는 사례를 살펴봅니다. 다음은 3개의 예제에 공통으로 적용되는 themes 객체로 전경색과 배경색에 대한 색상 조합에 대한 데이터입니다.

●●● 예제 파일 13.hook-useContext.html

```
⋮        ⋮
16:      const themes = {
17:        light: {
18:          foreground: '#000000',
19:          background: '#eeeeee'
20:        },
21:        dark: {
22:          foreground: '#ffffff',
23:          background: '#222222'
24:        }
25:      };
```

3개의 컴포넌트로 구성되는 다음의 예제는 props를 생성하는 App과 props를 소비하는 ThemedButton 외에 props의 쓰임과는 관련 없는 Toolbar로 되어 있습니다. 그러나 컴포넌트 단계마다 일일이 props를 넘겨야 하는 제약이 있으며 Toolbar는 불필요한 props를 받아 그저 전달하는 역할을 합니다.

●●● 예제 파일 13.hook-useContext.html

```
 ⋮        ⋮
27:      class ThemedButton extends React.Component {
28:        render() {
29:          return (
30:            <button style={{ background: this.props.theme.
     background, color: this.props.theme.foreground }}>
31:              버튼
32:            </button>
33:          );
34:        }
35:      }
36:
37:      function Toolbar(props) {
38:        return <ThemedButton theme={props.theme} />;
39:      }
40:
41:      class App extends React.Component {
42:        render() {
43:          return <Toolbar theme={themes.dark} />;
44:        }
45:      }
46:
47:      const root = ReactDOM.createRoot(document.getElementById('root'));
48:      root.render(<App />);
```

클래스 컴포넌트에서 콘텍스트를 사용하여 컴포넌트의 트리 단계마다 명시적으로 props를 넘겨주지 않는 방법을 예제로 구성합니다. 전역 변수로 콘텍스트를 생성하고 (createContext()), 값을 생성하는 App 컴포넌트에서 콘텍스트 제공자(Provider)를 만들고 값을 설정합니다. 이렇게 하면 중간에 있는 Toolbar 컴포넌트는 props를 취급할 필요가 없게 됩니다. createContext()의 매개변수는 트리 안에서 적절한 Provider를 찾지 못했을 경우에만 쓰이는 기본값입니다.
값을 소비하는 ThemedButton 컴포넌트에서 콘텍스트를 접근하기 위해 contextType

을 지정하면, 리액트는 가장 가까이 있는 콘텍스트 제공자(Provider)를 찾아 그 값을 사용할 수 있습니다. 이때 전달된 값은 themes.dark로 이것의 접근은 this.context로 합니다. 결과적으로 〈button〉에 적용된 CSS는 background: '#ffffff', color: '#222222'가 됩니다.

●●● 예제 파일 13.hook-useContext2.html

```
 ⋮       ⋮
27:     const ThemeContext = React.createContext(themes.light);
28:
29:     class ThemedButton extends React.Component {
30:       static contextType = ThemeContext;
31:       render() {
32:         return <button style={{ background: this.context.
    background, color: this.context.foreground}} >버튼</button>;
33:       }
34:     }
35:
36:     function Toolbar() {
37:       return <ThemedButton />;
38:     }
39:
40:     class App extends React.Component {
41:       render() {
42:         return (
43:           <ThemeContext.Provider value={themes.dark}>
44:             <Toolbar />
45:           </ThemeContext.Provider>
46:         );
47:       }
48:     }
49:
50:     const root = ReactDOM.createRoot(document.getElementById('root'));
51:     root.render(<App />);
```

정의된 콘텍스트를 함수 컴포넌트에서 사용할 수 있도록 useContext()를 사용하여 컴포넌트의 트리 단계마다 명시적으로 props를 넘겨주지 않는 방법을 예제로 구성합니다. 클래스 컴포넌트와 함수 컴포넌트에서 콘텍스트를 사용하는 방법의 차이는 ThemedButton 컴포넌트만 비교하면 됩니다.

```
 :        :
27:      const ThemeContext = React.createContext(themes.light);
28:
29:      function ThemedButton() {
30:        const theme = React.useContext(ThemeContext);
31:        return (
32:          <button style={{ background: theme.background, color:
    theme.foreground}} >
33:            버튼
34:          </button>
35:        );
36:      }
37:
38:      function Toolbar() {
39:        return <ThemedButton />;
40:      }
41:
42:      function App() {
43:        return (
44:          <ThemeContext.Provider value={themes.dark}>
45:            <Toolbar />
46:          </ThemeContext.Provider>
47:        );
48:      }
49:
50:      const root = ReactDOM.createRoot(document.getElementById('root'));
51:      root.render(<App />);
```

13-9 리액트 프로젝트

오늘 할 일(To do list)이라는 미니 프로젝트를 같이 해 보면서, 리액트 입문 과정을 마무리합니다. 리액트에 대한 심화 과정은 리액트 문서의 고급 안내서나 API 참고서를 살펴보거나 출간된 리액트 전문 서적을 참고하세요.
입력창으로 오늘 할 일을 입력하면, 리스트에 추가되고 해당 리스트를 클릭하면 오늘 할 일 목록에서 제거하는 간단한 앱을 구성하겠습니다. state와 props만을 이용하여 구성하는 예제와 콘텍스트(context)를 사용하여 구성하는 방법을 각각 예제로 만들어 보겠습니다. 또한 바닐라 자바스크립트로도 구성하겠습니다. 간단한 예제이기 때문에 리액트보다는 오히려 바닐라 자바스크립트로 만드는 것이 더 간단해 보이지만, 재활용 가능한 UI 컴포넌트를 만들고 컴포넌트 간의 데이터와 이벤트를 전달하는 방법을 익히는 의미가 있습니다.

컴포넌트를 구성하는 정해진 기준은 없으나, 아무래도 재활용이 빈번하게 사용될 UI를 컴포넌트로 나누는 것이 효율적입니다. 부트스트랩의 [리스트 그룹]을 목록으로 표현하며, 예제에서는 해당 목록을 TodoList 컴포넌트로 구성합니다.

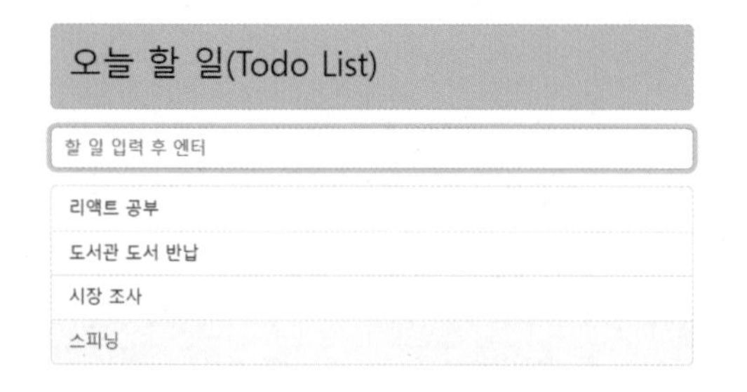

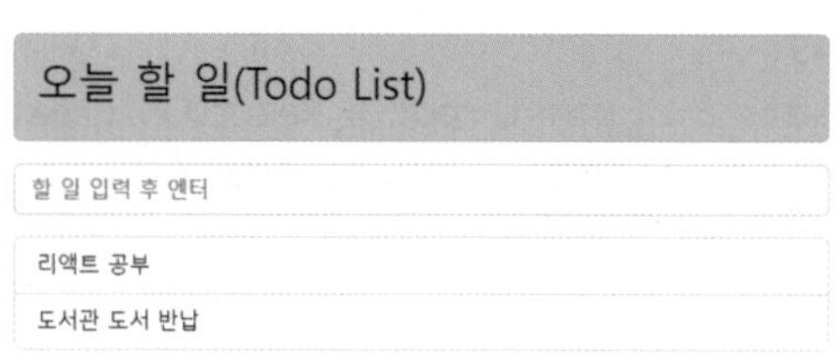

1. state와 props로 구현하기

코드샌드박스(codesandbox.io)에서 프로젝트를 다음의 순서로 구성합니다.

---

① [오늘 할 일] 앱을 디자인합니다.
② 컴포넌트(App, TodoList)를 구성합니다.
③ state 및 props를 구성합니다.
④ App 컴포넌트에서 입력창으로 [오늘 할 일] 목록을 추가합니다.
⑤ TodoList 컴포넌트에서 목록을 클릭하여 선택한 [오늘 할 일] 목록을 삭제합니다.

External URL 입력창에 최신 버전의 부트스트랩(Bootstrap)의 CDN URL[16]을 입력하고 [Add resource] 버튼을 클릭해 외부 리소스로 추가합니다. 물론 npm 패키지로 React-Bootstrap[17]을 설치하여 부트스트랩을 이용할 수 있습니다.

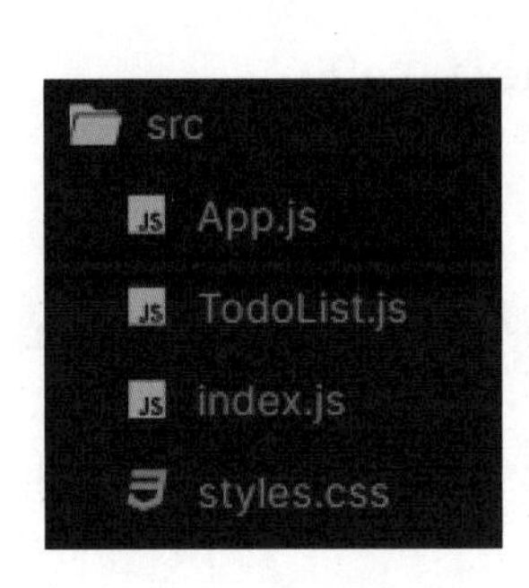

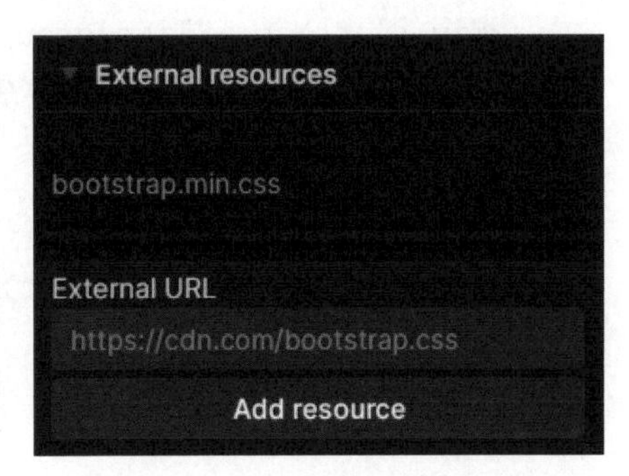

오늘 할 일을 입력하여 목록을 만들어 추가하고, 목록을 클릭하여 해당 목록을 삭제하는 앱의 UI를 다음과 같이 구성합니다. 가운데 정렬하는 UI 프레임을 만들고 앱의 타이틀과 〈input〉으로 구성한 할 일 입력을 위한 입력창을 구성하고 아래쪽에 리스트 그룹을 만들어 입력한 할 일 목록을 표시하는 영역을 만듭니다.

●●● 예제 파일 13.todolist/src/App.js

```
 ⋮          ⋮
18:      <div className="container">
19:        <div className="row justify-content-center">
20:          <div className="col-8">
21:            <div className="alert alert-dark" role="alert">
22:              <h2>오늘 할 일(Todo List)</h2>
23:            </div>
24:            <input
25:              type="search"
26:              className="form-control my-3"
27:              value={todoInput}
28:              placeholder="할 일 입력 후 엔터"
29:              onChange={(event) => setTodoInput(event.target.value)}
30:              onKeyDown={(event) => {
31:                if (event.key == "Enter") {
```

16) 부트스트랩 CDN URL : https://cdn.jsdelivr.net/npm/bootstrap@5.3.2/dist/css/bootstrap.min.css

17) React-Bootstrap : https://react-bootstrap.github.io/docs/getting-started/introduction

```
32:                     addList();
33:                   }
34:                 }}
35:               />
36:               <div className="list-group">
37:                 {todoList.map((item, index) => {
38:                     return (
39:                       <TodoList
40:                         key={index}
41:                         onClick={(event) => removeList(event, index)}
42:                         item={item}
43:                       ></TodoList>
44:                     );
45:                 })}
46:               </div>
47:             </div>
48:           </div>
49:         </div>
```

useState()로 입력창의 값과 입력한 할 일을 배열 todoList에 추가하고 삭제하기 위한 메서드를 구성합니다.

todoList에 할 일을 추가하고 삭제하는 이벤트를 처리할 addList()와 removeList()를 각각 구성합니다.

할 일을 추가하는 경우는 state의 setTodoList() 메서드로 배열이나 객체를 전부 복사하거나 그 일부를 다른 배열이나 객체로 만드는 연산자인 스프레드 연산자(spread operator)를 이용하여 todoList에 입력한 값을 추가합니다. 또한 할 일을 삭제하는 경우도 동일한 setTodoList() 메서드에 삭제하려는 목록의 인덱스를 제외하는 기능을 filter()로 만들고 전달하여 처리합니다.

●●● 예제 파일 13.todolist/src/App.js

```
 :    :
04:  function App() {
05:    const [todoInput, setTodoInput] = useState("");
06:    const [todoList, setTodoList] = useState([]);
07:
08:    const addList = () => {
09:      setTodoList([...todoList, todoInput]);
10:      setTodoInput("");
11:    };
12:    const removeList = (event, key) => {
13:      event.preventDefault();
14:      setTodoList(todoList.filter((list, removeKey) => removeKey
    !== key));
15:    };
```

<input>으로 구성된 입력창은 onChange 이벤트 트리거로 입력된 값이 바뀔 경우 state의 todoInput 변수를 업데이트합니다. 또한 할 일을 입력한 후 Enter↵키를 누르면 addList()를 호출하여 할 일 목록에 입력값을 삽입합니다.

●●● 예제 파일 13.todolist/src/App.js

```
 :          :
24:        <input
25:          type="search"
26:          className="form-control my-3"
27:          value={todoInput}
28:          placeholder="할 일 입력 후 엔터"
29:          onChange={(event) => setTodoInput(event.target.value)}
30:          onKeyDown={(event) => {
31:            if (event.key == "Enter") {
32:              addList();
33:            }
34:          }}
35:        />
```

리스트 그룹의 목록은 재활용 가능한 UI로서 별도의 컴포넌트인 TodoList로 구성합니다. state의 todoList 변수가 변경될 때마다 map()으로 목록을 업데이트합니다. 여러 개의 목록을 식별하기 위해서 key 속성을 추가하고 이 목록을 클릭하면 해당 리스트 그룹에서 목록을 삭제하기 위해 removeList()를 호출하도록 합니다. 부트스트랩의 목록이 〈a〉로 되어 있기 때문에 event와 해당 key의 식별값인 index를 매개변수로 전달합니다. event는 preventDefault()를 호출하도록 하여 〈a〉의 기본 기능인 링크 열기를 제한하도록 합니다.

●●● 예제 파일 13.todolist/src/App.js

```
 ⋮          ⋮
36:       <div className="list-group">
37:        {todoList.map((item, index) => {
38:          return (
39:            <TodoList
40:              key={index}
41:              onClick={(event) => removeList(event, index)}
42:              item={item}
43:            ></TodoList>
44:          );
45:       })}
46:     </div>
```

다음은 지금까지 설명한 App 컴포넌트의 전체 코드입니다.

●●● 예제 파일 13.todolist/src/App.js

```
01: import React, { useState } from 'react';
02: import TodoList from './TodoList';
03:
04: function App() {
05:   const [todoInput, setTodoInput] = useState("");
06:   const [todoList, setTodoList] = useState([]);
07:
08:   const addList = () => {
09:     setTodoList([...todoList, todoInput]);
10:     setTodoInput("");
11:   }
12:   const removeList = (event, key) => {
13:     event.preventDefault();
14:     setTodoList(todoList.filter((list, removeKey) => removeKey
    !== key));
```

```
15:   };
16:
17:   return (
18:     <div className="container">
19:       <div className="row justify-content-center">
20:         <div className="col-8">
21:           <div className="alert alert-dark" role="alert">
22:             <h2>오늘 할 일(Todo List)</h2>
23:           </div>
24:           <input
25:             type="search"
26:             className="form-control my-3"
27:             value={todoInput}
28:             placeholder="할 일 입력 후 엔터"
29:             onChange={(event) => setTodoInput(event.target.value)}
30:             onKeyDown={(event) => {
31:               if (event.key == "Enter") {
32:                 addList();
33:               }
34:             }}
35:           />
36:           <div className="list-group">
37:             {todoList.map((item, index) => {
38:                 return (
39:                   <TodoList
40:                     key={index}
41:                     onClick={(event) =>removeList(event, index)}
42:                     item={item}
43:                   ></TodoList>
44:               );
45:             })}
46:           </div>
47:         </div>
48:       </div>
49:     </div>
50:   );
51: }
52:
53: export default App;
```

TodoList 컴포넌트는 부모 컴포넌트인 App으로부터 props를 전달받아 할 일 목록과 클릭 이벤트를 연결하고 있습니다.

●●● 예제 파일 13.todolist/src/TodoList.js

```
01:  import React from 'react';
02:
03:  function TodoList(props) {
04:    return (
05:      <a
06:        href="#"
07:        className="list-group-item list-group-item-action"
08:        onClick={props.onClick}
09:      >
10:        {props.item}
11:      </a>
12:    );
13:  }
14:
15:  export default TodoList;
```

2. state와 콘텍스트로 구현하기

콘텍스트 혹은 함수 컴포넌트에서 state를 전역(global)으로 관리하는 방법을 제공합니다. 앞의 예제에서 컴포넌트 단계마다 props를 넘겨 처리한 것을 useContext()를 이용하여 재구성합니다.

---

① [오늘 할 일] 앱을 디자인합니다.
② App, TodoContext, TodoContainer, TodoList 컴포넌트를 구성합니다.
③ state 및 콘텍스트를 구성합니다.
④ App 컴포넌트에서 입력창으로 [오늘 할 일] 목록을 추가합니다.
⑤ TodoList 컴포넌트에서 목록을 클릭하여 선택한 [오늘 할 일] 목록을 삭제합니다.

콘텍스트를 갖는 전역 컴포넌트 TodoContext를 구성하여, 콘텍스트를 생성하는(provider) App과 콘텍스트를 소비하고 콘텍스트를 업데이트하는 TodoList에 import합니다. 콘텍스트는 할 일 목록을 배열로 갖는 todoList와 클릭한 할 일 목록을 제거하는 removeList() 메서드를 값으로 갖습니다.

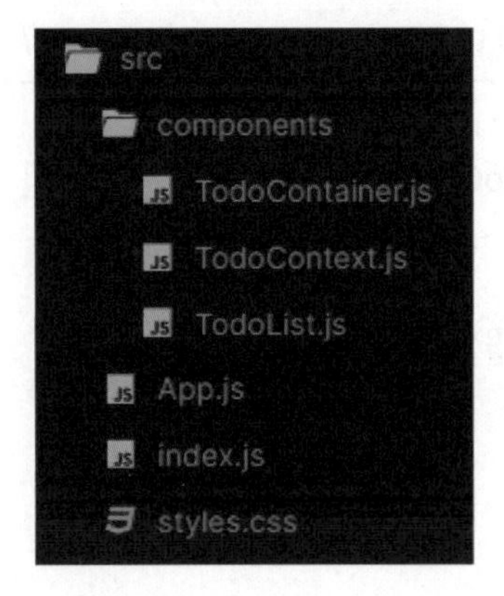

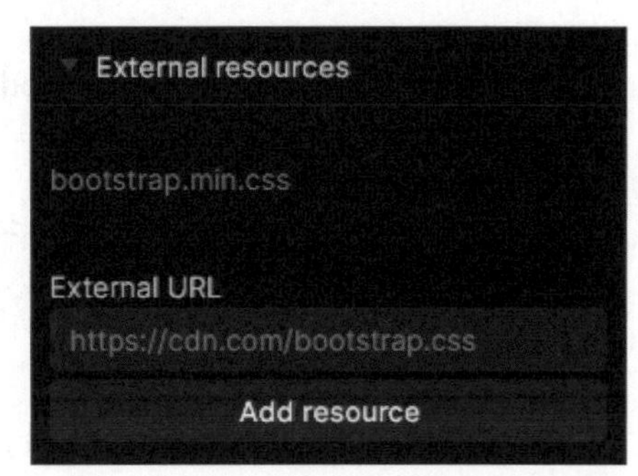

●●● 예제 파일 13.todolist-context/src/components/TodoContext.js

```
01:  import React, { createContext } from 'react';
02:
03:  export const TodoContext = createContext({
04:    list: "",
05:    removeList: () => {}
06:  });
```

●●● 예제 파일 13.todolist-context/src/App.js

```
 ⋮           ⋮
40:         <TodoContext.Provider
41:           value={{
42:             list: todoList,
43:             removeList: removeList
44:           }}
45:         >
46:          <TodoContainer />
47:         </TodoContext.Provider>
```

컴포넌트 단계마다 일일이 props를 넘겨 처리했던 것을 필요한 컴포넌트에 useContext()로 바로 연결하여 인터랙션합니다. 콘텍스트를 todo 변수로 받고 todo.list로 콘텍스트의 값인 todoList를 가리키고, todo.removeList()로 콘텍스트의 메서드인 removeList()를 연결하여 자식 컴포넌트에서 부모 컴포넌트의 state를 제어하였습니다.

● ● ● 예제 파일 13.todolist-context/src/components/TodoList.js

```
01:  import React, { useContext } from 'react';
02:  import { TodoContext } from './TodoContext';
03:
04:  function TodoList() {
05:    const todo = useContext(TodoContext);
06:
07:    return (
08:      <div className="list-group">
09:        {todo.list.map((item, index) => {
10:            return (
11:            <a
12:              href="#"
13:              key={index}
14:              className="list-group-item list-group-item-action"
15:              onClick={(event) => todo.removeList(event, index)}
16:            >
17:              {item}
18:            </a>
19:          );
20:        })}
21:      </div>
22:    );
23:  }
24:
25:  export default TodoList;
```

3. 바닐라 자바스크립트로 구현하기

리액트로 작성한 '오늘 할 일' 앱의 이해를 돕기 위해 바닐라 자바스크립트로 동일한 기능을 재작성합니다. 〈input type="search"〉 입력창에서 onsearch 이벤트 트리거를 이용하여 입력값을 배열로 저장하고, 배열의 내용을 리스트 그룹으로 업데이트합니다. 리스트 그룹의 목록에 onclick 이벤트를 구성하고 removeList()를 호출하도록 하여 선택한 목록을 삭제하도록 했습니다.

●●● 예제 파일 13.todolist-vanilla.html

```
⋮        ⋮
11:     <div class="container">
12:       <div class="row justify-content-center">
13:         <div class="col-8">
14:           <div class="alert alert-dark" role="alert">
15:             <h2>오늘 할 일(Todo List)</h2>
16:           </div>
17:           <input type="search" class="form-control my-3"
    name="search" placeholder="할 일 입력 후 엔터">
18:           <div class="list-group"></div>
19:         </div>
20:       </div>
21:     </div>
```

입력값을 목록으로 만들어 삽입하는 기능과 목록을 클릭하면 removeList()를 호출하여 목록을 삭제하고 목록을 업데이트하는 2가지 기능을 구성합니다. 입력값을 목록으로 만들어 삽입하는 과정은 배열을 만들고 입력값을 배열의 요소로 push()하고, innerHTML로 배열의 요소를 추가합니다. 목록을 선택하여 삭제하는 부분은 선택한 목록의 인덱스(index) 값을 추출하고, filter()로 선택한 목록의 인덱스를 제외시켜 todoList 배열을 업데이트한 후 목록을 다시 만들었습니다.

●●● 예제 파일 13.todolist-vanilla.html

```
⋮        ⋮
24:     let todoList = [];
25:     const searchBox = document.querySelector('input[name="search"]');
26:
27:     searchBox.onsearch = () => {
28:       todoList.push(`<a href="#" class="list-group-item list-
    group-item-action" onclick="removeList(event, this)">${searchBox.
    value}</a>`);
29:
30:       document.querySelector('.list-group').innerHTML = todoList.
    join('');
31:
32:       searchBox.value = '';
33:     }
34:
```

```
35:     function removeList(event, item) {
36:       console.log(event, item);
37:       event.preventDefault();
38:
39:       const delIndex = Array.from(item.parentElement.children).
   indexOf(item);
40:       console.log(delIndex, todoList);
41:
42:       todoList = todoList.filter((item, index) => (index !==
   delIndex));
43:       document.querySelector('.list-group').innerHTML = todoList.
   join('');
44:
45:       console.log(todoList);
46:     }
```